北京大学素质教育项目

北大讲座
Lectures at Peking University
第六辑

《北大讲座》编委会

北京大学出版社
PEKING UNIVERSITY PRESS

图书在版编目(CIP)数据

北大讲座. 第六辑 /《北大讲座》编委会编. —北京：北京大学出版社，2004.11
ISBN 978-7-301-08078-8

Ⅰ.北… Ⅱ.北… Ⅲ.①社会科学－中国－文集 ②自然科学－中国－文集 Ⅳ.Z427

中国版本图书馆 CIP 数据核字(2004)第 0105662 号

书　　　名：	北大讲座（第六辑）
著作责任者：	《北大讲座》编委会
责 任 编 辑：	刘乐坚
标 准 书 号：	ISBN 978-7-301-08078-8/G·1312
出　版　者：	北京大学出版社
地　　　址：	北京市海淀区中关村北京大学校内　100871
网　　　址：	http://www.pup.cn
电 子 信 箱：	zpup@pup.cn
电　　　话：	邮购部 62752015　发行部 62750672　编辑部 62752032
印　刷　者：	北京中科印刷有限公司
发　行　者：	北京大学出版社
经　销　者：	新华书店
	890mm×1240mm　A5　10.625 印张　300 千字
	2004 年 11 月第 1 版　2008 年 9 月第 4 次印刷
定　　　价：	19.00 元

未经许可，不得以任何方式复制或抄袭本书之部分或全部内容。
版权所有，翻版必究
盗版举报电话：(010)62752017　62752033

北大讲座

季羡林

《北大讲座》(第六辑)编委会

主　　任：许智宏
副 主 任：张　彦
成员单位：北京大学党委宣传部
　　　　　北京大学学生工作部
　　　　　北京大学教务部
　　　　　北京大学教育基金会
　　　　　北京大学科学研究部
　　　　　北京大学社会科学部
　　　　　共青团北京大学委员会
　　　　　北京大学艺术学系
　　　　　北京大学出版社
编　　委：沈千帆　王　干　郑清文　张　琛　李　波
　　　　　王明慧　张蕴爽　李小芹　雷雄伟　任洁
　　　　　陈星洲　宋亚男　许张凤　侯伟　罗闻
　　　　　顾昊晖　潘　丹　陈敏生　耿　鑫　王健
　　　　　孙建云　赵　阳　韦　睿　张恩梓　孔源
　　　　　杨一帆　杨　威

目 录

"三个代表"和当代青年 / 夏学銮 / 1
劳动价值论:反思与争论 / 晏智杰 / 13
新闻出版改革的思路和实践 / 柳斌杰 / 25
我国农村离小康社会到底有多远
　　——对解决当前我国"三农"问题的战略思考 / 吕　滨 / 59
禅与生命体悟 / 楼宇烈 / 80
克隆人的伦理问题 / 吴国盛 / 91
人与环境之间伦理关系的反思 / 林官明 / 117
物权法中的真实观念 / 常鹏翱 / 126
超越大众民主与权威主义
　　——共和主义对中国政治转型的启迪 / 李　强 / 150
五十年的中国与世界 / 牛　军 / 171
中美关系与美国总统大选 / 贾庆国 / 188
"9.11"以后美国的外国学生政策 / 韩叶龙 / 199
思维方式与跨文化交流 / 关世杰 / 221
自我、命运与心理健康 / 王登峰 / 242
诗是头朝下栽进我们生活中来的一块陨石 / 朱孝远 / 269
北京大学史学系五十年变迁(1899—1949) / 牛大勇 / 287

钧窑发掘与研究的新收获 / 秦大树 / 300
微电子——信息社会的基石 / 张　兴 / 318

"三个代表"和当代青年

■夏学銮

夏学銮,北京大学社会学系教授,中国传媒大学兼职教授,北京市人民政府第六届专家顾问团顾问,中国社会工作教育协会理事、副秘书长,北京大学欧美同学会理事,北京市心理卫生协会理事。主要研究方向为异常社会学、社会心理学、社会福利和社会保障、群体动力学、社会政策分析、青少年心理、创造性思维和创造性问题解决、大众传播心理学研究。

首先谈一下起始缘由:在今年6月21日北京市团委举行的首都大学生"先锋论坛"上,作为特邀嘉宾,我以"'三个代表'和当代青年"为题,作了一个简洁的发言。你们的老师从网上看到了这一消息,让我到这里给同学们讲一讲。能有机会来这里和同学们就这个问题作进一步的学习交流,我感到非常高兴,不仅感到高兴,甚至感到有点荣幸。我到全国各地讲过学,作过学术报告,但是让我讲"三个代表"这个政治问题,除了"先锋论坛"那次外,这还是第一次。正因为如此,我的第三个感觉就是惶恐,诚惶诚恐!在我的印象中,像讲"三个代表"这样的重大议题,都是由各级领导第一把手亲自宣讲,至少也是"三个代表"学习中心组的事情。作为一名学者,我能有这样高的政治水平吗?自接到邀请后我在心里就在不断打鼓。无论如何,我还是来了,带着高兴、荣幸、自信和惶恐的复杂心情来了。我来了说明我乐意接受这个挑战,我就把它当作是一次政治考试好了,卷子答得好不好，由你们来评判。

今天下午我要讲三个问题：(一)"三个代表"的文本关联和话语环境；(二)"三个代表"的科学内涵和精神实质；(三)"三个代表"和当代青年。前两个问题是专门为这次演讲准备的，体现了理性探讨的学术风格，后一个问题是在"先锋论坛"上的发言，多少带有战胜"非典"后的激动心情。

一、"三个代表"的文本关联和话语环境

这个问题包含着对"三个代表"两个重要方面即继承性和创新性的探讨。纵观人类历史，任何好的思想理论的发展都需要解决两个基本的问题，一是继承问题，二是创新问题。为什么说列宁主义是马克思主义发展的新阶段？就是因为列宁主义既是对马克思主义的继承，又是对马克思主义的创新。毛泽东思想既是对马列主义的继承，又是对马列主义的创新，邓小平理论和"三个代表"重要思想既是对马列主义、毛泽东思想的继承，又是对马列主义、毛泽东思想的创新。不解决继承问题，一种思想就会成为无源之水、无本之木，它的合法性就会受到挑战；不解决创新问题，一种思想就会停滞、僵化和故步自封，失去其对社会大众和现实生活的吸引力。

"三个代表"重要思想在马克思主义发展史上之所以是成功的，就是因为它也像邓小平理论、毛泽东思想一样，圆满地解决了在理论发展中普遍存在的继承和创新问题。"三个代表"的文本关联，说的就是它与马克思主义、毛泽东思想和邓小平理论的继承关系问题；而"三个代表"的话语环境，说的则是"三个代表"重要思想的创新性质问题。

从"三个代表"的文本关联上看，"三个代表"重要思想是与马克思列宁主义、毛泽东思想和邓小平理论一脉相承的科学思想体系，体现了对马克思主义经典作家重要思想的继承。关于中国共产党"代表先进生产力的发展要求"的论述，根源于马克思、恩格斯的《共产党宣言》，是当代中国共产党人对资产阶级的历史作用和局限性进行类比性的深刻反思的结果。

马克思、恩格斯说:"资产阶级在它的不到一百年的阶级统治中所创造的生产力,比过去一切世代创造的全部生产力还要多,还要大。"但是,"资产阶级用来推翻封建制度的武器,现在却对准资产阶级自己了。……资产阶级不仅锻造了置自身于死地的武器;它还产生了将要运用这种武器的人——现代的工人,即**无产者**。"①

中国共产党要想保持住自己的执政党地位,就必须时刻牢记资产阶级在中国被推翻的历史教训:不能作为社会的肯定方面,而要作为社会的否定方面。老子在《道德经》中说:"知其雄,守其雌,为天下溪,……知其白,守其黑,为天下式,……知其荣,守其辱,为天下谷。"②这就是老子所说的"反者,道之动;弱者,道之用"的道理。

而要作为社会的否定方面,就必须代表先进生产力的发展要求。只有站在先进的生产力一边,不断对现存的生产关系及上层建筑进行变革,才能始终保持共产党的革命性质和领导地位,在复杂的国内外环境中领导中国人民奔小康,实现四化,逐步实现党的最低纲领和最高纲领。

关于中国共产党"代表先进文化的前进方向"的论述,起源于马克思主义的文化观。早在19世纪40年代,马克思、恩格斯在《共产党宣言》中就从两个方面论证了共产党人的先进性,一是其实践的先进性:"共产党人是各国工人政党中最坚决的、始终起推动作用的部分";二是其理论的先进性:"他们胜过其余无产阶级群众的地方在于他们了解无产阶级运动的条件、进程和一般结果。"③

恩格斯说:"我们党有个很大的优点,就是有一个新的科学的观点作为理论的基础……。"④列宁也说:"只有以先进理论为指南的党,才

---

① 马克思、恩格斯:《共产党宣言》,《马克思恩格斯选集》第1卷,人民出版社,1995年,第277、278页。
② 老子:《道德经》二十八章。
③ 马克思、恩格斯:《共产党宣言》,《马克思恩格斯选集》第1卷,人民出版社,1995年,第285页。
④ 恩格斯:《卡尔·马克思的"政治经济学批判"》,《马克思恩格斯选集》第2卷,人民出版社,1995年,第39页。

能实现先进战士的作用。"①这两段话都说明了先进理论文化对于党的重要性。

毛泽东在领导新民主主义革命时对先进文化的论述更是无比丰富，无比精彩。首先，他正确界定了那个时期先进文化的历史地位，把"新的文化力量"和"新的政治力量、新的经济力量"相提并论，认为"都是中国的革命力量"。其次，他界定了这种先进文化的科学内涵："这就是中国共产党人所领导的文化思想，即共产主义的宇宙观和社会革命论。"最后，他论证了这种先进文化的强大威力："这个文化新军的锋芒所向，从思想到形式（文字等），无不起了极大的革命。其声势之浩大，威力之猛烈，简直是所向无敌的。"②

毛泽东在《唯心历史观的破产》中进一步叙述了这种先进文化的巨大力量："其明效大验，就是和中国旧的封建主义文化相比较可以被艾奇逊们傲视为'高度文化'的那种西方资产阶级的文化，一遇见中国人民学会了的马克思列宁主义的新文化，即科学的宇宙观和社会革命论，就要打败仗。被中国人民学会了的科学的革命的新文化，第一仗打败了帝国主义的走狗北洋军阀，第二仗打败了帝国主义的又一名走狗蒋介石在二万五千里长征路上对于中国红军的拦阻，第三仗打败了日本帝国主义及其走狗汪精卫，第四仗最后地结束了美国和一切帝国主义在中国的统治及其走狗蒋介石等一切反动派的统治。"③

既然中国共产党在民主革命时期是先进文化力量的代表，在社会主义革命和建设时期以及在改革开放、实现四化时期也必然是先进文化的代表。这是因为中国共产党所坚信的科学世界观，即共产主义的科学宇宙观和社会革命论并没有改变，并且十分重视教育、科学、文学、艺术、电影、电视、报纸、杂志、图书和雕塑等先进文化的作用。

关于中国共产党"代表中国最广大人民的根本利益"的论述，源自马克思主义经典作家关于革命党性质和宗旨的理论。马克思、恩格斯指出："过去的一切运动都是少数人的或者为少数人谋利益的运动。

---

① 列宁：《怎么办》，《列宁选集》第1卷，人民出版社，1995年，第312页。
② 毛泽东：《新民主主义论》，《毛泽东选集》第3卷，人民出版社，1991年，第697页。
③ 毛泽东：《唯心历史观的破产》，《毛泽东选集》第3卷，人民出版社，1991年，第1515页。

无产阶级的运动是绝大多数人的、为绝大多数人谋利益的独立的运动。"①这段话为无产阶级革命政党奠定了坚实的群众基础。

毛泽东在《为人民服务》中进一步地说明了中国共产党的宗旨:"我们的共产党和共产党所领导的八路军、新四军,是革命的队伍。我们这个队伍完全是为着解放人民的,是彻底地为人民的利益工作的。"②

邓小平更是"时刻关注最广大人民群众的利益和愿望,把'人民拥护不拥护'、'人民赞成不赞成'、'人民高兴不高兴'、'人民答应不答应'作为制定各项方针政策的出发点和归宿"。③

因此,中国共产党代表中国最广大人民群众的根本利益,是在新的历史时期对党的性质和宗旨的最新概括。

从"三个代表"提出的话语环境来看,"三个代表"重要思想又是与时俱进的科学体系,是当代中国共产党人的理论创新成果。自从20世纪80年代中后期以来,国际上风云变幻,柏林墙倒塌,苏联解体,华约崩溃,国际社会主义运动陷入低潮,国际反华势力把"和平演变"的战略从欧洲转向亚洲,矛头直指中国。

与此同时,随着国内改革开放的深入和社会主义市场经济体制的初步建立,我国的社会结构和社会生活发生了深刻的变化,出现了新的社会阶层和新的情况。根据2000年的统计数字,全国有私营企业近150万家,个体工商户3100多万户,从业人员1.3亿人,无论从经济实力还是从人数看,私人经济在国民经济和社会生活中已占有举足轻重的地位。

而且,特别可喜的是,中国正在浮现一个新的社会阶层,即中产阶级。虽然对它的界定标准和数量估计还不是很统一,但是对它的积极功能作用,各方面的看法都是一致的,都认为中产阶级是社会积极的稳定力量,是未来小康社会的主体公民。

---

① 马克思、恩格斯:《共产党宣言》,《马克思恩格斯选集》第1卷,人民出版社,1995年,第283页。
② 毛泽东:《为人民服务》,《毛泽东选集》第3卷,人民出版社,1991年,第1004页。
③ 江泽民:《用邓小平同志建设有中国特色社会主义理论武装全党》,《论党的建设》,中央文献出版社,2001年,第116页。

另外，由于经不住市场经济的冲击和诱惑，在党内出现了贪污腐败行为，在社会上出现了消极颓废现象。特别值得引起警惕的是，社会出现了严重的贫富悬殊、两极分化现象，社会道德水平也出现了令人痛心的倒退。

正是在国内外新的环境条件下，江泽民同志于2000年2月视察南方时代表我们党初步提出了"三个代表"重要思想，是年5月他又对"三个代表"重要思想进行阐述，提出"三个代表"是"立党之本、执政之基、力量之源"这样的总体命题。

"三个代表"重要思想是在新形势、新时期、新条件下回答什么是社会主义、怎样建设社会主义和建设什么样的党、怎样建设党的科学话语。"三个代表"的话语环境决定了"三个代表"的话语形式，表面上它是低调的，实际上它是高调的。它既是对马克思列宁主义、毛泽东思想和邓小平理论的忠实继承，又是对马克思主义思想体系的全面创新。

胡锦涛同志在"三个代表"重要思想理论研讨会上的讲话指出："'三个代表'重要思想同马克思列宁主义、毛泽东思想和邓小平理论是一脉相承而又与时俱进的科学体系，是马克思主义在中国发展的最新成果。"[1]胡锦涛同志的这段话是对"三个代表"重要思想继承性质和创新性质的准确概括。

二、"三个代表"的科学内涵和精神实质

"三个代表"重要思想的形成和发展有一个过程，在我看来共分为三个阶段：

第一阶段（2000年2月～2001年6月）：提出、形成、学习、反馈阶段。2000年2月20日，江泽民同志在广东省高州市领导"三讲"教育会议上有一个讲话，在这次讲话中，"三个代表"还是一个雏形，尚未发育成熟，包含在"五个始终"之中。他说："我们要使党始终保持工人阶级先锋队性质，始终代表最广大人民群众的利益，始终成为社

---

[1] 胡锦涛：《在"三个代表"重要思想理论研讨会上的讲话》，人民出版社，2003年，第4页。

会先进生产力的代表,始终领导全国各族人民促进社会生产力的发展,始终坚强有力地发挥好领导核心作用。"①在这里只有两个代表,如果把两个"始终代表"前面的"始终保持工人阶级先锋队性质"也算一个代表的话,那么,最初的"三个代表"则是始终代表工人阶级先锋队性质,始终代表最广大人民群众的利益和始终代表社会先进生产力。

2000年5月14日,江泽民同志在江苏、浙江、上海党建工作座谈会上的讲话中明确使用了"三个代表"这个词汇,他开门见山地说:"始终做到'三个代表',是我们党的立党之本、执政之基、力量之源。"②但是,"三个代表"到底是什么? 缺乏明确叙述。由此可见,它与2月份提出的那个不够成熟的"三个代表"是一样的,没有什么变化的,他这次谈话的整个基调就是建立在2月提出的"五个始终"或"三个代表"基础之上的。正如胡锦涛同志所说:"'三个代表'要求的提出在党内外、国内外引起强烈反响,全党全国以极大的热情开展学习研究,对这一重要思想的认识不断深化。"③

第二个阶段(2001年7月~2002年10月):发展、精致、升华、结晶阶段。2001年7月1日,江泽民同志代表党中央在庆祝建党80周年大会上发表重要讲话,系统阐述了"三个代表"重要思想的科学内涵和基本内容,即"始终代表中国先进生产力的发展要求,代表中国先进文化的前进方向,代表中国最广大人民的根本利益。"④这时的"三个代表"不仅在话语上有了重大变化,而且它已经发展、精致、升华、结晶为党组织的思想和行为。用胡锦涛同志的话说就是:"全党全国深入学习贯彻,有力地推动了改革开放和现代化建设。"⑤

第三个阶段(2002年11月~现在):类比、概括、推广、应用阶段。自从十六大以来,"三个代表"重要思想的发展迈入了一个完全崭新的

---

① 江泽民:《在广东省高州市领导干部"三讲"教育会议上的讲话》,《论党的建设》,中央文献出版社,2001年,第381页。
② 江泽民:《"三个代表"是我们党的立党之本、执政之基、力量之源》,《论党的建设》,中央文献出版社,2001年,第398页。
③ 胡锦涛:《在"三个代表"重要思想理论研讨会上的讲话》,人民出版社,2003年,第2页。
④ 江泽民:《在庆祝中国共产党成立八十周年大会上的讲话》,人民出版社,2001年。
⑤ 胡锦涛:《在"三个代表"重要思想理论研讨会上的讲话》,人民出版社,2003年,第2页。

阶段。它被十六大确定为与马克思列宁主义、毛泽东思想、邓小平理论齐肩的经典意识形态，也是我们党必须长期坚持的指导思想。并且，这一重要思想被写在十六大通过的新党章中，获得了制度化的法定意识形态地位。

"三个代表"的形成和发展过程清楚地说明，"三个代表"重要思想是全党和全国人民的集体智慧创造。

一种思想从提出到在党内和国内取得完全的统治地位，仅仅用两年多的时间，这在中国共产党的发展历史上是绝无仅有的，即使在国际共产主义运动发展史上也是很罕见的。马克思主义认为：一切划时代的体系的真正的内容都是由于产生这些体系的那个时期的需要而形成起来的。

时势造英雄，需要出思想。世界经济全球化和中国社会转型这个大时势，造就了"三个代表"重要思想，时代精神和人民意愿孕育了"三个代表"重要思想，党的集体智慧和社会知识资本完善了"三个代表"重要思想，使它成为系统的严密科学思想体系。

"三个代表"的科学内涵和理论创新是由它所解决的问题所决定的。那么，它到底解决了哪些问题呢？

第一，它解决了党在新形势、新时期、新条件下的历史定位问题。根据国际形势的突然变化，根据中国共产党执政五十多年的经验，吸取国内外统治阶级兴衰治乱的历史教训，"三个代表"重要思想为中国共产党定位的方略就是"知荣守辱"战略，从社会的肯定方面退守到社会的否定方面，这就是"代表中国先进生产力的发展要求，代表中国先进文化的前进方向，代表中国最广大人民的根本利益"要求提出的基本理由。

第二，它解决了党在社会主义初级阶段的依靠对象和群众基础问题。在多种所有制共存的混合经济条件下，中国社会已告别了计划经济时代"一个阶级、两个阶层"的简单结构模式，进入了一个主体多元、文化多样、价值多型的网络结构时代。"三个代表"重要思想最大限度地扩大了党的依靠对象和群众基础，形成党的历史上史无前例的空前广大的统一战线，团结一切可以团结的力量，为实现四化、复兴中华而奋斗。

第三，它解决了党在社会主义社会初级阶段的根本任务问题。在社会主义初级阶段，我们党作为执政党的根本任务就是要发展生产力，把发展生产力作为我们党执政兴国的第一要务。

第四，它解决了中国经济社会发展的正确方略问题，为我们党提供了一个全面、协调、和谐和可持续的人文发展观。我们不能为生产而生产，如果是那样的话，我们的社会就可能变成只有财富而没有正义、只有物质文明而没有政治文明和精神文明的变态社会。先进文化和最广大人民的根本利益就是对生产力发展的制约。

"三个代表"重要思想的精神实质就是与时俱进，锐意创新。这是马克思主义的本质特征。马克思主义不是僵化的教条，而是现实生活的指南。只有与时俱进，锐意创新，才能保持马克思列宁主义、毛泽东思想和邓小平理论的强大生命力，才能用先进的思想理论武装全党和全国人民的头脑，才能保持中国共产党的实际领导地位。

三、"三个代表"和当代青年

(一)当代青年的先进性和"三个代表"的先进性在本质上是一致的

十六大通过的新党章，明确把"三个代表"重要思想同马克思列宁主义、毛泽东思想、邓小平理论一道，确立为党必须长期坚持的指导思想。这既是一个历史性决策，也是一个历史性贡献。"三个代表"重要思想不仅是建党纲领，而且是治国方略，更是我们团结、动员社会各阶级、各阶层、各领域和各方面的人民群众，战胜一切艰难困苦，全面迈上小康社会的强大思想武器。

"三个代表"重要思想本身，就是中国先进生产力的代表、中国先进文化的代表和中国最广大人民根本利益的代表。在抗击"非典"的战斗中，广大青年，特别是医疗战线的青年，团结全国各族人民，万众一心，众志成城，以"三个代表"重要思想为强大精神武器，牢记使命，恪尽职守，勇敢地战斗在与 SARS 搏斗的第一线，做出了包括年轻生命在内的巨大牺牲。

马克思早就指出："批判的武器当然不能代替武器的批判，物质的力量只能用物质力量来摧毁；但是理论一经掌握群众，也会变成物质力量。"①为最广大人民的根本利益而奋斗就是先进的思想，先进的思想就是先进的文化，先进的思想文化一经掌握群众，就会转变成先进的生产力，转化成巨大的物质力量。

代表先进的生产力、先进的文化和最广大人民群体的根本利益是中国共产党在新时代先进性的具体体现。从长远上看、从本质上看，这三者是一致的，最终都要落实到代表最广大人民的根本利益上来。如果说先进的生产力代表"高科技"、先进的文化代表"高人文"的话，那么，最广大人民的根本利益则代表"高境界"、"高觉悟"。"高科技"、"高人文"是工具价值理性，"高境界"、"高觉悟"则是目标价值理性，它们之间的关系是工具价值和终极价值的关系，前者要服从后者。

当代青年是未来取向的，是社会中最先进、最缺少保守思想的群体。一般来说，他们对先进的生产力和先进的文化都有一种本能的追求，对先进的思想都有一种要为之奋斗的激情和渴望。所以，从本质上说，当代青年的先进性与"三个代表"的先进性是完全一致的。

(二)当代青年是落实"三个代表"重要思想的生力军

正因为当代青年，特别是知识青年的本质与"三个代表"重要思想的先进性是完全一致的，所以说，当代青年是落实"三个代表"重要思想的生力军。说到生力，我不禁想起鲁迅先生对青年所说的话："你们所多的是生力，遇见深林，可以辟成平地的，遇见旷野，可以栽种树木的，遇见沙漠，可以开掘井泉的。"②因为青年充满如此旺盛的生命活力，所以鲁迅满怀期待地说："中国青年……要一个人兼做两三人，四五人，十百人的工作，现在可正到了试练的时候了。"③在新世纪，在全国人民同心同德建设现代化小康社会的语境中，鲁迅对中国青年所说的这些话语依然充满着现实感召力。

"三个代表"的核心，是代表最广大人民的根本利益，用一句老

---

① 马克思：《黑格尔法哲学批判导言》，《马克思恩格斯选集》第1卷，人民出版社，1995年，第9页。
② 鲁迅：《华盖集·导师》，《鲁迅全集》第3卷，第56页。
③ 鲁迅：《华盖集·忽然想到》，《鲁迅全集》第3卷，第92页。

话说，就是"为人民服务"。没有"为人民服务"的思想、境界和觉悟，到关键时刻就会腿发软、脚转筋，就不能像白衣天使那样在生死考验的关头冲上去和死神刺刀见红。所以，落实"三个代表"重要思想，最重要的是落实第三句话，即以最广大人民的利益为皈依。对于当代青年来说，做到"高科技"、"高人文"并不难，最难做到的是"高境界"、"高觉悟"，因为这里需要世界观、人生观和价值观的根本转变。

落实"三个代表"重要思想，在目标价值理性解决以后，还有一个工具价值理性问题，即方法论问题。所谓工具价值理性问题，就是"高科技"、"高人文"问题，即用最先进的科学技术和最先进的文化知识武装头脑的问题。所谓方法论问题，就是原则性和灵活性的辩证统一问题。关于这个问题，有一则故事。1949年，全国解放在即，需要大批青年随军南下开辟新区工作。是年春天，毛主席对随军南下的青年干部说："到了新区要好好'为人民服务'，还要学会两种本领，头一个是松树的本领，第二个是柳树的本领。松树冬夏常青，不怕刮风下雪，严寒之中也能巍然屹立，松树有'原则性'；柳树插到哪里都能活，一到春天，枝长叶茂，随风飘荡，十分可爱，柳树有'灵活性'。一个共产党员应该有松树的原则性和柳树的灵活性，缺一不行。"①毛主席的这段话并没有过时，在当今市场经济社会，学会松树的原则性和柳树的灵活性尤为重要，它们既可以使我们实现既定的目标，又可以使我们的人格尊严得以保持。

(三) 沿着"三个代表"指引的方向健康成长

当代青年的健康成长，离不开坚定正确的政治方向，离不开与工农相结合的实践道路，离不开选择为人类福利而劳动的职业。"三个代表"重要思想为当代青年的健康成长既提供了工具价值理性，即"高科技"、"高人文"；又提供了目标价值理性，即"高境界"、"高觉悟"。"三个代表"重要思想所包含的这"四个高度"，归根到底还是一个方向、道路和职业选择问题。

---

① 毛泽东：《给随军南下干部的讲话》(1944年春)，《毛主席语录马恩列斯语录》，1967年，第368~369页。

正确处理自我和他人、个人和社会、个人兴趣和国家需要的关系，是"三个代表"重要思想对当代青年健康成长的内在要求。它要求当代青年要把个人的理想和社会的需要紧密结合起来，在选择职业的时候，到基层去，到西部去，到祖国最需要的地方去，经风雨，见世面，自觉地把自己锤炼成革命事业的接班人。马克思曾经这样教导我们："如果我们选择了最能为人类福利而劳动的职业，我们就不会为它的重负所压倒，因为这是为全人类所作的牺牲；那时我们感到的将不是一点点自私而可怜的欢乐，我们的幸福将属于千万人，我们的事业并不显赫一时，但将永远存在；……"①

沿着"三个代表"指引的方向健康成长，当代青年必须大力发展和强化民族自豪感、社会责任感和历史使命感这三种神圣的感情。民族自豪感是对中华民族国家在国际社会大家庭中地位和作用的积极情感，是以对"全球意识"、"人类意识"和"国际责任"的理性认识为基础的。社会责任感是"天下兴亡，匹夫有责"的社会参与意识、社会奉献意识和"位卑未敢忘忧国"的社会忧患意识。历史使命感是"当仁不让"、"舍我其谁"的行动正义逻辑，是对历史发展客观规律的主观把握和参与创造历史首创行动的有机结合。有了这三种神圣的感情，对"三个代表"及其"四个高度"的落实就不再是一句空洞的口号，它们必将转化为千千万万青年创造美好未来的魅力行动和伟大实践。

青年朋友们，共青团员同志们，让我们在"三个代表"重要思想的指引下，把我们的光和热献给太阳，让它发射出无比灿烂的化育光芒！把我们的涓涓细流汇入江河，让它掀起气势磅礴的历史大潮！把我们有限的生命投入到为人类服务的无限事业中，让它与人类的进步事业永世长存！

(2003 年 11 月 29 日)

---

① 马克思：《青年在选择职业时的考虑》，《马克思恩格斯论教育》，人民教育出版社，1958 年，第 49 页。

劳动价值论：反思与争论

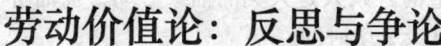晏智杰

晏智杰，北京大学教授，博士生导师。1957—1962 年就读于北京大学经济学系，1962 年秋考取本校研究生，师从我国经济学界元老陈岱孙教授攻读西方经济学及其历史，1965 年底以优异成绩毕业，留校任教至今。曾先后赴美国(1984-1985 年)和德国(1991 - 1992 年)研修。曾任北京大学党委常委兼宣传部长(1986-1989 年)，北京大学经济学院院长(1993 - 2002 年)。主要学术兼职有：中华外国经济学说研究会副会长，北京大学市场经济研究中心主任，项目管理研究所所长等。

应北京大学经济学院学术讲座举办者之邀，我想就对劳动价值论的反思以及由此在我国学术界近来出现的争论谈几点意见。

一、问题的提出和两种对立的观点

大家知道，劳动价值论是马克思主义经济学的基础，而包括马克思主义经济学在内的马克思主义又是我们党和国家指导思想的理论基础，因而它具有不同寻常的重要地位。另一方面，劳动价值论看似纯粹的理论问题，但实际上具有强烈的现实意义，因为它所涉及的问题，特别是关于社会财富和商品价值的创造源泉问题，关系到社会各个阶层甚至每个人的切身利益，这是该问题之所以能够引起社会广泛关注的原因之一。

劳动价值论的基本论点人们耳熟能详。按照马克思主义经济学说，商品价值是无差别抽象劳动的凝结，它是一个实体范畴，它所反映的是商品生产者的关系；商品价值的源泉只是人类的抽象劳动；商品价值的数量则决定社会必要劳动量或劳动时间。

人们对这种价值论不免感到疑惑，因为大家从自己的生活实践中常会直观地感到，商品的价值应当是指商品与人的需求之间的关系，它应当是一个关系范畴；还会感到商品价值的源泉，除了生产以外，还应当有需求；除了劳动以外，还应当有其他要素，包括以土地为代表的自然资源、资本、经营管理和科学技术等；在这些要素中，科学技术已经上升为第一生产力。

也就是说，随着社会主义市场经济体制的建立和不断完善，随着社会生产力的巨大发展和整个社会生活的深刻变化，人们越来越感到传统的劳动价值论已不能适应新时代的需要，甚至成为改革开放和发展的一种"理论瓶颈"，为了适应时代发展和迫切需要，必须对它加以超越和突破，从劳动价值一元论转向包括劳动在内的多元价值论。

这些年来，特别是最近两三年来，许多学者就此发表了很好的见解，他们的努力对推动建立适应中国新时代的经济学基础理论作出了积极贡献。可是探索新经济学价值论的主张和尝试，在我国学界和社会上也引起了一些人的激烈对抗，他们中的一些人甚至还发出了刺耳的批判和愤怒的讨伐。他们主张对劳动价值论"不能动"，否则政治后果不堪设想；他们认为马克思劳动价值论在理论上完全正确，无懈可击，"甭想在这里挑毛病"；他们认为，如果一定要对劳动价值论加以"深化和发展"，也只能按马克思原有的思路，在马克思原来的框架内进行，具体地说就是将"劳动"概念的内涵和外延加以"拓展"，搞成一种扩大了的劳动价值论，如若不然，就是离开马克思主义，甚至是反马克思主义。

这就是摆在我们面前的两种尖锐对立的主张和观点，介于这两者之间，还有不少"中间形态或色彩"的观点，主张回避计较劳动价值论的是非曲直可以说是其中最有代表性的一种。这些论者以就事论事为满足，认为不必也不要触及劳动价值论，盖因"这个问题太敏感"，

"碰不得"。

这种认识分歧在我国学术界久已存在，但只是到今天，它才达到十分尖锐和完全公开化的地步，这当然是形势发展使然。我国社会主义市场经济体制改革的深入发展，我国社会生活(包括精神和思想等)各个方面的巨大和深刻的变化，是推动反思和探索的强大动力，也是引起激烈论争的深刻背景。

二、对劳动价值论的基本认识

经过长期研究和深入思考，我对西方古典经济学和马克思主义经济学的劳动价值论形成了这样的基本认识：劳动价值论是西方经济思想发展中的一项伟大成果，作为西方资产阶级的古典经济学和无产阶级的马克思主义经济学的理论基础，它在反对封建主义和反对资本主义的革命斗争中发挥过一定的教育、鼓舞和动员作用，对此应当加以充分肯定；然而必须看到，随着时代条件的变迁，特别在革命之后进入发展经济的建设时代，该理论的缺陷和历史局限性必然显露出来。这种情况在现代西方国家的历史上出现过，在今日中国再次出现了：西方经济学以自己的方式克服和超越了古典经济学的劳动价值论的缺陷和局限性，同样，中国现代经济学也必须以自己的方式，实现对古典经济学和马克思主义经济学的劳动价值论的超越和突破，能否成功地完成这种突破和超越，直接关系到我国社会经济改革和发展的前景。

为什么会这样？研究表明，劳动价值论所揭示的商品价值惟一地由劳动决定的规律是一种特殊规律，而不是普遍规律，是一种相对的有条件的真理，而不是绝对的普遍的放之四海而皆准的真理。这主要是由以下几个方面的情况决定的，我在北大出版社出版的《劳动价值学说新探》(2001年)和《灯火集》(2002年)中对此提出了详细分析，在这里只能概括地指出几个要点。

第一，马克思的分析条件极其有限，因而从中得出的劳动决定商品价值的结论的适用范围也必然有限。这些条件是：原始实物交换；劳动以外的要素无偿；简单劳动。这就决定了劳动价值论的适用范围：

实物交换和简单商品生产，按照恩格斯的说法，这个范围在历史上存在过 5000 年到 7000 年之久。如果我们完整准确地理解马克思的劳动价值论，以及这种劳动价值论在其整个学说中的地位，就应当承认马克思的其他某种似乎不同含义的提法（例如关于"整体工人"）并没有也不可能改变上述的分析前提条件，因而也就不难理解将这种从有限的非资本主义条件下得出的原理，作为分析资本主义和社会主义商品生产所必然出现的弊端。

第二，劳动价值论的理论内核即两个"二重性学说"存在偏颇。商品二重性学说将财富或商品的两种不同的然而又是"等价的"的"形式"即实物形式和价值形式，不适当地认定为商品的两种"属性"即使用价值和交换价值，并将它们截然加以区隔，这就为断定它们的创造源泉各有不同提供了分析前提，结果是：在不能否认"使用价值"源泉多元化的同时，却排除了"价值"源泉多元化的可能性。劳动二重性学说的偏颇在于，对"抽象劳动"这个原本属于思维范畴的概念不适当地赋予了实体范畴的意义。我们知道，实际存在的是各种不同形式和内容的劳动，不存在没有具体形式和内容的劳动，也就是说劳动总是具体的，不是抽象的。但这不妨碍人的思维对这些具体劳动的共同点加以概括，得出一种与"非劳动"相区别和相对应的"劳动"或"抽象劳动"概念。不过，应当明白这个概念只是人的思维对实际存在的劳动的一种把握和认识，并不意味着它是一种可以脱离具体劳动的独立存在的实体，更不意味着它尽然还能同实际存在的劳动实体平起平坐，共同构成"劳动"。这就是说，劳动本身并个具有什么二重性，劳动就是劳动，就是具体劳动，劳动或具体劳动就已经是一个完整的概念，没有脱离具体劳动的劳动；所谓抽象劳动只是人的思维对劳动的一种认识和概括，而不是实际的独立的存在，也不可能是劳动本身所具有的不同于具体劳动的另外一种属性。然而劳动二重性学说却将抽象劳动这个概念范畴视为商品的实际属性，并赋予它创造价值的功能，这就为提出抽象劳动是价值源泉奠定了基础。

第三，劳动价值论的分析逻辑是有缺陷的。断定两种不同的商品能够交换即表明在两者之中必有某种共同物，这是对的；并且指出这种共同物必须是性质相同而数量各异的东西,这也是对的;但断定这种共同物只能是抽象劳动而不能是其他,这就有问题了。各种商品的共同点不只抽象劳动,一般的抽象的效用就是其中之一,如果可以将商品交换的基础归结为抽象劳动(且不说将抽象劳动视为商品实际属性是否合理),那么为什么不可以归结为一般的抽象的效用呢(同样,且不说将抽象效用这个概念视为商品实际属性是否合理)?前人已经指出过,这是犯了混淆类概念和这种类概念的具体形式的错误,以为商品交换的基础同各种具体效用无关,也就是和一般的效用无关。

第四,劳动价值论的功能具有先天性缺陷。这表现在它与生产力论的脱节,因为它不能说明(更准确些说,它本来就没有这个使命)社会生产力和财富的决定要素和发展规律。还表现在它与市场价格论的脱节,因为它不足以说明市场价格的各种决定要素及其变动的普遍规律,商品价格仅仅由劳动这一个要素决定毕竟只是一种特例,而不可能是通则。

三、如何看待劳动价值论的"政治后果"?

现在我们可以就更新认识劳动价值论的"政治后果"问题发表一点意见了。前面说到,有的论者警告说,如果动摇了劳动价值论,势必动摇剩余价值论,这样一来马克思主义经济学还能剩下什么呢?马克思主义经济学如果站不住了,马克思主义的整个大厦岂不是就要倒塌了吗?所以劳动价值论是必须坚持的,否则政治后果不堪设想。

不能设想发出这种吓人警告的论者,会像非专业的一般民众那样,对马克思主义经济学的内涵及其历史诉求缺乏深入理解,因而我们不能不对他们发出此类警告的真实用意深表疑问。这是因为,了解马克思劳动价值论以及以该理论为基础的经济学的人应该知道,马克思主义经济学认为,商品生产和市场经济是私有制条件下生产力发展到一定阶段的产物;认为资本主义商品生产和市场经济制度是商品生产和市场经济的最高和最后的形式;还认为取而代之的社会主义制度的本质特征是计划经济制度,对马克思主义创始人来说,社会主义也可以搞商品生产和市场经济制度是不可想像的。既然如此，那么在现代条件下仍然坚持传统的劳动价值论及以其为基础的理论，对市场经济制度必定就要采取否定态度，对我们正在进行的以建立社会本义市场经济体制为目标模式的改革也要加以否定，请问这是一种怎样的政治后果呢？

不仅如此，坚持上述立场必然要对中国改革发展进程中已经涌现出来的新的阶层也持批判和否定立场。大家知道，这新阶层中的许多人，尤其是其中的私营企业家，依据传统劳动价值论及以其为基础的经济学理论，属于社会主义革命的对象，如果说在现阶段还必须对之加以利用，也只是一种权宜之计和无奈之举：待到国营企业壮大之时，便是他们灭亡之日。请问这是否就是现时坚持传统理论认识的人所要追求的政治后果？

至于坚持传统劳动价值论及以其为基础的经济学理论，能否正确认识和对待其他更广阔领域的根本问题，也不难得出结论。例如，如何正确看待世界资本主义的历史进程和社会主义的历史进程，就是不能回避的重大原则问题。依据马克思主义创始人关于资本主义生产方式运动规律的学说（我们知道劳动价值论是这种分析的基础），欧美主要资本主义国家的社会主义革命早就爆发并同时取得了胜利；而实行计划经济和按劳分配制度的社会主义国家也早已取得了世界范围的胜利，并正在高歌猛进地向共产主义推进，世界发展格局决不会是今天这个样子。马克思主义创始人的大无畏革命精神和追求理想社会的美好愿望是应当加以肯定的，然而历史和现实生活业已证明，他们的思想仍包含着许多空想的成分，他们的许多主张也显得过于激进了。他们当然不应因此受到责备，也不应为此负责，否则还要后来者干什么呢？人们有理由向那些以马克思主义者自居的现代人发出一个小小的疑问：他们不顾历史和现实，不从实际出发看问题，反而一味坚持传统理论，他们究竟怎样看待这种历史进程？

在我看来，关于劳动价值论的争论的真正分歧不在于是否顾及政治后果，而在于要怎样的政治后果，要怎样的社会主义，以及怎样建设社会主义。应当肯定地说，正是为了追求真正的社会主义的前途或

"政治后果"，才必须对传统劳动价值论予以突破和超越。

四、为什么"拓展"之路行不通？

近期讨论中出现的一种相当流行的观点认为，深化对劳动和劳动价值论的认识的正确途径在于将劳动概念的内涵和外延加以拓展，将科学技术工作和经营管理工作纳入"劳动"这个范畴。他们还认为，马克思著作中早就对此类问题作过明确论述，可是我们长期没有认识到，现在的任务就是要重读马克思著作，将有关思想"挖掘"出来并加以发挥。

我一直认为，如果这样做行得通，既满足了现实生活的某种需要，又坚持了马克思主义，两全其美，何乐不为，但是研究表明这行不通。

首先，资本就加不到劳动之中去，因为劳动价值论的初衷和实质是对资本的反对、批判和否定。尽管马克思在其著作的这里或那里有过仿佛肯定资本也是价值创造者的话，但任何一个严肃的研究者都不会不顾上下文地将这些只言片语理解为马克思要将他的劳动价值论"发展"为劳动和资本共同创造价值论，否则马克思的《资本论》就要重新写过，马克思也就不是马克思了。至于土地和其他自然资源在马克思的劳动价值论中也没有创造价值的份儿，它们只是作为人类创造价值的手段出现的。

其次，即使我们与时俱进地将科学技术劳动和经营管理劳动，扩大到劳动价值论的劳动概念之中，也只是在这种劳动的运用增加了生产单位产品的劳动时间而不是减少了劳动时间的条件下才有意义，否则它们就不是创造和增加马克思所说的商品价值而是减少这种价值的源泉了，可惜通常的情况恰恰是后者而不是前者。更重要的是，就科学技术和经营管理来说，则完全不能加进劳动概念之中了。一方面，科学技术和科学技术劳动不是一回事，经营管理和经营管理劳动也不是一回事，不应加以混同。当然，科学技术和经营管理是人类生产劳动的成果和管理经验的总结，但它们本身毕竟不是劳动，而是劳动所采取的手段和方法、规则和制度等等，有其特定的形式、条件、内容和成果，因而是与劳动、资本和自然资源相区别的独立的生产要素。另一方面。科学技术进步和经营管理改善的结果，如同在这些条件下的劳动一样，其效果必然减少了单位产品中包含的劳动时间，从而减少了马克思所说的价值量。马克思、恩格斯的确始终重视科学技术和经营管理，多次强调过它们的重要性，然而，不要忘记，他们所强调的正是这种增加了商品的使用价值，提高了劳动生产率的效果。正是在这个意义上，马克思才说科学技术是一种革命的力量，因为他认为科学技术提高了生产率，促进了生产力发展，从而加剧了资本主义社会的生产力和生产关系之间的基本矛盾，促进了资本主义的灭亡。如果一定要看它们同马克思所说的商品价值的关系，那么，发展科学技术和改善经营管理的结果，在他们看来不是增加了商品价值，而是减少了单位时间中的劳动量，或者是减少了单位产品中的价值量，因为其中的劳动时间减少了，这种结局恐怕是主张"拓展论"的理论家所始料不及的。再说，如果我们注意到劳动价值论的客观社会效果，则其本意之不能容纳"非劳苦大众"更是昭然若揭的不容否认的事实，企图将我们现在觉得重要的要素强行加入这个概念之中，既不合马克思的原意，也不合乎情理。

最后，历史的经验值得注意。19世纪初期，当英国伟大古典政治经济学家李嘉图的劳动价值论同现实之间的矛盾日益显露之时，李嘉图的门徒（特别是麦克库洛赫）正是想通过将劳动概念加以扩大的办法来解决矛盾，结果导致了原本还有一定科学意义的劳动价值论的完全破产，使得在一段时期内"征服了英格兰"的李嘉图学派归于解体，此后西方经济学的主流价值论就义无反顾地告别了古典经济学的劳动价值论，走上了与之对立的效用价值论的方向。时至今日，价值论争论的时代和国度发生了巨大变化，舞台的背景和具体角色也已各不相同，所要维护的对象和学说也不尽一致，然而在试图通过扩大劳动概念的办法来解决劳动价值论同现实生活之间的矛盾的思路这一点上，我们一些理论家的做法却与当年李嘉图学派的门徒的手法如出一辙，这不能不引起我们的警觉。如果任其发展，则历史在一定条件下重演，重蹈劳动价值论破产的覆辙就不可避免。

五、重建现代经济学价值论的几个问题

经济学价值论的中心课题是揭示市场价值和价格的决定和变动规律，以便为发展社会生产和实行合理分配制度提供一般的理论依据。就重建中国经济学的价值论基础来说，我以为应当强调一切从实际出发即实事求是的原则，注意汲取中外经济学价值论的一切科学成果，更要反映中国国情，着眼于为解决现代中国经济改革和发展问题提供经济学一般理论基础，其形式还要力求为中国人所喜闻乐见。

我认为，基于传统价值论的局限和缺陷始于对价值定义的不当规定，所以价值论的重建应从重新规定经济学价值概念开始，然后及于价值源泉、价值规律的实现条件，以及依据新价值论对新分配制度的论证等等。这是一项历史性的巨大理论工程，需要众多理论家的参与和长期不懈努力，绝非个人之力所能达成，更有待于中国市场经济制度的成熟和完善，绝不能指望一蹴而就。当此初创之际，我这里仅能就我个人认为最急迫的问题提出一些不成熟的看法供参考。

第一，财富和商品的价值概念的定义和性质。经济学价值概念应是一般意义的价值概念即主体与客体关系的具体化，就是说，财富和商品的价值是指财富和商品同人的需求的关系，价值的有无及其大小，均以是否能够满足需求以及满足的程度为转移。可见价值是一个关系范畴，而不是实体范畴；既不是单纯的客体概念，也不是单纯的主体概念，更不是纯粹的主观概念；它是一个包含供给和需求在内的综合概念，而不是一个单纯的生产领域的概念。

第二，财富和商品的价值形式的创造源泉，也就是财富和商品的实物形式的创造源泉，两者是一致的，它表现为一个多层次的多元的互联互动的体系或链条。首先，最广阔的一个层次是人和自然界的关系，即天人合一价值决定论，这里强调的是人类在创造财富和商品的过程中必须实现与自然界的和谐与统一，承认自然界也是价值创造的源泉和主人，而不仅仅是为人所利用的对象和手段；承认人类对自然界的每次胜利，自然界都以自己的方式进行了报复（如果人类违背了自

然界固有内在规律的话),从根本上扭转不讲条件的"人定胜天"及"征服自然"一类的错误观念。其次,就商品市场条件来说,财富和商品的价值决定是一个市场供给和市场需求实现均衡的过程,这种均衡可以是动态的,也可以是静态的;可以是局部的,也可以是一般的;实现这种均衡的市场条件,有完全自由竞争,也有完全垄断,还有介于两者之间的其他各种市场结构,不同市场结构会对供求均衡条件发生不同影响。这种观念承认供给和需求是市场经济的实质性存在形式,承认价值规律就存在于供求关系之中,而不希求在供求关系之外还去找什么能够说明价值和价格决定的第三者。第三者是多余的。再次,就供给和需求各自的决定来说,又各有一系列要素在起作用。决定商品供给价值或价格的,有劳动,还有资本、土地、科学技术和经营管理等;决定商品需求价值或价格的,有社会生产力水平、需求水平、收入水平、社会阶级和阶层结构、风俗习惯和消费倾向等等。所有这些要素在财富和商品的价值和价格决定中的地位、作用和彼此的相互关系,不是固定不变的,而是不断变化的。对此我们现在的认识还很浮浅。

可见,劳动是价值和价格决定链条中一个层次的一个面的构成要素之一,这就决定了劳动价值论只能是一种特例,而不会是通则。这个特例在古典政治经济学家和马克思分析的那些条件下是必然的和适用的,但要将它扩而大之,用于说明现代资本主义商品生产和新型的社会主义市场经济,或者像某些理论家所要求的那样,让其具有普遍的适用性,显然是勉为其难了。

第三,依据上述财富和商品价值论,实行按照生产要素贡献分配论是必然的。这种分配论承认人们有权按照自己的劳动取得收入,也承认按照其他非劳动要素及合法产权取得收入的合理性,并认为将"要素的贡献"作为尺度是实现公平分配制度的起码的和基本的要求,同时主张对分配尺度同一条件下出现的收入差距过大的状况,应由国家采取措施加以调节,以使收入差距保持在一定的合理的范围之内。这种分配理论不承认一切不按要素贡献与合法产权而获得收入的合法性,坚决批判那些凭借垄断性占有资源(经济的、政治的或行政的资源等等)而无偿占有社会财富和别人应得成果的行为,认为这是新时期中国社会出现的一种最值得重视、需要下大力气加以惩治的剥削行为。也就是说,要素贡献分配论决不否定剥削,只是要求结合现实情况对剥削重新加以界定。可以预计,在这种分配制度下逐渐会出现一个中产阶级,他们凭借自己的聪明才智在对社会作出贡献的同时,自己也得到较多的回报,享受着较为富裕的生活,这没有什么不好。事实证明,这样的中产阶级或阶层占相当大比例,从而形成一种橄榄型的社会结构,既是社会繁荣昌盛的一种成果,又是社会持续稳定健康快速发展的一种保障。再说,无产阶级革命的目标,毕竟不应是制造更多无产者,不应是促成少数人极富和大多数人贫穷的金字塔型结构,共同富裕才是中国社会主义事业的题中应有之意。

六、回答两个问题

有人问我对党的十六大文件相关内容怎样看?我以为,十六大文件吸收了此前关于劳动价值论讨论中提出的一些研究成果,在相关问题上表现了明确的倾向性,同时回避了价值论的提法,无论是多元价值论还是劳动价值论的提法都没有出现。这些研究成果主要体现在第一次提出的一系列原则上。一,提出"新阶层"是中国特色社会主义事业的建设者。二,提出"四个尊重":劳动、知识、人才、创造。三,提出要保护一切合法收入。一切合法的劳动收入和合法的非劳动收入,都应该得到保护。四,提出两个"必须毫不动摇":巩固和发展公有制经济,鼓励、支持和引导非公有制经济发展。五,提出确立劳动、资本、技术和管理等生产要素按贡献参与分配的原则,完善按劳分配为主体,多种分配方式并存的分配制度。六,提出允许符合条件的"新阶层"人士加入共产党。七,提出我们党是无产阶级先锋队,也是中国人民和中华民族的先锋队。我以为贯穿在这些创新思想和原则中的基本精神显然是多元价值论。我还认为回避价值论的提法是可以理解的,对这个基本理论问题由党的文件来下结论,既没有必要,也不利于继续研讨。

某些理论家在声称与我"商榷"劳动价值论的文章中说，我晏某人的观点与党的十六大"不沾边"。有人问我怎么看？我的回答是，这种提法不免让人感到意外，因为在理论争鸣文章中谈论什么不同观点与党的文件是否"沾边"的问题，是完全没有必要的，也是很不应该的，要知道理论观点的是非本来就不应也不能以其与党的文件是否"沾边"为依据和标准。然而，就某些理论家来说这也不是不可理解的事。恕我直言，多少年来，以这样的方式考虑问题、提出问题、判断是非、甚至决定取舍，在他们那里已经成了一种根深蒂固的思维定式和行为方式，年深日久，乐此不疲，获益匪浅，以至于到了若有人不照此办理，他就要将你打入另类的地步。时至今日，这种人也该换换脑筋了。除了这种提法的不妥之外，它其实还表露了某些人对现实的发展于心有所不甘并竭力加以排拒的心态。把话说白了，他们十分不愿意看到，或者说唯恐出现己所不欲的观点同党的文件"沾边"的情况，以至于失去了作出客观评论的能力。不过请他们放心，我不会去同他们计较什么沾边不沾边的，我只知道我衷心拥护党的十六大精神，这就够了。

有持不同观点者，在声称理论争鸣的文章中，因反对我的观点而怀疑我的动机，在我看来这是无理和无力的表现，不足为虑。我坚信谣言止于智者，也相信事实是对谎言的最好回击。对这种人谈什么研究的心路历程和体会，谈什么多年来付出的代价，经历的困难和曲折，遭遇的压力和风险，统统是多此一举。我过去多次申明，我的理论观点完全是我自己长期诚实劳动和深入思考的结果，我没想迎合任何人；现在看来还有必要补充一句，在不怀好意者新的攻击和诬蔑面前，我也决不会停止继续前进的脚步。我深谙探索之路任重道远，也深知己之不足，因而随时准备修正错误，欢迎一切平等善意的批评，但也随时准备坚持真理，决不会被恶意中伤所击倒。

（2003 年 11 月 14 日）

新闻出版改革的思路和实践

■ 柳斌杰

柳斌杰，国家新闻出版总署副署长。中国社会科学院研究生院哲学系毕业，硕士研究生，教授，高级经济师。曾任共青团中央常委、宣传部长，四川省人民政府省长助理、省政府秘书长，中共四川省委常委、宣传部长等。曾长期从事经济工作，对经济体制改革颇有研究，非常重视从经济规律看问题。

新闻出版改革的缘由

刚才院长说我"思想新锐"，敢于改革，业内业外都说我对新闻出版改革起了特别的作用，其实我只是一个冷静而坚定的改革推动者。参与经济体制改革十多年，有点经验，对文化体制改革有比较系统的思考。仅此而已。

谈起新闻出版改革，我的心境可以用两句古语形容：一句是"天地恒久，有物有则"。就是说世界上的事物发生变化是永恒的，但是变化是有规则的。任何一个事物都要按照他自己本身的规则去推动它的发展、变革。正如马克思所讲的"社会的发展和自然的发展一样是有规律的，不过在社会领域的发展它的一切活动是通过人的历史活动表现出来的"。新闻出版的改革也要按照它本身的规律来推动，但是必须要有推动的力量。另一句是"筚路蓝缕，以启山林"。就是凡进步的事业都要艰苦奋斗，劳心劳力，才有出路。改革是有风险的，通过这几年新闻出版改革的实践，我感觉到只有解放思想，开拓创新，排除万难，才能在荆棘塞途的森林里开出一条道路来。正像小平同志在经济体制改革开始的时候说的：必须要杀出一条血路来。意思是一样的，要经过艰苦奋斗来推动改革。我想大家看到的局面能够体现我的这两点感慨。

今天这个话题我想分三个问题跟大家介绍一下情况、交流一下思想。

第一个问题，新闻出版改革的缘由，就是为什么要改革？因为大家都是研究这个专业的，很了解现代新闻出版业作为传媒的主体，在社会经济、政治、文化、生活中发挥的重要的作用，尽管我们中国选择的是中国特色的新闻出版业发展之路，但是也并不否认它对社会文明进步的推动力量，不过西方更进一步夸大了传媒的力量而已。

在今天我们推动现代化建设的过程中，新闻出版作为现代化建设事业的重要组成部分，作为我们诸多工作战线的一条重要战线，它也肩负着重要的历史责任。但是就我们的实际来说，很多情况还远远落后于国际新闻出版业发展的水平。也同我们已经变化了的社会现实不相适应，具体表现在五个方面，也就是说有五种变化促使它必须要改革。

第一，未来的世界会更加开放，政治多极化、经济全球化、文化的多样性带来了人们活动空间的社会化和国际化，对信息传播和知识的推广，远距离的要求已经越来越迫切，是促使新闻出版业加速发展的一个重要条件。过去我们的社会比较封闭，同外界的交往也比较少，在那样的情况下人们觉得没有这个需要。现在不是这样了，新信息、新知识通过各种媒体，包括传统的、纸质的、非纸质的，也包括网络，传送给千家万户，传送给所有需要信息的人，这种状况是客观存在的。它要求我们新闻出版的体制必须适应这样一个国际化、社会化的总趋势。

第二，我们国家的经济体制改革已经进行了接近25年，我们的经济基础已经发生了根本性的变化。十六大以后，特别是三中全会作出完善社会主义市场经济体制决定以后，我们向完全的社会主义市场经济迈进，作为反映经济基础的上层建筑也相应地发生了很多的变化，政党、政府、国家机器各个方面也都相应地进行了很多改革。这些社会基础发生的变化要求我们新闻出版必须适应经济基础的需要，适应国家政治制度在某些方面改革发展的要求。这是现实基础发生了变化，反映现实基础的意识文化必须相适应。

第三，从最近几年开始，传统的文化观发生了变化。过去我们是把中西文化、中华民族的文化、东西方文化截然划分为不同的领域，否认人类共同创造的先进文化的成果，所以一直把文化的对立和斗争放在首位。这几年通过改革开放，同外界发生了很多联系，发现世界的文化多样性是一个现实，所以要承认文化的多样性，必须在竞争、比较中长期共存，在取长补短中共同发展。换句话说，未来的文化是多样性的，中国的传统文化不能消灭西方文化，西方文化也不能消灭中国传统文化，而且长期共存，共同发展。这种文化多样性的局面要求新闻出版既要弘扬主旋律，也要突出多样性。文化自身建设也要求新闻出版业必须改革，以适应这种变化了的新情况。

第四，随着信息技术、网络技术的发展，人类信息传播和文化载体发生了根本性的革命，远距离接受信息、远距离交流已经成为现实。适应这样一个传播的革命，特别是技术手段上所发生的变化，现行的新闻出版管理体制必须要改革。过去，凭借我们行政管理的区域垄断信息，封锁知识，现在已经做不到了。因为网络本身是一个无国界传播的载体，整个信息是开放的，你不传播，别人会传播，封不住的。惟一的办法是要适应这个变化，加速信息传播和知识的推广，要比速度、比效率。这是技术性的变化带来的一场新闻出版业的革命。

第五，全面建设小康社会的目标提出了建立学习型社会的要求，学习型的社会就要提倡终身学习、继续学习、团队学习、永远学习的新的学习观念，这就对新闻出版业提出了与时俱进、开拓创新的要求，新闻出版业要适应这个社会的变化需要。比方说，过去在上学的时候是统一的统编教材，全国500万小学生学的是一样的课本，中学生也是一样的，大学里绝大多数也是一样的，文科、工科、理科基本上是一样的。但是随着社会发展变化，知识结构发生了变化，现在的课本有两万多种。既有国家统编的教材，也有区域性的教材，也有实验性的教材，这就对出版业带来了很大的挑战。几十年不变的统编课本已经行不通了，下一步随着小康社会建设的不断深入，人们精神文化生活的需求还要进一步增强。个性化的信息需要、个性化的出版已经成为一个现实问题。大家都知道在国外已经有了个性化的电视时段，几百个电视凭你的卡可以购买哪个时段。也有个性化的图书出版。这种变化就要求我们要改革现在的体制，加速建设现代化的新闻出版产业。

从宏观上来讲，上述这五种现实要求我们必须改革现行新闻出版的管理体制和生产经营体制。从另一方面来讲，新闻出版业有悠久的历史，新闻在中国有三百多年的历史，近代新闻也有一百多年的历史。大家看了五四运动之前的历史，报纸、杂志也是创造了最辉煌的时期。从出版来讲，中国是一个传统的文明古国，两千多年以前我们就已经能够出书。大家现在常常讲的《周易》就是两千多年前产生的，一直到现在在世界上也是很有影响的一本书。我们的祖先发明了印刷术、造纸，发明了活字印刷，这就使中国出版在世界上一直处于领先地位，以至于到当代中国人发明了汉字激光照排系统，现在世界上用的汉字激光照排系统也是中国人发明创造的。我们的历史资源是相当丰富的，所以出版了大量的历史典籍，中国五千年的历史没有中断，五千年的文明能够延续下来，与出版业有很大的关系。像北大图书馆就藏有许多年的历史典籍，都是中华文明所创造的重要成果。但是现在社会生活发展比较快，传统的东西要走向现代，必须要发生深刻的变革。

长期以来我们形成了计划经济体制，在计划经济体制的影响下我们新闻出版业出现了几个问题：一个是高度集中的审批制度。新闻出版的每一个环节都有严格的审批程序，而且这些审批程序往往是集中在中央，对于企事业单位的发展极为不利。同时新闻出版的资源配置完全是按照计划的办法来配置的，所以按照行政单位、地区的级别来配置新闻出版资源，一个省里面可以有多少报纸、多少杂志、多少出版社、多少广播电视，一个部委可以办一张报、一本杂志、一个出版社，基本上是按照计划经济的模式和配置来进行的，不适应当前市场经济的要求。比如说市场经济讲究效益，按照优势配置资源，而计划经济则限制效率和优势的发挥。这是我们存在的又一个问题。还有一个问题,现在经济上已经是市场经济的基本框架了,而我们的新闻出版业还没有走向市场。在许多地方,还依靠行政权力摊派报刊、摊派杂志,增加基层群众的负担,而人民群众需要的东西又到不了群众手里。新闻出版业远离市场、远离群众所造成的严重后果已经显现出来。还有新闻出版工作者的积极性没有充分地发挥出来。本来这个行业是集中了一批比较优秀的编辑、记者队伍,但是由于现在的体制和机制,没有能够造成人才脱颖而出的环境。所以在很多单位,有用的人进不来,没有用的人出不去,企业不能生不能死,人员不能进不能出,严重窒息了创作力和活力。

所有这些问题既有观念上的问题,也有体制上的问题,还有机制上的问题,解决的惟一办法就是改革。通过改革要造成一种新的适应市场经济的体制,要造成一种适应精神文化生产的机制,要造成满足广大人民群众需要的一种新闻出版产品的市场,推动事业繁荣,推动产业发展。这就是大家非常关心的新闻出版改革的原因。最近这段时间党中央国务院把新闻出版改革放在一个重要位置,先后出台了文化体制改革、新闻出版体制改革多方面的政策和文件,深化新闻出版改革,推动这项事业向前发展。为什么呢?简单地说,就是全面改革、协调发展、全面建成市场经济体制包括了所有行业,不能有些行业是市场经济,有些行业是计划经济,这是不可能的事。未来的中国在任何一个行业都要按照自身的特点和市场经济的基本规律来运行,跟上改革的步伐,新闻出版也不例外。这就是我们改革的原因。

至于有些人看来,新闻出版改革是不是迫于国外的因素,迫于我们加入世贸组织的压力,迫于当前社会的呼声,并不完全是这样的,但是这些因素也是值得我们注意的。比如说,我们现在已经全面对外开放,中国将会在更高的层次上、更广的领域里、更多的方面同全世界打交道,这是一个很现实的问题。我们要用世界都能够听得懂的语言来发表我们的思想观点,进行交流和活动,这就需要我们学习世界新闻出版的一些基本规律。再比如说,加入世贸以后,要求我们在文化领域里进一步开放,就新闻出版来说,要开放市场,一年要开放零售市场,这我们已经办了,两年在更广泛的领域里开放出版业的市场,三年要开放我们的批发市场,2004年12月以后整个中国新闻出版、音像这些产品的批发市场也要对外开放,就是外国的资本可以进入。五年以后整个新闻出版的市场就可以由外资、民营资本和国有资本共同投资经营。那个时候不管是批发、零售还是物流的各个环节,外资、民营资本、国有资本没有任何的限制,是在一个起跑线上公平地竞争。这也是我们适应加入世贸要求的一个改革重点。

至于新闻管理方面,我们坚持按照新闻出版的特点和市场经济的要求,构建宏观管理体制,这些也是其中的一个因素,并不完全是按照别人的意图来办事,而是我们自身发展的一个需要。

这是第一点,我们为什么要改革。大家可以想一想外界环境发生的变化,想一想我们行业目前存在的问题,怎么样壮大实力、增强活力、提高竞争力。这些都使我们迫切需要改革,不改革是没有出路的。

新闻出版改革的思路

新闻出版改革按照什么样的方向改革历来是有争论的。原因在什么地方?刚才讲到的,新闻出版是社会最敏感的交感神经,既与政治体制密切相连,也与经济体制密切相连,又是文化体制里面重要的组成部分,每动一下,都会引起政治、经济、文化方面的强烈反映。大家研究这个行业也会注意到,为什么新闻出版改革的每一个举措,国际上都十分关注?就是它非常敏感。正因为是这样就有了它的特殊性,所以不可能在改革开放一开始就进行这样一项改革,必须在有了经济体制改革的基础、有了政治体制改革的经验之后,才开始新闻出版的改革。这是它的客观地位所决定的,不可能脱离政治体制,也不可能脱离经济体制,所以只有在进行了这些改革,达到了一定程度后才来启动新闻出版的改革。这就是为什么在改革开放二十多年后才进行这项改革的基本道理。

既然是这样,这项改革就要考虑多个方面的问题,既要考虑新闻出版业在政治体制、经济体制、文化体制中的特殊地位,也要考虑它和一般产业的共同规律，既要讲它的特殊性，也要讲它的一般性。它的特殊就在于它的意识形态属性非常强，它的每一个产品都带有文化观念、价值观的内容，这是它的特殊性；说它有一般性，是因为它是一个产业，符合物质生产的一般规律，也要设计，也要构思，也要生产，也要包装，也要上市，跟其他产品没有什么两样，基于这两种情况就有两种认识，有些人强调它的意识形态属性，说它是一个意识形态的东西，你不能改它，不能动它。也有一种思想强调它的商品属性，说它跟其他商品没有什么两样，应该一样进入市场去生产，这就产生两种观点。我们现在找到的是既要符合它意识形态的属性又要符合市场属性、商品属性的改革思路，这就是一个极其不容易的问题。经过多年的探索、讨论、研究，现在大体上说新闻出版改革的思路已经比较明确了。主要有这么几条。

第一是宏观管理体制。

宏观管理体制应该表述为党委领导、政府管理、行业自律、企事业单位自主运营的宏观体制。党委领导，我们中国各项事业都要在共产党的领导下，这是我们国家的政治体制所决定的；政府管理，这是世界各国共同的规则，任何一个具体行业都必须在政府依法管理的范围内活动，政府加强对出版活动和出版物市场的管理势在必行，不是去管一个具体的出版单位，而是宏观的管理；行业自律就是新闻出版行业要建立自己的行业协会，对行业进行自律。大家跟国外交流，在西方国家里面代表这个行业的主要是协会，报业协会代表报业，期刊协会代表期刊业，新闻协会代表新闻，出版协会代表出版，网络协会代表网络，音像协会代表音像，很少有政府部门管那么具体，而都是行业组织进行行业自律；企事业单位自主运营这是一个关键问题，过去新闻出版单位的自主权是极少的，这次改革就是把他们作为市场主体，确定法定的市场地位，按照自己的特点进行自主运营，自我发展。所以将来的宏观体制大体上就是这四个方面。这个思路已经明确了，不再实行高度的计划经济、中央审批的管理方式，也不再由党政部门直接插手新闻出版单位具体的产品和生产过程，完全是市场宏观管理。

第二是微观体制。

微观体制分两个方面，一个前提是怎么样区分新闻出版单位微观体制。我的两句话很流行：性质决定体制，体制决定机制。就是说一个单位是由它的性质决定体制，由体制再决定它的机制。这是一个连带的关系。首先就说它的性质问题，按照世界上通行的原则和中国的情况，新闻出版单位大体分为两种性质，一种是事业性质，主要是依靠政府资金，是不盈利的，属于公共事业，以公共服务某种特别目的为目标的单位。外国也有这样的，比如说大家熟悉的美国之音，就是美国新闻署办的，也不要广告，也不要赞助，完全是为政府的公共目标服务。再比如BBC等英国、美国著名的电视台都是政府控股的，政府占27%的股份是不能少的，股权变动要经议会讨论。带有事业性质的新闻频道、滚动新闻中间都是不带广告的，这是以公益性为目的的新闻出版单位。比如说我们一些承担公共服务的报纸，重要电台、电视台的公共频道等是以公共服务为目的的，这就要依靠政府的支持、社会的捐助来维持它的发展，不以经营的手段来求发展。第二种是经营性的，卖产品的，必须面向市场，以产业化的形式发展。除了党和国家的重要喉舌，除了一些重要的新闻出版单位，一般都要面向市场，转制为企业，自主经营，自负盈亏。

分开不同的性质以后就是两种思路。第一类是事业思路：事业性质的国家主导，政府投资，搞活机制，搞好服务。它的改革重点在于搞活内部机制，主要是人事、劳动、分配三项制度的改革，也要跟市场接轨。同时要求改善服务，既然是以公共服务为目的，就要改善服务。比方说大家批评一些电视频道广告过多，影响观众收视率，作为事业的话今后就要做出限制。在什么方面不能进行广告经营，在什么频道要突出为公众服务。现在一般认为的事业主要是各级党委的党报，国家电视台、电台，对外宣传的机构，一些政策性的图书出版，比方说国家的古籍整理、盲文出版，一些特殊人群需要的，不能依靠市场发展的行业，将来就进入事业渠道。这是将来改革的一条思路。大家看看美国华盛顿有那么多博物馆、文化馆、图书馆，也都是公共服务的机构，一分钱都不会收的。我们将来的事业单位也是以公共服务为目标的。这就形成了今后新闻出版的事业主体。

第二类就是产业思路。经营性的新闻出版单位在这次改革中首先要进行企业转制，搞活机制，面向市场，加快发展。就是由事业单位转变成为企业，要进行产权制度的改革、公司化的改造，有条件的还要实行股份制，还要上市融资，通过市场渠道吸收资金，做大做强。它的改革要求首先是改革体制，原来的事业要变成企业，重点要搞活机制，内部机制要适应当前市场需要，要增加企业内部的活力，加快产业的发展。

将来事业主体就是公共服务的主体，企业主体就要面向市场，参与市场竞争。微观上将来所有的报社、杂志社、出版社、音像出版社、网络出版、电子出版单位以及广播、电视等等，都要按照这两种性质来划分，一类是属于公共服务事业性质的，一类是面向市场企业性质的，就是要沿着这两个方面的思路进一步深化改革。

第三是市场体制。

微观主体这么一改，原有的计划市场就打破了，那么将来新闻出版市场是一个什么框架，总体上来说，就是统一开放、竞争有序、健康繁荣的出版物市场。

首先是统一，全国新闻出版市场要成为一个统一的大市场，没有贸易壁垒，不能像现在计划经济所形成的这种市场，基本上是垄断经营、条块分割、地区封锁这种局面，我们的图书主要是由新华书店统一经营、统一发行，特别是中小学教材的发行，始终是垄断经营的。为什么县市以下的新华书店不景气，就是因为它的心思没有放在发行上，靠教材就可以活得很好，其他的图书经营多少无碍大局。垄断经营有了垄断利润，就决定了它的惰性难以参与市场竞争。报刊经营由邮电局发行，现在大概售价的 50%都要交给发行单位，这也是垄断的结果，现在要打破垄断经营，造成统一市场。不但要改造国有传统的发行渠道，使它成为股份制，还要组建培育一批有各方参与的大型发行企业，培育跨地区经营的市场主体。

开放，就是这个市场是开放的，不再是封闭的，地区之间、行业之间、国际国内的市场都要开放。外来的要通过各种合作、合资走进来，国内的要通过各种渠道走出去。地区之间要提倡跨地区经营。现在地区封锁很厉害，邻省之间的出版物都不许进来，世界上其他地方都是统一的市场，在任何地方都可以购买任何一种产品，惟有我们国家地区垄断相当严重。行业之间也是这样。为什么很多高等学校里那么好的出版物发行不出去？受到行业的限制。你是教育部门的就只能在教育行业里运行。在许多落后地区封锁得更加严重，所以我们要开放市场，要像其他产品一样完全对内对外开放，出版物的市场不再是垄断的和封闭的。

竞争，就是要构成市场多元主体，让这些多元主体参与市场竞争，造成优胜劣汰的机制。不断提高经营服务的水平，降低销售成本，维护消费者的利益。刚才已经给大家讲了，这两年在图书业构建新的市场竞争的主体方面有了实质性的突破，引进了外国大型跨国经营集团，引进了民营股份企业，引进了行业以外其他的资本参与构建统一的市场，进行公平竞争。当然目前这个竞争还是不充分的，因为我们的主体还没有完全形成，在许多地方仍然是国有企业独占天下的局面，起不到公平竞争的作用。

有序，就是要依法规范市场。外国对中国最关注的问题就是盗版，市场反盗版问题始终是中外知识产权谈判的一个重要问题。有序市场竞争必须是市场法制下的公平、公正、公开竞争，而不是无序的竞争。政府将依法维护市场秩序，严厉打击盗版、假冒伪劣和非法经营活动。

健康，出版物是精神产品、公共产品，承担着公共责任，新闻、出版，都不能损害他人的利益和名誉，也不能为了私利而对他人、其他团体造成伤害，所以必须是负责任、健康的。你不能利用新闻弄虚作假，也不能利用出版来毁坏别人的声誉。所以要制定市场规范，健康发展，维护市场正常秩序。

繁荣，就是要提倡文化的多样性，满足社会各阶层、各种人群精神文化生活的需求，要提供丰富多彩的内容奉献给读者、观众。尽管我们的报刊已经有2100多种，期刊已经有9000多种，图书年生产量已经有17万种、70多亿册，广播电视已经有1900多个广播电视单位，它所生产的广播频道有2100多个，电视频道有2200多个，应该说相当多了,但是还不能满足各种层次的需要。下一步还要在突出主旋律的条件下,进一步提倡多样性,满足社会各种群体精神文化生活的需求。这就是繁荣市场。

总的目标就是适应市场经济的要求和文化繁荣的需要,加快建设统一开放、竞争有序、健康繁荣的大市场大流通体系。

第四是产业发展。

刚才已经讲到了,一部分新闻出版单位要转制为企业。同其他企业一样要面向市场,自主经营,这就构成了产业发展的基础,产业是由企业组成的,有了这样的企业主体就有了产业,所以要规划发展新闻出版产业。这一点也是很大的进步。在一年前,在中国还不能提新闻出版产业,我讲了新闻出版产业问题,大家还提心吊胆。十六大给了我们一个强大的精神武器,正式提出了文化产业的概念。文化产业里面主要的龙头产业就是新闻出版。大家都知道,在文化类事业中,博物馆、图书馆、文化馆等,本来就是赔钱的事。广播大多数是赔钱的,国家拿了大量的投资,几乎是不赚钱的,每年还要大量补贴。文艺演出也是补贴的,重大节庆演出,政府拿一些钱才能排一个节目,不拿钱就排不出来节目。演员的市场化和文艺单位的计划性产生了严重的矛盾。剩下的是什么呢?新闻出版,是文化产业的龙头产业、骨干产业,因为新闻出版单位都是生产经营的,都是赚钱的。根据去年的情况来看,不包括电视和新闻网站,新闻出版整个行业总资产1900多亿,销售额1526亿,利润126亿,在中央各个产业部门里面新闻出版的利润是相当高的,仅次于石油天然气、交通、金融、电力、通信,排在前六位。但是这并不是产业发展兴旺发达的情况,而是垄断地位带来的垄断利润,没有经受市场考验。下一步新闻出版产业的发展要经过市场的检验,所以就要制定产业发展的规划,在这方面可以给同学们介绍在产业各个环节上逐步实行开放。

首先是印刷环节已经完全市场化了。国内外的企业都可以投资印刷行业,国家有关部门对印刷业特种行业的限制已经取消了,成了一种公众产业。在我们境内现在有2900多个中外合资的印刷企业,你们有机会到广东看一看,大多数都是境外、国外企业与我们合资办的印刷企业，许多国家和地区与之有业务合作，上万种印制产品是在珠江三角洲印刷出口的，产业化运作已经国际化。

第二个环节就是市场环节，正在开放。从加入世贸那天起正式开始对外开放，现在已经有民营的发行单位7万多个，也有一批中外合资的发行企业正在产生，世界著名的新闻出版跨国集团有20多家在中国设立了办事处，成立了新的机构，也参与中国市场的竞争。所以这个市场走向产业化是大势已定。

还有一个行业就是光盘、软件产业，就是光盘生产、软件生产，这个行业也是开放的。完全是按照企业化的生产组成股份公司，大多数厂家都是股份化的企业。这些行业已经首先在市场化里面迈出了步伐，将来它会成为这个行业产业发展的先头部队。目前国家正在制定文化产业发展的有关政策，现在事业单位转制为企业单位要在政策上怎么支持，比方产权关系的理顺、不良债务、不良资产的处理，离退休人员的社会保障问题。另一方面要制定适合文化产业本身的政策，比方说贷款投资、税收优惠，再比如说制定文化产品出口退税和支持出口产品的政策，使它自身有发展的动力。现在正在制定今后十年文化产业发展的规划，我相信经过一定的程序，这个规划和政策一出台，会加速推进新闻出版产业的形成。

第五是政府改革。

大家非常关心中国政府今后如何管理新闻出版业，可以肯定，今后政府的管理要完全按照市场管理的要求，确立自己依法行政的目标。目前正在实行政企分开，管办分离。原来政府办新闻、办出版、办市场，这不符合市场运行的规则。办的人不能管市场，管的人不能办市场。按照这个思路必须要转变政府职能。政府过去是以审批为主的权力型的政府，现在要转变成以为大家办事为主的服务型的政府，所以下一步政策要规范透明，依法行政，政府对新闻出版的干预和管理完全要依照法律，而不能像某些时候那样随心所欲。出版活动、出版物市场管理都要按照国家的法律制度来办。还有，政府要建立公共服务体系。为社会公共服务的新闻出版事业，主要是非盈利性的单位和为社会公共服务的单位，仍然要得到政府的支持和帮助。

归纳起来，目前大体上就是按刚才讲到的这五条思路在推动新闻出版的改革。宏观上是党、政、行业组织、企事业单位各司其职，各行其道。微观主体依据两种性质、企事业分开运行，各自按照自身的要求去改革。市场框架要按照目前已经想到的以及世贸规则要求的进行建设。产业发展要按照整体小康社会的要求规划、发展新闻出版产业。政府职能的转变要以市场经济体制为基础，把权力型的政府转变成为服务型的政府。这就是当前新闻出版改革的基本思路。这个思路大体上能够概括这个行业今后改革的各个方面，至于每个单位、行业内部的每一个部门如何改革，在这个总体思路下一项一项地进行。大体上来说，在明年10月底以前完成所有这些思路试点任务的工作，对于目前这些思路都选择了一批省市、一批企事业单位进行试点，明年10月份基本上完成。然后把通过试点证明可行的办法总结出来作为全面推进新闻出版改革的意见，争取在三年内新闻出版改革能够取得决定性的成效。这个思路也已经基本上写进了十六届三中全会关于完善社会主义市场经济体制改革的决定中，也已经得到了中央的认可，现在正在全面的落实。

新闻出版改革的实践

中国的新闻出版走过了一个很曲折的路子，新中国建立以前，新闻出版业经过长期发展、共同奋斗，已经有了一些基础，那时候也有很多报纸、很多刊物、很多图书出版，比方大家现在知道的三联、商务、中华等都是在旧中国建起来的。新中国建立以后，改造了旧中国留下来的新闻出版单位，组建了新中国自己的新闻出版单位，形成了新闻出版发展的一个高潮。大概到1957年，中国新闻出版业在社会主义改造中得到了很大的发展。

"文化大革命"产生了文化的专制和极"左"的思潮，大批文化人被下放劳动改造，出版社关闭，报纸、杂志已经很少，那时候所知道的就是两报一刊，《人民日报》、《解放军报》、《红旗》杂志，地方报刊大多是以转载中央的消息、文章为主，都是一个模样的报纸。"文化大革命"结束以后,国家进入了改革开放时期,新闻出版事业也进入了一个快速发展的时期,所以在1979年到1985年短短的六年时间里,整个新闻出版事业的发展已经达到了相当的水平。可以告诉大家,那时候的报纸、图书在数量上已经接近现在的水平。后来又在思想上、文化上、整个社会上发生了一些动荡,由此对新闻出版业又产生了消极的影响。

到了20世纪90年代走上了比较稳定发展的轨道。现在看,包括北京大学这些大学出版社,大多数都是在80年代初期建设起来的。大多数刊物也都是在那个时候办起来的,大多数报纸也是在那个时期创办的。90年代报刊发展已经有了一定的规模,但是随着改革的深入发展,新闻出版与现实生活不相适应的问题已经突出表现出来,这就需要改革,所以大家就开始想怎么改革。

1992年,新闻出版进行了一场大胆的改革,就是民营资本进入了发行领域,允许民营资本办出版发行,这是一次改革。但是到了十四大之后,确立了市场经济这个改革方向后,新闻出版的改革没有跟上,在原来的基础上向前推进,继续维持了以计划经济为主的模式。

到了1999年,中国加入世贸谈判取得了决定性的结果,而在世贸谈判中间外国非常关注中国电影、出版物的问题,谈判下来,原来不打算开放的领域也不得不作出了某些开放。中国政府作出了承诺,电影领域,新闻出版、音像制品的分销服务,软件生产,电子出版这些要对外开放市场。

在这样的情况下,中国新闻出版改革就迫在眉睫。因为要应对加入世贸后的挑战。在前几年大家注意到的一句话,就是应对加入WTO的挑战,在这种情况下,中央和地方都在研究新闻出版改革问题。当时研究的结果,就提出了以集团化为目标,以适应WTO之后中国新闻出版市场的变化为要求,规划新闻出版的改革。这就有了事后的一些改革举措。

到了2001年,实行集约化经营,组建大型出版、广电、发行、电影集团、报业集团,这是中央作出的一个部署。因为我们面对的竞争是国际性的,而国际上许多新闻传媒都是跨国集团,像美国、德国、法国、瑞士等大家所知道的著名集团都是在几十个国家来经营新闻出版业，而不是在一个国家。我们的新闻出版单位主要是集中在地区，这样一些小舢板对付那么大的舰队，像外国人形容的到中国来参加新闻出版的竞争既找不到对手，也找不到对象，为什么呢？对手不是一个等级的，人家是经营几百亿美元，你是一点点的小摊位。也找不到对象是什么意思的？想跟你合作也不容易，你的规模、实力太小，不能"门当户对"。在这种情况下就提出了组建集团，实行集团化战略。当时规划在国内组建100多个新闻出版方面的集团，包括出版集团、报业集团、广电集团、电影集团、发行集团等等。在这样一个思想指导下，开始了集团化的战略。所以从新闻出版方面来说，组建了57个报业、出版、发行的集团。但是这次集团化战略改革没有解决体制和机制上的问题，结果大多数都成了行政捏合的公司、翻牌公司，本质没有什么变化，不适应当前市场竞争的需要。

第二个问题是当时提出来出版物的市场要进行现代物流配送、连锁经营这样一套新的理念。由于市场主体发育不充分，加上地区封锁、垄断经营的实力还相当大，形成了阻力，所以进展也不是很快。形成的连锁经营的体系大多数是以行政关系为纽带，而不是以资产为纽带，所以不是一个市场化的东西。在这个时期进行的改革，虽然进行了很多探索，但是没有打破旧体制的框框。

十六大之后新闻出版的改革进入了一个新阶段，因为十六大提出来了一些新的思路，提出了深化文化体制改革、加快文化产业发展的整体思路，要求新闻出版行业的改革既要尊重意识形态、精神文明建设的规律，也要符合市场经济的要求。观念上向前大大迈进了一步。在这种情况下，中央作出了重大决策，就是要动员中央各有关部门，深入基层调查研究，提出新闻出版体制改革的思路和办法。这就是今年上半年开始进行的新的改革。在调查研究的基础上提出了新闻出版改革试点的新方案。在原来改革的基础上大大推进了一步。这个试点现在涉及9个省市、21个新闻出版单位，试点有的是企业转制的，有的是按照事业的性质来发展的，有的是要进行股份制改造的，有一些还要进行公司制改造，准备上市，在市场经济框架下深化了一步，目前这个试点正在推进阶段。这些试点体现了我刚才讲到的那几点思路，在这几点思路上都有试点的单位进行试点。在试点到一定程度时进行总结。是不是能建立一个充满活力的新闻出版行业，关键是要看这次试点的结果。

十六大之后，党中央在新闻出版改革这方面采取了重大措施，我也可以给同学们介绍一下。首先，提出新闻出版要进一步贯彻"三贴近"，我觉得这是对以前新闻出版业方向的进一步明确。大家要理解中央提出的"三贴近"，为什么要贴近生活、贴近实际、贴近群众，就是某些新闻出版产品还存在"三脱离"：脱离了生活、脱离了实际、脱离了群众。"三贴近"原则一提出，得到了广大人民群众的欢迎，也得到了新闻出版业一致的拥护。过去大家常常处于两难的境地。过分地强调意识形态，注意意识形态的宣传作用，失掉了市场，失掉了群众。如果一味地迎合群众、迎合市场，又削弱了对主旋律的宣传，一直是处于这么两难的境地。这次党中央提出贯彻"三贴近"的原则，就给新闻出版的改革提供了一个重要的指导思想。

接着改进新闻宣传。大家知道长期的新闻宣传总是存在群众欢迎不欢迎的问题。什么原因呢？群众反映新闻中会议太多、领导活动太多，没有新意的讲话太多，大家形容版面上都是领导长篇讲话，电视上都是领导活动。中央高度重视群众意见，所以从今年两会开始就改革新闻报道。在新闻上突出了关心群众热点问题、报道基层生活这样的方向，减少了对会议、对领导活动的报道。所以两会新闻报道的转变引起了国内外的关注。紧接着就碰到了伊拉克战争和防非典这两件大事，中国新闻事业又经历了一次考验。伊拉克战争怎么报道？按照以前新闻报道的一些规定，往往要迟到24小时还不能出来。因为得到的消息还要编辑、加工，还要上报、审批，再安排播出，"9.11"的时候大家都体会到了，24小时没有反映，大家都是看的凤凰卫视。伊拉克战争报道就不一样了，这一次也体现出中国新闻工作者跟世界新闻工作者的能力相比并不差。下决心突破新闻报道上一些瓶颈，实现24小时现场报道，外国通讯社的消息、战场上的新闻、专家评论直接搬上了荧幕，见诸报端，凤凰卫视、外国人反过来看中国的新闻，收视率大大提高。这是一大尝试,受到了人民群众的欢迎。同学们也看过了伊拉克战争新闻,中国的报道跟世界是同步的,而且有许多重大消息同国际上主要通讯社比较,中国通讯社是领先的。说明体制一变,我们的编辑、记者队伍还是能够打硬仗的。防非典又是一次考验,就是对突发事件报道怎么处理。这一次在博鳌论坛上,《亚洲经济周刊》和美国著名的主持人当面向我提问,是不是中国在防非典上有意掩盖事实真相,不向世界公开说明事情的进展情况?我给他的回答是:完全不是这样的,我们没有掩盖事实的必要。失误的原因主要是我们应对突发事件的整个机制没有形成,面对突如其来的灾难就不能适应。在有了一些教训之后,我们制定了应对之策,对防非典的报道以及突发事件的处理如实地、及时地、公开地报道了。因为过去对突发事件报道有一套规则,这个规则限定得过死,使新闻单位不能够发挥自己的主动性。所以在这之后信息公开,增加了透明度,每天向公众介绍疫情发展的情况与党和政府所采取的政策措施,收到了很好的效果。在这个基础上,中央改革了突发事件报道的管理办法,所有的国际、国内的突发事件都应该及时、准确地给予报道,这就促进了新闻的进一步改革,提高了我国新闻报道的公信力。

接下来做的事情大家也看到了,整顿党政机关的报刊。外界有一种误会,认为我们要砍掉多少报纸、多少刊物,不是这样的。我们这一次针对的目标主要是党政机关的报刊,就是依靠权力摊派发行的报刊,换句话说市场不需要这样的报刊。市场不需要怎么能办下去?依靠党政机关的权力摊派。我们到一个地方调查,一个部门的刊物,依靠行政摊派发行 58 万份,就是行政摊派发行。后来当地党委决定这种依靠权力摊派发行的刊物可以脱钩进行市场化经营,结果一下子由 58 万份掉到了 2 万份,自然就倒闭,办不下去了。这就说明党政机关的报刊依靠行政权力摊派增加了基层和人民群众的负担,所以中央下决心要解决多年解决不了的问题。反过来,党政机关为什么要办这样的报刊呢?单位利益。通过摊派发行,补贴机关的福利,这是一个重要的来源。第二是成为人员安排的蓄水池,要安排干部,司长、处长不好安排,就安排到出版社、报社、杂志社。由中央部委办的报社、杂志社、出版社大多数都是司局级的单位，安排司长是没有问题的。所以有一个出版单位一年换了三个出版社社长，既不是专业人员，也不是搞过出版工作的，为什么呢？要解决他的待遇问题，一进出版社就是一个正局级干部。解决之后调走，然后再带来一批。所以我把他叫做"小金库"、"蓄水池"。这种部门的利益使得党政机关办报、办刊、办社成风，一个乡干部说他们摊派的报刊都是打了捆，一周之后才到。大多数是打着捆来再打着捆卖废纸。党中央、国务院下决心要解决这个问题，体现了民意。《人民日报》已经公布的名单，有600多家党政机关办的报刊已经撤销，下一步还有几百种要管办分离，或者是划转到一些新闻出版单位去，这是中国新闻出版改革的重大举措，解决了多少年来体制方面的弊端。这是目前在新闻领域改革的一些措施。

在出版方面主要是进行不同性质出版集团改革的试点。党和国家的重要媒体及一部分公益性的出版单位继续深化内部改革，比如说像《人民日报》、《求是》杂志、各地方的省报，这样一些报纸主要是深化内部改革，增强公共服务的功能。还有少量的出版社；比如政策性的出版社也是按照这个方向进行改革。另外一部分经营性的出版单位，面向市场，进行产业化经营，都要转制，按照企业的要求进入市场，公平竞争，优胜劣汰。目前也选择了一批在进行试点，进行转制，进行股份制改造。这是从两个方面进行试点。

按照十六大的精神进一步深化新闻出版业的改革，首先是在体制上要突破，以前的改革关键是在体制上没有突破，单一的国有制，单一的国营发行主渠道一直没有突破，这一次在体制上要进行突破。这是和以前改革不同的地方。

这次改革还要在理顺关系方面做大量工作。过去新闻出版单位都是党政机关主办、主管的限制，在关系上就比较复杂了，既有党委部门的领导，也有国家行政主管部门的管理，还有所办单位的管理，这一次主要就是要理顺这个关系，让所有的新闻出版单位都成为独立经营的主体。能够实现国家资产授权经营的，一律要资产授权经营，政府部门除了法律规定的相关任务以外不再干预企事业单位的生产经营。在体制上有很大的转变，所以这一点逐步要向国际上通行的管理原则靠近。政府主管部门不具体管企事业单位，由过去只管自己所办的新闻出版单位变成社会监管。这是一个重大的变化。

还有一个重要的变化，过去不允许其他资本进入新闻出版领域，只有国有资本，现在从不同的环节上有条件地向其他经济成分逐步开放。这就为新闻出版业的发展，开辟了健康的融资渠道。过去之所以发展受到了限制就是投资渠道不畅通，难以做强做大，现在增加了融资渠道，开放这些内容，从投资上给了一定的活力。

目前产业发展方面通过改革要实施一些新的战略。第一是集约化经营的战略。刚才给大家介绍了中国的报纸、杂志、出版、音像、广播、电视都是过散、过乱，规模很小，数量很多，都是不成气候的，大多数不能在市场上参与竞争。我们提出要集约化经营，要依托现在一些名牌、名社组建一批有实力的跨国经营集团，经过几年之后中国也有类似美国的新闻集团、时代华纳这样的传媒跨国经营的企业。

这里面需要说明的就是有一些舆论在批评，现在的改革是一个模式，就是组建集团，其实不是这样的。我们是要组建一些集团，从这些集团里面再培育出一批跨国集团。因为中国缺乏这样的大型传媒集团。但同时也不放松对于专业性出版集团的建设、改革和发展，同时要支持一些小型的、有特色的新闻出版单位的发展。从西方发达国家的情况来看，也是这种情况，一是占主流地位的大型跨国传媒集团，二是专业性的新闻出版集团，三是一些小而特的新闻出版单位，比如说德国、法国、意大利都有一些家族式的报纸、期刊、新闻出版单位生存了三百多年，也是很好的，虽然它小，但是有特色。整个布局将来是大中小并存，所以不是单一的，传说要把所有的新闻出版单位都划到集团里面去，这是一种误解。

第二是推行精品战略。文化产品的消费和其他物质消费有一个很大的不同，就是它不一定完全靠经济发展的情况来决定。购买房子、购买汽车，就遵循"票决"规律，由收入增长的规律所决定，而文化产品的消费恰恰不是这样的，依靠的是文化传统、文化氛围和当时的文化气候，世界上读书最多的人并不是最富的人，而往往是穷人，这就是文化消费和物质消费不同的特点。所以名牌的效应就非常重要。

联合国每年都在公布世界上影响最大的一百种书、一百种报、一百种杂志、一百位作者,就说明这些名人在世界文化发展中影响是极大的。有些人几千年不衰,有些书一版再版,所以名人效应是很大的。在中国发展新闻出版业也要依托名人、名牌、名社,实行名牌战略,打造精品力作。特别是想跨国经营,想走出去,不依托名牌是不可能的事情。

第三是走出去的战略。中国文化有五千年的历史,中国的文明也是人类文明最优秀的一支,但是我们的文化弱势在世界上明显地表现出来。我们知识生产的总量赶不上发达国家,中文信息在世界上占的比重很小很小,到国外一看几乎看不到中国的文化影响有多少,这与我们当前的经济地位是极不相称的,所以文化走出去也是当前的一个任务。我们老是消极防御别人的文化渗透,为什么不走出去渗透他人呢?所以要解决文化产业发展中的众多问题。当然我们语言上的不方便,这一点通过两个方面的工作来解决,一个是在全世界推广汉语教学。现在全世界已经有6000多万人在学习汉语,参加汉语水平考试,说明中国的影响越来越大。向国际上普及汉语知识、推广中国文化,这是一个方向。第二个方向要通过国外的传播渠道、国外专家把中国文化的精品译成外文,传到全世界。中国也要下决心向外推介自己的文化。这些年来通过努力,在新闻出版方面,在国外已经设立了一些电视台、电台、出版报纸刊物的机构,但是对主流社会的影响还很小,主要就是文化观念上的差异、语言上的障碍。我相信通过中国的发展,经济全球化进程中地位的提高,我们在世界上的影响会越来越大,中国文化在世界上的影响也会越来越大,新闻出版行业责无旁贷地担负着传播中国文化的责任。这是目前也要进行的一项重要工作。

第四是科技兴业战略。新闻出版处在信息业的前沿,科学技术是发展的推动力之一。要采用先进技术、先进设备和先进管理,提高采编、加工制作、传送、包装、销售的水平和产品质量,生产科技含量高、创造性强的知识产品,增强我们的原创能力和核心竞争力。

第五是人才战略。新闻出版行业是一个高知识、高智力的行业,核心竞争力就是人脑加电脑,而电脑也是人脑设计的,所以归根到底是人才的问题。外国传媒集团进入中国的首要任务就是挖掘中国的优秀人才,推行人才的本土化。这就面临一个人才竞争的问题,新闻出版的人才面临着多种选择,有了外国集团、有了国内集团,现在的有名主持人别人 200 万就挖走了,英文好的几乎都到海外发展了。报纸主编也是年薪百万、二百万就被别人聘请走了,出版专家也是同样的。所以要创造人才脱颖而出的环境,要形成留住人才的机制。要大力培养新闻出版方面的人才,要培养一批在国内一流、国际知名的名编辑、名记者、主持人、出版商,要造就这样一批人才。过去在这个行业过分看中意识形态的作用,没有站在产业、事业发展的角度看问题,所以经营人才奇缺,现在不适应国际竞争的需要,所以要进行人才队伍的建设。

如何看待当前新闻出版改革的思路、实践,我觉得主要是要解决思想观念的问题。值得强调的有这么几点:

一是新闻出版行业以至于整个文化行业它的产品是有两种形态,在思想观念上必须要分清楚。一方面是一个观念形态,表达一个认识、思想、文化、价值观,另一方面又表现为物品,是一种载体,一种传播的渠道,这两者的关系一定要认清楚。否则就看不清楚改革思路是怎么确定的。一方面要重视观念形态的东西,这正如胡锦涛同志在中央政治局第七次学习会议上关于文化产业问题讲话中讲的,在文化观念方面,一定要坚持以马克思主义为指导,要把中国的文化传统和现代化的要求结合起来,进行思想文化的创新。另一方面是物质产品,在物质形态方面就要按照物质生产一般的规律进行产业化生产,市场化经营。

二是有两种属性,既有意识形态的属性,又有市场商品的属性。比方一份报纸,它传达了一个信息,进行了舆论的引导,这是意识形态属性的一面,另一方面又是一个产品,又在市场上去卖,有商品的属性。如何处理意识形态属性和商品属性,要用新的观念去看待。过去我们认为在处理意识形态方面加强宣传就是占领出版物版面阵地,现在看来你的阵地不只在纸上,重点在市场,占领市场就是占领阵地,退出市场就是失去阵地,销售你的产品就是传播你的观念,要把市场和阵地统一起来，这样就避免在这方面"左"或者是右的思想的干扰。

三是两种行业性质，一种是事业，一种是产业。新闻出版作为党和国家文化建设的一项重要事业担负着重要的责任，但是它也是一份产业。事业的繁荣要靠产业去支持，就像人一样，要有精神，首先要有身体，身体健康才能生产更多的知识、精神、力量。人的精神活动和身体是分不开的。新闻出版行业恰恰也是这样的问题，既是表达一种精神，也是一种物质实体。过去我们错误的地方就在于只强调精神这方面，忽视了物质生产方面的属性，现在要强调两个方面的生产。

四是两种功能，也不能忽视。一种功能作为信息的渠道和知识的载体，新闻出版归根到底是信息载体、知识传播的渠道，从这方面来讲，它是文化建设的重要内容，是推动社会主义精神文明建设的一项重要工作，是离不开的。另一方面，它作为文化产业的基础产业，书报刊、音像制品、广播电视这是基本产品，是现代人离不了的产品。它也是作为文化产业的重要组成部分，也是国民消费和生产力的增长点。所以它的产业价值、产业意义也不能忽视。过去大家一提到文化行业，就以为是只产精神，不产物质，实际上现在的文化行业是极大的物质生产的行业。大家到国际上看看，美国文化产品的出口已经占到美国出口产品的第一位，好莱坞的大片、音像制品已经控制了全世界75%的市场。美国并不说传播它的文化价值观，而是推行它的美国文化产品，这就是它极其高明的一步，发展文化产业。韩国文化产品也已经占到他们国民经济GDP的13%，成为它第一大支柱产业，而且目前主要是瞄准中国的文化市场。卡通、电视剧、电影都在向中国传播。韩国和日本的游戏软件也是在中国市场占主导地位，成了国民经济的重要支柱。日本的大公司，比方说松下、东芝这样的家电传统产业都转向文化内容产业的生产，主要在用现代文化产业改造传统的家电企业，恢复企业的活力。所以这一切说明文化产业也是当前国内消费的增长点和经济的增长点，对发展经济也是极具重要意义的。从事文化行业的人，过去只注意它的意识形态作用，而忽视了它在经济发展中的作用。为什么发生这个变化？就是我们的时代、历史、生产方式发生了变化。在农业社会之前，人类最重要的生产生活资料就是野果、野兽，谁占有了这个就掌握了主动权。在农业社会土地成了最重要的资本，工业社会机器、工厂、铁路、电力这些成了它的重要资本，谁掌握了这些谁就成了资本家，就主导着生产。这些时代都已经过去或即将过去，现在是一个信息时代、知识时代，占有知识、占有信息就成为主导先进生产力的代表，所以有了这个变化，文化作为知识的基本要素在生产方式中的地位越来越重要，可以预见未来信息时代知识就是最重要的资本，国家政策也在这方面调整。以前要办工厂、企业要拿出资本，拿出钱或者是土地，拿出资本才成为股东，现在不一样了，现在知识、管理、信息、技术、发明、专利都可以变成资本。就是知识产品都能变成资本，我们国家在国民经济体制改革的过程中已经规定，这种资本可以达到企业总资本的 30%。这一次在制定新闻出版产业发展政策方面，根据新闻出版产业的特点，知识拥有的资本量可以占到总资本的 40%。一个单位假如有 100 万资产的话，管理和技术、知识专利就可以达到 40 万。这明显说明知识已经成为今天重要的资本，这就是说文化为什么在国民经济中间越来越占有重要的地位，不仅是因为它培养人才，传播科学技术知识、提高人的素质，而且是直接成为生产要素，进入国民财富的创造过程，这一点更证明了今天发展文化产业，特别是新闻出版产业的重要性。

这几个东西是在我们探讨新闻出版改革理论方面最主要的观念，是要掌握的，否则我们就一步也走不通。用形而上学的观点来看，有些人强调它的意识形态的作用，有些人强调它的产业的作用，始终是统一不起来的，而这两者属性本身都是具有的，关键是我们怎么样辩证看待，尊重客观规律。

说到这里，今天的文化体制的改革，包括新闻出版体制的改革，已经不是 80 年代经济体制改革探索年代的低水平，而是经过了 25 年经济体制改革，有了实践的经验，确定文化体制改革的思路和方案，要避免经济领域曾经走过的弯路，比方说国有企业在 20 年改革过程中间经过了多种方向的实验，也付出了沉重的代价，从仿照农业生产的办法，联产承包，到组建翻牌公司，到后来进行单一国有企业的改制，事实证明，不符合市场规律的东西都是失败的，直到目前我们才认识到混合所有制是我们实现公有制的最主要的形式。经过了20年的探索，文化领域的改革要借鉴国有企业改革的经验，也要吸取它的教训，所以从这次改革的起点上就跟原来大大不同了。

当然新闻出版改革，一开始跟大家讲了，是社会最敏感的领域，加上外部力量十分关注中国新闻出版的改革，使这方面也存在诸多的问题和矛盾，所以推动这场改革也并不是一件容易的事情，需要我们行业内、社会各界，特别是各级党政领导干部高度关注、大力推动才能实现。因为新闻出版是一个公共产品，它的每一个结果都会对公共利益带来某种影响，所以它发生的一切变化都与我们当前整个社会的改革，包括政治体制改革、经济体制改革、文化体制改革都产生影响。所以在思想上要进一步解放思想，大胆探索，开拓创新，实现十六大提出的与时俱进的要求；在行动上又不得不十分谨慎，从2001年开始到现在，一直处于试点阶段。原来的一些试点解决了一些问题，但是没有解决体制方面的问题，今年开始的这一轮试点主要是在体制上要有突破。为下一步全面推动文化体制改革积累一些经验，所以在行动上是非常慎重的。中央提出在推动新闻出版改革方面，要坚持因地制宜，分类指导、先点后面，协调推进的原则，不能一个样。东部地区市场发育程度高，市场化进展就快，西部地区市场发育程度低，推进的方式也不同。对事业单位、企业单位，对既有事业属性，也有企业属性，各种不同类型要分类进行指导。在各个层面上都选择了一批企事业单位作为试点先走一步，然后把整个新闻出版的改革放在国家文化建设、政治建设和经济建设的全局中去衡量，让它协调发展。因为国际上在新闻出版改革方面有一些沉痛的教训，我们也不能不注意。总而言之，十六大之后，新闻出版的改革进入了实质性的阶段，大家都可以看到，很多方面取得了突破性的进展。国内外一直都十分关注，下一步还要继续沿着这个方向，按照三中全会所确定的完善社会主义市场经济体制的要求继续推动它的改革。这是我们改革的实践情况。

有你们这么一批年轻的学生在学习钻研新闻出版专业，是非常值得庆贺的事情。因为现在新闻出版发展处在关键阶段，计划经济时代所训练出来的一批人，有一些通过解放思想、与时俱进能够适应今天改革发展的局面,但也有一批人习惯旧的思维模式,计划经济所训练的一套做法,很难适应今天的改革。尤其是在面向市场、开展经营方面极其缺乏管理人才,因为在这一行业不缺乏有文化的人,像新闻出版行业北大学生有好多,从50年代毕业生到现在,都不少。但是这些都是文化知识型的人才,编辑记者类的人才,而要适应市场经济文化发展的需要,既懂文化知识、又懂生产经营市场的人才稀缺,我希望在座的年轻人,既要学习新闻出版行业编辑记者的一些基本功能和技术,又要学习市场经济。今天任何一个行业,如果离开了市场经济的要求,离市场太远都很难发展。新闻出版总署作为国家行政主管部门,这两年加大培训力度,不断选拔培养新闻出版管理经营方面的人才,但是还远远不够,将来中国新闻出版业要实现跨越式发展,确实需要一批有知识、会管理、能够开拓奋进、善于在国际市场上竞争的人才,这样才能做大做强,中国的新闻出版业才会在世界新闻出版业中占有重要的一席之地,所以寄希望于青年一代。

　　清华也在培养这样的管理人才,人大、北师大都成立了专门的学院,也在着手培养文化产业经营管理的人才,我认为他们这些做法对中国今后文化产业,包括新闻出版的发展极其有利。没有人才,这个行业是难以发展的。因为它并没有极其复杂的技术,也没有高精尖的设备,也没有制约别人的核心技术,关键是人,人是创造性、知识性的劳动者,人才是第一位的,所以从这个意义上讲,这么多知名高校都重视这方面人才的培养,这是我们的希望。在新闻出版战线工作,我很希望有大量的有生力量补充到这个队伍里面来,这也是我今天愿意跟大家来介绍一些情况、交流思想的重要原因。今天就讲到这里,谢谢大家。

　　(以下是答学生问)

　　问:刚才您给我们描绘新闻出版改革比较美好的蓝图,我们都挺兴奋的,通过这些最新试点体现出了哪些障碍?怎么跨越这些障碍?

　　答:现在主要的障碍有两方面,一个是思想观念问题。在长期极"左"思想的影响下很多人对意识形态的敏感性看得过重,不敢触及,害怕改革，这是在领导方面很主要的现象。在新闻出版单位的主要问题就是长期计划经济体制，依赖国家生存，对计划那一套很习惯，现在要断奶，走向市场感觉很痛苦。所以有一些缺乏活力的新闻出版单位对目前面向市场的改革感到很害怕。不敢大胆地推进体制和机制改革，甚至有一些单位要求倒退，要求继续由政府保驾。改革体制、开放市场，这是从上到下最关键的问题，应该说中央的决心是下了。当然可能还有实际利益的影响，过去是政府拿钱，报社、出版社干事，办得很舒服，现在要自主经营，到市场上去竞争，感觉很不适应，这是当前改革体制方面要突破的两个问题。

问：试点的企业里面，哪个有条件上市或者是有上市的潜力？现在网络媒体还是只允许转载不允许采访，而且从事网站采编的业务人员也不允许发记者证，您对网络媒体的发展趋势怎么看？

答：现在在改革试点单位里，转制为企业条件准备比较充分的都在争取上市。但这取决于体制和业绩。在体制要实现资产授权经营、股份制改造和公司制改造，业绩上要有三盈利的记录。所以都在酝酿中间，一些发行集团，通过股份制改造以后也可能尽快上市。这是条件最好的一些企业。能不能上市取决于前三年经营业绩，这是我国上市的规定。

网络媒体的问题是当前社会非常关注的一个问题，总的来说，国家已经确定有一百多家网站可以成为中国第一批新闻网站。这些网站将来在一定政策规范内可以成为网络新闻的骨干力量。其中一些条件比较好的，比如新华、人民、央视等，也要有专门记者进行采访，也有自己的新闻产品了。目前网站的水平良莠不齐，有些素质好，也有一些素质比较差的，还有一些制作假消息、假新闻、恶意炒作，管理起来比较复杂。所以政府在这方面比较慎重，逐步推行，第一批确定的一百多家网站已经准备和新闻媒体进行一视同仁的管理。以后我想还会逐步扩大。

问：新闻出版管理是政出多门，在管理成本方面是怎么协调的？如果有矛盾怎么处理？现在内地业界通过利用港澳刊号来办理刊物，在出版界造成一定的混乱，怎么处理这个问题？怎么和港澳的出版管理部门进行沟通合作?

答：新闻出版多头管理的问题目前是存在的。新闻出版总署是政府行政主管部门，主要是依法管理。一个报社能不能生、能不能死，办成什么样的是新闻出版总署来管，报刊的宣传导向中宣部管，报纸的广告经营工商局管，另外报纸还有主管单位管人管物，比如说是教育部的报纸还有教育部来管，确实是多头管理，相当复杂。下一步在进行微观主体改革的同时也要进行理顺宏观体制的工作，减少多头的管理。按照国务院总的原则，今后的管理就是谁审批谁负责，一管到底。

市场上看到的以港台出版社的名义出版发行的报刊，很少有真正港台出版社出版的东西。因为港台出版社出版的东西目前还是按照关税区管理。因为香港是单独加入世贸组织的，所以是一个单独的关税区，关税区之间文化产品的交流还是采取贸易和进出口的关系进口到内地的。你说的这种情况我们已经注意到了，内地一些单位和个人在香港注册一个出版单位，并不在香港组织编辑、加工、印刷、包装上市，而是在内地通过非法手段出版，这是不能允许的。国家对这类现象严格按照国家法律规定，作为非法出版物进行查处。在香港挂一个名，而实际上香港房无一间、人无一个，在境内小县城的角落里面生产，然后冒牌是香港什么出版社，这是目前出现最多的现象。这种行为是一种非法出版行为，是现行法律不允许的。境外报刊交流正当的渠道是两个方面：一个是贸易，就是进出口；一个是版权合作。谢谢你能注意这个问题。

现在多数国家和地区已经参加了伯尔尼协定，这个协定就规定所有的知识领域的版权是受到法律保护的，在这方面内地和香港也是有合作的，联合起来打击盗版，按照一国两制的总体原则协商解决新闻出版方面的问题，共同维护市场秩序。

问：您在博鳌论坛曾经提到过一个很重要的论断，中国是新闻自由最充分的国度，无论是纸媒体还是网络媒体对这都有很大的反响，今天您到北大了，请您再谈一下这个问题。最近有好多家媒体都在收缩舆论监督力度，请您谈一下是否有这个问题？

答：在博鳌论坛上，当时主持人提问中提出了中国抗非典中的新闻自由的问题，我当时回答中国是世界上新闻自由最充分的国家之一，为什么这么说，大家不要以为这是外交辞令，而是有事实根据的。第一，我国宪法明确规定了公民所有的自由，其中包括言论自由、出版自由。怎么理解言论自由？我想这一点大家很清楚，你在任何地方可以自由讨论任何问题，发表个人看法，不会受到追究。这是事实吧。所谓出版自由大家没有理解出版的意义，法律里面所指的出版不是我们现在所讲的出版一份报纸、出版一个音像制品、出版一本图书这个概念。法律里面的出版实际上指的是你创作、写作的自由。版权法规定任何人的一个构思、一个图形、一个几何原理、一个曲谱、一篇文章、一个创作，一旦写在纸上，由观念变成物质外壳就表示你拥有版权了，并不是指你是不是公开出版了。你在家里面做一个雕塑产品，放在那里自然就产生了版权。从这个意义上讲，大家可以自由地写作、自由地画画、自由地设计，这都属于出版自由的问题。现在大家有一个误解，把公开出版和个人出版自由混为一谈。每个人的作品，你的构思、你的创作和公共出版产品、登在报上、印在书上这是两码事，前一个讲的是出版自由，后一个讲的是公共出版的问题，也就是发表问题，出版单位有权选择，你也不能强迫别人发表你的东西。

第二，中国政府是不是检查各种新闻出版物，我告诉他们，政府依法管理，并不一一检查。为什么不检查？不可能检查。中国的报纸有2100多种，杂志有9000多种，图书一年是17万种，每天要出1亿份报、700多万份刊物、1900万册图书，还有其他产品，谁能够检查得过来。我们每天通过新闻传媒发言的人，据去年的统计平均一天8000多万人次，比英国、法国的人口还多，谁能检查得过来，所以他是自由的，只是查处那些违反国家法律法规的。

第三，中国是世界上报纸最多的国家之一，大报小报每天登载的各种东西是相当自由的，就是包括对社会公共事务的评论、对个人思想、名人追踪等等方面远远超过世界上很多的国家。你们出去看看外国报纸绝对没有这么做，没有这么大自由去做。惟一感觉不同的是外国批评政府言论比较尖锐，这是他们的文化传统。而中国监督政府的言论报刊、新闻、电视里每天都有，只是尖锐的程度上还没有像外国那样，这并不是政府有意限制，而是长期以来形成的文化传统，中国人的和平心态。包括刚才这位同学提出的问题，舆论监督是不是有往回收的问题，实际上国家鼓励加大舆论监督，你们都知道《焦点访谈》揭露了很多在很多人看来是不可思议的问题，中央领导就很鼓励，《焦点访谈》每天都有很多人要求反映情况、"告状"，所以具体工作有很大的难度。这并不是表示国家不鼓励舆论监督，国家是欢迎舆论监督、欢迎批评的。最近一些报刊上已经开展了公开评论政府部门，进行民意调查，这就充分反映了中国新闻自由，并没有人追究你什么什么责任，我是实事求是看的。

问：您认为目前在新闻出版业中，弘扬主旋律方面所做的工作当中存在着哪些问题？这个工作在改革过程中有哪些具体举措，使之更加适应市场的要求？

答：弘扬主旋律这应该是社会主流意识的一个重要问题，在文化领域里始终要有一个主旋律，这是我们历来对新闻宣传报道方面的要求。但是这个问题并不排斥新闻出版多样性、文化多样性的问题，所以当前在弘扬主旋律方面存在两方面的问题，一方面一些出版物、一些报纸、期刊杂乱无章，庸俗的东西也上了报刊，有些低级趣味连西方报刊都是很少见的。这是没有突出主旋律。另外一种情况是一些主流报刊突出主旋律，但是文风、思想、艺术性、影响力都不是"三贴近"的，虽然导向正确、主旋律突出，却没有可读可视性，群众不欢迎，它的宣传效果很差。所以这种弘扬主旋律也是有问题的，不能被广大群众所接受。目前政府方面主要是引导媒体把主旋律和多样性统一起来。一方面向社会传达一个主流文化价值观，另一方面要适应文化多样性的需要，使我国的新闻既有先进性、思想性，又有可读性，能够深入到读者中去，避免假大空的说教和低俗、庸俗的问题，这两个方面都要下工夫，要正确处理主旋律和多样性的关系，这是今后努力的一个方向。

问：新闻出版今年整改力度很大，但是政府保护手段对新闻改革会不会有一些限制？

答：国家对报刊做了一个区分，《人民日报》、各省省委的机关报、市一级的市委机关报加上《求是》杂志和省委理论刊物，这作为党报党刊的范围。主要是要求党员和基层党组织要订阅这些党报，也不是向老百姓摊派。我认为这是比较合乎情理的。一个政党，向自己的组织和党员推荐这些出版物，并且用党费来订，这可以保留。其他报刊一律都不能摊派发行，一律按照市场需要来征订，任何一级政府和党的机关都不允许向群众、向基层摊派发行市场化的报刊。今年公布了举办电话，哪一个地方如果出现这种情况可以通过电话举报，一定进行严肃的查处。从现在开始不能把报刊摊派发行再作为党政机关谋取福利一个手段。

问：第一，新闻出版集团化过程中出现了很多问题，从现有情况来看，您是不是认为我们制定的这个战略是成功的？如果说它存在很多问题的话表现在哪些方面？新闻出版总署在以后制定政策或者是举措方面还有什么动向？

第二，在发展中有一个人才战略的问题，您刚才谈到要培养人才问题，我觉得人才有两方面，一方面是培养，另一方面是如何留住。如果我们仅仅培养的话，不可避免出现两种现象，培养的优秀人才成了西方来挖的人才，另外是成为民营的出版人才，他们对现有的出版会产生一系列的冲击或者是颠覆。请问您对人才战略如何留住人才有什么认识？

答：前一个问题，现在提出集约化经营的战略，集团化是集约化的一种方式，不是惟一的方式，可以通过兼并、重组、收购、股份制进行集团重组，不一定是以前那种集团化。以前的集团已经出现的问题我也注意到，有专门的书来研究，有专门的文章来评论，确实是出现问题了，没有按照市场经济的规则以资产为纽带组织起来，而是以行政推动的翻牌公司，所以只有物理变化，没有化学变化，这是目前集团出现的问题。现在已经不主张组建这样行政推动的翻牌公司。因为由行政介绍的对象最终是要离婚的，不会长久下去。下一步就是以资产为纽带，要符合经济发展的规律。一个集团能不能形成，要用资产的关系把它连接起来，这是目前集团化和以前不同的地方。以前是一个省里面决定成立一个集团，把左右的出版单位都推到里面去，实际上大家是貌合神离，并没有组织到一起去。今后要在体制、机制上突破。

第二个关于人才的问题，现在要求进行内部机制改革，特别是三项制度改革，分配、人事、劳动制度的改革，主要是要解决留住人才的条件问题。从我们文化发展、占有的出版资源来说，有很大的优势，但是目前我们留不住人才主要是分配机制。优秀人才创造性的工作得不到应有的报酬，这是一个很大的问题。现在的改革就是要突破分配制度，对于优秀人才要创造良好的条件，经过几年的努力，基本上要跟外国同行业在中国职员收入大体相当。比方原来中央台一个播音员在香港一下子年薪到了100万，将来我们也可以对名主持人、名编辑、名记者实行特别的高薪，也要跟他拉平。这是目前分配机制上改革的重要一步。当然目前还做不到，目前新闻出版单位多数是以事业单位定性的，分配完全是按照国家公务员的政策参照系列走，中级职称多少钱、高级职称多少钱，这已经远远不适应人才成长的需要。所以一方面是培养人才，一方面要从在待遇上、事业上、小气候上创造留住人才的环境。

问：谈到人才问题，有一些人才要被留住，有一些人才要随着报刊整改而下岗，您怎么看待下岗记者的出路问题？他们是和普通下岗工人一样自己安排后路，还是作为蓄水池的人会不会调到其他部门？目前传媒产业化最大的困难和障碍在哪里？

答：在这次治散治滥过程中当然要触及一些新闻单位，包括目前要撤销的600多家报刊社，一共涉及到好多万人的就业问题。政府的考虑是这样的，新闻出版单位现有的人员都是一些知识型的劳动者，跟企业里的下岗工人有两方面不同，一方面是身份，他是事业单位，没有下岗的政策。第二方面人的素质也不同，是受过一定高等教育，受过多年职业训练的，对这一批人不是采用下岗分流的政策，这是首先明确的。

第二点要妥善解决他们的出路问题。有几条政策，一个是年龄已经到了或者是接近离退休年龄的提前退休按照国家事业单位离退休制度,保障他的利益。很多人不愿意转到企业里去,因为企业的社会保障和经营联系起来,不够稳定,所以他们担心这一点。另外一部分人可能通过国家发展其他文化事业吸收进去,参与新的建设、新的工作,这可能会消化一批人。还有一批人采取继续回到机关当公务员的办法。有个省委就规定凡是这次政事分开下来的人员给他三年时间选择,愿意到公务员队伍来继续回来当公务员。愿意到事业单位去就到事业单位去,愿意到企业单位去就去企业单位,所以采取了比较稳妥的政策,不会造成像下岗工人那样。因为下岗工人只有一种技能,不能从事别的工作,转岗比较困难,而文化人不存在这个问题。

我的两句话很流行:性质决定体制,体制决定机制。产业化的最大困难就是目前性质没有区分出来,哪些可以作为事业单位,由政府来扶持发展;哪些面对市场竞争,自主经营;现在没有分清楚。没有分清楚就没有定性。所以很多传媒单位,正像有些中央领导同志讲的那句话,两头靠,事业单位好处多,就说他是事业单位,企业单位好处多就说是企业。所以现在要彻底解决问题就是要区分传媒的性质。要是事业性质坚决由政府主导把它办下去,要是产业性质完全推向市场,走市场化的经营道路。区别以后断了后路,可能实现企业化经营就顺利一些。

问:新闻出版怎么为农村经济的发展服务?

答:这是很重要的问题,解决中国现在的问题关键是农村、农业、农民三农问题。现在新闻出版要注意农业、农村、农民,目前主要三方面,第一个方面是给他们提供一些实用的专业技术实用的书籍,办一些传播科技信息和市场信息的报刊,再办一些适合农民阅读的养鸡、养牛、种花、养草的电视节目,这是非常受农民朋友欢迎的,帮助他们提高知识技能,走出目前的困境,走上致富的道路。

第二个方面就是国家新闻出版总署已经在减轻农民负担上采取了重要的措施,主要就是降低教材教辅的价格,向贫困线以下的农村孩子免费提供教科书,各个地方党和政府都拿出了大量的资金,在新疆,在广东等等对贫困线以下的农民孩子上学提供免费的教材资料,还有每年也组织一些文化下乡的活动,免费提供一些读物,比如这次抗非典的读物对农村全部是免费的。新闻渠道及时反映当前农民存在的现实困难，报道他们的生产、生活、医疗治病、养老等等，提醒有关部门关注他们的生活。

第三个方面是吸引农民参与发展。农村现在有一部分出版市场，过去供销社和新华书店在基层办的出版物的市场，有一些农民在参与，还有一些农村乡镇也办了大量的印刷业，像在北京周围几乎成了印刷县，也有农民办的，也这是他们参与出版的一个方式。至于在其他方面真正意义上的新闻出版业，农民能够参与，从中获得自己利益的还不多，这有待于提高农民的素质，也有待于我们进一步深入基层，更好地为农民服务，再想出一些措施。帮助农民致富是我们的责任。大家热情太高，但时间已过了，可以再提最后一个问题好吗？

问：最近南方一家小报和《光明日报》合办的《新京报》在北京引起了很大的震荡，吹响了南方报业北进的号角，请问您如何看待这个现象？作为北方媒体应该如何来应对？

答：最近办的《新京报》是《光明日报》和广东一个报业集团合办的，这是新闻出版总署批准的跨地区经营的试点。这个报纸社会反映认为是南方报业北上，为北方报业带来影响，目前的前景还难以预料。但是作为报业集团跨地区经营、跨地区合作，这是实行重组的一种尝试，今后各大报业集团相互之间合作办报、办刊将会很多。要说影响我想有两个影响：一个影响就是走出了跨地区合作的第一步，打破了地域行业的界限，一个是中央的报业集团，一个是地方的报业集团，两级合资这是走出了第一次，应该是好的。当然其他地方还有，比如说江苏、浙江跨地区办报办刊的已经都出来了。第二个影响，这张报纸在北京创办以后加剧了北京市场化报纸的竞争，这是很明显的。《北京青年报》由周二小报现在发展成首屈一指的重要报刊，年广告已经达到8亿多，远远超过北京所有的大报，接下来又一些主办者办了其他的文化、市民类报纸，多数在北京市场上也没有形成气候，这次《新京报》创刊加剧了市场竞争是肯定的，将来前景要由读者、由市场评论。

至于这张报纸能对北京观念方面带来哪些影响呢，我看不会太大。

因为它是生活类、文化类的报纸，主要是传达一些社会信息和居民生活相关的事情。各种类型的报纸都要让他在市场上充分发展，也可能带来积极的影响，也可能产生消极影响。因为刚刚创刊，还应该观察一段时间，不宜过早下结论。

今天的回答就到这里，谢谢大家。

(2003年11月28日)

我国农村离小康社会到底有多远
——对解决当前我国"三农"问题的战略思考

■ 吕 滨

> 吕滨,中共江西省委副秘书长、农村工作部部长,曾任中共江西吉安市委书记。山东泰安人,工商管理硕士、哲学博士。

中国的现代化进程,很重要的一个方面就是农业和农村的现代化进程。现今的中国,城市和农村在发展中走向两个极端:单纯地观察城市或单纯地考察农村,将对中国的现状产生截然相反的印象和结论。建国五十余年来,从土地改革、农业集体化,到家庭联产承包责任制,生产关系的不断调整,新的耕种技术的广泛采用,国家对水利、交通、电力、通讯等基础设施的投资建设,使中国的农村、农业和农民发生了翻天覆地的变化。我国仅用占世界7%的可耕地面积,养活了占全世界22%的人口,粮食产量由1949年的1亿吨增加到近5亿吨,农业总体上取得了农产品供求基本平衡、丰年有余的喜人成绩[①]。

但是,我国农业效益比较低下,一些地区农业剩余价值为负值,出现了抛荒现象。农业生产方式仍然以原始的人力畜力劳动为主,小农户生产导致农业严重缺乏国际竞争力。农产品污染严重,标准化生产进展缓慢。虽然从1978年到2002年农民收入从134元增至2746元,但扣除通货膨胀因素后的实际购买力,其增幅非常有限。2002年农民收入增

---

① 曹锦清:《南街村见闻》,2003年5月20日。

长率 4.8%，城镇居民收入增长率 13.4%，城乡居民的收入差距由 1978 年的 2.57:1 扩大为 3.1:1，而在发达国家一般为 1.5:1，我国目前城乡居民收入之比超过三倍，已超过了改革开放之前[①]。并且，我国仍有 9000 万农村人口的年平均收入低于 825 元[②]。约有 2 亿左右的农业剩余劳动力，农民隐性失业导致劳动力资源严重浪费。农村的教育、文化、卫生等社会事业严重滞后。种种现象使得我们不得不重新审视"三农"问题。

一、"三农"问题的深层原因分析

导致当前"三农"问题越来越突出的原因非常复杂，有历史的，也有现实的；有生产力方面的，也有生产关系方面的；有国内的，也有国际的；有自然资源等物质因素的，也有政策和思想观念的。但笔者认为最主要的还是政策层面上的问题，其深层次原因是：

(一) 长期以来城市优先发展战略、城乡分治导致二元结构的体制性矛盾

国际经验表明，即使没有政策待遇的区别，随着工业化、城市化步伐的加快，工业和城市的崛起成为历史的必然，农民都将处于社会弱势群体的地位，农业会受到巨大的冲击，二元结构的矛盾是人类文明史上的固有矛盾。从效率角度看，我国采取优先发展城市的战略是对的，因为这会引导资源流向高回报地区和产业。但从公平角度讲，社会文明的成果应由社会成员机会均等地共享，而政府要重点扶持弱势群体。可是，我国计划体制等因素形成的城乡分治的一系列制度仍在延续。如户籍制约了城乡人口流动，1.2 亿农民打工大军只有城市的"暂住"权；城市实行个人所得税和工商税制，而农村实行农业税制，农民人均月收入不足 200 元，却要上交税费，而市民月均 800 元以上才交所得税；在财政支出方面，城市的城建、教育、社会保障等公共产品的支出，均由政府负担[③]。而农村的许多基础设施等公共产品，却

---

① 曹锦清：《走进底层中国：一个学者对乡村社会的观察与思考》，2003 年 5 月 21 日。
② 陈锡文、韩俊：《如何促进农村富余劳动力有序转移》，2003 年 11 月 12 日。
③ 程晓农：《关于中国农村、农民、农业的对话》，2003 年 4 月 30 日。

大部分由农民支出,甚至乡村有关人员的工资奖金都要靠对农民的摊派和罚款。在义务教育投入中,中央支出占 2%,省地占 11%,县占 9%,乡镇占 78%[1]。所以严格地讲,我国农民并没有享受应有的"国民"待遇。

(二)落后的农业生产方式导致农业本身的造血功能不足,而国家对农业的抽血太多

由于农业自身存在的小农经济特点,加上农村人口众多,导致土地分割,严重缺乏规模效益,农业单位产出的生产资料成本和劳动力成本居高不下,一些品质并不高的农产品的成本竟高于国际市场价格。小农户吸收利用现代科技的能力很弱,导致科技下乡寸步难行,农业专业化生产、区域化布局非常困难,农业产业结构调整常常靠政府强力推动,这些原因导致农业资本积累严重不足,农业缺乏长期的造血功能。另一方面,农业资本通过财税、金融、工农产品价格差等各种渠道大量流出。1979—2000 年,通过信用社和农村邮政储蓄的资金净流出量为 10334 亿元。从 1980—1998 年,农民纯收入由 191.33 元增加到 2161.98 元,年均增长 14%,而农民负担却由 0.24 元上升到 98 元,年均增长 39%[2]。从 1979—1994 年,政府通过工农产品"剪刀差"从农民那里占有了大约 15000 亿元,还有同期农业税收总额 1755 亿元,而支农支出仅为 3769 亿元,两相扎抵,政府提取农业剩余 12986 亿元,我国农民年均总负担达 811 亿元[3]。

(三)工业和城市发展战略存在偏差,体制创新和三产发展滞后,影响了工农与城乡协调发展

解放之初迫于国际形势和战争的需要,我国优先发展重工业,由于历史和战略决策的原因,我国工业化、城市化对需要大量转移农村劳动力考虑不足,没有充分发挥劳动力的竞争优势,导致城市容纳就业能力非常有限,以至于不得不实行知识青年上山下乡。改革开放以后,按照"离土不离乡"的原则,靠政府推动、直接参与、就地发展

---

[1] 程晓农:《第二场农村"革命"》,2003 年 5 月 4 日。
[2] 党国英:《市场化:农村社会经济的出路》,2003 年 12 月 5 日。
[3] 党国英:《现代化与传统农民》,2003 年 6 月 28 日。

乡镇企业，导致乡镇企业先天体制不足和大量低水平重复建设。我国大型国企改革争论过多，总体缺乏大刀阔斧的勇气和精神。由于国家干预，资本市场优先投入国有企业，2001年我国国有资产达10.9万亿元，比1995年增长91%，但相当多国有企业机制不活，体制创新滞后，加上民营企业发展历程较短，导致近年在我国经济国际竞争力国际排名上升8位的同时，企业的国际竞争力却下降了11位。大企业缺乏国际竞争力，使与之配套的大量中小企业发展同时受阻。而且一些地方政府对过去中央实行的国有企业"抓大放小"政策理解不深，热衷于扶优扶强，对中小企业发展重视不够。我国城市化率为34%左右，低于51%的工业化率，低于世界中低收入国家平均52%的城市化率。农村就地发展乡镇企业，导致低质的小城镇数量剧增，城市的聚集功能下降，第三产业发展滞后。据世界银行统计，2001年世界第三产业的比重平均为62%，低收入国家平均为43%，中国为32%。

（四）农业人口严重过剩与农业资源的短缺矛盾日益突出

中国的人均土地资源不足世界平均水平的1/3，水资源不足1/4，森林资源是1/7，草原资源是2/5，与发达国家相比差距更大。一般发达国家的农民只占国民的3%～10%，而人均土地面积却是我国人均的几十倍以上。例如加拿大每个劳动力拥有土地173.9公顷，澳大利亚为107.4公顷，英国为28.2公顷。就农户而言，差距更为悬殊，美国每户农场平均拥有土地176.04公顷，而中国每户只有0.5公顷[①]。1933年金陵大学的外籍农科教授卜凯根据他1920—1925年的调查，就提出中国农业的重要限制条件是人口过剩[②]。1985年美国著名汉学家黄宗智认为中国农业问题在于小农经济的内卷化（involution，指以单位劳动力边际报酬递减为代价换取的总产量的增长）。农业人口严重过剩，这样不仅不能解体小农经济，而且会延续小农经济，人口问题是小农经济如此顽强的重要原因，也是国家制定农业政策时的争论焦点[③]。

---

① 杜润生：《给农民国民待遇》，2003年5月4日。
② 杜润生：《土地制度是第一位重要的》，2003年5月3日。
③ 韩俊：《调整经济分配关系，真正提高农民收入》，2003年11月12日。

(五)中国发展面临复杂的国际环境,国际农产品市场竞争激烈,影响我国农业生存空间

我国农业在国内面临九亿人给三亿人搞饭吃的局面,而由于我国农产品成本高、质量不佳、缺乏品牌、标准化水平低,使农产品出口受阻,进口增加。我国是少有的走社会主义道路的国家,不仅由于社会制度、文化习俗存在差异,而且,长期以来西方主流媒体丑化中国的现象屡见不鲜,影响了国外消费者对中国产品的心理认同,从而影响了中国产品出口,而中国消费者却普遍存在偏爱洋产品心理。这种现象表明,除产品自身的品质和意识形态之外,我们的文化亦缺乏现代竞争力。我国的工业化过程,不仅不能像西方强国一样对外掠夺原材料,强行输出产品,对外大量移民,而且还受到像美国长期限制向中国出口高技术等许多限制。中国在国际经济合作中缺乏自己的"地盘"。随着北美自由贸易区、欧盟等许多国际经济区域性合作的深化,对中国劳动密集型产品的出口形成较大障碍,从而影响我国工业化进程和农业劳动力的转移。反观亚洲地区,中日之间面和心不和,日本是限制对中国出口技术最严格的国家。而在国际劳动密集型产品市场上,亚洲发展中国家互为竞争对手,亚洲经济合作机制尚待完善。

二、解决我国"三农"问题的政策建议

解决我国"三农"问题,已经引起了党中央、国务院的高度重视,十六大提出的全面建设小康社会要"统筹城乡经济社会发展"的理念,以及全面建设小康社会的重点、难点在农村的提法,鼓舞了国人的信心,重新点燃了关心农村发展的人们心头希望之火。我试从政策角度提出一些建议,并企盼能以此加快"三农"问题的解决步伐。

(一)实行城乡一体化政策,放还农民全面的国民待遇

1. 在较长一段时期采取休养生息政策,免除农业税和农业特产税,逐步统一城乡税制

首先,农业税收在中央财政总收入中无足轻重。2001年,农业的所有税收共481.7亿元,占全社会固定资产投资的1.3%,占中央财政

的 5.6%。2002 年,中央对地方的转移支付为 7332 亿元,如果取消农业税收,则转移支付需增加 6.6%,增幅很小[①]。仅 2003 年 1~4 月全国税收收入累计完成 7077 亿元,其中中央财政增收 1157 亿元。第二,农业人口的税费比率偏高。2000 年城镇的税费比率为 0.58%,我国农村税费改革后的平均税率为 5.5%。如果把按土地的常年产量征收变为按增加值征收,则只有农业增加值率达到 30%,才与国内工商业 17% 的增值税率相当,但实际上如果包括农民的劳动力成本,农业的增加值率是远远低于 30% 的。而且农业人均土地少,农业收入基数低,从而农业相对负担重。第三,农业税收的征收成本过高,收税的钱相当一部分拿来养了收税的人。一方面,我们通过税收把钱收上来,层层加码在所难免,许多乡镇干部自嘲自己的任务是"要粮要钱要命"。另一方面,我们又通过转移支付拨下去,一路上跑冒滴漏不少,农民很难得到实惠。

可以考虑用十年左右的时间让农民休养生息,让农业充分发展,然后按国际惯例统一城乡税制,设置个人所得税、企业所得税、财产税、商品税、社会保障税等。要下决心改革基层政治体制,按经济市场化和社会事务法制化的原则,建立服务型的政府基层组织。要借鉴国有企业买断工龄、适当补贴的办法,大力精简县乡机关人员。乡政府要变为县政府驻乡镇办事处或乡公所,改变目前乡镇几套班子和七站八所的局面。要补充国家财力,应加大个人所得税的征收力度,我国个人所得税只占 GDP 的 1.77%,而市场经济国家一般占 12%~15%。

2. 按公共财政原则,用全社会的税源支撑全社会的政权和公益事业,加大财政对农业的投入力度

据统计,我国县(市)级财政收入中农民上缴的税费平均达 70% 左右,而乡(镇)级财政收入中农民上缴的税费则高达 80% 以上,这是用农村的税源支撑农村基层政权和公益事业的财政思想的现实反映。农业对 GDP 的贡献率为 15%,用农业的税收来支持全国 70% 人口的公共产品和社会保障,显然是极不合理的。县乡两级财政占全国财政总收

---

① 何清涟:《走到尽头的小农经济》,2003 年 4 月 20 日。

入的21%，却供养了全国71%的财政供养人员。1989—1996年，国家农业基本建设投资为721.77亿元，而同期全民所有制基建投资额为33917.7亿元，农业方面仅占2.13%[①]。2001年，我国财政用于农业支出为1298亿元，占财政总支出比例的8%，而1990年占10%，1980年占12%。2000年，按WTO协议的计算口径，我国农业支持总量占农业总产值的8.8%，发达国家为30%～50%，发展中国家为10%～20%。目前国家每年对农业和农村各项经济社会事业的投资不到财政总开支的11%[②]。中央要继续加大对农业和农村的投入，继续加大转移支付的力度。在投资方向上应在继续投入大江大河等基础设施、农业技术开发与推广、农业示范基地建设、龙头企业扶持等方面的基础上，注重对农民的直接投入，注重投资的经济效益考察。在资金使用上要发挥"四两拨千斤"的作用，采用贴息、补贴科技投入等手段，启动民营资本对农业的投入，放大资金使用效果。另外，政府应调整支出结构，实行对农产品直接补助性收购。印度由于对小麦和大米按保护价直接收购，政府每年安排40亿美元的财政支出。我们要按国情逐步减少对中间环节的补贴，促进粮食收购国有系统的改组改造，逐步让其走向市场，把用在国有粮企职工身上的钱转移到农民身上。另外要理顺支农资金管理体制，形成有效合力，加强资金使用监管，防止资金流失。

3. 改革户籍制度，完善农村社会保障，保障农民的受教育权、就业权、居住与自由迁徙权

宪法赋予了所有公民平等地拥有受教育权、就业权、居住与迁徙权。农民为中国革命作出了巨大的牺牲，全国涌现了不少将军县，农民理应分享革命和建设的成果。户籍制度和一些同志头脑中"管农民"的思想，使中国二元经济体制得以强化，农村约2.7亿的剩余劳动力无法顺利流动。按照2001年的统计数据，外出务工3个月以上的农民有8800万人，加上家属共1.3亿人[③]。这些人像候鸟式地迁徙，各种额外收费很不合理地压向他们，使之成为国内社会学家所称谓的"城市边

[①] 李昌平：《农村政策必须作出重大调整》，2003年12月12日。
[②] 林毅夫：《入世推进中国农业发展》，2003年12月2日。
[③] 林毅夫：《有关当前农村政策的几点意见》，2003年4月25日。

缘人"。传统的户籍制度是计划经济的产物,绝大部分原社会主义国家都放弃了这种制度。欧盟各国劳动力只要持本人身份证即可在欧盟范围内就业。所以必须取消限制农民进城的一切歧视性政策,在取得户口后,应与原城市居民一样,既承担相应的义务,又享受同等的权利。

社会保障的对象是社会的弱者,是典型的公共产品。目前,农业没有摆脱靠天吃饭的局面,农民靠的是养儿防老式的家庭保障。有的同志认为土地是农民的保障,但深入分析一下便知,土地是具有生产能力劳动者的低水平再生产的生产资料,一些地方外出打工的农民连税带地送给其他农民都不行,打工农民还要承担部分甚至全部税费。目前,占人口总数25%的城镇居民享受了89%的社会保障经费,而占75%的农民只享受了11%的比例①[15]。城镇社保覆盖面达90%,而农村为2.4%。面对这种严酷的现实,我们实在感到汗颜。建议通过发行长期国债,用明天的钱和富人的钱来搞好社保,也要用农民的钱来办农村社保,由国家、农民共同负担农村养老、医保制度,通过民政补贴政策,试行农民最低生活保障制度,以减少农民对土地的依赖,对儿子的依赖。

(二)以资本为纽带,以土地流转和金融支持为桥梁,整合科技、管理等现代基因改造农业,瓦解传统农业,催生现代农业,实现农业社会分工的革命

1. 小农经济无法应对加入WTO后的新形势,无法满足农业自身发展的需要,农业生产领域的革命迫在眉睫

一家一户的小规模土地经营,与加入WTO后的现代市场农业矛盾突出,发达国家已经用现代工业提供的技术装备农业,用现代信息、生物技术改造农业,用现代经营理念和组织方式管理农业,实现了区域化布局、专业化生产、规模化经营、系列化加工、社会化服务、企业化管理、标准化作业,形成了种养加、产供销、贸工农、农工商、农科教一体化经营体系。美国家庭农场占各类农场总数的87%,而1969年美国经营一种产品的专业化农场已达90%,目前果树农场专业化比

---

① 秦晖:《农民减负要防止黄宗羲定律的陷阱》,2003年5月12日。

例为96.3%，肉牛为87.9%，奶牛为84.2%。美国大型农业公司占农户数量的18%，产品占83%。其中4家公司占领49%的炸鸡生产业务，79%的宰牛业务，57%的宰猪业务，62%的面粉生产和80%的大豆加工业务。美国德尔·菲特公司拥有5.3万公顷土地、38个农场、54个加工厂、13家罐头厂、6个海运站、1个空运发售中心。法国达能乳业的年销售收入为60亿欧元，雀巢公司为133亿欧元[①]。

小农经营模式也难以满足农业自身发展需要，其资本积累能力、技术创新能力、市场开拓和品牌经营能力都十分薄弱，实现农业产业化、规模化、专业化是十分迫切的紧要任务。从实践来看，我国农业搞劳力密集、人海战术，走掠夺式开发资源的道路是没有出路的。我国农业必须走规模开发和加大资本投入的道路，走科技兴农的道路。但走这条道路的前提是农业组织创新，即培养农业产业化和农业科研的主体。其实，我国从上个世纪80年代就开始大力推进农业产业化，但进展缓慢，主要原因是没有培养好主体。抓农业主体就抓住了解决农业问题的牛鼻子。正如恩格斯所提出的，资本的一切魔力在于增值，只有利益驱动才能推动农业生产力加速发展。资本能组合技术、管理、土地、农民等农业资源，变散兵游勇为集团军作战。国际经验表明，农业公司化是历史的必然，农业社会分工深化是生产力发展的需要，即农村社会要像城市一样，必须出现农业投资者（股东）、农业企业家（经营者）、农业工人、农业技术人员、农业经纪人、律师等，变政府和农民的农村直线式社会结构为多元式社会结构，通过社会专业分工来促进生产力的大发展。

2、加快农业龙头企业培植步伐，变"公司＋农户"为"公司＋大户"、"公司＋农场"

要按照"大进大出"和农业大开放的思路，利用国内外的资本、技术、人才和市场网络等资源，结合本地的资源优势和农业发展规划，加快培植龙头企业，多管齐下实现农业组织创新。第一，加大农业招商引资力度，大力引进外资进入农产品深加工等领域，加快中国农业

[①] 孙大午：《解读"三农"问题，兼谈中国的希望：在北大、中国农大的演讲》，2003年5月8日。

与国际接轨步伐,要把招商引资与发展特色农业和农业资源深度开发结合起来。巴西引进以色列、日本的资金进行大规模农业开发。我国农业引进外资1999年为160亿元,但仅占我国使用外资额的4%,近年来农业引进外资处于徘徊局面[①]。第二,要大力培养具有国际竞争力的农业龙头企业,培养国际农产品市场竞争的"航母"。第三,引导工商资本进入农业领域,特别是农产品的种子工程、技术推广、基地建设、农产品深加工、农产品大流通领域。要鼓励管理、资本、技术、土地等不同资源的拥有者,以股份制形式联合投入农业经营,实现资源的优化组合。利用工商资本整合资源(包括技术资源)、开拓市场,实现规模化、集约化经营,提高农业主体的综合竞争力。第四,大力发展农村的能人经济,通过政策引导,促使他们向专业大户发展,专业大户向农场主发展,加快资本积累步伐,增强综合实力,实现农业能人企业家化。这是中国一条最有普遍意义的、不可小视的道路。发展农村能人经济相当于城市发展中小企业,要采取政策扶植和放水养鱼的政策,形成大批农场主经济蓬勃发展的局面。

3. 明确土地农民所有制,减少土地流转交易成本,加快土地流转速度

在典型的市场经济条件下,土地的所有权界定为个人所有。1992年,日本制订了农业"新政策",核心内容之一就是促进农地的流动,使土地集中,扩大规模。如果农民没有土地所有权,只有承包经营权,则经营权的转让交易成本大,而且承包经营权容易被乡村强势集团所侵占。作为一种总量并不稀缺的生产资料,完全应该由市场来调节。有的观点认为如果土地归劳动者所有,则失去了土地的保障功能。但目前的现实是:由于农业剩余价值少,有时甚至是负值,土地并不完全是农民的生活保障,农民增收的主要途径也不是土地农作物的产出,农民真正的保障主要来源于农业劳动者的劳动能力,在当前主要表现在出外打工的收入。2002年,全国农民人均纯收入增加109元,其中

---

① 孙大午:《民主与自由、制度与法律》,2003年5月2日。

100元来自非农产业①。有的观点认为土地归农民所有是私有化，试问中国工商业界有1000人的个人资产超过亿元，允许机关干部持有股票，还不能允许中国农民拥有一亩多土地吗？中国应采取"先动人，后动地"的原则，鼓励人口逐步流动，空余土地实现规模经营。也要鼓励土地经营权转让、入股、转租等多种形式流转，让土地集中到农业能人或龙头企业手中。由于劳动力价格低，中国农业在较长一段时间内仍然是劳动密集型的，而不可能由技术资本密集型农业占主导，所以土地入股或转让土地后，相当多的农民会就地成为农业工人，土地集中并不会引起大规模失业而引起社会稳定问题。如果再逐步构建起覆盖城乡的社会保障体系，则决策层担心失地农民引发社会矛盾甚至动乱的担心则尽可释然。实际上，如果农民真正拥有土地所有权和处置权，按照级差地租原理，靠近城镇的农民则首先可按市场价出卖土地而获得可观收入，从而直接加入小康市民行列；经济发达地区则由于工商资本进入农业，农民则可逐步出卖土地，兼而成为股东和农场职工。只要按市场经济法则和价值规律办事，这种城乡互动、工农互动的转化递进过程，将成为中国农村现代化的一个主潮流。总之，只有解决土地集中问题，农民才能获得真正"解放"，农业产业化才能形成气候，农业增效、农民增收才有希望。同时，还要规范国家征用农地行为，保护农民的利益。

4. 健全农村金融体系，为农业发展提供全方位金融支持

目前，我国农村资金短缺，农业龙头企业和农户贷款难的现象普遍。2001年我国贷款金额为11.2万亿元，农业贷款仅为5700亿元，占5.1%②。产生这种状况的原因主要是：第一，农业投入产出率低，资金流向高利润部门。第二，农村经济经营规模小，贷款等金融交易成本高。第三，农业金融政策和农村金融组织不完善。所以首先应扶持农业龙头企业上市融资，发行公司债券，壮大龙头企业实力。其次应成立政府参股、民营控股的农业风险投资基金，投资于农业高技术、

---

① 孙大午：《与杜润生先生谈话纪要》，2003年5月8日。
② 温铁军：《中国的问题根本上是农民问题》，2003年11月26日。

新品种创新。第三，要大刀阔斧重构农村金融体系。商业银行的风险大小不在于资产大小，而在于风险管理水平。美国规定成立商业银行的最低资本金才为1000万美元。所以在加强监管的同时，要放宽市场准入，利用民间资本，鼓励发展区域性的中小农业商业银行。农村信用社应定位于商业银行，对农村信用社要实施资产重组，将劣质资产进行处理和剥离，然后通过增资扩股，变为地方性的股份制金融企业，否则中国农村金融风险不可能彻底化解。要把农业发展银行作为政策性银行做大做强，壮大其资本金，加大中央银行再贷款规模，允许在国内外市场发行金融债券，允许进入批发负债业务市场，采取财政贴息办法低成本获取资金来源。要把农发行的业务定位从支持农产品收购和配合执行农产品价格政策，转移到支持农业提高竞争力，和促进农业主体发展上来。要把进出口银行、开发行、农行等政策性业务归并农发行。凡是商业银行能进入的业务领域，政策性银行均不进入，严格区分两类银行的业务和职责。中国农业银行制订的向大城市发展的战略值得引起我们深思。

财政要对农村金融采取税收优惠、利息补贴、提供低息或无息贷款资金、提供担保等方式予以扶持。由于农业风险大，农业保险赔付率高，农民保险意识差，国外经验表明农业保险商业化模式难以展开，所以对农业要采取政策性保险形式，国家采取保费补贴、再保险、免税、政府强制大灾保险等方式支持农业。事实上，美国2000年农险补贴为纯保费的53%。

（三）加快农民进城，减少小农总量是中国21世纪最伟大的社会革命

到上个世纪末，整个地球上只有三大地区的土地依旧主要被农业人口及农村所占有，即中国、南亚及东南亚的大陆地带以及撒哈拉沙漠以南的非洲，而世界银行分类中所谓的"低收入经济"基本都在这三个地区。从国际上看，农业毕竟是风险不小、利润较低的弱质产业。西方大国保护农业的出发点主要是就业因素、环保因素、战略安全因素。以英国为例，其单位农业劳动力所创的增加值，只有社会平均水平的1/3。20世纪发达国家基本上完成了减少农民这一历史使命，美国农业人口只占1.1%，日本为2.2%，英国为0.8%，法国为1.9%，德国为1.1%，俄罗斯为5%，韩国为5%。从1970年至1999年，俄罗斯农业人口由3020万变为845万，南斯拉夫由456万变为105万，希腊由172万变为79万，意大利由375万变为141万，西班牙由305万变为134万，法国由287万变为93万，德国由310万变为106万，日本由1049万变为291万，韩国由559万变为248万。俄罗斯仅1990年到1999年就减少了60%的农民①。恩格斯早就断言：我们的小农，正如任何过了时的生产方式的残余一样，在不可挽回地走向灭亡

如果画地为牢，仅就农业而抓农业是没有出路的。按照我国的耕地面积和世界平均的农业劳动生产率推算，我国种植业只需要4000万～5000万人，而2000年我国乡村就业人数为4.99亿，可见人口流向城市的需求有多大。如果农民不进城，农业劳动生产率难以提高，农民增收难的问题就始终难以解决。即使是以国内农业产业化样板潍坊市为例，2000年农民人均年收入仅3437元，月均295元②。人口流动不仅是农民就业权利的问题，而且是中国经济持续增长的重要推动力。首先，农业劳动生产率只有社会平均劳动生产率的1/3，人口流动有利于提高全社会平均劳动生产率。其次，农民进城就业、定居是提高内需的长效之策。甚至有国外专家把中国城市化作为世界经济增长的重要动力。由于农民消费的刚性很大，边际消费率很低，增收难度大，所以靠农民扩大内需非常有限。但农民进城人均收入和支出即可提高2倍以上。第三，农民进城有利于提高工业的竞争力，加快城市第三产业的发展步伐，加快民营经济的资本积累速度，这对民营经济的快速发展非常重要。农民进城会压低城市工资水平（不是收入总量），这样有利于中国以廉价的工资争抢世界的投资，其实也是全球范围内的就业竞争。日本理论界和政界就已经有人把日本经济长时间疲软的原因归于中国制造业的低价格竞争力。第四，农民进城会改善和提高农民的人力资本，农民在城市生产、生活中不仅改造自身而且改造了

---

① 温铁军：《解决三农问题需要综合治理政策》，2003年5月26日。
② 温铁军：《重新解读我国农村的制度变迁》，2003年4月28日。

农民的后代。农民进城的社会意义不亚于办100所大学,因而在某种意义上说,中国农民进城的历史,就是中国走向现代化的历史。第五,人口迁移会提高开发的效率,促进环保和民族团结与文化融合。中国本来就是一个单位产业所需基础设施投入很高的国家,所以要鼓励人口向城市迁移。对一些边远山区,与其修路到农民家,不如接农民进城。总之,必须敞开城门欢迎农民进城打工、置业、投资,使人口流动更顺畅。有人担心,农民进城会加剧城市失业,其实没有就业机会的城市,农民不会去,没有进城能力的农民不会进城,关键是要统一市民和进城农民的所有制度和福利。温州有200多万人打工,温州人并没有失业。在深圳的打工者超过温州,外来人口的进入使地价大幅上升,当地人靠出租房屋就过着富人生活。解放前上海曾有几十万难民涌入,上海照样发展下去了。我们担心"城市病",但我们就不担心"农村病"吗?农民中相当程度的贫困、超生、文盲、迷信、懒惰、社会风气恶化、黑恶宗族势力等,这些"农村病"只有通过农民大批进城,加快农村发展才能更好地加以解决。

(四)发展农村教育是解决"三农"问题根本的长效之策

中国教育特别是农村教育工作是关系民族前途的问题。一国教育的规模和质量是该国长期国际竞争力的重要组成部分。除物质资本的积累外,人力资本的积累是驱动经济增长的主要动力,更是社会转型的主要推动力。经济学诺贝尔奖获得者舒尔茨研究农业问题时发现,解决农业问题的关键在于农业从业人员的素质,因而提出了人力资本的概念。国内专家研究表明,政府对农村的各类投资中,从中长期效果看,教育的投资收益率列第一。德国对农民特别是农业企业家(土地规模经营者)有系统的上岗认证和培训制度,不合格者没有土地经营权。法国务农人口仅90万,但有925所农校,其中3/4是私立,在校生为17.4万人,每年有十多万农民接受培训。目前,我国农业劳动力平均受教育程度为7.4年,小学程度和文盲占45%。许多农民的毕生追求停留在盖房子、娶娘子、生儿子上。不解决农村教育问题,中国的就业问题将永远成为政府的心病。反之,如果中国有大批质优价廉的人才,则中国将在高科技领域(包括高科技农业)占有一席之地,因为中国不能大搞资本密集型的高科技,只能大力发展人才密集型高科技产业(如软件业)。农村教育直接决定了农民能否进城,农村教育要普遍化、高质量化,一定要完成以下三个目标:(1)提高农民后代进城就业的能力,减少新增农民。20世纪60年代以前,全国在校大学生70%是农村生源,目前,下降为30%[①]。(2)提高青壮年农民进城从事劳动密集型加工业和服务业的能力。(3)提高农民扩大农业再生产、吸收新技术的能力。如果中国下决心狠抓20年农村和农民教育,中国农民素质必将大幅提高,新一代农村人口完全有能力流向城市,许多我国现在看来头疼的经济和社会难题,像消费不足、失业、农业问题、"法轮功"、迷信等,这些问题都会彻底改观。

国外义务教育大部分不由基层政府承担,如法国中央政府承担68.4%,德国中央和州承担77%,美国为55.5%。所以,必须使用中央财政办好农村义务教育,延长义务教育年限,保证农民有平等的受教育的权力。我国农村中小学教师工资为450亿左右,约占中央财政收入的5%,中央财政可首先考虑承担起来。要全方位放开教育市场,加快教育国际化步伐,采用国家适当投入、免税、贴息等举措,引导民营资本进入教育产业。改革教育管理体制,实行教育法人制度和认证制度,教育部门要把主要精力转移到教育质量监管上来。要加大考核各级政府教育工作业绩的力度,要树立抓教育就是抓农民增收,抓教育就是抓经济发展的理念。

(五)调整我国农业发展战略,依靠科技提高农业国际竞争力

1. 按照国际比较优势调整农业发展战略,大力发展农业领域的新兴产业

中国农业虽然产量大,但总体上还是弱质产业。农业与非农产业相对劳动生产率的差距,从1990年的3.93倍扩大到2000年的5.29倍。加入WTO后,农业的国际竞争力问题日益成为我们必须认真加以解决的长期性战略问题。一国农业的国际竞争力实质是一国农业体系的竞争力,甚至是一国经济体系的竞争力。因为工业竞争力强,则农业的

[①] 温铁军:《21世纪的中国仍是小农经济》,2003年5月25日。

生产资料质优价低,从而农产品具有竞争力;反之,农业为工业提供的原料质优价低,则工业产品有竞争力。如果全程研究美国农业的竞争力,就会发现其竞争力最终来源于整个农业体系的实力,来源于美国系统配套的农业政策、实力强大的科研力量、高效的技术推广机制、规模化和专业化的生产体系等因素,从而实现了建立局部优化且系统最优的农业体系的目标。

要充分发挥国际比较优势,实施正确的农业发展战略。中国农业的基本国情是人多地少,人均拥有农业资源少,农业资本规模小,农业技术水平低。但中国国土辽阔,土壤、气候条件各异,农产品和地方特色品种繁多。所以中国应打破传统的自给自足传统观念,减少粮食、油菜籽、棉花等土地密集型产品,提高土地生产率,加快发展畜产品、水产品、蔬菜、水果、花卉和农产品加工品等劳动密集型产品,大力培养中国农业的主导产业和特色产业。中国人口占世界的 25%,但牛奶产量只有 1.5%。世界奶业产值占农业总产值的 20%,中国不到 3%。荷兰人均只有一亩地,但花卉等农产品出口位列全球第三,每年达 130 亿美元。而法国 40% 的农场从事草食畜牧业。像这些农产品既符合全球市场需求,又有竞争优势,应大力发展。各地区也要按照最佳区域分工,形成规模化的农业特色产业群。

中国农产品出口面临的壁垒主要是绿色壁垒、环保壁垒、技术壁垒,所以要通过狠抓质量标准化战略、绿色环保战略,来实现出口创汇战略。要像工业抓全面质量管理一样,从农产品的产前一直抓到农产品检测、包装。由于中国是 70% 的农村人口为 30% 的城市人口提供农产品,中国农产品市场非常有限,所以农业的长期战略要逐步调整到出口战略上来,并按国际惯例实行农业出口贸易"零税率"政策。中国还要实施农产品深加工战略,延长农业产业链,目前我国农产品加工业的产值与农业产值之比为 0.6:1,而发达国家高达 3:1。美国农产品的加工率已超过 90%,加工食品占食品消费的 90%,产前、产中、产后三者所创造的产值比为 19:15:66。

总之,中国农业发展战略应从自给自足型转向市场竞争型甚至出口创汇型,从产量规模型转向质量效益型,从劳动密集型转向劳动密集与资本和知识密集型,从资源型转向环保型,从农产品初加工型转向深加工型和品牌战略型。

2. 改革农业科技体制,实施科技兴农战略

以色列国土仅1.49万平方公里,其中2/3是山地和沙漠,人均水资源是世界平均水平的3%,1997年才6.7万农民,但农业产值达37亿美元,1999年出口达12亿美元。以色列政府农业科研投入占农业产值的3%,科技对农业的贡献率为96%。然而,我国农业总体科技水平与发达国家相差10~15年,科技对农业增长的贡献率低36个百分点,农业科研与农业生产脱节较严重,农业尖端技术储备不足,农业主导产品技术水平不高,农业技术推广效率较低。形成上述问题的主要原因有两个,一是政府主导型的农业科技体制效率低下;二是小规模农户的技术消化能力和技术创新能力低,造成农业科技成果在农业科研"体内循环"。首先农业科技体制要从政府主导型逐步转变为市场主导型。现代农业技术创新体系中政府、农业企业、农民是一种合作型关系,如果不解决农业科技的激励机制问题,就不可能从根本上解决科技兴农问题。其次,要加大农业科研投入,提高技术供给能力,形成政府对科技兴农的强大推动力。我国农业科研投入只占农业总产值的0.2%,远低于一般发展中国家水平(如印度为0.7%),低于世界平均水平(1%),更低于发达国家平均水平(2%~3%)。而且我国农业科研机构散而不强,科研经费大部分支出于人头费。我国共有1587个农业科研机构,科技人员和干部职工近150万,而研究人员仅有12万,科学家和工程师4.46万。所以要精兵简政,采取改革内部管理和课题招投标的方式,集中资源培养好农业基础研究的国家队。要以市场化机制建设农业科技园和高科技农业示范基地,并以此为依托,借鉴日本工业组建产业技术开发中心的经验,组建一批以开发农业主导产品核心技术为目标的农业技术研究中心。国家采取课题委托、贴息、减税、财政支持等手段,扶持其发展壮大。要保证技术推广的经费来源,又要在政府、推广组织、农户之间尽量采取协议和市场化运作方式。目前美国的技术推广经费全部都来源于政府,国家、州和县分别占1/2、1/4和1/4。而法国国家农业科学院有1300人(其中900名工程师)负责

推广自己的研究成果。再次,要大力培养农业市场主体,形成市场对科技兴农的强大拉动力。广东省农科院部分研究所转制而成的广东农科集团,2000年产值达4亿元,利润达8000万元。最后,要走以信息技术、生物技术为重点的技术进步路线,不照搬发达国家农业现代化初期以农业机械化为重点的技术进步路线。根据农业技术与国外差距大的现状,大力引进、消化国外技术,加快技术进步步伐,降低技术进步成本。

(六)走符合国情的工业化、城市化道路,形成对农民进城的强大吸引力

目前,中国工业化、城市化都方兴未艾,但不少地方工业化质量不高,有些地区尚处于工业化初期。随着工业化水平提高,资本排斥劳动的趋势逐步显现。1980—1989年,我国年增加就业1297万人,就业增长率为3%;而1991—1995年每年增加808万人,增长1.2%;1996—2000年每年增加575万人,增长0.9%。借鉴世界各国工业化、城市化、农业劳动力转移的经验,根据中国农业剩余劳动力和城市就业压力的现状,要同时破解工业化、城市化、农民进城三道难题,根本出路只能在于大力发展劳动密集型工业和劳动密集型的服务业,主要理由及做法如下:

1. 实施低成本工业化战略,大力发展劳动密集型工业

中国工业低成本战略是基于国内消费水平低和工业国际竞争力弱的现实选择。格兰仕微波炉、联想电脑、东莞的电脑配件、长虹彩电都是低成本战略成功的典型。双星鞋业还把它的最大制造基地设在山东沂蒙山。当然,我国劳动密集型产业更要大力引进技术,提高质量,创新品牌。温州打火机出口价2美元,美国伯克公司采购并贴牌后以170美元价格出售。格兰仕60%产品出口,但都是被采购贴牌。中国服装出口价平均价格为3.2美元,而皮尔·卡丹在国外市场属低档服装,在中国市场却高价销售。

我们要继续实施大开放战略,大力引进外资和技术。中国制造业位列全球第四,中国可以称为世界的初级加工中心之一。当我们认识到如果中国要在2020实现52%的城市化率,大约有4亿多人口要进入

城市，认识到我国的资本资源(国内投资额)占世界的 4%，而劳动力却占 26.3%，我们就不会大呼对引进外资太优惠了。中国家电业在民营竞争的推动下，提高了国际竞争力，为中国制造业争了光。但我国近一半的产业仍由国企垄断，效率低下，应加快改革步伐，提高 10.9 万亿元国有资产的运营效率。要允许民间资本参股国有银行，大力发展民营商业银行，搞活金融体系，金融改革滞后已经严重影响经济效率，已经到了非改不可的地步。要加快国有企业和国有银行改革步伐，放开一切不影响国家安全的经营领域，大力发展民营经济，采取一切必要措施大大加快中国工业化进程。由于中国处于工业化中期，根据国际经验，一定能为农民进城就业创造大量机会。

2. 充分发挥我国城市化潜力，加快城市化步伐

中国城市化潜力很大，根据世界银行对全球 133 个国家的统计，当人均 GDP 从 700 美元提高到 1000～1500 美元时，城市化进入加速期，城市化率将达到 40%～60%。巴西的城市化率为 79%，朝鲜为 61%。有的观点认为我国提高城市化水平没有什么潜力，可是 1995—1999 年浙江的城市化水平就提高了 7.48%。著名经济学家李嘉图当年不顾大地主阶级反对，说服政府放弃对农业的保护，大量进口粮食，迫使农民离开土地。农民进城成为促进英国工业化和城市化的重要力量。人口的自由流动要解决城市化成果共享问题，而城市化和城市布局优化则要遵循效率原则和市场原则。城市发展应借鉴美国、日本的非均衡发展模式，即采取有潜力的城市和地区优先发展的原则。中国发展高、中级技术产业潜力最大的还是东部沿海城市以及省会和部分地级城市。而对于吸收劳动密集型产业而言，则中小城市潜力最大。

首先要形成中国城市分工合作体系，要把北京、上海、广州等大城市和其他中国经济战略要地建设成国际大都市，并以这些城市为中心建设一批经济实力强的城市合作带，采取城市组团式发展模式，发挥城市的集群效应。20 年后中国经济进入世界前四强，甚至成为位列美、日之后的第三强是有可能的。所以应该有建设几个国际大都市的雄心壮志。纽约带动了美国东部沿海城市的发展，以 1%的国土面积，容纳了美国总人口的 20%。日本东京、名古屋、大阪三大都市圈的人

口,占全国人口的70%,这就是中国大都市的榜样。第二,要以省会城市和经济实力较强的城市为重点,建设一批区域性经济中心。我国一个省的人口、土地、资源就相当于国外的一个国家,只要经济发展战略正确,经济发展机制完善,完全能建设成经济辐射能力强的区域性经济中心。第三,城市化不要走遍地开花式的,甚至以小城镇为依托的发展道路。"离土不离乡"、"小城镇大发展"的观点必须抛弃。农村就地发展工业会留下许多后遗症,不仅分散了城市化的资源,而且小城镇的产业聚集效益、产业发展空间和带动三产发展的能力都很弱。我国1978—2000年,城市化水平由17.99%提高到34%,但建制镇数目却从2173个变为20312个,增加了10倍,人口达到1万人的只占9%,小城镇过多导致第三产业发展滞后。韩国、菲律宾、泰国、印尼推进劳动力转移时,二、三产业新增就业比分别为1:1.5、1:2.9、1:2.5、1:1.9,而中国在1984—1996年乡镇企业高速发展时期,新增就业比例仅为1:0.65。第四,欠发达地区要用适当超前的城市化带动工业化,通过创造更好的投资环境来吸引资本等生产要素的聚集。第五,要善于经营城市,用活城市资源。要允许地方政府或以国家开发银行为中介适当发行城市建设债券,加快城市化步伐。

3. **大力发展第三产业,扩大城市就业容量**

当工业化达到一定程度后,产业结构和就业结构升级成为城市化的主要推动力量。不仅世界经济在从工业经济向服务经济转型,而且从1980至2000年,中国的工业就业比重仅上升了4.6%,但非农产业就业比重上升了22.1%,建筑业和服务业的作用超过了工业,可见发展服务业已经十分重要。发达国家产业比例一般为农业占5%,加工业占15%,第三产业占80%。从1870至1970年间,美国第三产业对城市化的贡献份额为80%。根据世界银行的统计,2001年世界第三产业的比重平均为62%,中国为32%,低收入国家平均为43%,所以中国第三产业潜力巨大。以每万元服务业收入计算,饮食业可容纳的就业人数为5人,零售业为3人,运输邮电为0.6人,金融保险为0.1。基于大量农民需要进城这个现实,应大力发展劳动密集型的服务业。

4. 制订并实施鼓励劳动密集型产业和中小企业发展的政策

各级政府要树立扶持劳动密集型产业就是扶持农民和关心城市弱势群体的理念，要认识到发展劳动密集型产业对于增加农民收入、促进消费、提高我国经济国际竞争力、农民人力资本升值、实现社会转型等，具有十分重要的战略意义。要制订具体的税收、土地、贴息、出口等政策，扶持劳动密集型产业发展。欠发达地区政府要组织好劳务输出，发展打工经济。国际经验表明相对于大企业而言，中小企业对就业的贡献率为90%，对技术创新的贡献率为70%，对财税的贡献为65%，所以必须高度重视中小企业发展。中小企业创业服务中心对农民进城投资要提供优质辅导。政府要引导社会转变就业观念，为市民提供优质的家政、社区、养老院等服务。

(2004年4月15日)

禅与生命体悟

■楼宇烈

楼宇烈，北京大学哲学系教授，中国哲学博士导师，北京大学哲学系东方哲学教研室主任，北京大学宗教研究所所长，北京大学学术委员会委员。主要著作有：《荀子新注》（主要统稿者）、《中国哲学史》（上、下）（统稿者）、《王弼集校释》（上、下）、《中国佛教思想资料选编》（统稿者）等。

各位同学，大家晚上好！今天，应禅学社的邀请，我来给大家做一场讲座。

禅，大家都有些了解，但是又不是非常了解。所以常常对禅有种很神秘的感觉。其实，禅是最朴实最贴近生活的，和我们生命的联系都很紧密。为了讲清楚这个问题，下面我将对禅这个思想的发展变化的情况做个简单的介绍。"禅"是一个外来的概念，是从印度传过来的。"禅"是印度古代各种宗教修行的一种方法。它可以翻译成"思维修"——思维的修炼，也有人把它翻译成冥想。它的办法就是让你的思想专一，专注于一境，所以也可以翻译成"定"。有的时候我们也讲"禅定"。"禅"是音，"定"是意，翻译成"禅定"这个词就是把音和意结合在一起了。在印度古代，一些宗教家他们认为通过一种禅修的方法能够产生智慧和各种各样的神通，同时也能产生一种慈悲的心，所以，他们把禅修作为基本的修行方法。佛教发展起来之后，继承了这种禅修的方法，使它的内容慢慢地充实起来。把禅和智慧联系起来，通过坐禅来启发人的智慧,让人了悟人生。禅后来就成了佛教最基本的修行方法。

我们知道,佛教有三个基本的学习和修行的方法,我们称之为"三学":戒、定、慧。"戒"就是指各种各样的戒律,修行者通过戒律来自我约束。佛教认为,人生充满了苦和烦恼,因为人存在着三种心:贪、嗔、痴。佛教用"三学"来治服这"三心"。"戒"就是来对治"贪"的。贪一般指生理上面的一些欲求,基本戒律都是限制生理方面的追求的。比如说"五戒",不酗酒、不偷盗等等,都限制了生理上面的贪欲。"定"是用来对治"嗔"的,"定"也就是"禅"。"嗔"就是一种不平衡、嫉妒。把自己和别人一比较,看到别人在哪些方面比自己强,就不高兴,起嫉妒心。这时候我们就需要"定",静下心来,不要胡思乱想,不要跟人家攀比。禅定能让你的思想专一,从嫉妒心中解脱出来。"慧"就是"智慧",它是来对治所谓"愚痴心"的。"愚痴"并不是我们通常所说的笨,用佛教的话说,它是一种"无明"。有"愚痴心"的人,他可能非常聪明,但是聪明反被聪明误。"愚痴"包含一种执著心,一种颠倒心。什么事情都分得很清楚,你的我的分得很明白,然后就喜欢争执。我们还可以说,那种认死理、钻牛角尖等等,都叫做"愚痴"。佛教所讲的智慧是用来驱除"分别心"或"执著心"的,驱除偏执,驱除钻牛角尖,让你明白世界是整体的,任何事情之间都相互紧密联系,不能简单地对立起来看。在"三学"里,"戒"是基础。而"禅定"是关键,因为前面讲过,禅的修行方法就是入定了之后,让修行者认识世界、认识社会、认识自我,从而发挥"智慧"。禅于是便成了原始佛教的一种求解脱的主要修行方法。佛教发展成大乘佛教之后,禅依然是求证佛道的主要方法。大乘佛教讲"六度",或者说"六波罗蜜"。"六度"中的"禅度"也即"禅波罗蜜",是一个很重要的部分。

以上我给大家介绍了禅的本来意义。它还有很多具体的修行方法,包括打禅等等。有机会的话大家可以去体验一下打禅。但是禅是不能随便乱坐的,如果没有得到正确的引导,就会出岔子。禅如果没有得到正确引导,冥想变成了幻想,变成了幻觉,最后就要出问题。(笑)

这不是我危言耸听,包括出家人,他们中就有因坐禅而变成精神病的。(笑)所以同学们平时简单地静坐是可以的,你如果真想体会禅的境界,体会禅的喜悦,那一定要有正确的引导才行。在坐禅的过程中,确实会出现生理上、心理上的一些变化和一些特殊现象,这是不稀奇的。中国近代有个怪人,叫杨度,他很有意思,也很有学问。他是保皇党人,辅佐袁世凯。保皇失败后,他就跑到天津闭门学佛。他把自己在坐禅过程中的外在表现和心得体会都记录了下来,并且体会到:坐禅不是去追求特异功能,而是去领会禅的根本精神。他认为,禅的基本精神就是无我,所以他曾提出,要建立一个无我法门。后来,他从佛教中走出来,又参加了中国共产党。他的党员身份很多人都不知道,还是周恩来总理给他证明的。他对佛教的体会——走进去,又走出来,是值得我们借鉴的。

现在我们所讲的禅,常常是和中国的一个佛教宗派——禅宗联系在一起的。下面我来讲讲禅宗中的"禅"是怎么回事。

禅本来是印度古代宗教常用的一个修行方法,不同的宗教修行的具体方法不一样。佛教中显教和密教的坐禅方法还是有差异的。禅宗之所以能称为"宗",在这里,禅已经不是普遍的一个修行方法了。从某种程度上说,它已经摆脱了禅的外在形式,而着重于把握禅的内在精神。所以他们称这种禅为"最上乘禅"。禅宗的祖师们根据修行者修行所达到的不同的程度,把禅分为不同的层次。唐代著名佛学家宗密对禅做了分类,分为五种:第一类叫做"外道禅",所谓外道就是不属于佛教,这种禅是其他的宗教也可以用的修行方法。第二类叫做"凡夫禅",凡夫就是普通人,没有异端信仰的人。第三类叫做"小乘禅","乘"是一种运载的工具,"小乘"只能渡自己到彼岸去。"小乘"这个概念带点贬义,我们现在不常用,只是沿用历史上的说法。被"大乘"称之为"小乘"的,是一些部派佛教。佛祖释迦牟尼创立佛教经过一百多年后,内部形成了许多不同的意见和分歧,于是就分裂成了二十个部派。分裂前的佛教我们称之为原始佛教,分裂之后的我们称之为部派佛教。部派佛教中的一部分后来发展成了大乘佛教,有一部分淘汰了,还有一部分跟大乘相对的上座部佛教现在还存在,主要存在于东南亚地区,包括我国云南的傣族地区,也称作南传佛教。第四类叫做"大乘禅",它基本符合大乘佛法的观念。禅宗认为仅仅达到大乘禅还是不够的,因为大乘禅中对佛法还有不同的理解。第五类叫"最上乘禅"。自心本来清净,原来就没有任何烦恼,自心本来是无漏之心。在佛教中无漏与有漏相对。有漏常常指有烦恼,而无漏之心就是没有漏洞,没有烦恼,很圆满。无漏之心本来自足,众生和佛没有两样。只有能悟到这些,才是"最上乘禅",比一般的"大乘禅"要高一个层次。禅宗"最上乘禅"的核心是要把握大乘佛法一切皆空的道理。

  佛教最根本的理论,我常常说,只有两个字:"苦"和"空"。佛教教义建立在"一切皆苦"的基础上,它体悟到:世界上一切有生命的众生都是苦。释迦牟尼当年出家,就是因为看到人有生、老、病、死这些苦,他感觉到人生整天都在苦。佛教要解决苦的问题。那么"苦"是怎么来的呢?"空"的理论就是要解决这个问题。本来一切都是"空"的,我们却看成是"实"的;本来一切都是虚幻的,我们却看成是实在的。这样,就产生了"苦"。"空"就是在分析人们会产生这样颠倒的认识的原因。原始佛教,包括小乘佛教的时候,人们对于"空"还仅仅是一个局部的认识。刚才讲过,人因为把不实的东西看成实在的,并且去追求,去执著,所以会"苦"。既然这样,通过修行的办法,包括禅这种修行方法,把看到的一切都"看空",这样就不会去追求它,不会去执著它,就没有欲望了。所以说,原始佛教和部派佛教追求的都是这种"离欲"的解脱。他们解脱以后所达到的果位是我们现在常常听到的"阿罗汉"或者叫做"罗汉"。我们到寺庙里都可以看到,有的是十八罗汉,有的是五百罗汉等等。这些"罗汉"都是断除了种种欲求的人。断除了欲求,也就断除了对事物本身的认识。这是从主观上,从主体上把事物看"空",忽略了事物的外在现象。原始佛教和部派佛教没有慎重地考察外在现象的"空"与"实"。而大乘佛教所提出的"一切皆空",不仅仅指主观,还包括一切外在现象,这些外在现象不仅仅指物质现象,还包括精神现象、理论及学术方面,都是"空"的。佛教中有个"法"的概念,它有多重含义。其中一个很重要的含义是指一切的现象,包括物质的现象、精神的现象和理论学术的现象;

它还包括宗教设计的终极目标——彼岸世界在内。在部派佛教和原始佛教中讲"人空法不空"。

为什么一切现象都是"空"呢？下面讲讲佛教的缘起理论。简单地讲，缘起理论认为事物或现象都不是孤立存在的，各种条件凑合在一起才出现某种特定的事物或现象。比如说，一个花瓶就需要几种条件凑合在一起：泥、水、工匠来捏成花瓶。组成事物的这些条件就叫做"因"和"缘"。因缘也分主要次要，主要的我们称为"因"，次要的我们称为"缘"，也称作"助缘"。既然一切事物都是因缘合成的，那么因缘聚则事物存在，因缘散则事物消失。根据这样的理论来推论，一切事物就都没有一个恒常的、独立的本性。用佛教的话说就是没有自性。佛教有"三法印"之说，印就是印记、印章。佛教的三个标志是："诸法无我"、"诸行无常"、"涅槃寂静"，前面两个讲一切法皆空，最后一个是说佛教追求的涅槃的境界。"诸法无我"、"诸行无常"是说一切事物都由因缘聚合而成，因此没有自性，这就叫"无我"；因缘有聚就有散，不可能永远聚在一起，因此不可能恒常，这就叫"无常"。无恒常性说明了事物是不可能永恒的。这就说明了"空"的理论。

因缘合成。大因缘由小因缘合成，小因缘由小小因缘合成。因缘就这样往细分，分到极微小后，还能再分下去么？没办法分了。最后，还得承认极微是真实的。这是部派佛教因缘关系没有完全解决的一个问题。大乘佛教对这个问题的理解有了发展。它认为：一切事物我们讨论的是它的无自性和无恒常性，因为事物由因缘组成，因缘有聚有散。既然这样，那些极微小的因缘就没有讨论的必要。"因缘所生法，我说即是空"，凡是因缘所生成的法，就是空。大乘佛教思想认为，"空"并不是"无"。"空"是指事物的无自性和无恒常性，并不否认事物暂存的现象或者说假象、幻象。当佛教讲空的时候，并不是否认现象。我说我们都是空，那我眼睛里什么也没有，是这样吗？不是这么回事。大家都是一个个有活力、有朝气的年轻人。但是我们要看到：每个人都有生老病死，有生就必有死。每个人都会由年轻人变为老年人，我1955年进北大的时候也和各位一样，现在已经垂垂老矣。就是有这样的变化，必须要承认这个现象。人也是无常，总有一天要离开这个世界，肉体将会散掉，因缘也就散掉了。大乘佛教讲"空"的理论，是要求把握"空"的根本精神的，并不是去分析"空"。对现象我们不能太执著，人亦空，法也空。法空里还包括佛教中所提的种种最后境界。

我们常常听到这样的话"色即是空，空即是色；色不离空，空不离色。"这是《心经》里的句子，在《红楼梦》里大家也可以见到。所谓"色"，即指各种各样的现象，"空"包含在各种现象中，没有离开"色"的"空"，而一切"色"的本质即是"空"。

有时候我们会想：真烦恼啊，去找一个清净的地方吧。这种想法在佛教看来，无非是从这个牢笼里面跳出来，钻到另一个牢笼里面去。所以，不能执著于烦恼，也不能执著于清净。佛教告诉我们，所有的东西都是相对的。我举个例子：一件衣服脏了，就拿去洗。那么是不是洗洗就干净了呢？其实，洗干净了之后，脏不存在了，干净失去了和它比较的东西，那么干净也就不存在了。禅宗就是要我们把握大乘佛教中一切皆空的根本精髓，破除对一切现象的执著。这好像违背人们常识性的认识，因为我们要认识事物，必须是处在分别、比较的情况下。说一个东西甜，那一定是和不甜或者和酸的东西来比较而言的。佛教看到，正是由于这种分别的看问题，使人产生了执著心，放不下。一切的执著来源于"有我"。因为"有我"所以"有他"。"我的"就要好好保护，"他的"我得想办法变成"我的"。这样，便产生了三心：贪、嗔、痴。其实，"我的"、"他的"等等事物都不具有恒常性，争来抢去的有什么意思呢？"空"的理论就是用来破除分别心和执著心。禅宗"最上乘禅"的核心表现是：注重内在精神的把握和修正而不拘于外在的各种表现形式。所以参禅的关键是要把禅的精神体现在时时、处处、事事当中。唐代玄觉有句话："行亦禅，坐亦禅，语默动静体安然。"禅师马祖道一的大弟子大珠慧海也讲过"行住坐卧并是汝性用"。禅本来需要静坐的，但禅宗破除了这种外在形式，把禅体现在一切地点、一切时间、一切事件上面。这样，禅已经不是佛教统一使用的修行方法了，因此禅宗是一个独立的宗派。

禅的本质是一种实践，而不是对单纯理论的讨论。传统的禅如此，禅宗"最上乘禅"也是如此。"最上乘禅"实践的中心就是今天我的讲座题目——体悟生命。认同生命的意义和价值叫体悟生命。如果你想学禅,学禅后没有体悟到生命,那我认为你的禅只是口头上的禅,只是文字上的禅,这样的禅对你没有帮助。怎么来体悟生命呢?生命也可以分为几个不同的层次,有肉体上、生理上的生命,也有精神上的生命。精神上的生命又可以分成心理层面的和理智层面的。生命的这三个层面和我前面提到的贪、嗔、痴是联系在一起的。体悟生命,首先要认识到生命是苦。生命之苦,一个是贪、嗔、痴"三毒攻心",一个是"八苦缠绕"。这些每个人都避免不了,我不是在吓唬大家。贪、嗔、痴三心中,"贪"相对来讲是最容易戒除的,"嗔"比较难戒除。现实中有许多东西让你放不下它,比如说名次:比赛第一、学习第一等等,让你不得不去和别人比,这使人很痛苦。我认为,一个人在这样的环境下面是不能够健康发展的。人人都有自己的长处,应该发挥自己的长处,不应该向一个标准看齐,标准可以有许多。俗话说"三百六十行,行行出状元",而我们现在往往只盯着其中一行或几行,这就麻烦了。现在有些年轻人正是由于这样,感觉压力很大,心理不平衡,导致精神失常。我对此很痛心。"痴"现在也越来越严重。我们现在一切讲科学,科学就要分辨,就要分析,就要打破砂锅问到底。但是实际上,有许多问题是打不破砂锅也问不到底的。有很多东西我们不知道什么时候才能知道,还有很多东西我们永远不会知道的。更重要的是,我们对客观事物研究得越深入,我们未知的东西就会越多。所以我常常讲,我们要有一个科学的精神,但是我们还必须有人文的开导。

2003年6月,国家宗教局召开了一个座谈会,讨论关于宗教的长期性问题。我们曾经有很长一段时间认为宗教很快就会消亡,因为我们科学发达了,我们能掌握自然规律了,能掌握自己命运了,剥削阶级推翻了,阶级压迫不存在了。但是从哲学上说,有些问题是永远解决不了的。第一,人认识的有限性和世界的无限性这对矛盾永远存在。今天认识了这个,明天它就可能变化了,我们又不认识它了。或者你认识这个,不认识那个。偌大的一个世界总有人未知的角落。如果世界被人认识透彻,那世界就不存在了。恰恰是人们的种种疑问的存在,就有导致迷信或者宗教信仰的可能。第二，偶然性和必然性的关系。偶然性永远排除不掉，所有的必然都要通过偶然才能实现，反过来，偶然中间也有必然。两个人一块儿走，为什么这块砖头偏偏掉到我脑袋上而不掉在他脑袋上呢？解释有很多，但有一点，偶然性是存在的。正由于人们对偶然性的各种理解，同样也导致宗教信仰的可能。而这些东西是科学永远无法证明的。

我在会上提出：应该多一些人文的开导，我们应该有一个开阔的胸襟，不要追究过分细小的事情，不要钻牛角尖。中国古人有很多这方面的教导。庄子说："吾生也有涯，而知也无涯，以有涯随无涯，殆矣。"我的生命是有限的，而认知是无限的，以有限的生命去追寻无限的世界，那是要出问题的。孔子说："知之为知之，不知为不知，是知也。"这句话不仅仅是表达一个谦虚的意思，而是因为有些事情我们确实不可知。庄子还说："六合之外，圣人存而不论；六合之内，论而不议。""六合"是天地四方。天地范围之内的事情我们可以讲一讲但是不必要去议论它；天地范围之外的事情我们可以"存而不认"。禅宗之所以能在中国发展起来，是因为它和中国传统的人文精神有着契合点。《荀子》中说，人们求学问，并不是为了自己怎样通达，而是为了当碰到坎坷挫折的时候，不会被它们难倒而不知所措。人才与不才是自己的问题，遇与不遇是时的问题。有才能的人没有机遇，古往今来多得很。怀才不遇的人往往会有很多牢骚，怨天尤人。实际上这是自寻烦恼。所以我们在准备才能的时候也要等待时机、把握机会，更要创造时机。有很多机遇可以由自己创造。我想举一个很简单的例子：两个人给领导当助手，一个人总是认认真真地完成任务，另一个人总觉得任务太简单，自己是大材小用，所以总是马马虎虎地完成任务。如果你是领导的话，你更喜欢哪个人？很多人会告诉我，当然是喜欢第一个人了！所以，第一个人实际上就是给自己创造了机会，下次领导有事情肯定找他，因为他做事认真负责。时间长了之后，他积累了工作经验，增长了才能。我们要看到才能和时间的关系，更要看到创造机会的重要。我现在在讲台上讲，下面那么多同学在听，你们不要觉得我有多了不起，而是因为我有这个机遇，很多造诣比我深的人没有

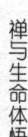

禅与生命体悟

这个机会来给大家讲。刚才有同学说我是权威,不是的!(笑)有这样的机会我就要把握,充分发挥才能。没有机会的时候你也不要埋怨,因为你在积累你的才能,你在寻找、在创造机会。我认为"三毒"现在对我们影响比过去更厉害,我们因此也更需要人文的开导。一个人不应该老是很紧张,文武之道,一张一弛,需要认真的时候,也需要放松的时候。看问题要全面一点儿,把事情看得开一点儿。事事得第一,肯定是好事么?不见得。把事情做好才是最重要的,不是第一但也能够把事情做好。中国传统文化中的儒家、佛家、道家文化,还有禅宗的人文精神,都可以对今天的人们有清醒、缓释的作用。

另外,生命还有"八苦缠绕"。生老病死就是其中四苦。确实,生死是困扰人类的大问题。人类的大脑太发达了,会想这个问题,动物大概很少想。(笑)人们常常把宗教说成是一种临终关怀,其实临终关怀不是只关怀死,也要关怀生,没有生哪来的死?老、病会给家人给社会带来很多麻烦,所以现在常常讲健康最幸福。同学们有时候对我说,楼老师您年纪也不小了,下雨下雪天就别来上课了吧。我说不行啊!我说,人能活动就是幸福,你们不要剥夺我的幸福!今天我能来给大家讲座是我的幸福,我能让大家都感到幸福那更是我的幸福,是吧?(掌声)还有四种苦跟精神上有关系。爱别离苦,我们会为和我们爱的人分别而痛苦;怨憎会苦,冤家碰头肯定痛苦;求不得苦,想要得到的东西得不到,很烦恼;五蕴炽盛苦,五蕴就是色、受、想、行、识,在佛教看来,一切生命体都是由这五个方面组成的,色属于物质方面,受、想、行、识属于精神方面。以上八苦缠绕着我们,任何人逃脱不了。可能有人能摆脱后四种苦,但前面四种是无论如何也逃脱不了的。但是,后四种苦,凡是有感情的人也逃不掉。先要认识人生的苦,然后再寻求生命的真谛。

生命的真谛也是禅宗经常讨论的问题。禅宗祖师六祖慧能从他的老师弘忍那里得法后,弘忍劝他快走,因为弘忍怕慧能的师兄弟们嫉妒。慧能连夜就走了。第二天一早,弘忍的弟子得知此事后便去追,其中一个和尚追上了慧能。慧能问:"你追来是不是为了我的袈裟和钵盂啊,给你得了。""我不要。我想要得法。"慧能又说:"不思善,不思恶，哪一个是明上座的本来面目？"本来面目成了禅宗追求的目标。本来面目就是指人的本性。禅宗认为，本来面目就是清净的本性。《坛经》中慧能的得法偈有云："菩提本无树，明镜亦非台。本来无一物，何处惹尘埃？"最初记载的是："佛性常清净，何处有尘埃？""本来无一物"容易让人产生误解。"佛性常清净"是说它的本性是清净的，所谓"清净"就是指"空"。既然是空，为什么还要讲清净呢？《大般若经》里讲明了：一般人听到空就认为是什么也没有，就害怕，所以要讲清净。"性空幻有"，空是从本质上讲，而有是从现象上讲，所以称为幻。空不离有，有不离空；离有无空，离空无有。如果能认识到事物本质是空，那么任何的分别和执著都是没有意义的。我们哪一个生命体不是空的、赤条条地来到这个世界？又有哪一个生命体不是空的、赤条条地离开这个世界？这就是"生不带来，死不带去"。既然如此，我们现在拥有的一切是怎么来的？是社会给我们的，是众生给我们的。所以，最后应该把现有的东西全都还给天地，还给众生，这就叫报恩。这一点在中国传统文化中也有体现。荀子说过，"礼有三本，天地者，生之本也；祖先者，类之本也；君师者，治之本也。"所以中国古代，人们都要供一个牌位：天地君亲师，为什么啊？报本，报生之本、类之本、治之本。大乘佛法认为，最有意义的生命是要慈悲济世。很多佛经中写道："如来圣教，慈悲为本。"一切佛法以慈悲心养育民物，以慈悲水灌溉众生。大乘佛教把慈悲是放在第一位的。所谓慈悲，慈是给众生以快乐，悲是拔众生于苦难，合在一起，就是说要救度众生。

　　大乘佛法的根本精神可以用两个字概括：智，悲。也可以连在一起，叫做"悲智"。"智"是讲自我觉悟的问题，"悲"也就是"觉他"，是讲救度别人的问题。"悲智"也即自觉觉人，自度度他。觉悟人生，奉献人生。觉悟人生就是"智"，因为有智慧的人才能觉悟，没智慧的人永远是"迷"，在"迷"的过程中三毒攻心。奉献人生就是"悲"，就是度人。禅宗对生命的认识不能够只停留在虚无缥缈的地方，不能永远沉浸在幻想中间。禅宗十分强调现实，也即当下。生命的意义，体现在当下，我们活在当下，修在当下，悟在当下。禅不需要离开当下,离开了当下什么也得不到。近代著名高僧太虚的偈子"仰止唯佛陀,完成在人格,人成即佛成,是名真现实。"体悟生命,就要从当下作起,不要离开现实。

最后,我送给大家三句话,是"学禅三要"。第一句,做本分事。这里的"本分"不是指不胡作非为,而是说应当该做什么就做什么。再美的理想,如果不从本分事做起,也是无法达到的。想得太多而不从当下落实,则是在浪费生命。所以,我们应该培养自己的坚定性、毅力,去掉虚荣心。第二句话,持平常心。这句话现在人们经常在讲。没有平常心的话,我们无论对什么事情都思前想后,百般思索,千般考虑。曾有位禅师问慧海,你是怎么修炼的呢?答曰:"饥来吃饭,困来睡觉。"很多人吃饭的时候不专心,百般思索;睡觉也不安宁,千般考虑。的确,名和利是对人性的最大的束缚,名缰利索。要打破此束缚,必须有平常心。我们对各种吹捧或者谩骂都不动心,哪是那么容易就做到的呢?宋代大文豪苏东坡有一次去拜访佛印禅师,佛印禅师不在,他就留了首诗,其中两句说:"八风吹不动,端坐紫金莲。"表达自己学佛的体会。佛印看后,即批"放屁"二字,派一名侍者送过江去给苏东坡。东坡看后很生气,马上过江来要找佛印理论。佛印说,还说什么八风吹不动,我这一屁你就过江了。(笑)应该对得失毁誉都不动心。第三句话,成自在人。这很难,因为现在,我们的各种束缚太多太多了。终日吃饭,未曾咬到一粒米;终日走路,未曾踏到一片地。如此,才会放弃一切相,则终日不离一切事,而不为一切事所惑,这才叫自在人。我们要体悟实实在在真实的生命,体悟时时刻刻充实的生命。

谢谢大家。

(2003年12月17日)

克隆人的伦理问题

■吴国盛

吴国盛,北京大学哲学系教授,北京大学人文学部委员,北京大学哲学系副主任,北京大学应用伦理学中心主任,北京大学科学传播中心主任。主要研究方向为自然哲学、科学思想史、科学哲学、技术哲学。

今天是我们应用伦理学中心本学期的第一次讲座,我看有这么多同学来,说明对应用伦理学的话题很感兴趣。按说,克隆人这个事情现在已经不是媒体的热点了,但是今天我们来讲这个话题,是想在它作为一个社会话题冷却下来以后,对它做一个理论上学理上的清理。我本来的题目叫做"为什么人类克隆是伦理上不能接受的",这个题目很清楚,表示我是反对克隆人的。大家都知道,过去几年内,随着克隆羊多莉的问世和死亡,以及去年、前年在克隆技术方面的许多进展,引发了许多伦理上的争论。在国际上争论很热烈,国内也是一样的。争论中有很多观点,随着时间的流逝,随着大家讨论问题的深入,早期看来很重要的观点和论据现在看来不重要了。但是在我看来,许多重要的论据还没有被发掘出来,所以我愿意今天和大家一起做这样一个探讨。我想讲一个小时,然后跟大家一起讨论讨论。我本人不是一个伦理学家,只是因为对这个问题有兴趣才思考这些问题,因此我的观点都可以也很愿意跟大家一起讨论。

无效的论据

首先我想讲一下，在过去两三年内，哪些反对克隆人的观点今天看来是可以不予考虑的。

第一个观点，早期人们担心克隆人的出现会搞乱人际关系。因为大家知道，克隆人出来以后，他跟这个基因提供者之间不知道是什么关系。父子也不像，母子，母女，都说不太清楚。一个人相差很大岁数也许是七八十岁，但是从生物学意义上讲他们又是孪生兄弟，所以有点乱。还有一个法律关系也是。所以，早期人们担心，人类复制这件事情会导致伦理关系和法律关系的紊乱。今天看来这里并没有很大的问题。我们知道在人类历史上，处理人伦关系，血缘关系、家庭关系以及法律关系，都有相当的经验积累。过去我们也有没有任何血缘关系的父子关系，有养父养母，是没任何血缘关系的。也有一半血缘关系的比如说继子继父这样的家庭。既然人类历史上有不同的亲缘关系，或者没有亲缘关系组成的家庭，可以维系一个非常有序的伦理关系以及法律关系的话，那么克隆人不会带来特别新的问题。这一点可以暂时不予考虑。当然了，在实施方面还需要有技术性的考虑。比如我克隆一个我自己，而且我愿意自己养着，（笑）如果愿意由我爱人来孕育，那么这个关系应该怎么规定。这个克隆出来的人跟我什么关系，那是需要规定一下的，当然我们可以把他规定成父子啊、母子啊，这都是可以的。当然你也可以规定成兄弟，当然从直觉上讲这有点乱。但所有这些，通过仔细地考虑是可以理顺的，而且不会引起很大的问题。因为只要我们能够做到，人类复制这件事情不是大规模成批量进行的话，如果限制在某些局部的范围的话，它不会引起大规模的伦理问题。这个方面的观点我觉得是可以暂时不考虑的。

第二个，就是人们担心，克隆技术会导致基因多样性的丧失。因为我们的有性繁殖不断导致新的基因的出现，维系我们人类这个物种的基因多样性。所以，人们担心这个单性复制会导致基因多样性的丧失，危害整个物种的安全。但是，如果我们假定克隆技术只是小规模的，大部分人类生殖还是按照自然生殖方式来进行，那么基因多样性也未必是一个很严重的问题。

第三个，也是由于大家对克隆技术不太了解不太清楚造成的，就是怀疑会不会有战争狂人复制很多希特勒，给世界造成新的灾难。我们知道，这完全是对克隆技术的一个误解造成的。基因复制这件事情只能造就一个基因几乎相同，也不是完全相同的生物学意义上的人体。我们知道基因不仅存在于细胞核里面，在细胞质里面也有一些，但是很少很少，所以说是几乎完全相同的这么一个生物学意义上的人。但是我们知道，在人类的发育成长过程中，后天环境起很大的决定性意义，所以复制一个爱因斯坦是不可能的，复制一个希特勒也是不可能的。当然了，人的性格有很大一部分也许60％是受先天因素影响的，但是性格并不决定一个人的社会属性。所以我们讲，过去这些反对克隆人的理由今天我们可以不予考虑。

但是呢，我也不能同意一些支持克隆人的理由。

支持克隆人呢，在国际上有一些，多是什么邪教组织、科学狂人。国内也有，应该说还有不少，但是公开站出来表态支持的不多。国内最有名的支持者就是何祚庥院士。他认为，克隆几个问题不大。那么他的理由是什么呢？作为一项理性探讨，我们不要看他主张什么，要看他的理由是什么，看这个理由是不是站得住。

我觉得他的理由可以归结为三个。第一个理由就是说，技术的发展是挡不住的，既然挡不住那么就让大家搞算了。这个理由当然是十分的荒谬了。为什么十分的荒谬呢？我们知道，杀人的事情每天都在发生，但是没有任何一种法律或者伦理道德支持杀人的，所以，实际上挡不住不等于伦理学可以支持。伦理学的辩护需要单独的理由。不能说现实中有些事情老发生，制止不住，比如打人、骂人、损人利己、还有谋杀，它就是伦理上可接受的。许多技术上的发展确实有可能是挡不住，狂人多的是，邪恶势力多的是，但挡不住不意味着它伦理上是可接受的。相反，要通过理性的辨明，指出它是违反伦理的，从而引起我们的高度警惕。

第二个理由呢，他说自然生殖也会出现怪胎和残障婴儿。我们的自然生殖过程中的确也有不幸流产的,没有流产的生下来也有怪胎,也有缺胳膊少腿的,或者两个脑袋连在一起的这种,就是残障婴儿,是有的。他说既然自然生殖也会出现这种事情,那么我们克隆人技术出现个把怪胎啊,出现个把残障克隆人啊,也是可以容忍的。人家批评他说技术不成熟有风险不能搞克隆人,他说不成熟我们才要做实验。人家说做实验生下个怪胎,生下个生理有缺陷的孩子怎么办呢?他说那自然生殖也出现怪胎嘛。

我认为这个观点也是十分荒谬的。这个荒谬待会儿我们还要详细讲,详细分析。简单地说,我们要搞清楚伦理学的对象是什么,要分清楚什么是伦理行为,什么根本就不是伦理行为。天上掉一块石头砸死一个人是有的,虽说不常见,但是你能说天上掉下一块石头能砸死人,那我也可以把一个人砸死吗?你可以说,人都是要死的,所有人都要死,所以杀人也是可以的吗?既然自然状态下人都是要死的,那我杀个把人是不是也没什么?能不能这么说?从这里可以看出,他根本没有搞清楚什么是伦理学应该关注的话题,什么是自然状态下的情况。这一点我们下面要详细研究,就是伦理学究竟在什么范围内起作用,什么范围内是不起作用的。彗星撞击一个地方,一不小心撞死一个人,你不能说这个不道德,因为这没有意义,彗星不是一个任何意义上的主体。它掉下来撞死一个人和你拿石头砸死一个人,完全不是一个性质的事情。这可能是一个广泛流传的得到许多人认可的论据,意思就是说自然生殖也有缺陷,那么我们人为的克隆生殖中出现个把缺陷是可以容忍的。这是完全错误的。

那么他第三个论点是什么呢?他说伦理学都是有阶级性的,反对克隆人的伦理学都是美国的、西方的、帝国主义的伦理学,我们不要理它,我们偏要支持克隆人。对这个论据我的看法是,伦理学当然和每一个利益团体相关,但是不能因此而简单地滑入伦理相对主义,也不能因此对西方的伦理学持简单的反对态度。对这个论据,我不能说它完全荒谬,但我觉得是可以认真讨论的。伦理学有没有普遍性?伦理学是不是相对的?如果照他那么说是完全相对的话,希特勒杀死那么多犹太人是不是也可以辩护?他当然也有德国人的利益考虑在内。

当年希特勒杀死犹太人不是希特勒一个人杀的，是全体德国人民干的事。德国人民认为这个做法是对的，也有他们自己的一套论据的。比如说什么血统问题啊，什么文化纯粹主义啊，他也有一套讲法的，他有他的伦理学。如果伦理学完全是相对的，不存在什么普遍标准的话，那我们还有没有普遍的人性标准呢？有没有普遍的理性标准呢？如果没有，那我们在处理国际关系事务时"有理有据有节"岂不成了一句空话？这是个很大的问题。我想，对这个论据我不能说它绝对荒谬，但是，肯定是有问题的。

伦理行为与伦理原则

以上是一个引子，我简单地回顾了过去几年来有哪些支持克隆人的论据在我看来是很荒谬的，以及还有哪些反对克隆人的论据现在是可以不予考虑的、可能是无效的。下面我们想做一个比较系统一点的考虑。

第一个，我们看一看，哪些人类行为是属于伦理学规定的范围的。我们知道人类之外的世界之间的物质关系没有伦理问题，伦理问题首先是用来约束人的。今天在座有很多伦理学界的老师，我也向他们讨教吧，因为我本人并不是学伦理学的。我觉得伦理行为必须发生在主体之间。或者说一切发生在主体之间的行为都可以属于伦理行为。这是什么意思呢？就是说纯粹的客体之间的行为不算伦理行为。过去老子讲："天地不仁，视万物为刍狗。"就是说在天地看来，万物的生生死死都没有什么特殊的意义。所以我们讲天体运行也好，自然生殖也好，这里面不存在什么伦理问题。生一个怪胎是不幸而不是不道德。一颗彗星砸死一头牛或者砸死一个人这也是不幸，不是不道德。不幸和不道德是两回事。因为纯粹的客体之间，在一个人被彗星砸死这件事情上，它是一个纯粹客体之间的行为，没有伦理问题。

在纯粹的主体和客体之间的行为也不是伦理行为。客体和客体不是伦理行为，主体和客体发生作用也不是伦理行为。比如说我们把一块石头扔到水里去了，这没有什么道德不道德的问题。因为石头在我们这里纯粹是一个客体，只有我是主体，我有意识做这些事情。但是因为跟我打交道的对象是一个客体，或者至少被我看作客体，所以没有伦理问题。那么什么意义上有伦理问题呢？只有在主体与主体之间才是伦理行为。也就是说，当你对一个也被你认为是主体的一个东西发生相互作用的时候，才有伦理问题。但是我们要注意，这个主体不一定限于人类，比如说我们把一块石头扔到水里去，这无所谓，你把一条小狗扔到水里去，这可能就有伦理问题了。究竟有没有，当然是有争论的，这一点下面还要讲。或者，把一块被认为有主体属性的石头（比如他人的财产）扔到水里，这也会发生伦理问题。那么为什么只有主体之间才有伦理问题呢？因为在主体之间才会同时发生伦理义务和责任。我们中国传统中有一个金科玉律，叫"己所不欲，勿施于人"，这里面其实揭示的是一种基本的主体关系。你不想别人对你怎么样你就不要对别人怎么样。这个"别人"实际上指的是另外一个主体，这是主体之为主体的根本特征，即它是自反性的。用哲学的话说，那就是，除了把别人也当成主体这个办法之外，你没有别的办法证明你自己也是主体。主体的自反性，也就是我们要设身处地地考虑那个东西也是主体，像我一样的主体。如果你不知道那个对象跟你是一样的东西的话，那么这里面就没有伦理问题。所以在人类的很多行为之中是掺杂着伦理行为和非伦理行为的。即使是人，有的时候我们也可能不把他当成主体看待，比如，战场上面对敌方阵营中冲上来的战士，我们首先不是把他当人看，而是看成敌人，要消灭他。战争有时候像是一台开动起来的机器，卷入其中的人首先都以客体的眼光看待所面对的事物。如果敌人被俘虏了，那要讲人道主义，重新把他当人看。总之，人类不会对一个纯粹的客体负责任，他和一个纯粹的客体之间不发生伦理关系。

现在我们要谈一下主体问题。刚才我们说，主体可以不限于人，那是不是所有人都应该是主体？我想这也是伦理学一个很重要的原则吧，就是人类必须被先天地看成主体，没有任何后天理由的，没有任何经验根据的，要把他看成主体。我想这是近代人道主义的基本原则，也符合我们的道德直觉。正是因为人类必须被先天地看成一个主体，所以"制造"人类就先天地成为一个伦理问题。但是它未必就是一个不能解决的难题，我们下面要看到它在什么意义上是一个难以解决的难题。

我们还要讨论一下，被看成主体的"人类"指的是什么？这恰恰是当代生物和医学科技的发展给伦理学带来的一个很大的问题和挑战。什么是人类？这是一个问题。比如说，没生下来的孩子是不是人？在肚子里面，或几个月、三个月算人还是两个月算人？去年讨论得最多的是干细胞的问题。那个只发育了十几天的胚胎，算不算人？当然他是潜在的可以变成人的，但只有十几天，算不算人？过去基督教世界是严格反对堕胎的，因为他们认为受精卵一旦着床了以后，他就获得了生命。按照基督教讲这就是个生命，就是个人了，堕胎就是杀死一个人，那是不道德不允许的。但是在我们中国文化中这一点好像不是个特别的问题，堕胎没有什么文化障碍。但对他们来说，从人类出生这一部分来讲，从什么时候开始算人，是一个很大的问题。除了出生这部分的问题外，死的那部分也有问题。什么叫死？比如前不久讨论的脑死亡问题，脑是死亡了，但呼吸还有，植物人了，这个植物人算不算人？要不要把他杀死了算了？或者把他扔了？还有，人死了以后，人类遗体是不是就变成了一个完全的客体？这也是问题。前不久电视台还放一个抛尸的事情，一个医学院解剖完一个尸体不想要了，就随便扔了。那么，这里面有没有伦理问题？这里我们看到，把人类看成主体也不是很简单的，实际上你深究起来问题还是比较大的。究竟什么是人？在一些边缘地带实际还存在许多问题要讨论。讨论这些问题，就是生命伦理学的问题，医学伦理学的问题。今天我们北大医学部的几个老师也来了，他们是专家。

还有一个需要讨论的，是否只有人类才能被看成主体？除了我们人类之外，其他的物种，特别是跟我们人类很接近的那些物种，比如说哺乳类动物、灵长类动物，它们能不能算主体？国外有一个学派叫"动物权利论"，认为动物也有权利。过去我们讲主体才有权利嘛，那么他说动物也有权利，那么动物也是主体了。当我们处理跟动物的关系的时候，也牵扯到伦理问题。比如你不能随便虐待动物，即使那些肉食动物，杀它也要干净利索一点，（笑）不要慢慢地把它折磨死，也不要在屠宰场成群结队地往里走，看到自己同类被宰杀的惨不忍睹的局面，等等。西方动物权利论者在这方面做得很多，他们认为动物也跟我们人类一样，也是个主体，也是道德主体，你跟它打交道也要遵循某些伦理规范。还有呢，就是自然界本身，现在国外也有一些学派认为整个地球生态系统是活的，生态稳定本身就是有目的性的。他们认为主体不主体有一个重要的依据就是有没有意向性，有没有合目的行为，只要有意向性有合目的行为，这样的行为都可称作主体行为，都有价值判断问题。比如说，一条狗想吃一根骨头，那根骨头跟它挨得很近，这个"近"就是有价值的，如果骨头离它很远，这个"远"就是没有价值的，或者说是负价值的。所以，只要是有目的性有意向性的东西，它的行为就带有价值判断，因而它就有资格成为价值主体。这也属于动物权利论和环境伦理学的问题，或者生态伦理学的问题。现在西方有一些极端的生态主义者，认为维护生态稳定性比维护某一个物种的利益更高。在这个判断里面包含着一种预设，就是认为生态系统本身就是个主体，那么人跟这个主体打交道的时候，你破坏它的稳定性你就要受到伦理学的限制。所以我们看到，在主体问题上，有许多意见表明并非只有人类才是主体。这也是现代应用伦理学需要面对的问题。

我们知道，随着今天科学技术的发展，带来了很多问题，这些问题过去的伦理学没有考虑到，过去我们的传统文化习惯没有想到。以前对死亡的判定很简单，心不跳了、没气儿了就是死了，现在呢这可能是假死，因为我们医学发展了嘛，我们知道他可能没死。相反，他能呼吸但是脑子死了，这可能算真死。所以现代的医学、现代的科技给我们揭示了很多可能性，这样一些可能性的揭示就带来了更多的伦理问题。今天的伦理问题比过去不是少了而是多了。而且随着各种文化对话语权的要求，现代伦理学很难做到用一种权威主义的方式来进行论证。这就是应用伦理学在过去几十年内蓬勃兴起的一个原因。应用伦理学的特点是什么呢？它不是从一个最高的伦理原则往下推，不是指把这个最高原则应用到具体例子上去。它是指，这些伦理原则不是先天出现的，而是在考察具体问题过程中碰撞出来的，协商出来的，是各种原则、各种利益之间相互协调的结果。所以在我们今天讨论环境伦理学的问题和生命伦理学问题的时候，它都具备这样的特征。今天在很多人类事务中都建立各种伦理委员会，这些伦理委员会的建立不是要进行裁判，而是要协商各方的理念与利益。

哪些问题是应该属于伦理考虑的，为什么它属于伦理行为，这些一般的伦理学的问题我们就讨论到这里。下面我们谈一谈纳入伦理规定性的人类行为应该服从什么样的原则。

刚才我们谈到，今天文化多样性的兴起使得伦理原则也出现多样化，但是在我们全球化的时代有许多伦理原则还是得到了共同认可的，有些原则甚至是先天的。这里我谈几个。

第一，我们要明确，道德原则和工具原则之间有严格的区别。工具主义和伦理主义是有区别的。一个道德主体从严格意义上说，不能成为工具。道德绝对主义就认为伦理主体在任何意义上都不能成为工具。但是刚才我们提到，人类在某种情况下也经常被作为客体看待，取决于当时的人类情境。人类克隆在什么意义上会成为道德难题呢？那是因为一方面，在克隆"人"的意义上，它首先是纯粹的主体，它应该属于道德考虑的范围，但另一方面，在被"制造"的意义上，它又是纯粹的客体。所以克隆人难就难在一方面把他作为纯粹的客体，而另外一方面我们又不能不考虑他是纯粹的主体。从克隆人的动机和过程上考虑，我们会发现，自始至终贯穿着工具主义的原则，被克隆者一直被作为一个纯粹的客体看待。实际上我们知道，目前考虑克隆人的所有的人、所有的组织和所有的机构，都是为了某种其他的目的和动机，而不是为被克隆者着想来考虑克隆人的。比如说，为了思念某个人。一对夫妇，他们的第一个孩子不幸去世，各种各样的原因吧，他们思念这个孩子，不想再生一个，而是希望克隆一个来取代死掉的这个孩子，让他们的感情有所寄托。还有比如说，为了重现某种智慧，比如爱因斯坦，被认为是很聪明的人，对人类有贡献，我们把他重现一下，制造一个。还有，为了保留某种特长，比如说帕瓦罗蒂，举个例子，他的嗓子很特别，他唱高音很轻松，这样的人很难出现，我们能不能把他克隆一下？还有，为了科技进步。很多科学家都讲，克隆人技术本身就像征着克隆技术的最高成就了，因为越是高级的动物，克隆起来就越难了，如果能把它做出来就显示了一种很高的技术水平。还有，为了探索自然的奥秘，等等。然而，所有这样一些设想都没有为被克隆者考虑。我克隆一个孩子，目的是让我想起第一个孩子，那个基因提供者，可是你没有考虑到，克隆出来的这个孩子并不是第一个孩子，所以这个被克隆出来的孩子就受到了很大的伤害，我们待会再接着说，为什么受到伤害。为了重现某种智慧，但是克隆出来的并不是爱因斯坦本人，你克隆的是另外一个人，但是这个人被作为某种工具来实现你对某种智慧或某种特长的要求。当然更进一步的，为了科技的进步，为了探索自然的奥秘，这些都是为着一个宏大的目的，但却都不是为了被克隆者这个个体本身，所以都是工具主义的。按照我们的看法，在这个意义上它都是不合伦理原则的。

具体谈起来，还有几个原则应该说也是可以达成共识的，无论哪种文化、哪种利益群体。

第二个是不伤害原则。刚才我们讲了，克隆人实际上是受到伤害的。可是大众总有一个误解，认为克隆一个我，我会受到什么伤害呢？克隆一个何祚庥，何祚庥没受到什么伤害啊？又不是要把他怎么着，不过是身上取个细胞。受到伤害的当然不是何祚庥，而是那个被克隆出来的"小何祚庥"。那个人受到伤害。为什么受到伤害呢？刚才我们讲到，克隆技术本身目前不成熟，但是在科学上为了使技术更加成熟，必须做实验。当然你可以说，早期我只在动物身上做实验。这里且不论在动物身上做实验是不是道德。动物权利论者肯定认为是不道德的，现在欧洲美国，西方国家，到处有动物权利组织，我们以前讲人权组织，现在有动物权组织，在生物实验室外面抗议，破坏他们的实验。这个我们暂且不论。我们只考虑你在动物身上做完了实验，最终还是要在人身上做实验，在动物身上做再多的实验你也不能免除在人身上做实验。既然是做实验就会有失败。那么在人身上做的最后的实验如果不成功，产出了某些缺胳膊少腿的人，怎么办？产出了由于技术原因我们很难摸清楚的某些内在的缺陷，这些人怎么办？大家知道早期的很多克隆羊出来以后发现有很多毛病，只好把它杀死了算了。如果你现在克隆出一个小孩出来了，他有很多毛病，你是看着他一辈子痛苦地活下去呢，还是把他杀了算了？这是很严重的问题。所以不伤害原则不是针对提供体细胞的那个人，而是指的那个被克隆者，被克隆者是最大的被伤害者。他所受到的伤害，都是在完全不知情的情况下被动承受的。退一步说，即使技术上一切正常，生出来是健康的孩子，可是你的目标是为了做科学实验，所以那些供实验用的克隆人，就要受到终生的监控，看他一生有没有毛病，就像对待克隆羊一样。大家知道，医学的进步是免不了人体试验的，但是被试者都要做到知情同意，这是一个基本的伦理原则。比如说一个新的药物要投放，需要一些人来实验，那么这个用来做试验的人必须知道这个药物会有什么副作用，有什么好处，比如说你做这个实验我给你一笔钱，你知道这些情况了你再签字。这就是知情同意原则，这是医学伦理学中一个很重要的原则。可是这个被克隆者是没办法知情同意的，你强迫把他作为一个重要的工具或手段，违反了基本的知情同意原则。即使你的目标是为了推动科学进步，是很崇高的目标，我们也不能违反基本的伦理原则。假定活体解剖一个人，可以使我们的医学进步 20 年、30 年，那这么做是道德的吗？那些主张为了科技进步可以突破伦理障碍的人，你们愿意吗？所以要看到，有些事情即使有利于科学进步和发展，但是在伦理上也是绝对不能容忍的。不伤害原则是个最基本的原则，因为"己所不欲，勿施于人"，你不愿意受到伤害，你就不要伤害别人。

还有就是个体自主原则。我们经常讲个体的独特性是神圣不可剥夺的。这种独特性体现在哪里呢？首先体现在它出生时候的偶然性和不确定性。大家知道，我们的人生因为不确定而获得意义，如果一切都是确定的，那么人生就没有意义了。我们知道下面要做什么，什么都知道了，一切都是决定论的，一切都在预料之中，那人生就没有意义了。一切意义的根源就在于它的不确定性。人从出生那一刻开始就有不确定性，精子和卵子怎么样结合，是哪一个精子结合，以哪一种方式结合，那一瞬间产生的基因重组纯粹是偶然的。这种偶然性本来就是这个即将诞生的个体不可剥夺的权利，而且是它最基本的一种自由，基本的自主。但是现在我们知道，生殖性克隆——先不提治疗性克隆——在这个意义上就剥夺了个体的自主权，把不确定性给剥夺了。为了保住某种特长，为了使眉毛更长、眼睛更大、皮肤更白等等，来设计、制造下一代，这是对个体自主原则的剥夺。过去我们老是说父母不能包办儿女的婚姻，其道理很简单，也是在维护个体自由。过去老说自由是对必然的认识，放在婚姻自由这里就讲不通了。父母会说，我年长，社会经验比你多，人情世故比你懂，我替你包办的爱人一定是更适合你的。你现在才多大岁数，你知道什么啊？你知道社会多复杂啊？事实证明也可能确实是这样的，有的包办婚姻还挺稳定，而自由恋爱的婚姻不一定美满。但是为什么包办婚姻不能被现代社会所接受呢？是因为它本身违反了个体自主原则。其实婚姻这个东西，包办得再好，也是伦理上不能辩护的，自由恋爱再差也是可以辩护的。这是个体自主原则。同样的道理，我有权利保有偶然性，你凭什么给我弄一个大眼睛呢？（笑）本来我小眼睛可以有另外一套人生的经验，对我来讲很重要，你却帮我设计好了，给我弄一个大眼睛。所以，对于出生那一瞬间偶然性的剥夺，是对个体自主原则的一个破坏。

再一个原则就是平等原则。这个大家也是认同的。我想这里面的每个原则都可以用"己所不欲，勿施于人"这个主体交互原则来推断出来，所以在主体交互性意义上可以得到辩护。刚才我就说了，对你进行活体解剖你愿不愿意？你肯定不愿意。那么，平等原则是什么意思呢？我们需要再次强调，生殖性克隆的伦理问题表现在，它的被剥夺者、被伤害者都是被克隆的那个人，不是从身上取体细胞的那个人。取体细胞是没什么痛苦，何院士讲克隆几个没关系，对他是没关系，对那个被克隆的那个人来说是有关系的。而你不能替他来打包票、做选择。正像父母不能包办儿女的婚姻一样，这个还不是婚姻问题，是包办他的长相、他的基因。你凭什么让他大眼睛呢？也许他自己愿意通过偶然的方式创造出来呢。这种偶然性即确定性的缺失，本身就是一个基本的自由。这一点我想学过伦理学的人都知道。一切的人文学科都建立在自由之上，也就是不确定性之上。如果一切都是确定的那就没有自由问题了，没有自由问题那人生的意义就都不存在了。我们经常举的很简单的例子就是，我打你一拳我当然要负责任，但是前提是这个打是出自我自主性考虑的，我可以打你也可以不打你。如果我打你一拳这个事情是由一个宇宙方程早在大爆炸时期就确定好了的，是一堆原子必定要到你那堆原子那里去的话，那我还负什么责任呢？那我就没有内疚的问题，我杀了人也不用去坐牢了。你处罚一个被绝对控制的人，那不是很荒谬吗？处罚的前提是你是有自由的。所以我们讲，自由是道德伦理的前提，要是没有自由那就说不上道德问题了。我们讲个体的自主性和自由是神圣不可剥夺的，也是这个意思，因为只有它才是我们伦理学的基础。

平等原则在克隆人这里究竟出现什么了问题？问题出在了"设计"上面。你凭什么设计我？这里展现出一种道德的不对等性，或者叫道德优越性。你仅仅是因为比我先出生你就可以来设计我，为什么医生、国家、政府、某个团体以及父母有权力对后代进行"设计"？这种有意识的设计本身是违反平等原则的。

克隆技术的伦理问题

下面我们讨论一下一般意义上的技术伦理问题。技术确实是一种人类行为，它在什么意义上要受到伦理考虑的限制呢？现在流行一种观点：技术是中立的，技术是一把双刃剑，它可以害人也可以有益于人。至于是害人还是对人有益，还是由掌握技术的人说了算。所以技术本身是中立的，只是操纵技术的人有伦理考虑。技术在这里被彻底客体化了，我觉得是有问题的。技术不是一种单纯的自然事件，而首先是一种人类行为，而且不只是一种单纯指向客体的人类行为，所以它必定要受到伦理考虑的制约。

以今天比较突出的两大技术为例。一个是生物技术。生物技术很大一部分是指向人本身的，还有一部分指向那些动物权利论者认为也是主体的那些生物。所以生命技术从某种意义上说，它的对象已经不再是单纯的客体。从这个意义上说，它要受到伦理限制。第二个技术是信息技术。它最终将规定人和人之间相互交往的方式。过去我们说人有两个属性，生物学属性和社会学属性，这两个技术把我们这两个属性都改变了。基因技术将来可能改变我们的生物学属性，信息技术可能改变我们的社会学属性。两个属性都改了，把人都改了，对人类影响如此大的技术，还能说这个技术是中性的吗？你还能说这样的技术仅仅是由控制的人来负责的吗？按照我们刚才讲的，主体与主体之间的行为都是伦理行为，所以从某种意义上说，现代技术由于它过深地介入生命过程，过深地介入我们人类的社会生活，所以本质上都是伦理相关的，不可能是伦理中立的。

下面我们讲一讲克隆技术的伦理问题。克隆技术是基因技术的一种。基因技术通过基因的修补、替换等多种方式，可以设计我们的后代，甚至设计我们自己。我们经常开玩笑说，也许多少年以后，我们的后代跑回家，哭着说："我们班同学的基因版本都2.3了，而我才1.5。"（笑）有这样的可能性的。也就是说，通过基因的修补、替代、替换、重建等方式改变自己的各种各样的生理特征，这样的可能性当然是有的。那么这里面有没有伦理学问题？我觉得是有的。刚才我们讲到了，不确定性本身是意义的来源，同样呢，限制、有限性本身也构成了意义的来源。我们知道一个基本的事实，人都是要死的，假定人都是要死的这个事情打破了之后，那么生活就没有意义了，或者说就无所谓意义了。因为每个人都是要死的，我们的人生是有限的，我们就知道有些东西可以做，有些东西做不到，所以就产生了遗憾、后悔、羡慕等等一系列的人类情感。如果人都不死，那么过一天和一万年没什么区别，也无所谓对错、真假、美丑了，一切都无所谓，就是没有意义，无所谓意义。所以，生命的意义基于某种有限性，每一种限度的打破都将使一种意义消失。举个简单的例子，过去我们在丰收的季节吃到水果，我们对丰收季节是有渴望、有一份喜悦、有一份赞美的，但是现在由于大棚技术、保鲜技术以及将来的基因技术的出现，使得水果一年四季都可以保鲜上市，我们就丧失了吃到新鲜水果的喜悦。这个意义就消失了。当然，我们说，还有别的限度存在。人生本质上是有限度的。但是我们知道，对限度的每一次取消，对约束和束缚的每一次取消，都会导致某一个意义领域的消失。同样的道理，当我们能够最大限度地控制、或者策划、或者设计我们自己的生命的时候,我们在生命领域将有很大一部分意义要丧失。过去一个人因为长得难看而发奋读书,也能成为国家的栋梁之材甚至一代伟人,(笑)所以长得不好看成为人生的一个重要动机。将来我们所有的面部修补都通过基因的方式实现的话,那么就会丧失刚才所说的那些意义,那种人生追求的动机都会消失。

在一般意义上来说,基因修补术将在这个生命领域解除很多束缚和约束,而这些约束曾经是我们的文化传统中必不可少的组成部分,是我们的文化意义的来源和基础。没有这些束缚,我们的意义的来源将会丧失。神经科学表明,我们的大脑如果没有约束的话,如果不能遗忘、不能抑制的话,我们的大脑就不能正常工作。为什么呢?一个高度敏感的脑神经系统,实际上就是一个疯子的大脑。因为在每时每刻都会有无限的信息在刺激着我们的感官,但是我们正常人并不接受所有的信息,只有当我们脑子坏了的时候,乱七八糟的信息才全来了,如果你过于敏感,或者你某种约束被解除,那么就全乱了。抑制也是文明的来源,所有文明都是某种抑制或压抑的方式。我们今天的技术文明,解除了很多约束和束缚,解除的速度大于增加的速度,所以我们今天精神病人越来越多。一方面,社会生活节奏越来越快,我们脑子未加过滤的信息大量涌现,而另一方面,我们大脑的抑制能力和过滤能力许多又被慢慢地解除了,所以现代人精神病很多。从这个意义上说,一般的生物技术,它在挑战很多限度的时候,必定要带来相应的伦理问题。

下面我们谈一谈人类克隆技术。刚才我简单地说了一下,其实目前的人类克隆技术有两种,一种叫生殖性克隆,刚才我们讲了半天的那个,就是把整个人都搞出来。还有一种叫治疗性克隆,不是把一个人生出来,而是利用这个技术生成相同基因的器官。比如说我身体患有某些疾病,需要移植某些器官比如说心脏。一般来讲,用别人的心脏或用动物的心脏有很多排异性,心脏移植术做得好的能存活一段时间,但总存在排异问题。现在有一种办法,即从患者的身体取一个体细胞出来,把这个体细胞的细胞核拿出来,植入一个去了核的卵子里面，然后让它自己发育，发育成一个人类胚胎，这个过程实际上就是克隆过程。这个胚胎发育到 15 天，我们可以在胚胎里提取要害的细胞，称为干细胞，就是主干细胞。从主干细胞这里可以按需要生长出很多东西来，通过某种方式进行技术加工，可以生长出各种各样的器官出来。用我的体细胞克隆出来的干细胞长出来的某种人类器官，就可以消除很多排异性问题。这就是所谓治疗性克隆。生殖性克隆世界各国基本上都是反对的——有些国家可能没表态，但是表态的都是反对的。但是治疗性克隆在英国是通过了，获得议会的批准。提取干细胞也遭遇很多伦理问题。发育了十几天的人类胚胎算不算人？如果算人，那么治疗性克隆也是在杀人。

但是我们要说的是，对待这两种克隆的伦理学考虑是完全不一样的。生殖性克隆的目标是出现一个成体，是生育一个完整的人，这就遭遇到一个严重的矛盾，即它是完完全全、赤裸裸地把一个应该当作主体的人当作客体看待了。所以生殖性克隆，按照我的看法，是完全不符合伦理的。它的不符合伦理就在于，被克隆出来的那个人遭到了无辜的伤害。他要冒技术上不成熟的风险，而且被先天地剥夺了个体的自主权，处于一种道德上不平等的境地。所有这一切都不可能是他知情同意的。因此生殖性克隆是完全不能接受的。

然而治疗性克隆问题与此有所不同。治疗性克隆的目标不是为了生下一个人，而是要替一个已经活着的但不太健康的人做治疗，那么它的毛病在哪里呢？它的问题出现在作为人类胚胎的那个人，和作为人类成体的这个人之间的利益协调问题。按照一种严格的伦理观点看，那个胚胎如果是人的话你也不能动他。但是我们知道，这个利益协调问题在人类社会中是经常发生的。人和人利益发生冲突的时候，通过一种什么样的方式可以协调？当然这个协调会依赖不同的伦理观点。所以在治疗性克隆问题上，观点可以是不一样的，是有争议的。但是，在我看来，生殖性克隆没什么可争议的，这个原则是明摆着的。主张生殖性克隆的人，或者是对这里所涉及的伦理原则还不十分清楚，没想清楚就发表意见，或者根本就是藐视伦理原则。治疗性克隆的伦理问题，是就人类胚胎和人类成体之间的利益协调问题。应该说，处理这个问题是有历史经验可以借鉴的。过去我们医疗技术不太发达的时候，女人生孩子经常会出现难产现象，医生通常会问，是要大人还是要小孩？我想按照我们今天的理解，当然是先保大人要紧。因为一个小孩还没生下来，我们还没看见他模样，他的潜能还没有充分展开，与一个活生生的人在那里遭受痛苦甚至死去相比，我们很容易倾向于保大人。当然也不排除个别人，他说不要大人要孩子，他把妇女当成生育机器，他为了有后代不惜牺牲孩子的母亲，讲什么"不孝有三无后为大"，我们认为这个不太好，（笑）是伦理上不能接受的。类似的论点也可以应用在治疗性克隆方面。一个15天的胚胎，尺寸也不比一个针尖大吧，当然他潜在是一个人了，但是他跟一个成年人遭受的痛苦相比，比如说，一个人心脏有问题吧，如何权衡？所以在这个问题上，一个务实的做法还是有可能的。就是说，我们支持治疗性克隆。但是前提是治疗性克隆必须有治疗的目的，不能纯粹用于商业目的。当然这里依然存在很大的争论空间，我不认为在这里有毋庸置疑的准则。事实上，在达成治疗的目的之前科学家要拿许多人类胚胎做实验，要废掉许多胚胎，而且里面不可能不掺杂着大量的商业动机。它与"保大人还是保孩子"这样道德直观十分明显的情况还有所不同。

问题的引申

上面谈了对两种克隆技术的两个不同的伦理视角。我想就这个问题做一个引申，提三个问题。

第一个问题：克隆人的动机是什么？为了达成这样的动机有没有替代方案？实际上很多人都会说，生殖性克隆的用处就是为不孕者提供后代嘛。但是我们知道，为不孕者提供后代的方法很多，如试管婴儿——试管婴儿现在很成功，全世界有三十多万了；再不行可以领养，有各种各样的方式。你是不是非要使用这个技术不可？这是一个问题。我想这也是我们今天在这个高技术的时代，所谓人类自主自律所面临的一个很重要的问题。过去有一句话，叫做"凡是技术上可以实现的，我们一定要把它实现"。这是一个很强的技术主义的命题，是一个振聋发聩的宣言。在这样一个宣言的支配和指导下，应该说我们人类已经开始陷入某种偏颇之中，导致对技术过分的依赖。对高技术的依赖导致了一个风险社会的出现。今天我们这个社会越来越多地依赖高技术，所以风险越来越多。而这样的风险是不确定的，你不知道风险从哪里来。它是大规模的，不是局部的。它是后果严重的，比如我们上半年的非典。SARS 病毒这个东西你不知道从哪里来，可能还要来，当然很难说了，因为它是不确定的。而它一来，全世界就恐慌。其实死人也不是很多，也许还不如一次重大的事故死的人多。可是重大的事故之所以不引起人们的恐惧，是因为它是一场事故，局部的事故，而 SARS 之所以令人害怕，引起全社会的恐慌，是一个巨大的风险，后果严重。SARS 让我们国家经济增长的百分点降了不少，很多行业都亏损。像 SARS 这样的问题到处都有。前不久美加东部大规模停电，到现在还没搞清楚是怎么回事。它是不确定的。还有网上，"冲击波"病毒一来，把很多人的东西全部扫光。由于我们对高科技越来越依赖，我们就更加难以逃避高技术本身带来的风险。所以今天对技术主义是有必要重新反省的。

现在有一种思想我是很赞同的，即发展替代技术，alternative technology。能够替代的就尽量替代，使技术多元化，不要一味地走高精尖技术的道路。从抗 SARS 的经历就看得很清楚，高技术都不管用，还是传统的隔离技术管用。最后压下 SARS 的就是几百年前人们就知道的、清朝时候就已经行之有效的隔离法。大家都别动，呆着，有毛病的和可能有毛病的隔离起来。因为病毒老变，你还没搞清楚就变了，到现在这个疫苗也没搞出来，所以不要一味地依赖高技术。据说中医在这场抗非典的战役中发挥了很大作用，我想这也是替代技术发挥重要作用的一个很好的例子，就是尽量用替代技术。大家知道现代人某种意义上是很可怜的，我们人类这个大"我"是很强大的，把别的动物挤得没地儿去，死的死，伤的伤，灭绝了不少，越来越快地灭绝。但是，人类这个物种虽然很强壮，可是人类的个体却很弱。越是发达的地区，越是都市里面，人的生存能力就越差。城市一旦停电停水，立马就完了、乱了、人心惶惶恐惧了。所以现代人、城里人作为个体是很脆弱的，不如远古社会，不如不发达地区的个体那么厉害。

高风险社会也好，个体能力的弱化也好，都是个警钟。我们要意识到，对人类进行克隆的动机未必是邪恶的，也可能是很好的，但是好的动机并不一定非要采用高技术的办法来实现它，有没有替代的方案来实现？这是我们要考虑的第一点。

第二个，实际上我刚才已经提过，就是一切技术上能做的我们是不是都应该把它做出来？这是值得考虑的问题。技术上能够做出来的东西我们就一定把它做出来，这通常是炫耀力量、炫耀本事。其实很多技术是没有必要的。大家都用电脑，电脑硬件与软件的日新月异让人烦得很，过几年过几个月就更新换代，其实很多功能我们根本用不上。电脑的功能浪费是惊人的。今天有人问我要不要装2000，明天又装XP，其实2000很多功能我从来没用过，又增加了很多XP的功能，我看不出这里面有什么必要性。但这是一种潮流，你不用新的软件的话，许多其他的软件就用不了，别人发来的东西你又看不了。可是作为商家，他要把它做出来，做出来是为了显示他的能力，他要占领市场，抢夺先机。我觉得技术能做的事情未必都应该做出来。

现在有一种思想我觉得很好，就是提倡过简朴的生活。人类和地球的关系已经很紧张了，我们为了自己物种的利益已经挤占了别的物种的空间，而你把别的物种的利益侵占多了，以后还是要危及你自己的物种。有人说你这是不是反人类啊？其实不是这样。打个比方，每个人归根结底都是为自己考虑，但是我们说，自私自利是不好的。既然每个人都为自己考虑，为什么自私自利不好呢？这里面有一个辩证关系。你自私自利看起来是很精明地为自己，其实这是对自己有害的，因为你和他人之间有一个密不可分的相关关系，所以尽管你说话做事情思考问题都是从自己出发，这没问题，但是你只考虑到自己完全不考虑到他人，那就是有问题的。同样的道理，人类当然只能是说人话干人事，按照人类自己的想法去做，但是你不能够人类中心主义。正像不能自私自利一样，你也不能搞人类中心主义，否则你搞到最后可能要危害人类自身的生存。

第三个考虑，是不是一切人类的理想都首先要通过技术的手段来实现？有没有别的方案？这也是一个问题。人生有很多理想，幸福生活的模式很多，精神的追求、物质的满足都是我们需要的，但是我们今天似乎过分地强调技术的方案，什么事情都首先考虑技术的方案，用技术解决人类面临的一切问题。我觉得，虽然技术方案在过去的几百年内确实很管用，产生了好的影响和结果，但是今天来看，一味的技术方案是不行的，可能会带来问题，所以我们要考虑一些非技术的方案、替代的方案，要发掘传统文化的方案，探讨文化多样性中多种可能的方案。

好吧，我就先讲这些，请大家提问题，讨论一下。

（以下是答同学问）

问：吴老师，我非常赞同您对待克隆人的观点，但我觉得技术可以是"中性"的，关键在于人类的选择。

答：我觉得，在根本的意义上，没有中性的技术；所有的技术都反映了人类的存在方式，反映了他的价值意向。只是在相对的意义上，我们才可以说某种技术是中性的。你是什么样的人，你就使用什么样的技术。通常所说的"他不是那样的人"，就是说"那件事肯定不是他干的"；或者说"他是那样的人，那事肯定是他干的"。所以说"做什么样的事情"都会受"他是什么样的人"的影响。因此，广义上的技术是存在于人类的一举一动之中。我们的语言、信息交往，都是某种技术。只是在相对的意义上技术才是中性的。例如，刀在什么情况下会成为凶器？切菜的刀和杀人的刀是不一样的。公安局收缴凶器，从来没有把切菜刀收走。作为凶器的刀，它在技术上的设计都是为了杀人用的；还有枪，它的设计也都是为了杀人用的。

问：克隆人如果真的出现了，我们应该怎样看待他们？

答：去年中央电视台采访我的时候也谈到了这个问题。我的看法是，第一，克隆人如果出现了，应该看作是一种不幸。人类的自然生殖也是会出现许多不幸的。例如，一个被强奸的妇女由于某种体质上的原因，不能堕胎，只能生下这个她本来不希望生下的孩子，我们说这是一种不幸。第二，克隆人他是人，他不是怪物。他也不是非人。

他是完完全全的人。虽然他是不幸出生的，但他也是人。

问：吴教授，我认同您对克隆人的伦理问题的看法，但既然克隆人是无法避免的，进行这种伦理上的讨论意义何在？

答：正像杀人的事情是每天都在发生的，但是我们还是要立法禁止这种行为一样，是否禁绝得了与伦理学上是否要禁止或支持它，这是两个问题。

问：要是克隆技术能够消除人类的障碍，岂不是不用挑战某些极限了？

答：对，这正是我的观点。各种各样的极限你可以挑战它，所以才成为"成功"人士；但如果我用技术的方法去修补掉了，不就不用挑战了吗？就因为"限度"的存在才有"挑战"的动力啊。

问：这岂不是在赞美"限度"本身？

答：这不是赞美限度，要搞清楚限度在我们人类生活中所扮演的角色。按照技术主义的眼光来看，一切的限度都是应该排除的。我觉得，第一，限度是排除不完的；第二，每一个限度的排除，都意味着某一个意义领域的丧失。所以，我在这里是提出一种警醒，在各个领域里，每消除一次限度，都会带来一些新的伦理问题。这不是在赞美限度。

问：生殖性克隆作为新技术终究是挡不住的。你怎么看待这一趋势？既然人类有这种克隆人的需求，何不满足它呢？另外，您的观点是否会影响人们对待新生事物的热情？我们自己的出生也没有得到我们自己的许可，克隆人没有得到他自己的许可又何妨？

答：你的观点我刚才都谈过了。你的观点还是何院士的三个观点。第一个是认为既然"挡不住"，那么我们就没有必要挡？这个问题刚才我已经说了。第二个是既然有这个需求，就应该去做。那么，我们知道很多人都是有些古怪的"需求"的，如果我喜欢打人，对人拳打脚踢，这个需求怎么满足？还有些变态的人喜欢杀人，如何满足？除了填饱肚子、衣服保暖之外，人类的需求通常与文化背景有关系。所以，在谈论需求这些事情的时候，关键在于我们要创造一个什么样的文化，是一个更健康更合理的文化，还是一个不健康不道德的文化。

至于对待新鲜事物的问题,你谈得太一般了。你没有考虑到我已经谈到的这些问题。他的动机可能是好的,但方式是不道德的。良好的动机导致不道德行为的例子很多。一个富人你可以爱自己的孩子,但你不能因此而残害别的孩子。某人是想要一个孩子,于是克隆一个,但那个被克隆的孩子他一出生就被剥夺了很多人都拥有的权利。你的需求不能以剥夺别人的自由和尊严为代价。

还有,你说到"我们自己的出生都没有得到我们自己的许可";是的,我已经说过了,即使是怪胎的出生也是没有伦理问题的,因为他是自然的。但是,你现在是要"设计"一个孩子,这里就有伦理问题了。天上的石头砸死了一个人,这没有伦理问题;但一个人要杀死另一个人,就有伦理问题。我今天讲了一个晚上就是讲的这个问题;强调什么是伦理问题,什么不是伦理问题。

对于新生事物,我们不要抽象地否定,但也不要一味地去肯定。我们要有原则地接受或者批评。

问:您说伦理问题只存在于主体之间,但克隆人还没有出现,何来伦理问题?假如克隆了一个"帕瓦罗蒂",虽然他不想当歌唱家,但我们可以尊重他自己的意愿。

答:我要是骂一个不在场的人,是不是就不受道德谴责了呢?至于后一个问题,那时克隆人已经生出来了,那是另外的一个问题。现在我们讨论的是要不要通过人类复制的方式把他生出来,这是一个伦理问题。这里是讨论通过人类干预把他生出来这件事情是不是合乎伦理的,而不是讨论把他生出来以后他的选择问题。要考虑如果把他生出来要遭遇哪些问题。假如他是废品怎么办?是把他养着呢,还是杀掉?这个问题很难办。他是人为制造出来的,而不是自然生殖出来的,我很强调这一点。

问:您谈到了人的"死亡"对于人生的意义问题;但如果人不是永远不死,而只是把寿命延长,岂不是很有意义?另外,你举了水果的例子,但如果一年四季都有各种水果,是不是也带来了新的意义领域?

答:我觉得你讲的这个还是有一定的道理的。人们都渴望长寿,人们都希望长寿，但人们的希望还是建立在人类的死亡这件事情上，没有死亡的威胁，还希望什么呢？在我们能够希望的范围内，我们能够有更多的希望，就能够有更多的意义。

"一年四季都能有充足的水果"，这确实带来了新的意义领域，但是我们所担心的是，这新的意义领域它所丢失的和你所得到的相比，是不是得不偿失？当然，这个问题很细致，我另外有过一个单独的讨论。

我们今天通过基因工程及温室技术所带来的益处，它的得与失是什么？这个问题牵涉很多方面。我们知道，我们现在的疾病大多并不是由饥饿造成的，而是由营养过剩造成的。肥胖、心脏病、脑血栓等等，都是代谢性的疾病；它们取代了过去许多传染性的疾病。这是一个很大的变化。如果讨论食品技术的发展、生物工程进步的问题，这是一个很重要的方面。另外，我们对美食的感觉、感受，是不是还和以前一样？和食品享用有关系的许多文化是不是还存在？所以，这里不能在一般意义上说好与坏。刚才我说到，每一种限度的消失，都会导致一个意义领域的消失。但你补充了一点，"都带来了一个新的意义领域"，这很对。但是，我们进一步考虑，我们是不是得不偿失？我记得我们北大的韩校长他提出过这样一个问题：过去一百年里我们所发展的生物、医学技术是不是得不偿失？我们花了许多钱研制高精尖的技术，我们又拯救了多少人的生命？我们是否已经使人类的寿命相对延长？因为有人提出，人类寿命的延长未必与医学的进步有关；或许，不打仗就是重要的原因，或者有粮食吃就能活得很好。他是一个搞高精尖技术的医生，他的问题很尖锐：是不是得不偿失？过去，我们得了感冒，也许很容易治；而现在呢？治起来反而很麻烦。今天，我们在对技术主义进行质疑的时候，要考虑这些问题。

问：但是，人类对所谓"自然"生殖过程也已经施加了许多的影响了。

答：这个问题提得很好。就是说，我们今天的生殖已经不完全是自然的生殖了。但是，我们用"保胎药"也好，用其他的药也好，我们对未来婴儿的特征并不能确定；我们并不确定"胎教音乐"或者是其他的什么方式能够定制出一个什么样的人来。但是，要知道克隆技术它是确定的，要害在这里。

问：伦理学是不是只是抱残守缺，只是对新事物的限制？您是不是过多地强调了技术上的负面的影响？

答：抱残守缺？这是一个贬义词，但我们不妨把它看做是中性词。但是，即使它是这样的，我认为它也是有价值的。我们不妨看一个与此相关的词汇："conservative"，我们过去翻译成"保守"，现在很多人翻译成"守成"，把已经获得的东西守护住。在人类历史上有两股力量，一股是捉拿、侵入、掠夺，等等，这些事情通常称为男性的事情。在早期的文明史中，工具就是以标枪、刀、石块等等为标志的。但是，现在的人们发现，早期的文明史还有另外一部分是我们不能忽略的，是什么呢？就是要把东西"装起来"，就是碗、粮仓、房子、城市、语言，所有这些都是为了保存文明的东西的。所以，人类文明的早期一直是两股力量在起作用的；而后面一股力量通常称为"女性的力量"。它是为了承载某些东西的。文明的延续通常是有所"守成"才能取得的。所以，从一般意义上讲，保守有保守的价值。"老熊掰玉米，掰一个扔一个"，那是不行的，那样人类的文明是不可能持续的。

那么，伦理学是不是对新事物的限制呢？我说，不一定。就是说，我们有所索取，必有所"本"。我们所有的需求都是创造出来的。什么叫有所"本"？在我看来，伦理学是很重要的"本"。技术时代有一个毛病，就是我们知道"怎么做"却不知道"为什么要做"。越来越熟练，越来越精确，可是"为什么要这么做"反而不知道了。伦理学表面上是作为"限制"出现的，其实是作为意义的来源出现的。它告诉你为什么要做。我记得华中科技大学的老校长杨叔子院士说过，没有科学技术的民族是"一打就垮"，但没有人文的民族它是"不打就垮"。他说得很有道理。伦理学是告诉你什么是该做的，什么是不该做的；什么是长期要做的，什么是做一点点就行了的；等等。所有这些都是因为，"守成"这个道理告诉我们，我们需要有所"根本"。对于根本的追求，对本源的追求，实际上构成了我们人文学科的一个重要的方面。

刚才这位同学的问题提得很好。很多学理科的同学都会有这样的看法，认为技术都是光明的，都可以做。实际上，这样说的时候，就是一种与传统的人文相背离的"人文"在起作用；这个"人文"在我看来是"undermine"，自挖墙脚，不可能说得通，最终是要自相反对的。为什么技术都是光明的？因为技术给人类带来好处，但是如果发展到凡技术都是光明的，凡技术的就是人类要顺从的，那岂不是又把人放一边去了？所谓技术的异化也就是这个意思。

问：但自然生殖的孩子的成长也是受限制的。

答：每个人一生中与父母之间的关系，都有一种与父母的意愿之间的张力；谁没有这样的童年呢？但这个问题，是一个个体在可以做自由选择的情况下的一种"磨合"的结果。在这里，我们说没有绝对的伦理要求，但是有相对的。比如说，我们要求家长更自由、更宽容一点，不能以自己的好恶来代替儿女的好恶，等等。但是在克隆人的问题上，问题在于他没有机会选择，是你替他选择的；而这一部分的话题往往容易被掩盖掉。一开始这个人就是被剥夺的，就是不幸的。人类确有不得已的情况；但是，在克隆人的问题上，人类并非不得已必须如此去做才行，人类是可以选择的，是可以不做的。现在全人类都在讨论这个问题，说明是可以选择的；我们越是有能力去选择，伦理责任就越大。

问：试管婴儿不也是人工干预的结果吗？

答：第一，试管婴儿出身的孩子也还是自然生殖的过程，只不过是把自然生殖的地点移动了一下，仅此而已。这与克隆人不一样。另外，试管婴儿所出来的孩子是基因融合的有性生殖过程，而克隆人是一个复制人。

第二，我也并不认为试管婴儿在伦理上是完全恰当的、不能质疑的。但是为什么试管婴儿在某种意义上是可以辩护的呢？这就是我刚才谈治疗性克隆所谈到的问题，十五天的胚胎你如何对待？但相对来讲，试管婴儿所解除的是不育夫妇的痛苦，那些被浪费的胚胎比起这对夫妇的痛苦来，做一个权衡的话，不育夫妇的痛苦是更应该得到伦理支持的。这是一个权衡的结果，而不是从某个原则推出来的。但如果做"试管婴儿"本身是为了卖钱，那是要受到道德谴责的。

问：不伤害原则、自主自由原则是不是会过时？

答：你提了一个很大的问题。不伤害原则、自主原则是不是会过时？也许到了某一天会有变化；但我认为这些原则是先天地成立的。就是说，"己所不欲，勿施于人"，如果你把对方看成是人的话，那么你对人的这样的要求就是可以成立的。

所以，我再三强调的是，生殖性克隆的问题，不是一个技术性的问题，它是一个先天的问题。技术的进步不会使得这几个原则过时。

问：伦理争论是不是永远存在？克隆人的问题会随着技术的进步而消失吗？

答：伦理纷争永远存在，即使这个问题在不同的文化看来有不同的标准，随着文化的进化这种差异仍然会存在；这里需要一种利益的协商来调整它们的关系。至于你问的"克隆人的伦理问题会不会因为技术的调整而自动消失"，我看不出这种可能性。

（2003年9月25日）

人与环境之间伦理关系的反思

■林官明

> 林官明，北京大学环境学院环境科学系副教授，高级工程师，从事大气扩散、环境风工程、环境空气动力学方面的研究与应用工作。主持过韩国南方工业区大气扩散风洞实验、澳门街区汽车尾气扩散风洞实验、北京金融街风环境、废气扩散及风荷载风洞实验、国家体育场风环境等多项研究工作。

同学们，晚上好！很高兴和大家讨论人与环境之间伦理关系的话题。我在北大开环境伦理课有几方面的原因，最重要的一点，我认为环境伦理知识更需要普及。现在我们有很多搞哲学和伦理学的专家，这是很必要的，但是环境伦理更重要的是普及。下面，我将谈谈这方面的内容。

一、什么是环境伦理

在介绍环境伦理之前，先说说伦理。伦理指的是人与人之间的关系。"伦"是条理的意思，"理"是纹理的意思，所以"伦理"本意是秩序、顺序，是社会的秩序。环境伦理则是人与环境之间的道德关系。

在具体介绍环境伦理之前，我首先要说的是"知与不知"的问题。知道与不知道，这差距就非常大啊！有许多环境问题是因为"不知"造成的。大家若看过有关可持续发展理论的话，可以更明白这一点，其中有这样一句话:"由于人类的无知,造成了很多环境问题。"所以,我们在环境问题这方面,首先要"知",这是非常重要的。

在这方面,我有一个例子。我们家养过一只小乌龟,养了半年,养得很好。时间长了,我们也和它有了一定的感情。有一天,我和我的孩子在圆明园的湖边捡了一些螺蛳,回家后,想把螺蛳和小乌龟放在一起,但我爱人怕螺蛳比较脏,就拿洗涤灵洗,还是安利牌的,比较好的,(众笑)把螺蛳洗干净了。我不知道洗螺蛳这件事,就把螺蛳和小乌龟放在了一起。当时就看小乌龟顶啊顶啊,起初,我还以为他不喜欢这个异物,就没在意。但到了晚上,小乌龟就奄奄一息了,最后死去。后来我才知道原因,是洗涤剂毒死了小乌龟。通过这件事,我就想,我们每天都在用洗涤剂,我们知道那些洗涤剂害死了多少生命吗?!这个没有人做过统计。小乌龟之死让我知道洗涤剂有多厉害,而由于我不知道螺蛳被洗涤剂洗过,让小乌龟失去了生命。这给我以启示。不知道每天在发生多少类似的"知与不知"的悲剧。在环境问题上"知与不知"其结果大不一样,同样,在环境伦理问题上也是如此。

在环境伦理这方面,我感觉,我们现在的社会正处在转型期,我们传统的伦理在逐渐地淡出历史舞台,取而代之的是一些新的伦理观念。比如,现在我们的法制越来越健全,人们的法制观念越来越强。科学和民主的意识也在日益提高。但是,不要忘了,我们中国毕竟有着几千年的封建文化历史,大家还在自觉不自觉地用这些东西。我们要推翻封建色彩的伦理思想,这就是启蒙。这是20世纪初中国的许多有志之士做的启蒙工作。但是这个启蒙工作做得很不彻底。《读书》上的一篇文章说"中国的启蒙运动还不够,需要补课"。为什么说启蒙不够呢?是因为在20世纪初直到中叶,中国面临两大问题,即救亡与启蒙。但后来救亡上升到第一位,救亡压倒了启蒙,启蒙工作便暂时被搁置了。所以启蒙在中国远远不够。环境伦理正好是在中国社会发生转型时伦理观念的极为重要的一部分。现在有人提出"绿色文明",以区别工业文明。许多新的环境伦理理论相继诞生,成为国际上非常热门的话题。我个人感觉,环境伦理不只是一个研究的内容,它更是一个需要大众化的内容。因为无论是什么伦理，最终还是要用到实际生活中去的。环境伦理是大众化的启蒙，需要更多的人知道它、了解它。

至于为什么要讨论环境伦理呢？现在许多人已经达成了一个共识：那就是环境问题的确存在。现在大家都可以感觉到空气污染、水污染，以及很多环境的变迁等等。就像一个人一样，当他健康时，他几乎感觉不到自己身体各部分的存在，一旦他总能感觉到心脏的存在时，心脏就出了问题；总感觉到脖子的存在时，颈椎部位就出现了问题。我们现在在感觉到空气的存在，因为它有了味道；感觉到水的存在，因为要买水喝。在严重的环境问题面前，许多人都在问，环境问题的根源究竟是什么？经济学家认为是经济问题，科学家认为是科学问题，法律专家认为这是法律问题，认为相应的法律建立了，环境问题就解决了，是这样吗？我们接着往下看。

中国传统的观念中有"天、地、人"这样的秩序。东方的人与环境之间的关系有这样一个特点，即生命的秩序崇尚的是多神论，如山神、水神、财神、灶神等等。这种观念是对应于几千年的官僚体制的，总得有个人（或神）来管着。当然，这种观点有自己的局限性，我把这一现象称为"以管为本"或"以官为本"。在这样的情况下，中国在数千年中，没有出现太大的环境问题。但是这些观点我不想多做介绍，因为东方的这种伦理观又有很大的二异性，本人也没有完全搞明白，不好介绍。比如，天人合一，这个"一"就很难解释。"一"究竟是什么？什么是"天"？什么是"人"？说不清。不知，或知道得不多，所以我在这里就不展开介绍了。我下面主要介绍西方的环境伦理。

在西方，基督教思想占主流。认为上帝创造了人和其他一切，上帝让人去管理动物、植物，人可以去支配它们，役使它们。西方的伦理和东方伦理最大的区别，就是这种秩序是一神论，是单一的，具有排它性。在西方国家，教会经常会组织一种叫做"Bible Study"的活动，让更多的人接近上帝，信仰上帝。他们告诉人们："If you believe in God, you will be saved; if not, dead."（信仰上帝，就被拯救，不信上帝，唯有死亡）所以说，它具有明显的排它性。这和东方人崇尚的多神论是有很大区别的。但是，在近代，应该说是西方文明的时代，环境问题的大量涌现与这种观念有一定的联系。人是在代表上帝进行对其他生命的管理。即使在人类社会,许多管理者也俨然以上帝自居。

在科学技术与上帝的较量中,科学逐渐占了上风,我们告别了神的时代。但现在又有这样的趋势,即"自从科学战胜了上帝,科学就是新的上帝。"我们可以看到,现代社会人们对科学的崇拜一点不亚于当年人们对上帝的崇拜。相比之下,人文的东西对社会的作用变小了。这是不正常的。

所谓环境伦理,我们讲的是人与环境之间的关系。如,人与动物之间会构成关系,就有相应的环境伦理,比如动物权利方面的伦理观点;人如植物之间也会有相应的伦理关系,好像这部分观点人们还不太接受,但是我国环境保护法中有相关的植物保护条例。这些人与动物、植物以及其他生物之间的伦理可以共同成为人与其他生命间的伦理关系。进一步的是,人与物种之间的关系,比如现在保护大熊猫这一物种,有它相应的伦理观。而对生态群落,也是一样。

二、传统的和新的环境伦理观点

下面我们接着讨论。先是传统的环境伦理观点。

1. 自然法则

在历史上,亚里士多德提出了自然法则。他认为,自然的就是美的,就是和谐的。所以,现在许多人在说,让自然任其自然,自然而然是最好的。环境问题是由于人类人为地影响、改变、破坏环境而造成的。这种观点是科学家所崇尚的伦理法则。相应的,中国道家有"自然而然"之说,任其自然,任其天然。说的也是这个意思。

2. 功利主义

功利主义对环境伦理影响较大。它的目的是要最大化总体之善。"总体"可以是总体的人,也可以是总体的生态群落等等。目前为止,这种观点还是以人为本,最大化人的利益。大家翻阅有关环境规划方面的教材就可以明白这一点。在环境规划中,比较典型的例子是,怎么样才能做到达标排放而投入的费用最少。这个过程只考虑人的利益,或者说某些人的利益。刚才我介绍了，中国的启蒙还不够，还没有达到真正以人为本。虽然在环境伦理方面，"以人为本"有批判之意，但在中国启蒙不够的情况下，还是要大力提倡的。功利主义的代表人物是穆勒，他讲的是用后果进行判断，用后果判断人的行为是对是错，是善是恶。功利主义在环境伦理中表现最强的是环境经济学。现在，环境经济学是国际上最为热门的学科之一。因为环境制约了经济的发展，所以许多环境经济学家在研究怎么解除或减小这一制约。

3. 道义说

道义说是影响比较深远的学说，是法学家崇尚的伦理法则。可以说，伦理学是法学的基础，当人类在某一方面超出道德的约束之后，就会制定出法律来制约行为。这方面也涉及了中国的启蒙：理性与自由，或民主与自由。在这方面，康德是代表。他认为人都是理性的人，人都是自由的人，人可以自主做事情，但他不能影响别人的自由。所以道义学延伸过去，有很多责任和义务，我们现在的环境保护法就由此而来。

以上，我们讲的是人与环境伦理关系的一些传统观点。下面我为大家介绍有关人与环境伦理关系的一些新的观点。

1. 敬畏生命

德国人 Albert Schweitzer 认为，所有的生命都有其内在的价值，是值得我们尊重的。生命本身就是善，应该尊重，并渴望尊重。由此得出，善即是维持生命、改善生命、培养其能发展的最大价值；生命之恶是毁灭生命、伤害生命、压抑生命的发展。他认为这是个绝对根本的道德标准。那么人与环境的关系就以这个善恶观点为标准。我国佛教中的"众生平等"也和 Albert 的观点相类似，也比较尊重生命。但佛教中有很多玄的东西，比如生死轮回，我在这里就不过多介绍了。

所以，我们得出结论，人与其他生命之间的关系，就是人应该尊重它们，敬畏它们。生命本身就是善。前些时候因为口蹄疫和禽流感，许多没有生病的猪和鸡也被扑杀了。曾经有人代表这些无辜的猪向人类起诉。再来看人类，有那种因传染病流行而杀死人的事吗？显然没有。那么，我们可以从"敬畏生命"这一理论中得出什么结论？

2. 生物中心伦理

在生命中心伦理提出之后，又有了生物中心伦理。代表人物是泰勒。他有这样的几个法则：

(1)无毒害法则。人不应该毒害生物。比如，城市中的老鼠都集中在下水道中，蟑螂也是，老鼠又以蟑螂为食。而人类不会到下水道那些地方去，所以没有必要去用药毒死它们。

(2)不干涉法则。我们不应该人为地干涉动物和植物的行为。

(3)忠诚法则。避免人为的捕猎，设陷阱捕杀。

(4)重构公平法则

这一点在北京用得比较好。比如，北京规定，如果在一个地方挖掉一棵树，必须要在另一个地方重新种一棵。这就是对重构公平法则的应用。

这些讲的是人类与生物之间关系的伦理，虽有其局限性，但我们在处理人与生物关系的时候，能够想到这些也就能够采取相应的保护措施，根本不知道，那也就谈不上保护了。

三、人与环境关系的几种模型

在描述人与环境间关系的时候，有这样几种模型：

1. 有机模型

这是说个体物种依赖环境，就像器官依赖躯体一样。人只是大自然有机体的一部分，这虽是种比喻的说法，但通过这种模型，可以知道现在环境到底出了什么问题。在有机模型下，环境问题就像人生病。人们平时感觉不到自己器官的存在，但一旦某一器官出了毛病，便可以立即感觉到它的存在。环境也一样。现在我们感觉到空气的存在，是因为空气中有了怪味；感觉到水的存在，是因为我们得买水喝。太湖边的居民有这样一个流行的说法："五十年代，淘米洗菜；六十年代，洗衣灌溉；七十年代，水质变坏；八十年代，遗祸后代。"他们感觉到了环境的疾病。那么，我们城市的河流到底是什么"器官"？是"血管"还是"大肠"？曾经在网上有个关于北京环境问题的讨论，我把这句"城市的河流，'血管'还是'大肠'？"

写了上去，却马上被删了。（众笑）

2. 群落模型

这个模型把大自然比作一个社区，大家都生活在一起。人与其他生物群落之间就像是家庭与家庭的关系。"社区"中，成员有不同的角色，那么人与群落之间的关系怎样呢？这个群落应该比较稳定而有序地存在下去，但这里面存在一种"穷邻居，富邻居"的关系问题。人类这个家庭的侵略性很强，由于人类对环境的改造，大量的动、植物没有了家园，没有了栖息地。人类这个家庭在土地上是比较富裕的。如果在人类社会中，贫富分化过于严重，将会出现很多问题，但是，对生物群落来讲，我们的这些"穷邻居"会抱怨吗？当然不会。那么谁来替它们抱怨？——只有人，这些动植物的代言人。这个问题值得大家深思。我希望在座的各位能够做它们的代言人。

3. 能量模型

这个模型比较抽象，但我们同样可以从中得到启示。众生平等，任何动物都需要能量，在能量面前，大家是平等的。现在人类占有的能量份额是否太大了？这是一个值得深思的问题。现在许多人抱怨能源危机，但是从能量模型中，你可以发现，大量可利用的能量已经累积到人类这里。我们可以想像，煤和石油在以前都是生命，在经过了千百万年的变化之后才把能量蕴积在矿藏中，而人类开采后很快就将它们用掉了，并把能量释放在环境中，这样做肯定是会带来问题的。大气二氧化碳限制排放方面的国际会议就说明了这一点。

四、几种影响较大的观点

下面，我想大家介绍对环境伦理影响较大的一些观点。

1. 土地伦理

为什么叫土地伦理呢？Aldo Leopold 曾说过这样一句话："即便是一捧泥土，它也是有生命的。"他的观点可以用这么一句话概括："当某事物倾向于保护整体性、稳定性及生物群体之美时，它就是善，是正确的；否则，它就是恶，是错误的。"对于生态群落来讲，如果能保护生态群落的整体性、稳定性及生物群体之美时,它就是善,是正确的;否则,它就是恶,是错误的。他的观点由人与生物个体转向人与生态群落,从个体主义转向整体主义,出现了一种非人类中心主义。在这里,Leopold更关注的是生态群落的整体,而不是个体。这也就避免了片面地为了保护个体动物的生命而去吃素这种对人类来说不太现实的做法。

2. 深生态学

在Leopold之后,有人提出了深生态学。主要是它的八大原则:

(1) 生命有其内在价值;
(2) 生物多样性有其内在价值;
(3) 除了这特殊情况,人类无权减少生物多样性;
(4) 当前人类干预过多,情况在恶化;
(5) 人口应当降低;
(6) 政策改变的及时性;
(7) 注重生活质量而非生活方式;
(8) 同意上述观点者自动加入此行列。

这些观点都具有很强的可操作性,我很同意。环境伦理需要更多的参与和行动。

3. 社会生态学和生态女权主义

这两个学说又回到了人与人之间的关系,认为生态破坏的根本原因在于主流哲学或世界观,认为具体的人类的机构制度和实践——不公正的制度和实践——要对生态破坏负更多的责任。比如说,许多发达国家把一些污染重的企业转移到发展中国家,造成了发展中国家环境生态的破坏。这会使我们深思:全球化究竟给我们带来了什么?

社会生态学和生态女权主义就从人与人之间的关系中寻找环境问题的根源。女权主义认为,人支配环境,就像人类社会中男性压迫女性一样。环境所处的地位与妇女、穷人所处的地位极为相似。虽然这些论证不是很严谨,但我们会由此深思一些问题。

女权主义中一个重要的观点是"关怀伦理",它强调站在对方的角度来考虑问题。不仅适用于人与人之间,还是用于人和动物之间。比如，我们在修高速公路的时候，有没有考虑到动物？假设一个动物要从公路的一段向另一端迁徙，但却被高速公路阻挡了。所以，如果知道这些因素，我们就会人为地修一些涵洞，让动物自由来往。我记得一期《国家地理杂志》上刊登了一些照片，上面是大量迁徙的动物死在了高速公路上，让人触目惊心！关怀伦理就提出要用协作取代冲突，用联系取代冒犯，让社会充满母爱和友谊。

前面，我讲了许多的环境伦理，它们各有各自的道理。多种环境伦理观并存的原因是环境问题的复杂性、环境系统的复杂性。理论研究的出发点不同，得到的结论便不同。就像盲人摸象故事中的盲人，他们各自只感觉到象的一个局部，就认为象是那个样子的。他们所说的感觉的那部分都是真实的，但是那不能代表全部。在环境伦理学说中我们同样能看到类似的情形。环境实用主义强调承认环境系统的复杂性，进而接受环境伦理多元论。即承认众多环境伦理学说各自有其合理的地方，但又不能完全地反映问题。在进行环境决策的时候，我们需要考虑到各个方面，对于大家都同意，能够达成一致意见的内容，形成共识，进而作出相应的决策。大家可以明白，这个过程中民主和科学同样都很重要。民主就是让代表各自观点的人们说出他们的想法，也让代表其他观点的人知道这些观点。科学的决策则要选取大家的共识，不至于有所纰漏。

下面我来总结一下今天我们讨论的内容。

知道了就不能回避。有众多的环境伦理观念已经提出，大家首先应当知道，应当考虑，而不是视而不见。

亟需环境伦理观的普及。让更多的人知道环境问题的根源，从思想意识上减少环境问题的发生。

环境决策需要专家，同样需要民主。

谢谢大家！

（注：想更多地了解环境伦理方面的东西，请参考《环境伦理学》，Des Jardins 著，林官明、杨爱民译，北京大学出版社，2002）

（2004 年 3 月 7 日）

物权法中的真实观念

■ 常鹏翱

常鹏翱,河南栾川县人,法学博士,中国社会科学院法学研究所研究人员。主要研究民法基本理论,在《法学研究》、《中外法学》等学术刊物上发表论文十余篇。

一、问题的提出及其答案

物权变动是物权法中的核心范畴,也是学理一直关注的焦点问题,从法治成熟法域的经验观察,物权变动规则大致有意思主义和形式主义之分。我国作为后发的法治国家,如何在这些既有规则中进行判断和选择,来建构我国物权变动生效标准和模式,在我国物权法理论研究领域始终是个"悬案",至今并无一致结论。笔者尝试从交易一般形态出发,站在交易者的立场,用交易者的视角来找出问题之所在。我们以一个简化但极其普通常见的事例为模型,指出其中的争议及其缘由。

这个事例为:C 从 B 处购买商品。尽管这是一个比比皆是的常见事例,但为了保证本文分析的适用性,我们有必要对这个事例附加以下限制条件:首先,这是发生在现代工商市场经济社会中的交易,B 和 C 之间是体现经济利益关联的"陌生人"关系,而不是处于乡村或者家族公司等环境中的具有长远个人化关系的"熟人",这符合现代交易的一般特征。其次，这个交易是明显的链条交易，B 不是该商品物权的原始取得人（比如不是直接生产者），此前必定有另外的交易关系。这个链条交易的表现方式可能是"B 从 A 处购买商品，C 从 B 处购买该商品"，也可能是"B 从 A 处借用商品，C 从 B 处购买该商品"等等。再次，这个交易符合等价有偿、自愿、合法等市场交易的基本规则，不存在胁迫、欺诈、违背法律强行性规定等情形，这保证本文的分析集中于物权变动领域，不再引入合同法等规定。

从逻辑上对这个事例进行判断，B 出卖商品行为的基础可能基于自己对商品的处分权，如"B 从 A 处购买商品，C 从 B 处购买该商品"；该行为也可能构成无权处分，如"B 从 A 处借用商品，C 从 B 处购买该商品"。但逻辑判断一般是事后进行的，即只有在商品原物权人 A 主张权利时，才能判定 B 是否享有处分权。事后判断具有天然滞后性，在此条件限制下，物权受让人 C 和原物权人 A 对自己权利状态的认识是不同的：在交易发生之时，根据 B 对动产占有或者享有不动产登记权利的事实，不可能掌握物权完全信息的"陌生人"C 一般而且应当认为，B 不应当没有商品处分权，这符合动产占有、不动产物权登记是物权外部表现形式这样的交易常态；更为关键的是，如果 C 没有获取能够用来否定"B 不应当没有商品处分权"判断的可靠证据，则 C 就更没有理由怀疑作为交易对象之物权的真实性，那么，C 完全可以确信依靠自己真实意思与 B 建立的交易关系应当受到法律保护。如果连这一点确信都没有，C 要么不敢从事交易，要么在交易之后终日惶惶，期待着一场确权诉争的到来，但这显然不合实际。在交易完成之后，无辜的原权利人 A 依据自己享有物权的事实，确信 B 与 C 的交易侵犯了自己的财产权，这是 A 用于保护自己利益的一般理由。

可以看出，C 对权利的认识，是交易主体对物权出让人 B 所具有的权利外形的信赖；A 对权属的认识，则依据自己既往拥有物权的客观事实。应当说，A 和 C 分别持有的认识均具有合理性，在各自认识的引导下，他们对该无权处分交易的发生一般没有主观过错，与 B 相比，他们均是无辜之人。在这种情形下，究竟应当保护何者，就成为一个问题。由于物权是支配权、绝对权、对世权，具有强烈的排他性，在上述问题中，不可能由 A 和 C 同时对该商品享有地位完全相同的物权，因此，上述问题是一个二难命题，要解决这个问题，只能肯定和保护一方当事人的物权，而否定另一方的利益，即对于这个问题，"不可能找出既能在实践中应用、又符合理想的公正观念的解决方法，法律必须选择一项最符合共同体利益的解决方案"。①但是，由于政治、经济、文化背景不同，各国法律对"共同体利益"的见解不同，对如何解决这个问题所提供的答案自然也不同。

如果不考虑制度之间的细微差别，从总体上看，既有法律经验提供的答案有如下两种：其一，确认 A 的物权人地位，即物权出让人处分的物权必须在自己的权利范围之内，这种处分必须是有权处分，否则，真实物权人有权要求恢复和实现自己的权利，物权受让人不能取得物权。罗马法规定的"任何人只能向他人转让属于他自己的权利"规则，法国法否定登记公信力不保护交易第三人的做法，均是这种答案的表现。其二，C 能够取得物权，德国民法第 892 条第 1 项和瑞士民法第 973 条第 1 项规定的登记公信力制度就表现了此种答案。上述问题实质上涉及到 A 和 C 对物权真实性的认识，即 A 认为 B 的物权为假，自己才确切地拥有物权，C 认为 B 的物权为真，故自己可以取得物权；上述答案则反映了人们对于物权权属的不同认识，反映了不同的物权真实性观念，这构成了制度的正当性基础。

笔者将答案一称为"客观真实观念"，即法律只保护基于有效法律关系从真实权利人处取得的物权，其逻辑推论就是在现存物权与原始取得物权之间建立一条合法顺延的交易链条，其中不存在无权处分等法律瑕疵。在此观念中，有法律意义的物权只能是符合客观真实情况的物权，只有有权处分才能得到提倡；无权处分是为法律禁止而且无法律意义的行为，在此情况下，只要原权利人追夺物权，物权受让人就很难取得受法律保护的物权。根据这种观念，不动产物权变动不仅要求作为原因行为的债权意思表示合法有效，而且要求物权权源具有客观真实性，不受第三人对物权真实性认识的影响。因此，登记在此

---

① [英]巴里·尼古拉斯：《罗马法概论》，黄风译，法律出版社，2000 年，第 106 页。

只是起到了标志作用,说明具有登记形式的物权有可能是真实的物权,但这只是一种可能,并不能证明物权的客观真实存在,物权的客观真实性要由另外的证据加以证明。一旦真实权利人具有证明客观真实物权的证据,则登记就完全失去效力,即使第三人信赖这种公示形式也不能取得物权。

答案二为"**法律真实观念**",即通过动产占有、不动产物权登记等法定物权公示形式表现出来的物权具有法律认定的真实性,即使其与客观真实情况不符,也不足以导致物权受让人不能取得受让的物权。据此,物权公示形式决定了物权的实质,而且物权变动也需要通过公示形式表现出来,只要该形式所表现的内容没有明显悖于人们通常的认识观念,则无论其是否符合客观实际情况,法律均认可该形式表现出来的权利具有真实性,进而保护信赖该形式而取得物权的交易主体。根据这种观念,不动产物权的权属依靠于登记形式,该形式决定了物权的实质,这可以维持物权交易的稳定性、持续性、效率性和公正性。

二、真实观念的对比分析

客观真实观念和法律真实观念所据以生成的事实,均是从"C 从 B 处购买该房屋"这个事情中截取的事实,我们假设此处的"商品"为"房屋",则前者表现为"房屋是 A 的,B 却将其卖掉",后者表现为"C 不知道房屋不是 B 的,C 从 B 处购买该房屋",这是两个具有不同内涵的事实。如果我们把上述这些表现实际交易过程以及当事人 A、C 主张自己权利的话语当作论证的话——实际上,这就是当事人论证自身利益合理性和正当性的过程——那么,这些事实具有的意义就在于它们充当了证据,为不同的论证目的服务:前者被用于论证维护原权利人权利的合法性,后者则用于为第三人取得物权进行论证。单从各个当事人自己的立场来看,各自的论证在逻辑上是严谨的。

应当说,这样的论证是无可厚非的,因为事实本身并没有意义,它是为了一定目的才存在的,目的不同导致所确定的事实不同,正如我们仅仅指出"C 从 B 处购买该商品"这个事实,却没有任何评价目的，或者不欲进行价值判断，则这个事实仅仅是一个无关利害的事实，这显然不符合我们正在论证的论点。因此，在"我们本来就是为了特定的目的在特定的框架中确立事实"的背景下，①确定法律真实物权和客观真实物权的价值趋向，是我们正确认识和分析这两种真实观念的重要途径。

正如福柯所指出的，人文学科中所有的真实性都只是特定框架、结构、系统内的真实性，②我们分析上述两种物权真实观念的价值，也必须根据典型法律制度以及支撑这些制度的背景因素，把围绕这些法律制度而产生的司法、学理现象当作我们进行解释的文本，并进而得出我们的解释结论。其中，法律制度是我们分析的重点，这不仅由于法律制度是司法活动的依据和学理探讨的对象，在我们所要解释的文本中处于中心地位；还在于如何实现或者体现这些真实观念，在法律制度中必须有一定的技术支持，没有实在的法律技术支持，不同的物权真实性观念所具有的价值无疑就是空中楼阁；而且，分析法律制度中的法律技术，也是对其中蕴涵的物权真实性价值目标的印证。

基于上述认识，本文从内涵、价值和法律实现技术方面展开对客观真实观念和法律真实观念的对比分析。

（一）内涵

1. 客观真实观念

物权的客观真实观念，意味着权利主体通过合法方式取得物权，该物权已经实际存在，而且权利主体依据实体法律享有该物权，没有处分该权利的真实意思。客观真实物权是客观存在的事实，没有任何虚构成分，这个事实不受物权表现形式的制约和限制，不受任何人认识的影响，是确定发生的真实状态。在物权原始取得的场合，只要符合法律规定的要件，原始取得人取得的物权就是客观真实的物权，比如，某人对自己投资建造的房屋享有的所有权，不受其是否进行所有权初始登记的影响。在物权传来取得的场合，依据合法有效的合同从

---

① 陈嘉映："事物，事实，论证"，载赵汀阳主编：《论证》，辽海出版社，1999年，第15页。
② 参见杨振贤等：《现代哲学概论》，中国社会科学出版社，1995年，第194页。

有权处分人处取得的物权,就是客观真实的物权,比如,根据双方当事人真实的意思表示,某人从上述这个房屋所有权人处购买该房屋,尽管没有进行所有权移转登记,按照法国民法的规定,买受人仍然可以取得该房屋的所有权。

在体现客观真实观念的物权法中,客观真实物权是交易进行的原点,能够进入交易机制和流通领域的,只能是这种物权。同法国一样,日本亦采用客观真实观念,日本学界通说就认为,在无权处分场合,物权受让人不能取得该物权,例如,A 将某不动产卖给 B,但该买卖合同无效,B 经过转移登记又将该不动产出卖给 C,由于 B 是无权利人,C 就不能取得该不动产的所有权。①这种观念要求交易中的物权具有客观真实的属性,以保证交易链条的纯然真实,从而在真实的静态物权基础上建构真实的动态交易链条和交易秩序。

2. 法律真实观念

法律真实观念立足于代表社会公众的不特定第三人,即本文所讨论事例中的 C,在他们看来,登记作为不动产物权形式,是对物权权属的宣示,这种认识具有一致性,体现了社会公众对这些物权形式的信赖。尽管这些形式也许没有反映客观真实情况,但并不影响社会公众对其真实属性的认定,这种真实是社会公众认识中的真实,也是交易得以正常进行的观念基础。法律一旦承认了社会公众所具有的这种观念真实——即在登记错误的情况下,登记权利人的处分权与该处分权的客观真实状态发生了偏离,但法律仍然保护当事人依据这种观念真实而进行的交易,使得第三人仍然能够从无权利人处取得物权——就表明法律赋予了登记形式具有代表真实物权的效力,这些形式代表的物权就具有法律真实性。

法律真实物权虽然可能与物权客观真实状态不符,但并不妨碍人们在观念上对其真实性的认同,这种认同体现在交易实践或者司法实践中,就成为客观存在的现实和交易基础。这样,在采用法律真实观念的国家,能够进入交易机制的是法律真实物权,没有形式表现的客

---

① 参见[日]铃木禄弥:《物权的变动与对抗》,渠涛译,社会科学文献出版社,1999年,第113页。

观真实物权无从成为交易客体,比如,在德国,负担民法典为不动产物权设定交易功能的是登记权利而不是"实际权利"。①

法律真实概念本身就意味着这种真实仅仅具有高度盖然性,而没有绝对性,因此,与客观真实物权相比,法律真实物权在法律适用上属于法律事实,并不具有客观真实物权那样百分之百的真实性,是渗透主体强烈主观思想因素的事实,是人们在观念中达成共识的并被法律认可的真实状态。而且,与客观真实物权的可证实性和可证伪性不同,由于法律真实是法律规定的真实状态,何种事实是法律真实,完全取决于法律的认可,法律没有留给当事人举证证实或证伪的渠道,比如,在第三人基于对登记的信赖而从无处分权人处取得物权的情况下,真实权利人对自己客观真实物权的证实、对登记权利的证伪均不能妨碍第三人实际取得的物权。一言以蔽之,法律真实观念提倡的是"权利外观即为权利"。②从这个角度来讲,客观真实物权属于事实问题,法律真实物权则是法律问题。③

(二)价值

1. 客观真实观念

客观真实观念旨在保护真正权利人,这反映在在登记错误的场合,真实物权具有强大的追击力和对抗力,第三人因此而不能取得物权。这种立场实际是在倡导有权处分这种纯粹客观真实的交易,只有由有权处分作为交易单元而构成的交易链条才是法律可欲的目标。为此,仅仅通过合法方式取得物权不是物权变动的充分必要条件,更为重要的要求是物权出让人必须具有真实的处分权,法国学说就认为,在所有权经转让而获得的场合,仅仅确认当事人取得财产的合法方式是不够的,还必须确认该项财产的出让人自身是真正的所有权人。④显然,这是一个追求绝对真实的过程。

---

① 参见孙宪忠:《德国当代物权法》,法律出版社,1997年,第135页。
② Siehe Baur-stürner, Sachenrecht, 17. Aufl., Verlag C. H. Beck, 1999, S.255.
③ 有关事实问题和法律问题的见解,参见[德]Karl Larenz:《法学方法论》,陈爱娥译,五南图书出版公司,1996年,第209页以下。
④ 参见尹田:《法国物权法》,法律出版社,1998年,第249页。

通过对真实物权的保护，客观真实立场否定了登记错误的法律意义，杜绝了不动产物权领域中无权处分情况的发生，原则上无权处分行为是没有法律意义的。因此，在体现客观真实观念的法律制度中，物权负担着建构客观真实交易秩序的功能，是在追求绝对的"真"。由于现实生活世界和交易世界是复杂的，其中有"真"，也有"假"，保护"真"是一般的伦理要求，也是人们意欲的目标。但无论如何，这仅仅是一个目标、一种理想。在一个完全达到"真"的世界中，是无需法律规制的。从这个意义上讲，客观真实立场的上述价值表现为立法者对"纯真"交易秩序的朴素情感，以及对自己对"真实"标准的理性把握能力的依赖，表现为力求通过法律创造纯粹客观真实的理想交易秩序的努力。

2. 法律真实观念

非常明显，法律真实观念的立足点在于保护交易第三人的利益，以维持交易的现实性和持续性，在此种价值关照下，必须有联系交易主体认识的纽带，以之作为凝聚交易共识的器物，登记在不动产交易中就充当了这样的角色，它将权利的抽象性给予具体化的表现，它能代表真实的不动产物权成为社会公众的共识。登记作为一个客体，承载和凝结了不同主体的共识，导致其能一般性的代表真实不动产物权，这正是不必穷追客观之"真"，并用社会共识之"真"作为真实性判断基准的法律真实的表现。[①]在这里，错误登记和正确登记的区分意义并不像在客观真实观念中那样明显，即使物权出让人的物权具有瑕疵，但只要物权具有法律认可的形式，第三人仍然可以取得物权。可见，错误登记中的法律真实物权和正确登记中的客观真实物权一样，均获得法律对其真实性的认可，而且基于第三人利益的考虑，错误登记中的法律真实物权完全排除了原权利人享有的真实权利，由第三人取得了集法律真实和客观真实于一身的完全真实物权。这样，在第三人之后进行交易链条就获得了真实性的交易起点，从而交易的持续性奠定了基础。因此，法律真实观念也旨在保护"真"，但这种"真"是具有

---

① 有关真实性理论，参见 Kaufmann, Rechtsphilosophie, 2. Aufl., Verlag C. H.Beck ,1997, S.97ff.

法定形式的、可被社会公众认知的"真实",这种保护的着眼点是现实中存续的交易,是基于现实中存在的交易秩序建构法律制度,具有浓厚的现实主义立场。与客观真实观念表现出来的法律塑造交易秩序的价值特点相反,法律真实观念注重的是在现实交易秩序基础上创造法律。

(三)法律实现技术

1. 客观真实观念

采用客观真实观念的民法主要采用以下的法律技术来实现对客观真实物权的保护:

第一,注重权利人的意思。依据法国民法制度,物权变动的成就以及由此而导致的物权归属,均由当事人的意思表示来决定,这种意思表示决定了物权归属的正当性。比如,法国民法中的所有权转让本身在客观上没有任何迹象,没有任何特别形式宣称,只能通过当事人之间的协议来确认,[①]这实质上是从真实物权人角度考虑的结果,它将物权的真实性维系于当事人的意思表示,符合当事人债权意思的物权才是真实物权;如果这种意思无效,将直接导致物权变动的无效,第三人也就不能获得客观真实的物权。

第二,举证机制的运用。客观真实物权表明的是一种客观事实状态,交易中的物权是否真实地反映了客观事实,需要当事人去查究和证明,由当事人提出证据来证明物权的客观真实性,只有经过真实性证明的物权才受法律保护,未经证明的物权以及建立在其上的交易具有被推翻的可能。登记在此只是起到标志作用,说明具有登记形式的不动产物权有可能是真实的物权,但这只是一种可能,并不能证明物权的客观真实存在,物权的客观真实性要由另外的证据加以证明,如果有证明客观真实物权的证据,登记就完全失去效力,即使物权受让人信赖这种公示形式也不能取得物权。

2. 法律真实观念

实现法律真实观念的法律技术主要有:

---

① 参见尹田:《法国物权法》,法律出版社,1998年,第196页。

第一，注重权利形式。法律真实物权概念的提出，是站在社会公众立场考虑的结果，它隔绝了当事人债权意思与物权真实性的联系，在社会公众一般的认识观念与物权真实性之间建立了因果关系，而公众认识的对象就是权利的形式，并在此基础上形成观念真实，至于物权的形式是否符合客观真实情况，并不是法律关注的首要对象。在这种形式决定物权真实性的立场中，如果登记是错误的，则表明不动产物权是不真实的，这也意味着不动产物权的客观真实状态与其登记状态是可以分离的。①

第二，法律推定和拟制技术的运用。德国民法第891条规定："在土地登记簿中为某人登记一项权利时，应推定，此人享有此项权利。在土地登记簿中涂销一项被登记的权利时，应推定，此项权利不存在。"此即"权利正确性推定"，是推定技术的运用。②据此，记载于登记簿中的权利人无需证明自己的权利人身份地位，在无人异议情形下，即使非权利人也能在法律上享有权利人的地位。不过，一旦有人提出登记名义人非权利人的确切反证，则登记的推定力就要戛然而止。为了强化对第三人的保护，法律遂又采用拟制的技术，即立法者有意将明知为不同者等同视之，③这表现为登记错误时的公信力：在存在交易第三人，而且第三人信赖登记形式的情况下，法律根据上述权利推定，拟制这些错误登记形式所表征的物权具有真实性，这样，就产生了"非真实"物权人被拟制为"真实"物权人，"真实"物权人被拟制为"非真实"物权人的结果。这种拟制的基础在于对社会公众的保护，以及物权形式和物权实质之间存在的高度盖然性的相符关系。通过这种拟制，只要第三人的行为符合法律规定的要件(如根据交易行为取得登记物权、信赖登记簿的记载等)，真实权利人对自己权利的举证机制失去了作用，即使登记确属有误，反证也不能推翻这种拟制。

---

① Siehe Weirich, Grundstücksrecht, Verlag C.H. Beck, 1985, S. 152.
② 所谓法律上的权利推定，是指以某种待证的前提(前提事实)为依据，推定一个权利的存在。参见黄茂荣：《法学方法与现代民法》，中国政法大学出版社，2001年，第163页注51。
③ 参见[德]Karl Larenz：《法学方法论》，陈爱娥译，五南图书出版公司，1996年，第209页以下。

三、法律真实观念的合理性

从法律具有保障经济、社会进步的角度来看，一项法律制度能够保障交易安全、促进交易效率，符合一般民事主体通过正当法律行为所预期的生活或者交易目的，就一般地认为其符合社会共同体的利益，即使因此可能牺牲个体或者局部利益，但基于"两利相衡取其重"的一般情理，也不能妨碍对法律制度的这种性质认定。这体现了法律对利益的保障和促进作用，也是法律应当实现的宏观目标，但其是否能够达到这种目标，还要看法律制度能否妥当贴切地反映社会现实，扎根于社会实际生活之中。一个脱离社会实际，好看但不中用的法律制度是没有生命力的。对此，卡多佐法官即指出："法律的终极原因是社会的福利。未达到其目标的规则不可能永久性地证明其存在的合理的。"[①]在满足上述要求的前提下，法律制度应当通过精确的语言、严密的逻辑、完整的体系来实现自己的目标，这就要求其在表现形式上应当是具有完整逻辑体系的文本，具有内在的自洽性和推理上的圆满性，不会因为内容紊乱、含义不清，而导致出现不确定的危险。因此，确定采用何种物权真实观念，要衡量其能否保障交易、能否符合交易现实、能否与其他物权表示形式相互协调，肯定的答案就是该制度观念的合理性表现，也是采用该观念的理由。

（一）物权交易的保障

交易随着社会的发展而呈现出不同的特点：在地域狭窄、人员固定、交易简单的社会中，交易乃至其他社会关系建立在个体直接交往的基础上，长期的往来为人们提供了相互了解和沟通的最佳渠道，无需借助其他工具，交往者就能相互知悉对方的道德品质、人格素养，并据此判断与之进行财产交易的可靠程度。这种社会是人际关系紧密的"熟人社会"，其中的交易具有"透明性"，抽象的权利以及反映这种权利的形式外观基本上没有作用，此中起决定性作用的是经实践检

---

① [美]本杰明·卡多佐：《司法过程的性质》，苏力译，商务印书馆，1998年，第39页。

验的为他人所熟悉的个体信息。

随着交易范围和频率的增大,现代交易在整体上摆脱了以往的"透明交易"特征,被各种各样的复杂信息蒙上了面纱。如果作为个体存在的人是有限理性的动物,那么,就没有哪个交易者有能力完全认识到交易基础是否安全、交易对象是否正当,这在交易当事人之间形成了信息不对称的局面。这是不争的事实,因为"商场永无胜家"这个铁打的事实能够证明这一点。为了防范和降低交易风险,交易者就必须在一个公开的交易信息平台上进行活动,以便相互了解并沟通信息。这实际上也是现代社会的一般需求,因为现代社会的核心特征在于社会成员和许多不认识的他人发生关系,而在这种关系下,许多一般化的媒介就成为现代社会不可或缺的制度构件。①

作为不动产物权法定外观的登记,就充当了这样的交易信息平台和一般化媒介,它印证着不动产物权变动的法律效力,并使社会公众得以产生普遍的信赖,之所以如此,就在于严格的法律程序能够保障这种外观一般具有相当的实质内容,违背法律程序的登记不能产生公信力。②可见,登记产生公信力的正当性基础,在于合理的法律程序制度,据此制度,参与者通过申请、举证、登记机关通过审查,以及通过有关错误纠正机制的运用,能最大限度地保证登记与客观真实权利的一致性。

登记向社会公众展示着权利,交易者据此能够获得足以信赖的信息,进行明晰可见的交易,这减少了交易中的信息风险,有益于不动产物权交易的安全。无疑,通过严格程序制度塑造出来的登记公示制度,为现代"不透明"交易提供了"透明化"契机,这符合"现代商业交往的节奏需要法律制度,即具有强大拘束力保障的制度,具有可确定和可预见作用"③的认识。同时,将不动产物权通过登记形式确定

---

① 李猛:《论抽象社会》,载《社会学研究》1999年第1期。
② 参见[德]Wacke:《德国不动产物权变动中的合意与登记》,载孙宪忠:《论物权法》,法律出版社,2001年,第712~713页。
③ [德]马克斯·韦伯:《论经济与社会中的法律》,张乃根译,中国大百科全书出版社,1998年,第35页。

下来，就意味着实质上以不动产物权为对象的交易，在形式上表现为登记簿上的主体改变，通过这个过程，交易主体无需探求其他证据来证明权利形式与实质的同一性，仅仅依靠登记就可以解决权利证明问题，从而为交易当事人节约了交易成本，比如，美国有采用绝对公信力的托伦斯登记，也有采用无公信力的登记制度。有研究证明，如果美国伊利诺伊的库克县（芝加哥）采用托伦斯登记，可节约所有权转让成本总计达 7600 万美元。[①]换言之，公开与交易有关的信息，目的在于降低交易成本、负外部性以及解决纠纷的成本，登记簿则以近乎理想的方式履行了该功能。[②]

否定登记公信力、采用客观真实观念的制度，一方面通过当事人之间有效的债权意思表示来决定物权真实性，另一方面又要求进入交易机制的必须是真实的不动产物权，在当事人意思自治的基础上保障交易安全。但是，由于登记不能代表真实物权，第三人又很难通过其他途径了解其取得的物权的真实性，也无从防范被真实物权人追夺的风险，这样，与真实权利人没有直接法律关系的第三人所进行的交易能否成立和维持，要系于真实物权人一身，真实权利人能够对抗不利于其的物权交易，而无论这种交易有多长的延续链条。这种由交易第三人承担的风险，并非为了维系交易持续性而产生的必要市场风险，而是根据制度构造创设出的人为风险，它导致物权交易非常不确定，其结果会导致"奸佞之徒，必将不惜以其权利，为数重之让与，以为欺诈取财之方法，流弊所至，必使人人视交易为畏途，而妨碍社会经济之发展矣"，[③]或者为"在任何交易里，均非详细的调查真正的权利人，以确定权利的实像后，方开始交易不可，如斯一来，受让人为确定权利关系的实像裹足不前，对于现代活泼迅速交易行为，自然会受到严重的影响"。[④]

---

① 转引自[美]罗伯特·考特、托马斯·尤伦：《法和经济学》，张军等译，上海三联书店、上海人民出版社，1994年，第287页。
② Siehe Walz, Sachenrechtliches Systemdenken im Wandel, Kritische VierteilJuristische Ausbildunghresschrift für Gesetzgebungung und Rechtswissenschaft, 1990, Heft 4, S.385.
③ 倪江表：《民法物权法论》，正中书局，1983年，第27页。
④ 刘得宽：《民法上对于交易安全(善意无过失者)之保护》，载刘得宽：《民法诸问题与新展望》，

(二)交易秩序的维护

在通常情况下,法律制度创设的目的在于维护正当的交易秩序。交易秩序是现实交易一般规律的表现,是建立在人类需要和具体物质世界之中的动态交易模式,是交易主体在实际交往中自发博弈的结果。没有现实交易,也就没有交易秩序,因此,交易秩序是伴随交易进展而产生的交易主体的预期和行为方式的结合体,是人们对交易世界的一种活生生的感知,绝不是依据美好图景搭构的模型。正是这样的秩序给相应法律制度的建构提供了基本素材,蔑视这些活生生的现实、仅仅按照立法者的理想去设计法律制度和建设交易秩序,基本上是一个乌托邦。

德国人对此有深刻的认识,比如,萨维尼给我们展现出这样的实在法起源:一切法律均缘起于行为方式,习惯法渐次形成,即法律首先产生于习俗和人民的信仰,其次假手于法学,故而,法律完全是由沉潜于内、默无言声而孜孜矻矻的伟力,而非法律制定者的专断意志所孕就的;①马克思则指出,法律所要做的工作是将这个秩序现状用法律语言表述出来,使之神圣化;②韦伯认为,法律秩序是经验上有效的秩序,法律只是一套具有某种特定保障措施从而有可能在经验上有效实施的秩序。③沿着日耳曼法路径发展起来的德国法印证了上述德国人的认识,即:与罗马法以"体"的关系研究民事法律生活关系,进而常与现时社会生活脱节的现象不同,日耳曼法以"力"为关系来研究民事法律生活关系,从而与现实生活结合,现实生活变迁,法律随之也产生应变功能,今日德国民法因此被喻为一部因生活发现而具体实现的民事法律。④德国法中所蕴涵的法律真实观念在此大框架的圈定

中国政法大学出版社,2002年,第284页。
① 参见[德]弗里德里希·卡尔·萨维尼:《论立法与法学的当代使命》,许章润译,中国法制出版社,2001年,第11页。
② 参见[德]卡尔·马克思:《资本论》第3卷下册,中共中央马克思、恩格斯、列宁、斯大林著作编译局译,人民出版社,1975年,第894页。
③ [德]马克斯·韦伯:《经济、诸社会领域及权力》,李强译,三联书店、牛津大学出版社,1998年,第3~4页。
④ 参见林诚二:《绪说:静的法与动的法》,载林诚二:《民法理论与问题研究》,中国政法大学出版社,2000年,第2~3页。

下，也呈现出"从生活中来，到生活中去"的相同规律。

客观真实观念则体现了不同的进路，在此种制度框架内，绝对真实的物权是真正受法律保护的权利，经由无权处分产生的不动产物权是背离客观真实的权利，不具有法律保护的价值，与此制度相对应的是绝对真实的物权交易秩序。法律在此起到的作用是建构交易秩序的工具，立法者预设的理想交易秩序模型是法律努力的目标和方向。这与法国民法的立法基础和目标是一致的，即建立在自然法思想基础之上的存在着独立于宗教信条的个人自治的自然原则，由此而派生出法律规范制度，如果这些规范被有目的地以一种条理清楚的形式加以制定，那么一个伦理与理智的社会秩序的基础即由此而得奠定。①为了防止权利形式与实质发生偏离，交易主体在进行物权交易时，就必须要探知不动产物权的客观真实性，而这是一件不可能或者是非常艰苦的作业。这不仅因为交易作为法律行为，仅仅约束着双方当事人，是交易当事人之间的信息共同体，第三人不易知道前手物权变动交易的内情；在交易构成商业秘密的情况下，第三人意欲了解前手交易中物权真实性信息，要受到法律限制；即使他人能够了解这些信息，要么由于信息载体可能与真实信息不一致（比如登记机关主要审查当事人提交的证据，而这些证据可能有假），导致第三人虽然了解但不能得到真实情况；要么当事人无法判断这种信息的品质（比如交易是否能被撤销或者是否无效，要依据司法机关的判定）；不仅如此，对客观真实物权的查究，需要交易者用绝对真实的证据对整个交易链条进行重新过滤，但正如前文所言，这是一项不可能完成的工作。

用韦伯的话来说，客观真实观念是用抽象命题来裁剪生活现实，是一味强调遵循法律科学阐述的"原理"和只有在法学家想像的天地里才有的"公理"，②体现了罗马法中经典的"任何人只能向他人转让属于他自己的权利"法律逻辑信条。法律真实观念则比较妥当地解决

---

① 参见[德]K.茨威格特、H.克茨：《比较法总论》，潘汉典、米健、高鸿钧、贺卫方译，潘汉典校订，贵州人民出版社，1992年，第164～165页。
② 参见[德]马克斯·韦伯：《论经济与社会中的法律》，张乃根译，中国大百科全书出版社，1998年，第308页。

了法律逻辑理想与客观现实之间的矛盾，其以客观交易现实为起点，认可从无权利人处取得权利的实际，认为只能从权利人处取得权利的法律逻辑要求，使得权利取得人必须逐一考察行为相对人是否为实际的权利人，此项工作的难度非常巨大，甚至是难以逾越的，故不能适应交易实际。①无疑，这种态度认为登记能够高度盖然性地体现真实权利，而登记通常正确反映权利的客观现实也回应了这种态度，以至于德国最高法院在判决中很少适用第892条。②

法律真实观念的基础是能够真实反映不动产物权的登记，其能否维护交易秩序，还要看社会公众对于登记能否产生这种共识，毕竟，秩序是指在社会进程中存在某种程度的一致性、连续性和确定性的概念。③制度发展史告诉我们，登记最终被确立为不动产物权的外观形式，既是人们在交易中不断进行选择和试错的产物，也是人们控制世界手段有限的现实表现，没有什么形式比登记更能一般地显示不动产物权的权属和内容。这就决定着登记自产生之时起，就负担着证明不动产物权的基本功能，而作为交易进程中公共选择的产物，交易的绵延持续又使其不断被合理化和正当化。其中包含的时间因素，既体现了集体学习的过去经验，又体现了个人当前的学习经验，④正是在个人智识与社会公众认识的不断交融中，登记这种人造的物质形式具有了实践理性，其内涵的恰当性"经受时间的检验"，对于任何交易主体而言，登记能够代表真实不动产物权的推论是合理的，这是社会共识，不因个体交易主体的认识差异而改变，这就构筑了不动产物权交易的基础，不动产交易秩序也基于这个基础而产生。因此，登记受制于交易机制和人类需要，至少到目前为止，尚没有其他权利外形能够替代它，这也决定了人们对交易秩序稳定性的观念需求和看法。有学者就指出："这才是应受保护的期望；一种以登记为基础的期望，而不是强迫所

---

① Siehe Baur-Stürner, Sachenrecht, 17. Aufl., Verlag C. H. Beck, 1999, S.33.
② Siehe Baur-Stürner, Sachenrecht, 17. Aufl., Verlag C. H. Beck, 1999, S.256.
③ 参见[美]E·博登海默：《法理学：法律哲学与法律方法》，邓正来译，中国政法大学出版社，1999年，第219页。
④ See D. C. North, Economic Performance through Time, in American Economic Review, 1994 April, P1ff.

有的人去知道或探查在登记之前该房地产有没有发生未登记的行为。法律所欲保护的是，对第三者而言，只有出现在登记上的东西才值得一顾，否则登记便毫无意义"。①在人们普遍认知和尊重的登记形式上建构法律真实观念，是法律制度对现实交易秩序和社会公众一般需求的回应，应当是无可非议的。

在理解法律真实观念对于交易秩序的维护作用时，还有一个不可忽视的因素，即登记对于交易者之间的信任维持功能。信任是一种社会心理现象，是个体对于理性所不能把握的不可预料的事件，通过选择行为表现出来的预期。②在我们日常生活或者交易中，信任具有基础作用，因为很难想像一个人和人之间关系犹如狼与狼的关系、没有信任的社会能够有序维持和前进。吉登斯教授就指出："对日常的生活规范和常态外表之间的连接来说，基本信任是根本的"。③登记在交易中就是不动产物权的常态外表，在严格法律制度制约下，其经由时间和实践的证明，已经得到国家信誉的支撑和社会公众的认可，交易者进行不动产物权变动交易时，其通过对体现国家信誉的登记的信赖，对于登记权利人产生信任。在这种场景下，登记成为信任流通和交换的一般媒介和载体，是抽象市场中用以解决信任的关键，这体现了韦伯所说的现代交易依靠的不是对一个熟人的具体的道德判断（面孔管理），而是借助对一个陌生人的范畴性理解（或类型化知识），在此，解决信任的关键不再是各种直接性的人格化的互动关系，而是通过同质化和普遍化获得抽象性的关系。④故而，登记成为稳定不动产物权交易秩序不可缺少的组成因素，法律真实观念只不过是用法律形式体现了登记维持交易信任、交易信任维持交易秩序的规律。

---

① [葡]马光华：《物权法》，唐晓晴译，澳门大学法学院教材，未刊稿，第152～153页。
② 有关信任的经典解释，参见 M. Deutsch, Trust and Suspicion, in The Journal of Conflict Resolution, 1958, 2; L. T. Hosmer, Trust: The Connection Link between Organizational Theory and Philosophical Ethics, in Academy of Management Review, 1995,20(2).
③ [英]安东尼·吉登斯：《现代性与自我认同：现代晚期的自我与社会》，赵旭东、方文译，王铭铭校，三联书店，1998年，第146页。
④ 参见李猛：《论抽象社会》，载《社会学研究》1999年第1期。

(三)法律制度的协调

1. 与占有公信力的协调

在大陆法系民法中,一个饶有趣味的现象是,无论采用何种真实观念,无论是否承认登记公信力,动产占有具有公信力则是比较一致的立场,比如,法国的自主占有不仅是对所有权的推定,更是对属于他人的动产的即时取得方式,①日本学者将此种情形称为"公信"。②这就给我们提出了问题,在同一法律文本中,肯定占有公信力而否定登记公信力的做法是否合理?笔者认为,答案为否,体现法律真实观念的登记公信力能够而且应当与占有公信力协调一致,因为:

第一,登记公信力与占有公信力的制度安排目标一样,均在于保护交易安全,为物权交易提供法律保障;而且,在实现公信力时,第三人要受严格构成要件的限制,比如要通过交易行为取得物权、必须信赖物权公示方式等,这种构成要件虽然是为实现保护第三人的目标而设置,但其客观上也起到了协调第三人与真实权利人之间利益的作用。可以说,其二者具有同样的价值和机制,应该得到一致的法律承认,肯定一个否定另一个的做法殊不妥当。

第二,物权交易的法律效力应当具有等同性,不因交易对象的不同而产生区别。以物权为对象的交易,以交易对象形态为标准,可以分为不动产物权交易和动产物权交易,它们遵循不同的交易规则,即前者以登记为公示方式,后者以交付为公示方式。这种相异之处是因为交易对象的不同而引起的,受制于交易对象的物理形态和利用性能,不能相互混淆。但是,这种交易对象的区别只能在客观上要求法律采用不同的权利表现形式,这些权利形式的法律效力则不能受制于交易对象之间的区别,否则,就会产生同等性质交易具有不同后果的局面,不能同等保护交易当事人的信赖利益。比如,根据否定登记公信力的立法,同一人基于对不动产登记和动产占有的信赖,分别购买了房屋

---

① 参见尹田:《法国物权法》,法律出版社,1998年,第200页。
② 参见[日]我妻荣:《日本物权法》,有泉亨修订,李宜芬校订,五南图书出版公司,1999年,第198页;[日]田山辉明:《物权法》(增订本),陆庆胜译,齐乃宽、李康民审校,法律出版社,2001年,第31页。

和机器设备,而登记权利人和占有人均非有权处分人,则买受人基于占有公信力可以取得机器设备的所有权,却因登记不具有公信力就不能取得房屋的所有权,这种同等性质的信赖利益产生不同法律后果的情形,显然缺乏足够依据和理由。

第三,与占有相比,登记应当具有信誉更高的公信力。占有作为动产物权的公示方式,在表征动产物权的作用上是有限的和不稳定的。比如,在动产之上出现了直接占有和间接占有并存的多层次占有形态时,作为真实物权人的间接占有人通过法律关系来实现对动产的支配,而没有占有动产的外观,这就导致占有不能反映真实的物权,这种不一致情况在现实中比较常见。登记则不因权利人是否对不动产进行物理上的支配而受影响,占有不动产者如果在登记簿上不被记载为权利人,就不能被认定为是物权人,而这种记载的法律事实是国家专门机关通过严格法定程序运行的结果,既有国家信誉的支持,又有法律制度的保障,交易者可以毋庸置疑地对其产生信任感,相信登记的权利就是真实的权利。可见,登记对不动产物权的表征是普适的和稳定的,不受不动产占有情况变化的影响,与占有相比,登记可以更加准确地反映物权归属情况和变动状况,也更应该具有公信力。[①]

2. 与物权基本特质的协调

从理论上讲,物权是具有抽象意义的支配权,不受外部表现形式的制约,只要权利人对物的支配利益具有合法依据,就应受到法律的保护。但是,与债权属于请求权、债权变动无需公示不同,由于物权的支配权属性致使物权变动对社会公众产生排他作用,为了让社会公众知道物权的这种排他性,就必须要求物权通过一定的形式向社会公众表示出来。通过公示,既界定了权利归属,又向社会公众宣示权属,正是在这种意义上,物权的形式体现了物权的支配性和排他性,说明了物权的本质特点。如果仅仅通过抽象的法律关系体现物权的支配性,不要求物权公示,只是在当事人内部产生物权权属的确定功能,社会

---

① 德国民法的立法者即认为,与占有相比,登记更值得他人信赖。Siehe Baur-Stürner, Sachenrecht, 17. Aufl., Verlag C. H. Beck, 1999, S.262.

公众无从知悉和了解物权的权属，这对社会公众的法律保护是有欠缺的，不符合现代法律对社会进行类型化调整的要求。因此，具有法定公示形式的物权，发挥着物权是支配权、绝对权、对世权的本质功能，能够对抗其他权利，这正是法律真实观念的核心要求，比如，在登记公信力发挥实际作用的场合，登记表现的物权代表着"真实"物权，而实际上的真实权利则不能发挥物权效力。

受物权上述本质属性的制约，现代物权法以物权绝对性原则为核心，其他物权法原则和制度均围绕着这个核心进行建构和运行。[①]这是物权法的基本要求，否则，物权法得以与其他法律区别的独特性就无从谈起。在物权法的基本原则中，物权特定原则从标的物方面保证了物权的绝对性，物权法定原则从物权的类型和内容方面保证了物权的绝对性，这两个原则调整和保护的对象是静态财产关系范畴，从静态意义上体现了物权绝对性，符合这两个原则的权利就是具有绝对性的物权。由于物权变动特别是物权的设立、移转和废止是客观发生的事实，它意味着物权绝对性的移转，即原物权消灭导致物权取得人取得物权的绝对性利益，这个利益的移转必须通过一定的形式表现出来，使世人知悉物权的变动、知悉物权绝对性的归属，以保护第三人的利益。表现了公信力的物权公示原则，从动态角度反映和实现物权的绝对性。这些原则共同构成了物权绝对性的有机体，它们将物权绝对性贯串于物权法的主要之中，缺少任何一个原则都将减损物权绝对性的核心地位。

否定登记公信力的客观真实观念，将不动产物权的绝对性建立在当事人的债权意思之上，使得第三人取得的不动产物权并不确定地具有绝对性，要受到原权利的限制和追夺，这意味着在变动过程中，物权绝对性并不实际发生移转，这样的物权变动仅仅具有变动之名而无实质内容，这就削减了物权绝对性本质在物权变动领域的体现。

---

① 参见王泽鉴：《民法物权》第1册，中国政法大学出版社，2001年，第20页。

四、法律真实观念中的规则设置与法律体系

物权变动的通常原因——也是最具有法律意义的原因——是当事人的意思表示,比如,A、B双方约定买卖房屋,其中的买卖契约即为房屋所有权移转的原因,其本身是最能贯彻私法自治理念的法律行为。本文在此所谓的物权变动,就是基于法律行为而产生的后果。在法律真实观念之下,物权变动不仅仅是当事人内心意思决定的产物,当事人依据自我意志并不能解决与此有关的所有问题,动产占有、不动产登记等当事人意志之外的因素介入到当事人关系之中,这样,物权变动的构成要素包括了两种:买卖契约等法律行为形式表现出来的意思要素和由动产占有、不动产登记表现的形式要素,前者以贯彻当事人间私法自治为目的,后者将权利变动情形公示于大众,以保护交易安全为目的。[①]由于其中的"法律行为"要素属于民法调整的对象,无论其意义是否相同,均包含着意欲发生不动产物权变动的意思,但又均不能直接发生物权完全排他性的后果,它们最根本的意义在于给不动产物权变动的实际发生提供诱因,在此意义,完全可以将之解释为具有物权行为的意义。[②]据此,法律真实观念下的物权变动规则,可以用公式表示为:"法律行为+形式=物权变动+公信力"。

[①] 参见刘得宽:《对物权行为的"独立性"与"无因性"之探讨》,载《民法诸问题与新展望》,中国政法大学出版社,2002年,第534~535页。不过,刘得宽教授认为是债权行为贯彻了当事人间的私法自治,其实,作为法律行为的物权行为同样具有该功能。实际上,物权行为理论的首创者萨维尼将交付当作物权契约的见解,就框定了个人意思的支配领域,确保了当事人的自主参与空间。参见 Landwehr, Abstrakte Rechtsgeschäfte in wissenschaft und Gesetzgebung des 19. Jahrhuderts, Rechtsdogmatik und Rechtspolitik, Verlag Dunker und Humblot, 1990, S.178-179. 对此更深刻的讨论,参见苏永钦:《物权行为的独立性与相关问题》,载《跨越自治与管制》,五南图书出版有限公司,1999年,第264~265页。

[②] 由于物权行为一般没有形式限制,其往往不是明示的,而是推断出来的,故而,只要存在不动产登记,就可以推断物权行为不仅存在而且已经生效。参见 Wieling, Sachenrecht, 3. Aufl., Springer Verlag, 1997, S.9-10. 在德国实务中,不动产所有权转让合意(Auflassung)往往存在于作为基础行为的债权合同公证文书中。在日本,学说认可债权行为通常包含了作为处分行为的物权行为,参见[日]四宫和夫:《日本民法总则》,唐晖等译,五南图书出版有限公司,1995年,第153页;[日]田山辉明:《物权法》增订本,陆庆胜译,法律出版社,2001年,第33页以下。

需要注意的是，登记介入到不动产物权变动之中，不仅能够产生物权法规定的公信力的法律效果，从而具有实体法意义；还为民法设立了一个通道，使得登记程序规则与物权法得以衔接并相互感应，在不动产物权变动上呈现出"你中有我，我中有你"的交错格局，这显然是完全由民法调整的动产物权变动制度所不可想像的。显然，从不动产物权变动规则的结构上分析，正是登记导致了法律效果的变异和分化，如何保证登记具备公信力，是真实观念下的物权法所不能回避的问题。法律真实是一种观念中真实，社会公众必须基于对可靠合理现象的信赖，才能对物权的真实性达成共识。如果社会公众只是在"指鹿为马"地确定观念真实，法律真实物权所具有的真实性就过于随意，丧失了可信任性和合理性，甚至成为毫无道理的谬误，那么，建立在这种法律真实观念之上的物权法就是违背交易一般规律和社会公共利益的"恶法"。因此，如何确定社会公众产生信赖的依据是可靠和合理的，也是物权法要解决的重要问题。社会公众信赖物权真实性的依据是动产的占有和不动产登记，由于占有是人对物进行管领和控制的事实，是表征物权的社会常识和常规现象，不受其他因素的影响，故必须采用合理的程序性机制使不动产登记在最大限度上表征真实物权，使不动产登记成为社会公众予以信赖的可靠对象。

在采用法律真实观念的国家或者地区，由于不动产登记是不动产物权变动的生效条件，登记具有严格程序性，围绕登记所产生的物权变动程序规范，就成为独立于调整物权实体法律关系的物权实体法之外的程序法规范，故德国法学理论形象地将其称为登记程序法或不动产程序法（Formelles Grundbuchrecht/Grundstücksrecht）。① 不动产登记是代表国家权力的不动产登记机关对不动产自然属性以及物权真实性的确认，其本身就是经由当事人和国家的活动推动事态发展的程序，经过这个程序确定下来的物权是具有正确性的物权。这个程序必须通过设定合理的机制来实现实体法的规定，比如，规定同一的不动产登记

---

① Siehe Baur-Stürner, aaO., S.144-145.; Schwab-prütting, aaO., S.109ff.; Westermann, BGB-Sachenrecht, 9.Aufl., Verlag C. F. Müller, 1994, S.101.

机关，保证不动产登记机关的权威性；设置合理的审查程序，最小限度地减少错误登记的发生，给不动产登记具有权利正确性推定作用提供制度保证；设置抗辩程序，使真正物权人有机会保护客观真实物权等。只有由权威的登记机关按照严格登记程序进行的、社会公众也能了解其结果的登记，才能对社会公众产生公信力，这正是物权程序法的任务。

由于物权实体法和不动产程序法均涉及到物权变动的一般规律，相互之间具有关联性，物权实体法的规定是对不动产程序法的指导，不动产程序法的规定是对物权实体法的实现。但是，它们又具有不同的调整对象，物权实体法调整的是物权人与其他平等民事主体之间的实体法律关系，物权实体法中的物权变动规则主要规定了物权变动的内容、效力等实体法律内容，不动产物权变动的程序则涉及不动产登记的申请、审查等程序机制是依据相关的实体规范设置的，是不动产登记机关和物权人、利害关系人要遵循的法律规范，它们相互之间又具有独立性。因此，忽视不动产程序法，会影响物权实体法规定的实效。物权实体法必须和不动产程序法结合起来，才能形成完整的物权法体系。在物权实体法和不动产程序的关系上，德国法为我们提供了实例：首先，两者具有交错性，德国民法第873条规定不动产物权变动的成就，必须有物权合意和登记，这意味着作为程序行为的登记行为，是物权行为发生实体法律效力所不可缺少的成分。这样的制度设计体现了立法者的"诡计"：登记在此不单纯是用以宣示物权行为之法律后果的工具，其本身就被镶嵌在该后果之中。这样，无需任何强制措施、刑罚等类似手段，登记即可完全而高度真实地反映土地上存在的权利状况。此种制度构造表明了登记程序和实体制度在实现特定目标上的一致性和联系性，也是采用公示原则的之物权制度的共同属性。其次，登记程序规则的独立性，比如，设定抵押权的合意在实体法上没有形式要求，但程序法要求所有权人的登记同意要采用公开文书的形式，而且，登记同意对于登记机关的审查已经足够，登记机关不要求当事人提交土地所有权人和抵押权人之间设定抵押权合意有效的证明。①

　　在法律真实观念的指引下，物权实体法和不动产程序法的二元构制将分别承担不同的使命，前者要确立不动产物权变动规则的基本构造模式，界定"法律行为"要素的意义；后者则要创设"登记"形式的运行机制，并实现"公信力"的结果。

（2003 年 10 月 30 日）

---

① Siehe Baur-Stürner, aaO., S.145.

超越大众民主与权威主义
——共和主义对中国政治转型的启迪

■李 强

> 李强,北京大学政府管理学院教授、博士生导师。1978—1982年在北京大学国际政治系政治学专业学习,获学士学位。1985—1993年,在英国伦敦大学(先后在伦敦经济政治学院与伦敦大学学院)学习,获政治学博士。主要研究方向包括西方政治哲学,特别是西方自由主义理论;马克斯·韦伯的社会政治理论;西方自由主义在近代中国的传播、发展及命运。

一、学术界关于民主问题的纷争

中国自近代以来,民主与宪政问题在两个时期成为我们国家关注的焦点:一是晚清到民国时期,另一个就是最近十多年。前一段,有一部非常有影响的影片——《走向共和》——以电视的方法,记录了从晚清到民国这一段时间中华民族所走过的路。应该说,晚清时期,中国知识界对于政治改革的问题已有很多争论;但是,对于中国应不应该实行民主这一问题的实际的讨论,出现在民国初年。

1911年,辛亥革命爆发,中华民国成立。然而,中华民国的实践,并没有像民主的倡导者原来所期望的那样,带来社会的稳定、国家的富强、经济的繁荣。相反,不同的政治力量、政治派别采取了法治之内的和法治之外的手段，进行了非常激烈的斗争，追逐他们所认为的国家利益，或者他们自己的私利。

在这样的情况下，在民国初年，爆发了一场关于中国应该实行什么样的政体的争论。争论的一方，是以袁世凯为后台的筹安会，邀请了当时美国著名的政治学家、宪政学家、美国政治学会的会长古德诺，以及日本非常有成就的宪法专家有贺长雄。他们提出了所谓"国体"的问题。国体问题基本的要点就是：作为一个大国、一个传统的国家，中国不应该实行西方形式的共和国。有贺长雄提出，存在着两种共和：一种，是君宪共和，有君共和；另一种，是无君共和。按照他的逻辑，在中国这个国家，如果想实现政治稳定的话，可能实行"有君共和"比较合适。

当然，很不幸的是，这场关于民主国的共和形式的讨论，并不是一场简单的学术讨论。袁世凯个人的野心以及他所采取的一些相当不正当的政治手段，把这场讨论的学术性掩盖了。作为它的对立面，不仅当时的革命党强烈地反对，而且一直与袁世凯保持着若即若离关系的进步党——以梁启超为代表——也强烈反对。梁启超写了一篇著名的文章《异哉所谓国体问题者》，揭露了袁世凯企图复辟专制帝制的阴谋。但是，梁启超对有君共和与无君共和这样一个本来值得仔细探讨的问题简单地一笔带过了。当然，当时的环境确实不适合讨论中国是应该实行有君共和还是无君共和的问题，因为实际上，袁世凯本人利用了这个理论为自己复辟帝制服务。无论如何，这都是中国近代史上一场非常重要的讨论。

最近十多年来，特别是最近若干年来，关于民主问题的讨论，在理论界又变成了一个非常热闹的话题。本来，在改革开放之后、90年代初期之前，理论界占主导地位的观点就是，民主是一个不错的制度；问题只不过是，中国如何实现民主，需要付出什么努力，需要什么样的经济、社会和外在的环境。90年代之前，大家对于民主制度的可欲性、它本身的价值，人们的怀疑是不多的。

那么，为什么最近有人争论了呢？我想，这和国际大背景有关。一个是，苏联、东欧的以民主化为重要内容的改革，并没有带来大家开始时所预期的那样一些积极的后果。在苏联、东欧之外,第三世界许多国家以民主为内容的改革,也遇到了种种挫折。所以,国内学术界从 20 世纪 90 年代中后期以来,关于民主制度本身的价值,有了许多直接的或者间接的争论。我把它简单概括为两类主要的观点:赞成民主的和反对民主的。

赞成民主的学者们,可以从国外民主派的著作中得到很多的支持。其中最重要的之一,就是亨廷顿的"第三波"理论,这个理论把西方的民主理论做了一个比较好的概括。这个理论说,从 19 世纪 20 年代以来,整个世界正经历了一浪高过一浪的民主化浪潮。根据亨廷顿的分析,第一波,1828 年到 1926 年,主要发生在西方传统的民主国家,之后,有一个短暂的倒退;第二波,1943 年到 1962 年,在第二次世界大战之后,出现在其余西方国家以及一些拉美国家,之后,又有一个短暂的挫折;第三波,1974 年至今,规模更加浩大,向世界其他国家蔓延。

根据西方主流民主派的理论,一般认为,民主制度是一种比较好的制度。那么,好在什么地方呢?我把赞成民主的理由概括为四个论据。

第一个是保护性论据。自近代以来,很多人持有一种基本观点,那就是,每一个人从本质上来讲都要追求自己的利益,因此,一个好的政治制度就必须反映所有人的利益。如果某一个阶层或某一个阶级控制了政权的话,它就完全有可能只追求自身的利益,而不追求社会大众的利益。因此,为了保障社会大众的利益,民主制度是必要的。这个论据,最早应该是在英国 19 世纪向民主制过渡的时期,由哲学上的激进主义者、自由主义者,如边沁(Bentham)、穆勒(John Mill)提出来的。在国内,希望实行民主化的人,在本质上是诉诸这个论据的。他们认为,我们的政府有很多不尽如人意的地方,有很多的腐败,有很多追求少数人或者小集团利益的现象,甚至有很多强势群体,利用政权剥夺大众的利益,追求他们的私利。他们认为,如果能够使中国的政体进一步民主化,就会在相当大的程度上,减少腐败,增加政权的公共性。

赞成民主的第二个论据，可以概括为合法性论据。许多人秉持一种观点：作为生活在现代社会中的个体，人们有理由、有权利对涉及自己利益的事情自主。公共权力是大家共同的权力，只有民主的政权，才是一个具有合法性（legitimacy）的政权。一个政权，如果不是建立在民主的基础之上，就没有资格得到人们的拥护。我在讲西方思想史的时候，经常讲到卢梭的理论。卢梭讲过一个非常生动的比喻。一个强盗，闯到我家里来，拿着刀子，逼着我把钱给他。我不得不给，但是，我没有服从他的义务。同样的道理，一个政权如果不是建立在人民同意的基础之上，我就没有服从他的义务。因此，在现代社会中，一个政权如果希望稳定、能够得到大家的认可，这个政权就只能是民主政权。

赞成民主的第三个论据，就是民主的教育功能。尽管国内学者讨论民主问题的时候对于这个问题讲得不算多，但是大家在不同的文章中都会隐隐约约地谈到。鸦片战争之后，在我们中国最早接受西学的时候，人们就对西方的民主制度非常感兴趣。很早的时候，林则徐、魏源等人就已经看到，西方的民主制度导致了上下一致、君民沟通，导致了西方人的强烈的爱国心。甲午战争之后，严复专门写文章讲到，民主制度下的人爱国。这就是说，只有在民主制度下，人们才能够培养一种强烈的爱国情操和公民意识。托克维尔在《论美国的民主》里专门提到，美国人爱国爱到贪婪的地步。他说，在美国，大家讨论国家的事情如同讨论自己家里的事情一样；国家有一个人受到了外国的不公正待遇，全国的人都会像自己的家人遇到了不公正的事一样愤慨。英国著名的思想家穆勒在《代议制政府》里专门讲过，在民主制度下，可能有千千万万个爱国者；但是在专制制度下，最多只可能有一个爱国者。中国近代，从1840年以后，许多思想家都希望在中国引入民主制，其中一个重要的目的，就是认为引进民主制之后，中国人就会爱国，就会齐心协力保卫国家。

赞成民主的第四个论据就是，民主在许多人看来——当然不是所有人——对经济有好处。当然，这是一个说不清楚的问题。民主对经济有没有好处，我想，不同的理论，有不同的研究。但是有一点是确定无疑的。得诺贝尔奖的 Sen 在讲到民主和经济的时候有一个观点,就是在民主制度下,不会产生大规模的灾荒。Sen 最早是研究饥饿经济学、灾荒经济学的,他对世界上各个国家的灾荒进行了研究,结果他发现,大规模的灾荒、大规模的饥馑、大规模饿死人的事件,往往发生在独裁国家、专制国家。独裁和专制会导致信息的不流通、信息的封闭,会导致分配的极度不均,这就可能使一部分人得不到关于粮食的信息,从而发生大规模的饥荒。而在比较民主的印度,尽管人均粮食产量、人均 GDP 相当低,但是,印度并没有发生过大规模的饥荒。

关于民主的优点,大概有以上四个方面。但是最近若干年来,在国外,也包括在国内,人们对民主的质疑越来越强烈了。现在对民主的批评已经不是像以前那样,仅仅是领导层认为我们条件还不成熟,稳定是第一要务,我们要慢一些。现在,很多人从理论的角度批评民主,这包括中国的学者,比如,我的朋友,北京大学国际关系学院的潘维教授就写了一篇很有趣的文章,批评"民主的迷信"。当然,他只是众多批评民主的人之一。反对民主的理由,我也可以概括为四个方面。

第一,民主能不能实现共同的利益?赞成民主的人认为,民主制度能够防止某一个阶层专断地控制政权,从而最大限度地保障共同利益。但是,这些年来,反对民主的人,做了大量的经验研究,他们发现,在民主制度下,也往往有利益集团通过操纵选举,或通过影响立法,影响政府决策。大家如果想到美国研究民主的一些最重要的理论——多元主义理论、利益集团理论,就会看到这种反对民主的论据并不是完全没有道理的。因此,他们认为,民主往往可能使利益集团的利益定格化、明显化。不实行民主的时候,大家还朦朦胧胧的,你的利益、我的利益还不大清楚,大家往往还有一种共同利益的幻觉。要是真正实行了民主,就会造成阶级的分化,你的利益,我的利益,穷人的利益,富人的利益,非常明显。而且这些利益还会通过政党的方式定格化。当然,有些反民主的人并没有把这个问题上升到理论的高度。但是,按我的理解,他们的担心就是,一旦实行民主,不同阶层的利益就会固定化;如果这些利益分歧再和政党结合的话,就会使整个国家的利益完全分裂成多元的利益,从而不能寻求共同的利益。

与第一个观点马上联系在一起的就是,在一个多种民族、多种文化的国家之内,如果实行民主,往往会激活多种民族、多种文化的identity(认同),形成政治方面的不稳定。因为,任何研究也不能否认,民主可以使民族的identity明确化、政治化。比如,我们看得很清楚,在台湾实行民主,台湾的独立意识就变成了台湾政治中"免费的午餐"。因为,在实行民主的时候,在一个民族、种族或者族群内部,调子唱得越高、越激进,越能获得选票。世界各国都展示出了这样一种局面:如果实行民主的话,在一个多民族国家内部,民族意识就会特别强烈。美国人打伊拉克的时候大概没有想到这一点。他们以为打了伊拉克之后,就是解放了伊拉克人,伊拉克人就会接受自由和民主,放弃伊斯兰教和阿拉伯的identity。这种想法是站不住脚的。我历来认为,讨论政治理论的时候,有三层问题:最高的是identity的问题,who is who,你是谁,我是谁;其次就是关于制度的问题,自由、民主还是专制、独裁;第三个,最低层的问题,就是政策问题,譬如分配问题、正义问题,你多一些,我少一些一类的问题。三层问题中,identity处于最高层。没有实行民主的时候,identity往往不能制度化、定格化,如果实行了民主的话,在一个多民族的国家里,identity就会成为一个非常重要的问题。

第三个反对民主的论据,就是怀疑民主制度能不能产生高素质的领导和高效率的政治体制。我想,任何人都不会否认,对于一个政府制度而言,政治结构的高效率、领导人的高素质,是一个值得追求的目标。从最本质的角度来讲,民主制度在选择领导人的时候,把原来的多重标准简化为单一标准:数人头,多数人认为他好,他就上去了。然而,在选择政治家的时候,一般老百姓的理性能力并不是永远都令人钦佩的。对此,人们可以举出很多例子来。比如说最近美国加州的选举,著名影星阿诺就当选了州长,至于阿诺是不是一个最适合的加州州长,我想大家有很多的质疑。用民主的方式选择领导人,最终标准就是数人头,然而一个人喜欢另一个人可以有很多原因,比如说他唱歌唱得好,跳舞跳得好,人性随和,等等;人民喜欢一个人可以有很多原因，但是他并不一定适合当领导。当时美国总统选举，布什当选，很多人就说，布什这个人不聪明，他们说，这就叫民主吗？民主有什么好的？不就是选出这样的领导人吗？我们国内选举也经常会碰到这种情况。不民主的时候，100个领导有99个混蛋，大家都说：哎呀，不民主的制度嘛，这是可以想见的，没有办法。如果实行了民主，100个领导选出了1个混蛋，大家就痛心疾首：这就叫民主吗？这样的人怎么能选上去呢？怀疑民主制度能否产生高素质的领导人，是批评民主的一个重要理由。

批评民主的人还有一个论据，涉及到民主和经济的关系。我个人感觉，民主和经济的关系非常复杂。经济的发展有着多重因素，不能轻下断言。比如，中国最近经济发展得好，印度经济发展得差，而中国民主的程度没有印度高，这是不是因为印度的民主化程度高、中国的低造成不同的经济结果呢？我想，我们不能马上得出这个结论。在社会科学研究中，建立因果联系是非常非常困难的。我给学生讲政治理论的时候，第一节课要讲一个小故事，以说明建立因果联系是极为困难的。什么小故事呢？我本人的一个小故事。我以前在英国念书，1987年，我到美国访问——当时我太太在美国念书，去了以后没几天，国内发生了学生的示威游行，最后导致当时的胡耀邦总书记辞职。过了两年，1989年，我又从英国到美国，过去不久，就发生了大家都知道的"八九风波"。这两件事情，我去美国和国内政治风波都有先后次序，那么我们是否可以得出推论：由于我不明智地采取了从英国到美国这样的行为，结果导致了国内政治的重大事件呢？（掌声）休谟很早就警告过，在两个或两个以上现象之间建立因果联系是极为困难的。

回到经济发展的问题上来。大家都知道，一个国家的经济要发展，有多种因素。譬如，马克斯·韦伯讲过，新教伦理对经济的刺激作用极大。在英国念书的时候，一位朋友跟我讲，为什么在印尼和马来西亚的华人比当地人经济成功一些？他说，好比说拉洋车，印尼人拉了三天，觉得后两天够吃了，就先休息两天，然后再干；中国人呢，拼命地干，攒到钱以后买一部洋车；他们最开始是自己拉，拉到后来，就可以出租洋车给别人拉了。我想，没有任何人能够否认经济伦理对经济发展的意义。因此,在分析一个社会经济发展、另一个社会经济不发展的时候,简单地归结为政治的原因是不合适的。如果真要这么做,也必须要有分析框架,指出民主如何导致经济的不发展。当然,经过仔细研究,我觉得,民主确实在某些方面可能会影响经济的发展。这就是,民主可能导致民粹主义,而民粹主义可能会影响经济发展。以印度为例,曾经担任过世界银行驻中国及驻印度官员的著名经济学家林重庚指出,印度政治中的民粹主义特征是阻碍印度经济发展的原因之一。林重庚注意到,印度农村存在"广泛而持续的贫困"。但印度的政治家"很少采取行动去改变它们"。相反,由于民主选举的压力,印度的地方政治活动"变成了竞争性的民粹主义"。"在每次选举中,各个政治派别许诺向农民家庭免费提供水、电力、煤油和其他基本商品。目前,对电力、食品、化肥和汽油的补贴已经超过国内生产总值的3%。"英国著名自由主义思想家穆勒很早就预言,民主有可能导致福利主义。印度、拉美民主政治中民粹主义导致福利主义的现象值得进一步研究。

现在我把当前赞成民主和反对民主的论据做了一个简单的概括。在这样的语境之下,我们理论界有一种普遍的感觉,就是必须在两个非常不可爱的选择之中进行选择:要么,实行民主,我把这种民主概括为大众民主,比较强调大众参与、直接选举;要么,为了防止民主可能带来的一些不可爱的后果,就继续维持权威主义。目前的理论界大概就这么两种观点。所以,我今天希望超越大众民主和权威主义,提出来一种新的理论思路,以期鱼和熊掌兼得,这正是我今天这个题目——超越大众民主与权威主义,共和主义对中国政治转型的启迪——的涵义。那么,我马上转向今天演讲的第二个部分:西方的共和主义传统。

二、西方的共和主义传统

对"共和"这个词,我相信大家都不会感到陌生。什么是共和?共和就是无君。比如,原来我们中国实行的是君主制,后来,我们废除了君主制，发展为共和国。这就是我们通常所理解的共和国的基本含义。这个含义，确实是非常重要的。但是，我今天要讲的是"共和主义"。共和主义和共和国之间有不少联系，但是我希望通过历史的描述给大家展示共和主义的内涵。

如果我们要考察西方政治制度发展的历史的话，就会发现西方的政治制度其实还是相当复杂的。从我自己的研究心得来说，西方几千年，真正比较成功的，是一种叫"共和主义"的制度。当然，我后面会讲到，共和主义制度是包含着民主的成分的。

在西方，共和主义有三个主要的里程碑，或者说有三个主要的代表：罗马、英国和美国。下面我想依次给大家介绍一下所谓的共和主义的问题。

西方在古希腊的时候，都是一些小城邦。大家都知道，当时有两个主要的制度代表：一个是雅典，实行民主制；一个是斯巴达，实行贵族制——有人把它叫做贵族共和制，但是我觉得还是贵族制更加合适。在我看来，希腊的政治是不太成功的。为什么呢？第一，城邦特别小，五万人，十万人，多的三四十万人。而且城邦之间还不停地打仗，开始是小的冲突，最后，以雅典为代表的一方和以斯巴达为代表的另一方，打了一场旷日持久的伯罗奔尼撒战争。结果，雅典和整个希腊地区元气大伤。著名史学家修昔底德的伟大著作《伯罗奔尼撒战争史》详细记载了这次战争。战争之后，许多希腊哲人开始反思希腊的制度，其中最重要的包括柏拉图、亚里士多德。反思的结果，比较一致的看法，民主制度是比较差的。

亚里士多德认为，希腊的制度是一个循环的制度。他指出，希腊历史上最早的制度是君主制，是一个人的统治。君主制最开始是有道的君主，为什么有道呢？因为他考虑的是整个城邦的共同利益。但是，如果君主的权力不受限制的话，过了一段时间之后，君主制就会堕落，堕落成暴君制或者僭主制。这仍然是一个人统治，但是这个人已经不考虑共同利益，而只考虑他一个人的利益、一家人的利益。在这样的情况下，就会有很多在城邦里有地位的人——也就是贵族——起来跟他进行斗争，这样君主制就转变为贵族制。起初，贵族制的统治虽然没有君主制那么精良，但是也还是能够在新的基础上重新考虑城邦的利益。但是经过一段时间之后，几个大户往往就联合起来追逐他们自身的利益，而忘记了社会大众的利益，贵族制于是堕落成寡头制。在这样的情况下，整个城邦的人就会很愤怒，就会起来反抗；反抗的结果往往就是把统治权力扩大到整个社会，城邦就变成了民主制。但是，一旦实行了民主制，由于人的层次参差不齐，一般百姓对政治不甚熟悉，民主制最后就很容易堕落为暴民统治，或者多数暴政，或者是无政府状态。所以，当时柏拉图和亚里士多德都对雅典的政治非常不满。亚里士多德提出了一个想法，他说，比较好的政治，应该把君主制、贵族制和民主制三种成分混合在一起，这样的话，既能保证政治的稳定，又能保证政治的质量。然而，希腊人并没有能力，或者说并没有能够最终实现这样一种共和的理想。共和理想的实现首先是在罗马。

我今天讲的共和主义是从共和政体的角度出发的。我们学术界以前对罗马的研究是相当不够的。在研究社会科学的时候，我们对哲学、文学强调得比较多，所以希腊成为我们研究西方文明最重要的部分。但是，从政治统治的角度来看，希腊是相当不成功的。那么几个城邦，巴掌大的小地方，还不停地打仗，从来没有能力在大家之间达成某种妥协。但是，这种情况在罗马就不同了。

讲罗马的时候，我要谈到一本很重要的书，就是罗马时期的史学家波利比乌斯（Polybius）所写的一本很重要的书，*The Rise of the Roman Empire*（《罗马帝国的兴起》）。波利比乌斯是希腊人，受过良好的教育，作为人质来到罗马，在罗马见到罗马政治的运作，发现了罗马的伟大。罗马建立共和国之后，只是一个小小的城邦。但从第一次布匿战争开始，经过短短53年的时间，就变成了欧洲最大的帝国，统治了差不多欧洲当时所知的全部地方，统治了北非，统治了中东地区。于是波利比乌斯就写了《罗马帝国的兴起》，试图探讨这样一个问题：为什么罗马人能够做到这一点？结果，波利比乌斯发现答案非常简单。在《罗马帝国的兴起》的第六卷，他说，罗马成功的全部秘密，就在于罗马的constitution——直译的话就是"罗马宪法"，我把它译为"罗马的政治制度"。罗马的政治制度有什么优点呢？波利比乌斯发现，罗马的政治制度就是典型的共和制。共和这个词，res publica，就是从拉丁文来的，指的是"公众的事务"。共和的理念可以追溯到亚里士多德，但是真正建立共和制度的，是罗马。

波利比乌斯把罗马的制度与雅典的制度、斯巴达的制度、北非迦太基的制度进行了比较，比较之后发现，罗马的制度是最优秀的。为什么优秀？共和。什么叫共和？共和就是混合政体。波利比乌斯说，任何一个政体，如果是单一因素的——君主制也好，贵族制也好，民主制也好，都不会稳定，这和亚里士多德的逻辑是一样的。单一因素的政体为什么不会稳定呢？如果君主能够一心为公的话，君主制也是很好的，但是君主往往不能一心为公，他会堕落为僭主、暴君；几个大贵族联合起来进行统治也是挺好的，但是贵族往往堕落为寡头；民主如果做得好也是很好的，但是民主往往导致多数暴政或无政府状态。所有单一因素的政治制度体都可能堕落。波利比乌斯发现，罗马制度的精彩之处就在于，罗马的制度把各种因素混合在了一起。

罗马的政治制度有三个最核心的因素：第一，它有两个执政官，相当于君主的统治；第二，它有元老院，相当于贵族的统治；第三，它有平民大会和保民官，代表人民。罗马共和国在决策的过程中，三者各有各的地位。第一，波利比乌斯特别强调执政官的重要性。我在分析这个问题时，想到了马克斯·韦伯的观点。韦伯在研究政治运作的时候注意到，任何一个大的政治实体，如果要正常运作，一定需要一个卡里斯马式的领导，需要一个能够做出决定的领导，这些决定有时候并不是很受大家欢迎的。这在罗马就体现为执政官。第二，罗马有一个元老院，这是一个典型的贵族院。我们在研究罗马的时候，会注意到一些非常高尚的名字，例如西塞罗、加图等等，充满美德与智慧。柏拉图和亚里士多德在批评民主制的时候有一个基本的问题：什么样的政治统治比较好？柏拉图说，什么样的鞋匠比较好？好的鞋匠就是懂得修鞋的，任何一个好的工匠都是懂得他的工艺的。那么，最优秀的政治家，就一定是那些最懂得怎么治理国家的人，而懂得治理国家的人是不可能通过民主程序产生的。在罗马共和国中，元老院就代表着统治的美德和智慧。在元老院旁边，还有所有罗马公民都可以参加的平民大会,体现了大众的意志。

波利比乌斯认为,罗马这种三个因素混合的政体,比希腊任何一个政体都优秀。在希腊,斯巴达是最优秀的。斯巴达的优秀体现在它的稳定之中,它延续了大约八百年;斯巴达的统治也体现了美德、智慧。波利比乌斯说,斯巴达的问题就在于,斯巴达没有足够的民主成分,大众的活力、主动性、积极性和爱国热情没有能够充分调动起来。雅典作为一个民主制城邦,只在少数时候是成功的:一是初创的时候,在梭伦的领导下;另一个是后来的伯里克利时期。雅典民主制度只是在偶然产生了一个高尚领导的时期才是成功的,在其他大部分时期,雅典都是不成功的。波利比乌斯又将罗马和迦太基的制度进行了比较,他的结论是,迦太基过分商业化,人们没有美德。

所以,波利比乌斯的基本结论就是,罗马的共和国是非常成功的,成功的标志就是:罗马有着非常精良的制度,罗马人有着高度的爱国热情和美德。罗马曾经有一条法律,谁在战场上被俘之后叛变了罗马,他自己会被处以极刑,家人也会受到连累。但是,在罗马共和国的几百年历史上,这条法律从来没有运用过。因为罗马有民主的成分,所以人们有着高度的爱国热情,所有的罗马人,都把罗马这个城邦当成他自己的家一样。《罗马帝国的兴起》专门描述,打仗之后,罗马人都要为战死的人举行非常隆重的葬礼;在葬礼上,就会有人致一个悼词,讲述死者一生的贡献、成绩。在致悼词的时候,每个人都会受到一种良好的爱国主义教育。波利比乌斯特别强调,由于民主的因素,罗马这个城邦有一种非常强烈的共同体的感觉和爱国的意识;而由于贵族的因素,罗马的统治导致稳定、智慧和美德;而由于君主的因素,罗马人又能够在关键时刻,在国家遇到危机或机遇的时候,迅速地作出决定。

罗马为什么会灭亡?后人有过许多研究;但是,相当多的人都把罗马衰亡的原因归结为共和制的衰落和帝制的兴起,打破了原来的混合政体的平衡。我们在讲罗马的时候,应该有一个基本的印象,就是罗马扩张最厉害的时候,打仗最勇敢的时候,是在共和国时期;罗马在恺撒的时候到了顶点,恺撒之后开始向帝制转变;到帝制时期,罗马对外扩张的能力就远远低落了。罗马帝国后来就在蛮族的入侵下解体了，欧洲历史转到了中世纪时期。

实际上，欧洲从中世纪转向现代的时候，很多政治实体的努力是不成功的。在意大利，曾经发生过令后人景仰的伟大的文艺复兴运动，也产生了一些小的共和国，例如威尼斯、佛罗伦萨。但是，这些共和国和我今天讲的共和国相比，是不大一样的——起码是不大成功的。欧洲真正成功的政体，是11、12世纪在欧洲的边缘蹦出来的英国。英国的政治制度值得我们认真研究。为什么要认真研究？这是因为，我们今天生活在英国人的阴影之下。英国不过是欧洲的化外之地，英伦三岛，说起来非常小的一个地方。从英国西边开车到东边，也不过两个多小时；如果不算苏格兰的话，从英国的最南端开车到最北端，快的话也不过几个小时。但是，英国1215年制定了《大宪章》，开始建立起宪政制度；然后，从16、17、18到19世纪，实现了现代的民主制、代议制，现代的宪政，现代的城市化、工业革命；工业革命的后果，英国成为了一个全球性的大帝国。英语到今天还是我们大部分人选择的第一外语。为什么我们选择它作为第一外语？不是因为我们爱英语，而是因为全世界人都讲英语。为什么都讲英语？因为英国人和英国人的后代，在这个世界上，占据、统治着很多地方。我在和学生讨论西方的时候跟他们讲，要理解世界近代史，必须认真读英国史，不读英国史，你都不知道为什么会有新加坡，为什么会有马来西亚，为什么会有比利时、荷兰。我们今天的世界地图，除去少数几片地方以外——好比说我们中国——相当大的部分，都是英国人直接或间接地造成的。而且英国实际上创造了西方近代的文明——资本主义文明，近代的经济，等等。

英国人到底采取了什么措施，怎么能做出这么多事情来呢？如果按照我刚才讲的波利比乌斯的理论来讲，要想研究一个地区为什么会发展，为什么会不发展，最终来讲当然是文化因素；文化之外，就是政治，就是政治制度。为什么有的国家做得好，有的国家做得不好？这首先涉及到它的精神秩序，它的文化，这个文化怎么处理人与人之间的关系，怎么处理毛主席他老人家讲的与天斗、与地斗、与人斗的关系，不同文化的斗法是不一样的。然后就是与文化相关联的政治统治的方式。政治统治的方式就是一个国家如何处理内部的秩序和对外的秩序的问题，而英国人在秩序方面确实取得了不起的成绩。

我曾经几次写文章讲过，英国人所建立的国家，是西方近代最强的国家，这与许多人的感觉是不一样的。无论中央集权的能力，还是国家渗透社会的能力，或是国家提供统一秩序的能力，英国都是近代国家中的最强者。不仅德国、意大利这样的国家远远不能望其项背，就是法国的太阳王路易十四，和英国在这方面比起来，也是差距比较大的。这是因为，英国的政治统治比较好地发扬、发挥了罗马时期的共和理念，从而建立起一种稳定的政治制度。这种政治从本质来讲，也体现了罗马宪法里面所包含的多种政治成分混合、平衡的理想。

人们在研究西方制度的时候，往往会有一种错觉，以为西方人在研究思想史、制度史的时候，也和我们一样，先从古希腊讲起，讲柏拉图、亚里士多德，崇拜苏格拉底，讲斯多葛派。其实不是这回事，真正对欧洲中世纪和近代影响巨大的，还是罗马。实际上，中世纪的时候很少有人对希腊给予现代那么多的重视，我研究英国中世纪史的时候发现，人们讲得更多的还是罗马。

关于英国制度的构建过程，我这里就不多说了。我这里要讲的是，英国经过几百年的努力，最早制定了大宪章；以后逐步建立起国会制度、代议制度；19世纪中期，当欧洲大陆1848年革命轰轰烈烈的时候，英国人静悄悄地完成了政治制度变革的最后一步，在英国完善了内阁制度，建立起文官制度，引入比较完善的民主选举制度，到1878年议会改革完成之后，英国只差妇女没有选举权了。妇女在1914年获得选举权后，英国就静悄悄地完成了整个政治的变革。这样一来，英国就构成了一种独特的制度。这是一种什么样的制度呢？我在几年前曾经写过一些文章，说英国的制度，用穆勒的话来讲，就是大众参与和精英统治这两种因素比较完善的结合。今天也有不少学者，把这种结合叫做比较独特的有君共和制。这就是说，英国从国体上来讲，是君主制；但是从政体上来讲，它是共和制。当然，这里的"共和"不是没有君主的意思，而是指一种体现了多种因素的结合的政体。

哪些因素呢？第一，大家都知道，英国有一个君主。英国的君主从原来实际的国家统治者，演变为今天的国家元首、主权的象征，即虚君，经历了漫长的时期，这绝对不是像我们原来的西方政治史所说的那样，1688年光荣革命一下子就完成了的；即使到了维多利亚时代，国王的权力还是比较大的。但是，国王的权力越来越小，到今天已经非常小了。英国共和的第一个成分就是国王。英国共和的第二个成分是议会。英国的议会经历了很长时间的转变，从比较纯粹的贵族制度，逐渐演变为上院代表贵族、下院代表民主的两院制。这种制度是很有政治智慧的。上院贵族院有的是世袭贵族，还有些是新贵族。一个人做学问做得好、做商人做得好、当官当得好，都可能被授予爵位，Sir, lord。比如著名的哲学家卡尔·波普，就被封为Sir。不少做学问做得好的人当了Sir。我想，英国的这个Sir，和我们中国的"新长征突击手"差不多。（笑）英国每年任命一些Sir，这些Sir不少人就有资格成为上院的议员。英国政治的贵族成分是很大的，贵族成分能够起到平衡作用，保证英国的政治不至于一下子走得特别极端。当然，英国议会里面还包含了民主的成分。我已经提到，英国很早就有议会，但是议会长期以来贵族的成分较多，不能够容纳大众的意见、利益和参与。法国大革命之后，民主化在整个欧洲、整个西方成为不可抗拒的潮流，这个时候，英国对原来的下院进行了改造，逐步引入了普选制，下院逐渐变成了民意代表机构。以上就是英国的混合政体——君主、上院的贵族和下院的民主的混合。

大家还应该注意到，在讲英国的时候要理解，现代的民主绝对不是人们想像中的那种希腊式的民主——大小官员，都要由人民选举；事无巨细，都要由人民参与决定。实际上，现代民主是包含着很多精英成分的。除了上述贵族制所体现的精英成分外，精英成分的重要体现是文官制度。英国文官制度是在18世纪30年代到70年代政治改革过程中最终完善的。这样，英国就建立起一套独立的、按照科层制的原则由下到上晋升的，比较稳定的文官制度。文官不以政党的进退为转移，不管哪个党执政，文官队伍都是稳定的。而且，英国的议会制度里面又设置了内阁制度，这是一个非常非常聪明的制度，把行政机构相对独立出来了。

我现在对英国制度作一个大概的总结。按我的理解,英国的制度在特定意义上也是一种共和制度。如果按照我们把共和制度的核心概括为多种政治成分的混合与均衡的话,那么,英国的政治制度混合了传统的君主制的成分,混合了传统的贵族制的成分,混合了现代的民主制的成分;而且,在君主、贵族、民主的基础之上,以文官制和内阁制为中介,加大了精英统治的制度框架。

下面我转向美国的制度。美国是非常典型的一个共和国,一个无君的共和国。我们都知道,美国有民主选举的总统、民主选举的议员,还有最高法院,实现三权分立,制约均衡。许多讲现代共和理论的学者,都把美国的三权分立的"三权",讲成是古罗马混合政体在近代的一种表现。但我个人理解,美国真正体现共和理念的,应该是总统、参院和众院。

此话怎讲?在美国,总统的地位相当于罗马的皇帝。当选的总统拥有广泛的权力与合法性,他可以任命阁员,任命各部的行政首长,这些行政首长向总统负责;总统完全可以对任何重大事务独立作出决定,他可以听取公众的意见,也可以不听取;在美国,假如民意测验表明 90%的人不赞同总统做一件事情,在不需要国会批准的方面,总统可以照做不误。美国的参院是一个贵族色彩很强的机构。现在,参院和众院似乎差不多了,但是美国一开始制定宪法的时候,情况不是这样的。根据 1787 年宪法规定,"众议院以各州人民每两年所选举之议员组成",注意,是"各州人民"。与此不同的是,参议员不是直选的,而是由各州任命的,他们由各州州议会选举,任期六年。而且,美国宪法里面特别规定,"在任何一州议会休会期间,如因参议员辞职或其他缘由导致产生缺额时,该州行政长官得于州议会召开下次会议补选前,任命临时参议员。"美国参议院的设计,实际上在很大程度上参考了罗马的元老院,罗马的元老院叫 Senate,美国的参议院也叫 Senate。美国不少参议员会以加图、西塞罗作为参照对象。美国的参议员往往在任的时间很长,有的一直当到 70 岁、80 岁,差不多当一辈子;他地位很高,他非常自信,他既不怕总统,也不在乎选民。如果阅读美国制宪历史，就会发现，美国参议院在设计的时候，有意仿照罗马的元老院。从当时的十几个州中，选择出几十个参议员，他们具有相当强的道德楷模作用，具有相当强的知识文化背景，他们相当于没有贵族头衔的贵族，这就是参议院的本质。当然，美国还有众议院。众议员任期两年，反映民意。所以，美国制度真正的共和政体，就是分别体现着君主、贵族和民主三个成分的总统、参院和众院这三个因素。当然，这三个因素之外，美国又有一个独立的最高法院。所以，我们必须注意，一定要对议会权的两权，做一个小小的区分，只有这样，才能理解美国整个政治制度的框架。

上面，我简单回顾了一下西方共和制的传统。现在，我要进入第三部分——西方共和主义传统对中国政治转型的启迪。

三、西方共和主义传统对中国政治转型的启迪

为什么我一开始就讲，要超越大众民主与权威主义？这是因为，我试图找到一种道路，在中国政治转型的过程中，鱼和熊掌兼得；不是说要做一个非此即彼的选择：要么，实行民主，实现大众的广泛参与，所有的事情，无论大事小事，动辄全民投票，大家决定。要么，因为看到了民主制度可能产生弊病，就坚决排斥任何成分的民主制度。有的朋友们写文章批评民主。我说：你是什么意思啊？你说中国不要民主，是什么意思？是说中国在可见的将来，三十年、五十年之内，不管大事小事，一点说话的机会都不给老百姓？是不是这个意思？如果是这个意思，我觉得是不可能的。我现在感觉到共和主义确实对我们有所启迪。什么启迪？回答这个问题，必须先弄清楚：什么是共和主义？在讲了西方共和主义传统之后，我觉得应该对共和主义的基本概念做一些厘定。当然，不同的人可能会有不同的共和主义的定义，我这里所讲的共和主义，我把它概括为"古典共和主义"。在当代西方的共和主义理论中，至少有两种共和主义：一种是我们这里的强调共和政体的共和主义，再一种是强调所谓 civic humanism（公民人文主义）的共和主义——当然，我想这是另一个问题了。

我刚才讲的共和主义的核心,就是混合;它要混合多种政治因素,混合多种制度原则,从而达到均衡;在混合与均衡的基础上,构建一个比较均衡的政治框架,或曰宪政框架。

对于中国目前所面临的问题,我个人觉得,共和主义可以对我们有以下几个方面的启迪,使我们在几个方面关注混合和均衡的问题。

第一个要关注的混合是基本的混合。在思考政治制度、宪政制度的时候,必须考虑到领导、精英和大众三重因素在政治制度中的混合与均衡。任何一个政治制度,在现代社会的情况下,如果不容纳民主的成分,这个政治制度很难拥有很大的合法性,从长久来讲不会稳定。此外,这个政治制度可能没有办法凝聚、造就现代的公民,使整个国家形成一个共同体。民主的成分在现代政治中是一个不可舍弃的因素。

记得我前几年在《自由主义》这本书里面提到民主时,特别讲到了这么一个道理:现代国家从某种程度上来讲是非常脆弱的,这就好比现代的婚姻。传统的婚姻是比较稳固的,夫妻之间有许多彼此联系的纽带:共同的财产因素、共同的家族因素等等,当然,也可能包含爱情、感情的因素。到了现代社会里面,男人女人都比较独立了,大家都有工作,有的人还不要小孩,婚姻惟一的基础就是所谓的爱情,一种感觉,我喜不喜欢你?我不喜欢,再见。现代国家,在很大程度上,和现代婚姻有相似之处;维系一个国家稳定的其他因素在逐渐淡薄,国家的基础越来越建立在人民接受的程度之上。许多貌似强大的国家,一旦失去人民的接受,可能哗啦一声就完蛋了。我记得有一次在北大做讲座,当时跟一个朋友有过一次辩论,他问:苏联为什么会倒台?我说这个是很容易理解的事情,当时我引了电视剧《篱笆、女人和狗》里的那首歌的一句歌词:"再也不能这样过"。以前我们分析一个政治制度崩溃的原因,总会分析什么经济的危机呀,内忧呀,外患呀。然而,苏联当时解体,经济是没有问题的,但是由于某种原因,大家对这个政体失去了信念,政权丧失了 legitimacy,所以政权一夜之间就倒了。民主制度的引入,从最低限度来讲,是使政权恢复合法性的一个基本途径;从最高限度来讲,民主制度可以培养现代的公民意识,造就一个强大的国家共同体。一个国家、一个民族有没有竞争力,从最根本上来讲,就是看这个国家的人民有没有公民意识,是否觉得他是这个国家的成员;打仗也好,搞建设也好,不管什么,这都是最根本的。怎么才能使人民感觉到自己是国家的成员呢?我想,引入民主机制,恐怕是惟一的途径。说一千道一万,如果人民不能参与重大的事情,你要他们感觉到自己是主人,非常困难。我想,混合政体的标准就是在民主基础上的共和国,也就是民主共和国。领导、精英和大众三重因素的混合与均衡中,大众原则是现代政治的基本体现。

大众的参与可以有多种形式,其中一种形式就是很多第三世界国家容易出现的民粹主义,这是我现在对中国非常担心的一点。前一段时间我给一个杂志写专栏,专门写了一篇小文章——《莫把民粹当民主》。什么叫民粹主义?就是说,事无巨细,事无大小,它都强调要由人民做主;它轻视政治统治中精英的作用、专家的作用、素质的作用。现在中国报纸上报道的一些政治创新,有相当多的都有民粹主义倾向。中国必须注意,不要滑向拉美,因为拉美有着相当大的民粹主义成分。民粹主义有什么表现?一个就是经常弄公民投票,一个就是对民主的程序过分迷信,对民主的制度化却不太相信。必须理解,西方的民主是代议制民主,而不是直接民主。18世纪英国思想家柏克,在英国当了几十年议员,有一次当选之后他对选民说,你们选我,我叫代议员,英文叫 representative,不是一个代表,不是一个 delegate。什么意思呢?我不是你们派到伦敦西敏寺(Westminster)的代表,我是你们的代议员。你们选我,是因为我有智慧、有道德。你们选我上来之后,对不起,这几年,我将按照我自己的知识和良知来判断事务、参与政治。你们可以提意见,但是我听就听,不听就对不起了。如果你们觉得我不好,下一次选举的时候你把我选下去;但是这几年,我是你们的 representative,而不是你们的 delegate。如果按照英美的实践来讲,精英的作用应该包括文官制度的稳定、代议制而不是代表制的构建,应该包括社会精英和知识精英对政治的相对稳定的影响。

还有一重因素就是领导,leadership。任何一个国家都需要一些政治家。对此,韦伯曾经有过非常精彩的分析。他说,政治家既要有信念伦理,又要有责任伦理;他既能够作出决断,有时候这个决断是大家所不喜欢的，又能够在关键时刻使用 dirty hand（肮脏的手），做一些不得不做的事情。政治家不能优柔寡断，不能一味迎合大众，他必须能够作出决断，必须能够抵制民粹主义。

这样，共和主义对我们的第一个启示，就是领导、精英与大众这三种原则的混合与均衡。这大概是思考今后几十年中国政治转型的时候必须考虑的第一个均衡。

现在我谈谈第二个均衡，一种新的均衡，这就是代际均衡，传统与现实的均衡。什么叫代际均衡？两年前我曾经到日本参加一个会议，它叫 Intergenerational Study，就是"代际研究"。柏克曾经讲过这个观点。他说，我们在考虑一个问题的时候，要考虑到我们的国家是我们的祖先、现代人以及我们的后代所形成的共同体。实际上，这个理念在波利比乌斯的书里就提到过。波利比乌斯反复强调，罗马人做得很漂亮的一件事就是祖先、传统与现代的结合。我想这是非常重要的。像我们中国，在考虑一个政治决策的时候，要考虑到一个大的共和的理念；不仅要考虑到我们今天这代人的利益，还要考虑到祖先、后代的利益。如果只考虑我们今天的利益的话，那么，把一些传统的建筑拆掉，盖一些高楼大厦，把住房面积由 50 平方米变成 100 平方米，实在是一件十分可爱的事情。但是我们要有一个信念：那个旧房，恐怕并不属于你某一个大队、某一个公社、某一个县，甚至不属于我们这代人，它是我们的祖先、我们这代人和我们的后代共同拥有的财产。我想，只有在共和的框架之下才能把代际的问题放进来，其他的理论框架很难。

第三个要考虑到的混合就是，多种社会成分和民族的混合与均衡。在中国这样一个多民族的国家，引进民主制度时，必须考虑能够促进民族之间的融合与和睦相处，而不是强化不同民族的 identity、强化民族之间的分歧。然而，单纯的民主制度一定会强化民族的意识。我自己从少数民族地区出来，我闭着眼睛也可以想到，如果在那个地方实行大众民主制度，民族基础一定会成为得到选票的重要依据。在思考中国政治改革和发展的时候，必须考虑到多种社会成分和多种民族的混合与均衡。

这样一来的话，我们提出的所谓共和，就是混合与均衡的原则，就是多种原则，多种利益成分，多种社会群体、社会力量、社会意志的混合与均衡。那么，混合与均衡应该是个什么样的制度框架呢？我想这个问题并不是哪一个人能够一下子说得出来的，但是，我想应该有一个基本的想法，一个基本原则，就是以现有的制度框架为基础，在旧的框架里逐步注入新的内涵，旧瓶装新酒，先破后立，在立中破，立字当头，破在其中。在政治转型中，只能采取这样的策略。

混合与均衡是很难人为地一下子就设计出来。但是，如果我们有一个混合的目标，在现有的制度框架里面，逐步改革，逐步赋予新的内容，或许，经过若干年的努力，我们最后就可能实现鱼和熊掌兼得：一方面，使我们的制度里面容纳更多的民主和大众参与的成分，使我们的制度能够适合现代社会的基本要求；另一方面，也使我们的制度能够防止许多国家在实行民主制度时容易出现的一些弊病，能够保持整个社会的稳定，同时保持整个社会统治的效率与智慧。我经常想，最优秀的政治制度，古今中外，就是毛主席他老人家概括的制度，既有集中，又有民主，既有集体意志，又有个人心情舒畅，这样一种生动活泼的局面。可惜的是，在现实中，很少有制度能实现这样一种局面。我们现在讲共和理念，就是希望能够均衡多重因素，在最大限度上接近这样的局面。

在当前中国关于民主优劣争论得非常热闹的时候，我今天只是原则性地谈谈我最近对这个问题的反思，希望提出共和主义这一问题，以供大家思考。关于共和主义，学术界以前谈得并不多，前一段有一位年轻学者王天成写了篇文章，我觉得写得不错，应该是国内对这个问题比较早的研究。但是王天成的文章我稍微不大赞成的一点就是，他把共和与民主两个概念之间的张力看得太过了一些。我自己觉得，现代的共和制，必须是民主基础上的、包含着民主原则的共和制；离开民主原则来构建的共和制，并不是共和制，而只能是贵族制或君主制。

感谢大家，我今天就讲到这里。

(2003 年 11 月 18 日)

五十年的中国与世界

■牛 军

牛军，北京大学国际关系学院外交学与外事管理系教授。学术专长：中国外交史、美国外交、中美关系史。专著有：《从延安走向世界，中国共产党对外关系起源》，福建人民出版社，1992年；《从赫尔利到马歇尔：美国调处国共矛盾始末》，福建人民出版社，1989年。主要论文有：《论中苏同盟的起源》（《中国社会科学》1996年第2期）；《新中国外交的形成及主要特征》（《历史研究》1999年第5期）；《朝鲜战争中中美决策比较研究》（《当代中国史研究》，2000年第6期）。

感谢团委，感谢在座的同学，今天很荣幸当了一回名师，因为我看见广告上写的是名师讲座。今天讲的题目是"五十年的中国与世界"。对我来说这是一个一直在思考的老题目，利用这个机会同大家交流。

先讲一下这个题目是怎么来的，可能会有助于大家理解我的想法。谈这个题目最早是在中华人民共和国成立五十周年的时候，当时日本的亚洲协会在东京举办了一次关于中华人民共和国五十周年的研讨会，我就是以这个题目作的报告。所以说对我来说，这已经不是新题目了，但是还没有同在座的同学们交流过，现在谈谈也还可以。最近参加了一次中美青年学者安全战略对话会。现在喜欢将什么都变成战略，其实就是谈一下，双方要寻找涉及两国安全的一些议题而已。今年是第二次对话，去年对话结束后给了我一个任务，让我准备一篇有关"中国威胁论"的文章，包括为什么会出现"中国威胁论"，还有就是中国和国际社会如何看这个问题？我想来想去，决定谈一个题目，即"中国崛起"。今天刚拿到这篇文章，《环球时报》的"环球论坛"版作了一个不长的摘要。文章的题目是《中国崛起——梦想与现实之间的思考》。我为了同同学们谈这个问题，把自己两三年来的思路整理了一下。

最初推动我思考这类的问题是因为碰到这样的机会，碰到这样的国际学术活动才有这样的机会。当初在日本谈的时候，因为中国还没有加入世贸组织，在我们国内关于中国要不要加入 WTO 的争论还很多。要不要加入这样的国际组织？按照什么样的条件加入？我们能接受什么样的条件？当时还存在着争论。所以当时是以这个问题作为切入点，探讨我们中国同世界的关系。但是一年以后，中国已经成为 WTO 成员了。我们迈进了这个体系之后，又产生很多新的问题。任何重大的学术成果都是产生于对现当代重大问题的关注，现实中产生了这样的问题，形成了这样的关系，我们应该怎么去认识？在这样的关系不断发展形成过程中，都产生了什么样的问题？我们该怎样应对和处理？我们该怎样认识自己？这些都实在是值得思考的问题。

我今天想谈的是两个内容，第一是中国与世界的关系；第二个是世界中的中国。你们如果对国际关系感兴趣，你们就会发现，这些关系每时每刻都发生在我们身边，大概同在座的每一位同学都有或深或浅的关系。我们现在有一个重大变化，也是我们国家自己有一个重大的变化，就是我们的基本形象在发生变化。这个变化在我们周围已经反映出来了，反映在我们关注的国际问题，或者国际媒体有关中国的报道中。比方说，我们看到很多的议论，我曾经看到过一篇国外写的报道说，中国将决定未来世界的很多产品的标准等。因为中国是一个巨大的市场。中国现在对手机的需求量极大，将来可能是世界上手机量最大的国家，所有世界上的手机厂商要想发展，它的产品就要适应中国的市场需要。那么中国市场的手机标准，就将成为世界的手机标准，因为手机的大部分产品是为中国市场制造的。结果世界的手机标准要由中国来决定，这是全球经济发展当中不可缺少的一环。我过去是研究中美关系的，中美贸易战在 1993、1994 年曾经达到相当紧张的程度。今天下午美国《洛杉矶时报》的一位记者还在问我，对中美贸易纠纷怎么看。现在是因为中美贸易越来越重要，所以它的状况受到特别的重视。但现在中美双边贸易中这种纠纷的激烈程度，比起1993、1994年根本就算不上什么。那位记者还问温家宝总理去了美国，会不会碰到很大的麻烦。我说会碰到很大的麻烦，但是根据我研究中美关系的经验看，我不认为这会产生什么很严重的贸易纠纷。

1993、1994年，各位还没有进北大。那个时候中美贸易战打到什么程度？美国开了清单，声称将禁止中国的一系列产品进口，因为知识产权问题对中国要实行制裁，对很多产品征收高关税。当时中国政府也正式公布，将对美国的一些产品征收跟美国相等的高额关税，已经到了这种程度。最后在宣布这一系列清单生效前的一刻，双方达成了协议，通过谈判解决了问题。当时中美因为1989年事件的影响，双边关系处在极低潮的阶段，双方的政治气氛极为不好。高层领导没有任何交往，政府间的很多正常机制性的运作都已经因为美国方面的制裁而中断。我们从中美双边贸易来看，跟那个时候比较，我们都会觉得现在不是问题。但是现在中美贸易所达到的程度，在世界上引起的关注程度，包括媒体、很多国际组织、很多国家的关注程度等等，在我个人印象里，远远超过了当时。

我们对中美双边贸易从深层次讲，不关注也是不行的。因为中美双边贸易有两个层次的问题。一个是在美国方面就是政治化的问题。这是指两个方面。从中美关系与美国国内政治的角度来讲，一方面是受到美国大选的影响。明年可能两国贸易还会增加，但是为了选票，美国的总统竞选人都拿中美贸易当一张牌，打来打去，为了得选票，就拼命地喊贸易怎么怎么样。今天我跟那个美国记者还讲起这个问题。中国失业的严重程度远远超过了美国。但是美国人民很难理解，因为他们只是看到了中国这么高的经济增长率，还有中美贸易这么高的顺差。但是没有看到，单就中国的失业问题，中国比美国严重得多。中国的很多就业工人维持着低标准的生活水平，也是美国人没法想像的。

上述只是中美贸易政治化的一个方面。更严重的问题在于，美国内仍然有相当强的政治势力，他们把中国视为对手和未来可能的威胁。

有些人甚至认为，中国就是威胁。美国一部分人，我们称之为鹰派，将贸易作为遏制中国发展的重要武器，这样中美贸易会经常受到很大消极影响。2001 年的中美撞机事件后，美国国务卿鲍威尔到国会听证会陈词。为什么？因为当时世界上没有国家站在美国一边向中国施加压力，特别是亚洲国家。鲍威尔说，我给四十多个国家元首写了亲笔信，也没什么效果。在人权问题上也如此。鲍威尔曾对泰国领导人讲，你们投赞成美国提案的票。泰国领导人告诉他，你让我们投票反对中国，我下不去手。在 1997 年金融危机里面中国帮助了泰国，中国的第一笔对外财政援助就是给泰国的。因为金融危机是从泰铢开始的。中国用 3 亿美元的贷款帮助泰国稳定金融，它会反对中国吗？在人民币汇率问题上，在前不久召开的 APEC 首脑会议上，美国再次发现，让人民币升值的要求，除了日本以外，没有任何一个亚洲国家给予支持。上述情况使美国鹰派担心，担心中国的影响力不断扩大。我认为中美之间在亚太地区是有竞争的。我们和美国的关系里面包含着很强的竞争成分，这个竞争就是要最终确定双方在亚太地区的相对地位。美国最怕的是中国取得在亚太地区的领导权，尽管我们并没有这种抱负。

上面提到的变化和在变化中产生的各种问题，足以引起我们很多的思考。我们中国在现当代的国际体制中处于什么地位？我们怎么来认定自己的地位？我们的政策都是从对这些问题的认识、理解和解决当中产生出来的。不过有的时候我们的政策是下意识地产生出来的。这和一个人处理人际关系一样，例如我今天站在这儿，我是老师，各位是同学，我在这儿侃侃而谈，大家洗耳恭听。如果我是一个同学站在这儿，我可能跟大家也有一种交流关系，可能会有更多另外形式的交流，谈问题的角度会很不一样。人的行为是自然产生出来的。我有时候意识到我是老师，我应该怎么做，我站在这儿就知道要这么做。我现在面对的是各位同学，我要是面对我们国关学院大二本科的同学，又是另外一种讲话方式。我必须先按照讲稿讲清楚，再谈还有什么问题。一个国家也是这样的。对自己的认识，有时候比对世界的认识更重要。

我们的对外政策中，或者说我们的对外宣传中，讲得更多的是世界。我经常上课时要问一个最简单的问题,讲到外交时最简单的问题:中国,什么是中国?中国是一个什么国家。不同的班有不同的回答,但是大同小异。中国是一个什么国家?(同学答:"落后的。")落后就是落后。我们也有很先进的地方,把人送到太空上。今天那位美国记者还有这么一个问题,他说你们真行,你们可以把人送到太空上去,就是解决不了台湾问题。我当时愣了一下,后来告诉他,这是因为美国人总是在这儿犯错误。(同学插话:谈什么是中国。)我希望你们听完这个讲座,别人一问你什么是中国的时候,你能给出又完整、又明确、又简单的定义,那才叫中国人,不能连自己国家的定义都不清楚,还一天到晚说爱中国。不能盲人摸象,摸着耳朵说它像把扇子。

如果我们把所有同学们讲的都综合起来,我把我的定义跟大家说一下,说来说去都差不多:东方有悠久历史的,曾经遭受过侵略的社会主义发展中大国,它正在崛起。这就是中国完整的定义。这里面东方包含两层含义,一个是地理的,一个是文化的。刚才有人说历史,其实是地理,它基本上是被界定为东方文化,就是中国文化。正在崛起,这是我们中国人对自我形象的一个新的定义。正在崛起对中国意味着什么,对世界意味着什么,是完全不同的。就是这样一些基本特性构成了我们与当今世界的关系的基础。我们是这样一个国家,在同世界打交道,处理同我们国家有关的对外关系的所有问题。我们面临的很多问题也是从这个国家特性中产生出来的。

一个人是有很多属性的,国家像人一样。有的同学虽然是学生,在外面打工、到公司就是雇员,相对于他的朋友,是男朋友或者女朋友,要是相对于父母是子女……。在身份被定义清楚后,就有了一套准则。这套准则实际上是从生下来就被赋予了的,是用各种方法,包括正式宣传教育,甚至是非正式的,用中国的传统来说,每天的扫地、做饭,晚上的洗脸、洗脚等等,很多行为方式有意无意都规定好了,什么是合理,什么是无理。只不过你是不是有意识地想到它,或者是没有意识、下意识地去按照它行为。比如说你现在见到了老师,自然就说老师好,这是从小一进校门就教,从托儿所里面就在教。作为一个国际社会中的国家,这一套套的规定,一部分是被别人规定的,有一部分是被我们自己规定的,是我们自己在历史发展中定义出来的,灌输到我们的头脑中,使我们下意识地产生一些行为,这些行为的指导原则就是我们的政策。

我们谈的第二个问题,是中国正在崛起这个基本形象的问题。我们国家对外关系的这个定义是早就存在的,不是说我们今天才报道出来的,只不过是今天我在这里把它给概括出来。这些东西本来就是存在的,只不过有没有想它,有没有谈它就是了。那么中华人民共和国建国50年以来,我们对外关系的核心问题是什么?从它的历史渊源,还有从中华人民共和国建立以来全部的实践,都给出这样一个答案,在证明这样一个答案,即中国对外关系的核心问题,就是同现当代国际体系的关系。也不用回避,这个国际体系就是以美国领导的、西方发达国家占主导地位的国际体系。这五十年,我们就是在解决这个问题。这个问题不是因为中华人民共和国建立才有的,它是中华人民共和国建立并开始完成国家统一以后,必须要面对、必须要解决的问题。中华人民共和国建立以后产生的一些国家特性,使我们在解决这个问题的时候,面临着一些新的特殊的问题。中国在历史上从来没有面对过的,是外来侵略者的文明程度高于中华文明。在当时,它代表的是另外一种我们从来没有遇到过的,我们叫先进生产力的东西,另外一种文明,它当时超过了我们几千年历史延续下来的中华文明。因为在过去,中国的周边国家、边疆地区等,没有谁能比得上中原的儒家文化,或者是中原文明。所以说从近代开始,中国就必须要面对它跟世界的关系的核心问题,处理与这种以列强为核心建立起来的国际体系的关系,这成了有关中华民族生死存亡的大问题。经过一百多年的顽强奋斗,寻找改革道路,进行反侵略战争,抵抗等等,中国人民付出了巨大的代价。中华人民共和国建立以后,中国真的开始具备了解决上述问题的政治条件。我们现在处理很多问题,其实都是围绕着这样一个基本的观点,它决定着我们的情绪,态度、政策和行为方式。

从中华人民共和国的发展历史来看,我们处理这个关系问题,从1949年到现在可以分为两个阶段,以中共十一届三中全会划界,分为两个阶段。第一个阶段,我们与现当代国际体系的关系,就是从对抗到合作的过程。1978年底中共十一届三中全会以后，中国开始实行改革开放政策，逐步走到今天，我们政策的基本导向，或者是主流的认识，就是要全面地融入这个国际体系。邓小平当年为什么要提出中美关系要实现正常化，1978年"文化大革命"刚结束，实际上国内的拨乱反正才刚刚开始，对外政策还基本上没有讨论，邓小平说，这也简单，世界上跟美国的国家都富起来了。处理好与美国的关系，其深层的问题是要解决我们国家的发展问题，解决发展战略问题。这是一个现实。我们可能会因为各种各样的原因，不去探讨这样简单的问题，但我们不能不承认现实，不正眼看这个现实。

十六大讲和平与发展是当今世界的主题。探讨这个问题从实践的需要讲，它是解决我们国家处理对外政策的基本出发点。我们是按照中国传统的观念来论证国家的发展战略问题，先讲国际形势，再讲国内形势，再讲我们的任务。我们的任务必须跟国际形势的大趋势是一致的，不能逆潮流。过去要进行世界革命，就讲世界形势一片大好。按照1970年元旦社论的描述，那个时候真让我们热血沸腾。例如说"旧世界风雨飘摇，一座座火山爆发，一顶顶王冠落地，在整个世界上，再也没有一块安定的绿洲了"。因为有了这样的大好形势，我们才要搞"文化大革命"。如果这个世界是和平与发展，我们当时怎么能搞革命呢。所以要论证这个问题。其实我们很多的争论还是在围绕着时代的问题，时代是我们的逻辑的起点。我觉得在政策中没有那么重要，但是它是我们的哲学，是我们的逻辑，没有这个逻辑，很多问题不能论证。我为什么这样讲？反过来看，德国和日本的起飞都是在60年代、70年代。那个时候有什么和平与发展的主题？东西方处在对抗状态，虽然不能说是尖锐紧张。德国和日本处在东西方对抗的前沿，对于它们来讲，哪有和平与发展的主题？但是它们就是发展了。利用了60年代初期的缓和局势，保持自己一贯对外政策，给自己提供了基本的安全保障，然后把大量的人力、物力、精力和智慧用于发展经济，结果就发展起来了。我们中国这样的大国，操控周边环境局势的能力远远超过了日本和德国。德国和日本的发展得益于美国给他们提供的安全保障和巨大的市场，当然了，还有一整套的资本主义一体化的体制。

但它们的政策合宜是不可否认的重要因素，甚至是主要因素。

从1979年算起，这一年我们与现在这个国际体系的关系从对抗转向合作，我们当时并没有下决心要"全面融入"的观念。1949年中华人民共和国成立，我们当时选择了"一边倒"。毛泽东在《论人民民主专政》里面讲了，十月革命一声炮响，给中国送来了马克思主义，走俄国人的路，这就是真理。当时有人说中国的对外政策应该走中间道路，做美苏之间的桥梁，毛泽东回答说，我们就是要一边倒。他在《新民主主义论》中说，当今世界非白即墨，半殖民地半封建的英雄好汉们没有中间的道路可走。当时中国选择了"一边倒"。

"一边倒"是什么含义呢？它不仅仅是一项对外政策的选择，实际上是中国发展道路的选择。中华人民共和国建立后，我们迅速同社会主义阵营的体制接轨。1949年7月刘少奇访问莫斯科，跟斯大林谈的次数不多，大部分时间是看苏联怎么建立政府机构，工厂企业是什么结构，把苏联的体制和模式带到中国来，带来了苏联的专家。我们照着模子刻了一下，做了这样的选择。当时做这样的选择也不是毛泽东的选择，因为当时没有一个国家对中国给予过那么大的同情和支持。实际上在50年代中国经济发展很快，中国得到了大量的、大规模的外部援助。国家建设最初的资金来源是很难的，第一桶金子从哪儿来，就是从苏联那里来的。我们的原始积累其实是非常困难的，苏联给予了极大的帮助。我国当时工业体系的建立是在苏联帮助下实现的。

这是第一个阶段。毛泽东对有些问题他是看到了，但是他作为一个历史人物，有他的局限性。毛泽东讲，中国要独立，就要跟美国斗，就要跟苏联斗；中国要发展，就要跟美国搞好关系，跟苏联搞好关系。独立和发展，当时怎么权衡，怎么处理。在当时那种国际环境中，你想不依附大国，就要付出代价。

到了第二个阶段，我们同苏联之间发生了很大的问题。中苏同盟的破裂导致了我国整个对外政策的重大转变，这个转变是中国在70年代初缓和中美关系的基础。当时并不是中国下决心要走市场经济的道路，同西方的体系接轨。按照毛泽东的观念，我们还是要打破旧世界，建立一个新世界。当时只是为了对抗苏联的需要，解决迫在眉睫的外来入侵问题，防止大规模的外来入侵，跟美国结成暂时的同盟。但是我们整个一套意识形态、理论体系、思想观念，包括我们的政治体制、经济体制等等，都不可能像今天这样同这个国际体系接轨。只是在安全战略层面上、在策略上与美国结成联盟。当时中国的对外政策其实就是"四面出击"，直到1969年3月中苏边界冲突以后，才认识到不能四面出击了。那个时候一说起"文化大革命"那是很光荣的。背高尔基的《海燕》，那时真的觉得很光荣，什么"让暴风雨来得更猛烈些吧……"。那个时候大家爱看电影《英雄儿女》，像王成那样喊"向我开炮"，把敌人的火力都引来，只要全世界、全人类能得到解放。就是这样一种观念，我们要改变整个世界，还是要把西方阵营也打碎，中国是最革命的，要领导世界革命。

当时美国人是有很多幻想的。有一位美国人在大街上看到这么多人都穿一样服装，深蓝色的，叫毛氏服装，不是深灰就是深蓝，两种颜色。美国人说看到这么多人，要是他们都反对美国，多可怕呀。这就是美国人为什么要在中国进行文化投资的原因之一。赞助中国人到美国去，学习和了解美国的观念，慢慢改变中国人对美国的看法。中国有这么大的市场，这么多人口。最初有的美国商人不知道中国人用筷子，以为如果到中国来卖叉子，会发大财。有一位钢琴行的老板告诉我，雅马哈钢琴现在琴行里大量地卖，大概是两万五到三万块钱就可以买到，是旧琴。他说当时经营雅马哈钢琴的日本老板就是满怀热忱地来到中国，结果十年就是卖不动，中国人没有这么强的购买力，最后坚持不住了，说中国人不识货，不知道雅马哈钢琴有多好，于是撤了。毛泽东非常清楚，只要是需要的话，我们可以跟强盗握手，同魔鬼结成同盟。

今天那位记者还问，温家宝总理他要不要参加公众活动，当年邓小平去美国戴牛仔帽，坐着马车，美国公众热烈地向他欢呼，温总理去会不会也这样做？我想了想温总理的形象，温文尔雅，很有文人气质。我跟他讲，其实这根本就不可能。1979年那个时候，只有邓小平敢拿着美国的牛仔帽，坐马车挥手，中国其他人谁敢这么做？现在已经没有必要了，你看我们这儿校园里面的学生多少人穿着美国的衣服，看美国的电影,很多用的还是美国香水,美国的化妆品,到处都是。哪里还用得着我们领导人出门戴着美国帽子?用不着了。整个时代变化了。

当时我们同美国的关系是没有内在动力的,完全产生于为应付外部安全压力的需要。我们同美国为代表的整个国际体系的关系,从理论上讲是一种敌对的关系,永远敌对的关系。中美关系当时建立在外力驱动的基础上,存在一个很大的问题,即我们的双边关系没有内在的发展动力。当时在我们中国,人们没有产生这种想法。如果现在不进口美国的化妆品了,不唱美国的歌曲了,我们就会感觉到生活中缺了点什么。我们的人民需要提高生活品质,包括物质和精神生活的品质,这就需要与美国交往。同时我们中国很多的产品,也适应美国人民提高物质和精神生活品质的需要。由此产生了发展相互关系的内在动力。如果不是这样的话,就要像当年一样,需要靠双方政府塑造对方的好形象,塑造一个相互友好的形象。我们中国当时做了很大的努力,包括在长城,那么冷的天,安排女孩儿在那儿跳皮筋,为的是让美国公众看到我们的人民安居乐业。在上海,一位外国记者说,有一次他在窗户上盯了两个小时,有一对情侣一会儿走过来,一会儿又走过去。仔细看老是那两个人。这样做当时是展示中国人悠闲的生活,有情侣在街上一会儿走过来,一会儿走过去。这是我们当时的做法,是对外宣传。根本上讲是要塑造一个形象,让美国公众看到关于中国的情况。当时尼克松访华被美国媒体称为是像阿波罗号登月一样的壮举。只有让美国公众看到这样的中国,他们才会支持尼克松改善与中国的关系。我们在电视中也看到,毛主席同尼克松谈笑风生。在当时"文革"那种气氛里,也只有这样中国人才能接受缓和中美关系。在当时的历史条件下,必须要这样做。

由此引申开,我想到一些其他的问题。发展中国家知识分子为了取得发达国家对自己国家的好感,经常愿意介绍自己国家与西方发达国家接近的一面。这样实际上经常造成发达国家、美国对发展中国家的误解。这种误解一旦遇到一些特殊的重大事件,美国公众会有一种被欺骗的感觉,或者说有很强烈的反感。这是一个值得思考的问题。

我们在向世界介绍中国,应该介绍一个真实的中国,它的复杂,它的矛盾,它存在的方方面面的难以想像的各种难题。

我们最终下定决心走市场经济道路的时候,最需要的就是与国际体系接轨,我们讲的是体制上的接轨。对此我不想做更深入的介绍,因为大家都知道,其实今年最大的,也是加入WTO以后最重要的发展,是中国领导人参加八国集团峰会的对话会。中国要不要加入八国集团,是值得思考的。在90年代前半叶,有人提出中国应该加入八国集团。当时的中国总理说,那是个富人俱乐部,我们不参加。今年胡锦涛主席参加八国领导会议的对话会,也许实际上还包括我们给法国面子的因素,因为法国跟我们关系比较友好。如果不是法国邀请,我们可能还是不会参与这样的活动。再一个我们当时决定走出这么一步以后,是否考虑过,真的加入八国集团以后,我们的整个身份会改变,变成一个发达国家的身份。这是一个非常大的问题,涉及到国家的属性如何定义。原来的发展中国家身份要改变,有人说这个定义是一个自我认识的问题,我们在内心认同我们是发展中国家,发展中国家是好的。发达国家在我们脑子里面,就是压迫、剥削和侵略。所以当我们要改变身份的时候,我们能不能接受?我们是要过一个心理上的槛。发展中国家里面,能跟中国的国力相比的有几个?我们看我们国家加入WTO后再往前走,一步步越来越深入、全面地进入这个领域,我们最终会变成一个什么样的国家?说得伟大一点,为了我们民族的利益,真的要开始认真地思考了。

以上讲我们要全面融入,或者说我们主流的思考是要全面融入的时候,已经给我们带来第二个问题,就是我们今天站在这个位置的时候,我们进入一个新的家庭的时候,我们是谁?我们处在一种什么样的地位?这样一种身份我们能不能接受?这个位置我们能不能认可?我一直在想,也没什么答案,我想跟同学们谈谈,你们也想一想。

随着我们国家的变化,我们既要认识这些变化,还要考虑认同。第一认识我们是一个什么样的国家,第二真的要扪心自问,我们认不认同这个新的形象,或者说认不认同这个正在改变的形象。如果我们变成发达国家,我们认同不认同,愿意不愿意做发达国家,大家肯定说愿意,那是潜移默化的观念。因为在我们心灵深处,还没有认真的思考过,发展中国家和发达国家,让我在两者之间作一个选择的时候,它们的区别除了穷与富,还有什么?举一个最简单的例子,我有一个朋友在美国拿绿卡很长时间,但到了可以加入美国国籍的时候,作出是否加入的决定很痛苦。因为要改变国籍涉及到国家认同,造成了价值上的冲突。他要在美国国旗下宣誓效忠美国,中华人民共和国公民做了这么长时间,四十多年了,要让自己认同、效忠另外一个国家,这样的心理过程是很痛苦的。国家也是这样。

我们现在要融入现存的国际体系,这个体系是由美国领导的,是发达国家主导的。在我们整个历史教育中,包括我们现在的中学教科书中,给我们自己一个基本的形象,我们曾经长期遭受这些国家的侵略,直到现在,有些还在侵犯我们的利益。我们认为我们是受害者,在毛泽东时代,我们非常清楚我们就是受害者,是革命者,是挑战者。由于1949年10月中华人民共和国建立,我们还是胜利者。毛泽东给我们留下的就是这样的基本形象,我们认识到这个形象,为自己的胜利感到自豪,在那个时代没有什么怀疑。我们现在的对外关系、对外政策的基本伦理,仍然还是毛泽东那时候给我们确定的,没有根本的变化。这个伦理的核心是什么,我们是弱国,我们反对强国欺负弱国,也反对大国压迫小国。国际社会中十几个发达国家欺负一个小国,就觉得很无理,很野蛮。我们发自内心地反对大国欺负小国,反对发达国家欺负欠发达国家。这就是一种基本的伦理,这是毛泽东时代留给我们的遗产。

另一方面我们的对外关系已经出现了很大的变化,我们的观念要适应这些变化。为什么我们现在接受现存国际体系的很多原则,因为二十年来改革开放的事实说明了这样一点,即我们已经从这个体系的受害者变成了受益者,我们二十多年改革开放的成就,从某一个角度讲,是得益于这个国际体系所提供的某些功能。这种认识几乎是潜移默化地不断改变着我们的观念,只是我们没有很明确的意识。过去中国要不断地推翻这个体系,我们现在反而成了这个体系的维护者。现在是美国要破坏现存国际体系的很多原则,认为那些原则妨碍它的行动和利益，所以要破坏这个体系的很多方面。中国现在扮演的角色是重大的，我们是现当代国际体系的维护者，这个转变已经完成了。只是我们没有意识到，或者是意识到的时候，没有敢反应，因为它与我们现在的传统观念和意识形态之间，还是存在很多矛盾。

这个转变很难，我们面临着很多问题。在这个变化的过程中，我们在认识这个问题的过程中，受到很多因素包括传统意识形态的束缚、影响。在毛泽东时代，我们还没有这么强烈的感受。那个时候我们不同世界发生关系。现在当我们打开大门搞改革开放的时候，通过比较，我们更看清了自己不足的一面。在关于北大改革的讨论中，我收到一篇文章，有一段讲得非常好。我给大家念一下。这种思维在毛泽东时代是没有的，那是因为我们在另外一个背景的映衬下，不会产生那样的思考。这里面有一句话讲得特别好，就是关于"历史的挫折感"，这种挫折感是"因为百年来中国生活的世界和价值世界分崩离析而生的惆怅"。这是因为我们过去的传统，过去的生活方式是很诗意的，如过去在我们的诗歌里是小桥流水人家的境界，现在都是高楼大厦。高楼大厦我看不出有什么好，我特别想念小平房。高楼大厦都是大水泥一块儿一块儿拼起来的，二十多层的就是水泥板拼上去，漏一个大方洞，无非就是装修一下。小桥流水多诗情，可惜我们现在这样的生活方式没有了。当然这是表层的。更深层的是"为当代中国社会'名'与'实'的巨大错位而感到焦虑不安；是为在'欧风美雨'中的中国文化表达的艰难曲折而感到烦闷和焦躁；是因为中国社会方方面面（包括大学制度）的不尽如人意之处，及其相对于西方的巨大的劣势而生的担忧。这种'挫折感'本是晚清以来历代中国知识分子最基本的问题意识"。后来因为中华人民共和国的建立和它的成就，我们感到很自豪。当我们在改革开放以后与西方再接触时，这种挫折感又被凸显出来，它的确是所有真问题的源头活水，是根本性的。文章下面的评论也是很有意思。它说一些年来，有不少中国的读书人，不但没有了这种历史挫折感，而且只知道以学位、职称、房子、汽车来衡量人生的成功和失败。我看这句话就想起来南宋王朝时候的两句诗："春风吹得游人醉，且把杭州做汴州。"我们现在不少人有这类的陶醉，真的是没有了忧虑，没有了那个根本性的"问题意识"。买了房子就想,我在美国也不过就是这么大的房子;买了车就想,我在美国还买不起这么好的车。你在比什么呀,比到最后,我们真正存在的问题解决了吗?我们国家存在的,我们跟西方文明相比起来的,在某些方面巨大的差距弥补了吗?确实比较有问题的是,我们在用一种物质的东西,或者说试图用一种物质的东西,来解决我们精神层面上的问题,或者说暂时掩盖我们精神层面存在的问题。

我们从历史的角度比较中西文化,其实它的核心问题对中国人来说,是中国人发自内心的最深刻的关怀,就是中国文化的历史命运。我们的传统文化不断延续,美国有一个学者讲过这样的话,反观一下世界上四大文明,有哪个文明存在,只剩下中华文明,其他都衰落了,只有中华文明源远流长。但是我们现在真的要想,我们的文明能够千秋万代永远延续下去吗?这种挫折感的最深处就是这种担忧吧?其实人很多时候不想这些事,我们可以用很多现实的生活来占据我们的时间和空间,但是这个问题实实在在地存在。我想中国的知识分子也会永远思考下去。

第二个问题,就是关于对国际化的理解的问题。什么是国际化?我们经常用这样的词,但它到底对我们意味着什么。台湾有一个作家,龙应台。她讲台湾的国际化问题的时候就说,在台湾(我认为实际上在很多发展中国家也一样),所谓的国际化,潜台词就是英语世界化。但是从字面理解这个国际化,我认为国际里面就包括中国,国际化理应就包含着中国化的内容,对不对?因为中国是"国际"的一个重要的组成部分。国际化其实就是积累一种尽可能完整的概括世界的理解,和向外部世界展示、解释自己的能力。国际化就是一个沟通的过程,相互学习,相互融合,相互沟通的过程。不是说我们自己英语世界化就是国际化。龙应台有一篇文章,叫《城市文化——在紫藤庐与要 STARBUCKS(星巴克)之间》,星巴克是一个美国的连锁店。她在文章中间,假若大家都在追求国际化,那么国际化是什么呢?按照字意,就是使自己变得跟"国际"一样,可是谁是"国际"呢?再问一句,变得跟谁一样呢?我在这个基础上想再问一下,咱们能变得跟人家一样吗?就算是使尽了浑身的解数,我们能变得跟英语世界的"国际"一样吗。有些话语形成以后,人们很难进行反向的、逆向的思考。龙应台说,1978年她第一次到欧洲,就是启蒙运动、工业革命的发源地,先进国家的聚集处。她带着对现代化的想像而去,离开机场,车子沿着德法边界行驶,一路上没有看到预期中的高科技,超现实的都市景观,却看见田野依依,江山如画,树林与麦田近处就是村落,村落的红瓦白墙起落有致,趁着教堂尖塔的沉寂,斜阳钟声,鸡犬相闻,绵延数百里,竟然像中古世纪的图片。这是真的欧洲,不是夸张。这是我们心目中的现代化。

我有一位欧洲的朋友,他因为工作的关系年年到中国来观察各个方面。他1996或1997年来的时候告诉我,北京真是每年都在变。我说你喜欢吗?他说不喜欢,他说北京变得像香港一样。这是他跟我讲的原话。龙应台后来在欧洲长期定居,她说她"只是不断见证传统的生生不息"。如生老病死的人间礼仪,什么时辰唱什么歌,用什么颜色,送什么花,对什么人用什么遣词用句,井井有条。春夏秋冬的生活韵律,暮冬的化妆游行以驱鬼,初春的彩绘蛋以庆生,夏至的广场歌舞与休息,圣诞的庄严静思以祈福。千年历乐,不绝于缕,并不曾因"现代化"而消失或走样。这就是她对世界现代化发源地的描述。她说她吃惊的是原以为到处会看见现代化成就的骄傲展现,但是不断看见的却是贴近泥土的默不作声的传统,穿过浓绿的草原,牧人缓缓向她走近,就像旧约圣经里的牧羊人,走近一个口渴的旅人。这是什么感觉,什么样的境界,什么样的生活方式?在座的同学比我们更有机会到国外,到欧洲看看,这不是夸张的,这是真的。她是把一些景色比较集中地描写而已。我在瑞士才知道瑞士人为什么不参加欧盟,总是公投投不过。理由之一也很简单:开放边界以后,其他国家的车来往就多了,污染会严重,所以就不应该加入。他就要过他的日子,当然他的日子过得很好了,人民对生活的要求就是这样,你不能污染我的环境,你不能改变我的空气质量,空气和水最重要,干干净净的。龙应台最后得出这样的结论,即越先进的国家就越有能力保护自己的传统,传统保护得越好,对自己就越有信心。反之,越落后的国家,传统的流失或支离破碎就越严重,对自己的定位与前景就越是手足无措,进退失据。同我前面讲的挫折感联系起来,可以说我们的挫折感有一部分是来源于我们对现代化的理解有问题。

什么是现代化,是影响我们认识我们中国同世界关系的第三个问题。面对我们中国现在的发展状况,会发现在我们国家现代化的过程当中,确实有很多问题。一方面我们可以强大到、先进到把一个人送到太空,这是我们国家发展战略、国防战略的需要。我们的发展战略和国防战略有这样的需要,面对当前激烈的竞争,就是要在太空争一席之地,在太空上没有我们的位置,就会影响到我们在当今国际社会中的位置。所以我们要花费很多的人力、物力、财力去参与这样的竞争,而且一步一步取得成功,这是举世瞩目的。80年代初中国曾经有一个争论,即改革开放以后中国的航天事业怎么发展?80年代初有很多文章。当时邓小平作了一个重大的决策,就是中国的航天要走实用的商业的道路,要想发展,就要好钢用在刀刃上。我们资源有限,怎么发展,是不是走市场的道路?当时是一个重大的决策。因为我们过去发展"两弹一星",都是在国防建设体系里面走,不计成本。当时作出了重大的决定,同时邓小平给过去"两弹一星"的发展以极高的评价。他说没有"两弹一星"就没有中国当今的国际地位,中国今后的发展还是要有航天技术的突破,里面就包含着这种重大的战略考虑,不是纯商业考虑,也不是纯科技考虑,是我们要在太空争中国的一席之地,这是未来的战略制高点。

另一方面我们又看到,我们有如此众多的贫困人口,今年的人代会是上一届领导人离任,选出新一届国家领导人。当时温家宝总理在记者会上说出这样的数字,有些同学也许还记得。就算是在宝塔尖上生活了,也要记住这些数字。他说以年人均收入625元为标准,中国的贫困人口还有3000万。一年625元,我给香港人讲课,他们发出倒吸凉气的声音,怎么还有这么多的人这样贫困。温家宝还举了一个数字,如果以人均年收入825元人民币为标准统计,中国农村的贫困人口还有9000万,接近一个亿,欧洲整整一个大国。我们要把这样一个大国的人民,带到像我们中国沿海城市,不要说北京、上海、广州,就是沿海中等发达城市的水平,还要付出多大的努力。今天那个记者问,温总理到美国去,他有什么国内压力吗?他是美国人的思维。我告诉他这个压力,就给他举这个数字,接近一亿,一年只有 100 美元作为生活费的人口,就是温家宝最大的压力。所以在中美贸易问题上,会跟你们做非常强硬的讨论。我说你们能理解吗?一年 100 美元过日子,有将近一亿人,中国要解决这么大的贫困人口问题。你们只看到了中国买了多少现代级驱逐舰,有多少导弹,哪里想到过这个数字。这是政府领导人讲的数字,是经过政府机构统计的。这是活生生的,发生在我们的身边,只要稍微注意一点就会看到。一方面我们可以有最时髦的音乐,可以看到年轻的追星族按最时髦的动作和方式、发出最时髦的尖叫声去追星,同时在北京的大街上可以看到乞丐。我们西部的贫困人口有多少,我们大家肯定都知道。我们面对这样的一种复杂、矛盾的现象,在我们走向世界的过程中,它在影响我们的自信心。

我们敞开大门走向世界,在每一个特定的阶段敞开到什么程度,进入国际社会我们接纳它们的标准,按它们的标准行事,在特定时期我们能够接受哪些标准?要看看我们国家的国情,我们不能站在发达地区、高收入水平的层次上考虑这些问题。也就是因为这样,我们有很多政策需要抓紧时间考虑,在融入世界的过程中,应关注谁,反映谁的利益,我们需要建立一种什么样的体制,才能比较综合地反映我们国家存在的巨大差异和复杂特殊的状况。中国能崛起吗?中华民族复兴的含义是什么?十六大报告的题目就是沿着有中国特色的社会主义道路,为中华民族的伟大复兴而奋斗。它引起我们思考很多问题,我们应该如何做,我们可以说要像诗人一样讲张开双臂去拥抱世界,但是与任何时候和世界任何方面的谈判,都要考虑我们的国情。我们很多政策犹犹豫豫,模模糊糊,举步维艰,是因为我们有这样特殊复杂的现实。对这种现实的认识,制约着我们处理很多具体问题的方式。

从这个角度讲,我们认识和不断解决中国与世界的关系这个问题,其后果最终会反映到我们国家的国际定位上,反映到我们对我们国家对外政策、对外关系的基本认识上。它是会产生重大影响的,这些问题是随着历史的进程产生出来的,也只能随着历史的发展来逐步解决。

(2003 年 12 月 17 日)

中美关系与美国总统大选

■贾庆国

贾庆国，北京大学国际关系学院教授、副院长。1979年北京外国语大学毕业，1984、1988年先后于美国康奈尔大学获哲学硕士和哲学博士。学术专长：国际政治、中美关系、中国外交、台海两岸关系。

关于中美关系和美国大选，我想着重谈三个问题：一是目前中美关系的现状，二是导致这一现状的原因，三是美国总统大选对中美关系的影响。

首先，对中美关系的现状如何评估？跟大多数人一样，我认为现在的中美关系与布什政府刚上台时相比已经有了很大的改善。双方的高层往来不断增加，最近胡主席与布什总统在APEC会议上见面，温总理也即将访美。在这之前江主席还去过小布什的农场与他会晤，从美国的角度看，这也算是美国给外国首脑的一种殊荣。

而其他层面的交流就更多了。不久前，台办委托三个学者访美。在美国他们访问了许多地方，见了很多有关官员和人士。其中的一个人会后说，他听说最近国内派往美国的团特别多，美方相关机构接待了一批又一批，可能都有点烦了。美国政府官员也源源不断地往中国跑，双方的接触越来越频繁，越来越密切，感觉也越来越好。

这里特别值得一提的是中国国防部长曹刚川刚刚对美国的访问，美政府上下，从布什到拉姆斯菲尔德都会见了他，通过这次访问，中美军事交流上了一个台阶。海南撞机事件后，两国的军事交流中断。美国国防部不仅拒绝跟中国军方来往,甚至连跟中国民间的交往也阻挠。前年7月我陪国内的一些大学老师去美访问,其中一站是夏威夷,美方接待单位曾安排带我们去美国太平洋舰队司令部参观,据说后者开始时还表示欢迎,可是我们人还没有到夏威夷,他们又说不行,很明显是五角大楼不同意。其实我们参观的那个美国太平洋舰队司令部不过是其对外公关的那部分,美军希望通过让人参观宣扬美国军队的光荣历史和对和平的渴望,根本不是什么军事设施,也不涉及美军的秘密。美国国防部之所以不让我们参观就是要表示它不想跟中国发生任何关系。

即使是"9.11"以后,五角大楼还是抵制恢复中美军事交流。据说还是在白宫的反复压力下,它才勉强同意恢复。正是在这个背景下,曹刚川部长对美国的访问对中美关系来说意义重大,在一定程度上说明,美国政府特别是军方高层文职官员在对华政策问题上的态度也可能有了一些积极的变化。

最近美总统安全顾问赖斯在接受记者采访时说,目前中美合作非常有成效,并反复说了几次非常有成效。从某种意义上讲,的确是这样。在反恐问题上,"9.11"后中国向美国提供了自己掌握的一些恐怖主义分子的情报,同时冻结了恐怖主义分子和组织嫌疑在中国的银行的资产。美国 FBI 还要求在中国建立一个办公室协调反恐问题,中国也同意了。对于这样以前非常敏感的问题,中国政府表现得很通情达理。此外,"9.11"后,美国担心恐怖主义组织把大规模杀伤性武器藏在集装箱里运到美国,对美国实施袭击。美国港口每天进口很多集装箱的货物。过去美国进口的货物大都是到了美国的港口后再由美国有关人员进行检查。美国人现在认为如果大规模杀伤性武器已经到了美国的港口,实际上已经晚了。所以,美国希望与各国商量,看看能不能在货物离开这些国家的港口时就进行检查。对于这个要求,听说中国政府也同意了,并且已经开始做这方面工作了。

在朝核问题上,中国发挥了大作用。刚开始朝美双方都不愿意谈。美政府对朝鲜极度不信任,不愿意谈,于是威胁朝鲜:要么取消核计划,要么我就打你和改变你的政权。朝鲜也看美国政府不顺眼,认为它是朝鲜最大的威胁。可是不谈也不行。后来,美国提出要谈就举行多边谈判,认为如果是多边的,签了协议朝鲜就难赖账,如果赖账,美国就可以要求其他国家一起对朝鲜进行制裁或实施军事打击。朝鲜则希望双边谈,可能认为双边场合说话方便,容易做交易,从而从根本上缓和它和美国的关系,打开外交局面。刚开始时,美国和朝鲜一个要多边会谈,一个要双边谈判,互不相让,一度出现僵局。在这种情况下,为了打破僵局,中国提出在北京举行三方会谈。中国关于三方会谈的建议给美朝提供了接受谈判的可能性。三边会谈之所以能为美朝接受是因为对于美国来说,三方会谈可以解释为多边会谈,对于朝鲜来说又可以解释为中朝为一方,美国为一方的双边会谈,可以说美朝都找到了台阶可下。

接下去,在中国的积极斡旋下,在北京举行了六方会谈。据说六方会谈下个月有可能举行第二轮。为此最近美国、日本和许多其他国家都赞扬中国在推动朝核危机和平解决方面的积极努力。这一事件使中美关系得到进一步发展,也算是中美间的一种合作吧。双方都不希望该地区有核武器。如果本地区拥有了核武器,这里的形势将极不稳定,有可能引起该地区各国的核军备竞赛,乃至爆发战争,这是双方都不愿意看到的结果。如果中美合作能和平解决朝鲜核问题的话,我想中美关系将更上一层楼。

在其他方面,比如在军控方面,中美双方也开始全面合作,以前在这方面双方是有许多冲突的。那时美国常常指责中国扩散了大规模杀伤性武器的部件或相关技术,当然这些指控大多是不符合事实的。但那时中国也不完全认同国际上对某些武器和武器技术出口的限制,而且情绪上也有些抵触,美国向台湾出口武器,凭什么我们要跟它合作?但是这两年情况发生了变化,中国政府认识到防止大规模杀伤性武器不仅符合美国的利益,符合国际社会的利益,也符合中国的国家利益。因此主动制定了一些规定,禁止所有中国的个人和公司为了牟利出口一些违反国际不扩散机制规定的敏感物资和技术。所以,现在中国的公司和个人要是做了违反这些规定的事,就是犯罪,中国政府将根据《中华人民共和国刑法》起诉他。美国起初并不相信中国政府的承诺和说法,但经过一段时间,渐渐地开始认识到中国政府在这个问题上是认真的，并在这方面与中国开展合作。现在美国报纸上对中国这方面的指责也越来越少了。

在经贸领域，可以说双方进行了极有成效的合作。双方经贸关系发展比较快，按照美方统计，去年两国贸易总额达到了1500亿美元（美方统计包括了通过香港转口的贸易额），按照中方统计，去年两国贸易额也有1000多亿美元。中国的外汇储备也在不断增加，已经超过4000亿美元，其中有相当一部分被用来买了美国的国债和其他资产，可以说客观上对美国经济做出了贡献。美国在华投资也不断增加，美国许多大公司在华投资非常踊跃。历史上，美国商人一直想像中国市场有多么大，可以给他带来多少回报，可也一直在失望，现在这一梦想开始成真了！

在中美加强合作的背景下，中美两国国内舆论对对方的看法也在发生积极的变化。我2001年9月8日曾去美国做一年的访问学者，亲身感受到这一变化。"9.11"之前，美国国内舆论对中国很关注也非常敌视，指责和谩骂中国的文章铺天盖地，有的文章甚至说中国是法西斯国家，是美国不共戴天的敌人。"9.11"以后，恐怖主义变成美国舆论关注的主要对象，中国不再是关注的焦点，反华的声音陡然减少，昔日轰轰烈烈的反华大合唱变成了几支微弱凄凉的小调。甚至还出现了一些关于中国的积极的报道。在来自美国舆论刺激的情况下，中国国内的反美情绪也有所降温。

当然，这并不是说中美关系没有问题了，甚至不能说没有非常严重的问题。事实上，双方之间存在的某些问题比以前更严重了。比如说台湾问题。80年代，美国还比较严格地遵守"三个联合公报"，大面上不与台湾当局发生官方关系，后来老布什时期，开始在售武问题上大幅突破美国在公报中的承诺，同时发展到了美台经贸官员关系，后来这种关系又提升到部级。布什政府上台后，美台关系有了进一步质的改变。不光是经贸官员跟台湾当局频繁接触，而且美国防部长，副国务卿都与台湾当局的所谓外长和国防部长直接见了面。美国还卖给台湾更先进的武器，并加强了美军和台军之间的联系。据说在国防部的授意下，美国一些军人暂时退伍，组建一些所谓的咨询公司去帮助台湾军队学习使用从美国购买的武器，跟美军建立情报、通讯等方面的联系。曹刚川部长访美时也提到这个问题，他要求美国不要卖给台湾武器，不要与台湾当局发生关系。除了台湾问题，中美之间还有西藏问题、贸易问题、军控问题、人权问题以及最近炒的很热的人民币汇率问题等等。

尽管存在这种和那种问题，但总的来讲，过去两年中美关系还是有了较大的改善。两国政府现在正在更加务实和有效地处理它们之间的问题。按李肇星部长的话说，中美关系发展势头良好。按美国国务卿鲍威尔的话说，中美当前关系是中美建交以来历史上最好的关系。

为什么中美关系会出现上述改善的势头呢？我想对这个问题的回答需要从宏观和微观两个层面来回答。在宏观层面上，1979年以来，中国坚持实行改革开放，出现了巨大的变化，这种变化使得中美之间的差异日益减少，合作的基础增强；在微观层面上，也就是说在技术层面上，"9.11"缓解了中美两国由于政策重心的不同而产生的冲突，使中美有可能重新走到合作的道路上来。

在中国坚持实行改革开放的背景下，中美关系发展的基本特点是分歧在减少。过去两国生活水平相差太大了。我是1981年去美国学习的，那时美国物质上几乎在各个方面(吃的、住的、穿的等)都比中国好得多。现在可大不一样了，至少吃的和穿的差别大大减小。生活方式也越来越接近，买汽车、买房子、银行贷款等等这些以前只是美国人关心的事情，越来越多的中国人也在关心了。而且在很多观念上中美也在接近。以前我们认为市场经济是资产阶级的，现在我们也搞了市场经济。以前我们不怎么谈人权问题，现在公开主张维护人权，认为维护人权是人类共同的愿望。当然，我们有自己的人权观，我们认为每个国家由于其历史发展不同，水平不同，文化背景不同，维护人权的方式也有可能不同。各国应尊重他国保护人权的方式。此外，在法律问题上，80年代初我们还讨论过究竟法大还是党大的问题，现在不讨论这个问题了，明确提出要实行法治。在民主问题上，我们也在强调要加强社会主义民主。可以说中美双方在观念上也在接近。因此，中美的差异在缩小。

但是，"9.11"前，尽管中美双方的分歧在缩小，它们之间的冲突却在增加。整个90年代,人权、贸易和军售这三个问题始终困扰着美中关系的发展。还出现过所谓孤儿院事件、劳改产品问题、死刑犯人器官交易问题、间谍问题等等。可以说,那段时间中美冲突从来没有间断过。为防止冲突升级,中美两国领导人曾努力缓和这一关系,两国关系也曾出现过短暂的反弹,比如说克林顿政府后期中美关系改善,双方提出致力于建立战略伙伴关系等,但总的发展趋势是冲突不断增加和升级。特别是小布什上台后,中美关系又落入谷底。

在冲突增加的背景下,双方都有不少人从最坏的角度去揣摩对方的意图。中国驻南使馆被炸后,国内有些人认为这是中美全面对抗的先兆,认为美国炸我使馆的目的在于试探中国的反应。如果中国反应软弱的话,美国的下一个目标将是搞我们的台湾和西藏。有人甚至公开否定和平与发展是时代主题,引起另外一些人认为有必要撰文强调:"和平与发展仍是时代主题"。不仅中国国内许多人认为中美之间必然要对抗,美国也有许多人认为中美之间的对抗难以避免。当时美国政府内外有一些号称是蓝军的人就是这样认为的。

为什么中美之间在分歧减少的同时冲突却在增加?这是一个很有意思的问题。我个人认为这是由于中美两国政策重心的矛盾和相互作用造成的。改革开放以后特别是1992年邓小平视察南方以后,中国的综合国力增长很快,这使许多美国人感到不安。他们认为中国有可能取代苏联成为与其抗衡的国家。美国国内的新现实主义者认为中国在崛起,而崛起的中国必然要挑战美国的地位和影响,两国之间的冲突无法避免。他们认为美国应当采取必要措施来防范中国,其中一些人像芝加哥大学的约翰·米尔斯海默(John Meresheimer)甚至提出美国现在就需要想法延缓中国经济的发展。

跟新现实主义者不同,多数美国人是自由民主派。他们也看到中国在快速地发展,他们也担心强大的中国对美国构成威胁。但他们相信的是民主和平论,按照民主和平论,民主国家之间不打仗。在他们看来,如果中国是民主国家,中国即使强大也不会对美国构成威胁。但如果中国不是民主国家,中国的强大就会对美国构成威胁。因为强大的中国会挑战美国的价值观和生活方式,中美之间就有可能爆发战争。在这种情况下,美国惟一的选择就是通过与中国接触和对它施压设法把它改造成为一个民主国家。

尽管美国的新现实主义者和自由民主派之间存在着很大和很多的分歧,但是他们在对中国施压问题上却是一致的,只不过出发点不太一样,前者是为了给中国强大制造困难,后者是为了将中国改造成美国式的民主国家。"9.11"前美国对中国的政策尽管有着这种或那种目的,但其中一个重要的动机就是通过接触和施压的做法来影响和改变中国。

中国正处在剧烈变革的时期,尽管经济高速增长,综合国力不断提升,但经济高速发展和体制转型也带来许多尖锐的问题和困难的挑战,领导类型的变化(从打江山一代领导人转向技术官僚型一代)也给应付这些挑战增加了一定的难度。在这种情况下,如何维护政治稳定成为中国政府面临的首要问题。这也就是为什么从邓小平到江泽民和胡锦涛,历任领导人都特别强调政治稳定。正如邓小平指出的,没有政治稳定,其他都谈不上。

在这种情况下,美国政府对中国施压构成对中国的政治稳定的严重挑战。即使在一般情况下,也没有一个政府会欢迎外国干涉内政的。况且中国处在剧烈变革的敏感时期,当然无法接受美国施加压力的做法。所以,中国政府没有别的选择,只有抵制和反对美国干涉中国内政。当然,在必要的时候,也表现过一些灵活性。

具有讽刺意义的是,中国政府对美国压力的抵制不仅没有使美国人善罢甘休,反而使得美国人觉得中国不愿接受"改造",如果美国不加倍努力,中国就一定成为威胁,从而认为有必要对中国施加更大的压力以迫使其就范。而美国对中国施加更大的压力的结果是中国政府更坚决地抵制和反对。这种情况导致中美关系出现恶性循环:美国施压,中国反抗,美国施压更大的压力,中国更加坚决地反抗,中美冲突不断升级。"9.11"前,这是中美关系的基本特点。

"9.11"使中美关系在政策重心上发生根本变化,它使美国意识到中国不是美国的主要威胁,真正的威胁是恐怖主义。我还记得"9.11"后在美国参加的一次美国对外关系研讨会上,美国前国防部的一位高级官员曾经这样说,对美国构成最大威胁的看来不是崛起的国家,而是失败的国家(not the rising state, but the failing state),因为失败的国家给恐怖主义提供了最好的发展空间。的确,恐怖主义对美国构成最大的威胁,它不仅损害了美国经济,杀死了2000多人,使美国的财富大幅缩水,而且还严重冲击了美国人引以自豪的自由和民主。"9.11"以后美国人发现自己的行动自由和言论自由受到越来越大的限制;美国的民主也受到威胁,炭疽病毒事件出来后,美国的国会议员不敢拆信,不拆信怎么反映他所代表的民意?那时的美国真的是一片恐慌,当时我在美国第一次感到中国比美国安全。

在这种情况下,美国必须将战略重心转移到反恐上。为了有效地反恐,美国需要中国的合作,为了得到中国的合作,美国需要减小对中国的压力,改善同中国的关系。"9.11"后最初一段时间内,许多美国人还认为反恐只是一个短时间的问题。当时我在美国布鲁金斯学会做访问研究员,就这个问题写了一篇文章,指出"9.11"给中美关系的改善提供了一个契机,反恐将不会是一个短时间内可以完成的事情,因此中美关系改善将有可能实现。但那时许多美国人认为我把反恐对中美关系的影响看得过重,他们认为美国一动真格的,以美国巨大的实力和影响,美国将很快打赢反恐战争。而一旦反恐战争结束,美国还会集中精力对付中国,中美关系又会出现逆转。事实证明,反恐战争不是短期可以完成的。

"9.11"后美国对中国的压力突然消失,中国有了更大空间与美合作。其实,中国始终是希望跟美国合作的,因为中国在处理国内各种复杂和困难的问题时实在不想在同时跟美国对抗。"9.11"前之所以无法跟美国合作是因为美国始终在打压中国,那时中国想跟美国合作也不可能。可以说"9.11"给中国与美国合作创造了一个契机。所以,美国受到攻击后,中国政府很快向它表示了慰问和反对恐怖主义的立场,并开始采取一些措施帮助美国反恐。刚开始时,布什政府并不相信中国政府真心希望与美国合作。经过一段时间,在中国帮美国做了很多事后,比如买了几十家波音飞机,协助美国检查集装箱货物,布什政府才开始投桃报李,对中国示好。中美之间合作愈多,信任也愈多。现在中美关系尽管有许多问题,但跟"9.11"前相比,确实不可同日而语。

现在美国总统竞选活动已经开始，美国这次总统大选对中美关系会产生什么样的影响？这是我们非常关注的一个问题。从历史的角度看，美国总统大选，必拿中国问题做文章，而且中美关系必然成为牺牲品。在野党一定要在美国对华政策问题上发难，抨击执政党在对华政策问题上的做法，如果上台，还要采取一些对华"强硬"的措施。里根竞选时曾经大骂卡特在台湾问题上丧失原则，并扬言要恢复与台官方关系。克林顿竞选时也曾经指责老布什亲华，向北京磕头，小布什竞选时更是嘲笑克林顿跟中国建立战略伙伴关系。这些人上台后在一段时间内都在对华政策问题上采取了一些"强硬"措施，使中美关系受到伤害。

那这次会不会是一个例外？我觉得也可能是。在反恐的大背景下，美国的执政党和在野党都明白美国最需要什么，中美目前合作的背景也不利于大肆反华。现在双方的合作是互惠互利的，如果损害了中美关系，正好授人以柄，说是为了政治私利影响反恐大局。所以双方的斗争可能相对淡化。布什政府最近先后提出人民币升值问题和贸易赤字问题。这样做可能主要还是为了在总统选举中争取主动，先把问题提出来，看你在野党还有什么话说。

现在美国经济虽有回升迹象，但以前也曾有过几次，但都半途夭折。这次经济是否真的出现复苏还还难以预测。记得2001年在美国时，有一次布鲁斯金学会组织我们去白宫，白宫一位负责经济的官员对我们说美国经济会很快恢复，但我们到国会时，那里的一位负责财政预算的官员却认为经济上有很大问题。影响经济发展的原因有很多，不确定性也很大。但经济不好，作为总统布什要负主要责任。为了连任，布什就需要找替罪羊，在对华政策上也需要提人民币问题、贸易问题和其他问题。美国统计中美贸易，认为美国贸易逆差有1000多亿，超过对日本的贸易逆差。这些问题可能会热一段，但估计不会太热，因为反恐还是第一位的，美国的核心国家利益还是反恐。

目前美国总统大选正围绕两个问题展开，一个是经济问题，一个是安全问题，也就是反恐问题。几个月以前，美国经济形势不好，但反恐形势不错。尽管没有得到国际社会的认可，布什政府很快推翻了萨达姆政府并占领了伊拉克。经济不好，是民生问题，安全不好，则是生存问题。所以当美军攻占伊拉克总统府时，布什的声望很高。那时民主党对通过总统大选取代布什根本不抱任何希望。可是几个月以后的今天，情况就不同了。美国国内经济虽有转好的迹象，但还有许多不确定性。伊拉克战后问题纷乱如麻，与人们先前预测的大相径庭，民主党于绝望中突然看到了希望，抖擞精神，开始认真地同共和党较量。有一段时间据说民主党候选人克拉克的支持率只比布什少一点，现在支持布什和反对布什连任的比率也差不了多少。民主党人在想，他们再加把劲，说不定就有希望了。民主党现在最大的心愿就是重演当年扳倒老布什的历史，把小布什拉下马。就目前的情况讲，结局还很难说。我接触的美国人仍然认为布什连任的可能性要大些。

中美之间有一个问题有可能使关系闹得很僵，那就是台湾问题。在这个问题上，不光是布什政府在这个问题上做得太过分了，台湾当局也在蠢蠢欲动，要挑起事端。布什政府在台湾问题上的种种做法是我们无法接受的。这方面的情况，我刚才已经讲过。台湾当局现在也面临所谓"总统"大选。陈水扁想连任，但又实在没有什么资本。他上台这些年什么名堂也没有搞出来，反而使台湾大伤元气。经济上每况愈下，社会问题层出不穷，国际空间日渐狭窄。更令陈水扁想不到的是国亲两党竟然搞在了一起，跟他对抗，这不啻雪上加霜。上次"总统"大选时，如果国亲两党要像现在这样，陈水扁恐怕也就没有今天了。可以说，陈水扁要想连任确实难哪。想来想去，陈水扁决定撇开"基本面"去"玩技巧"，那就是大搞"台独"，希望通过挑起两岸冲突来争取连任。为此，他多次宣称两岸是"一边一国"，还叫嚣要"催生新宪法"，而且想在2008年之前宣布独立，最近又放出风来，说台湾已研制出中程导弹，想刺激大陆作出反应，为其连任拉选票。但大陆却没有多少反应。可以说，陈水扁现在天天在着急，大陆越不反应，对他的竞选越不利。

应当说，这是一个非常危险的游戏，任何一方如果玩过了火都将带来不堪设想的后果。陈水扁若是玩晕了，突破了大陆的底线，大陆不得不作出反应，中美关系就可能出现较大的波折。

每次美国总统大选都有人问，到底共和党执政对中国好还是民主党执政对中国好？我的回答是，美国两党执政对中国来说各有利弊，一般来说，执政党连任比在野党当选要好一些，因为执政党经过一段时间跟中国打交道，人熟了，问题清楚了，玩游戏的时候也比较守规则，关系也就比较稳定。而在野党为了上台必须使国人有新鲜感，所以必须提出与执政党不同的政策主张，但由于长期在野不了解情况，或完全出于政治上的考虑，所以提出的政策主张往往不切实际也不符合中美利益。但其当选后又要在一定程度上遵守承诺，至少要做出点样子来。可它这一做，中美关系就会出问题。再有美国政府换届是"大换血"，很多政府中的当事人全换。这样以前同中国打交道时形成的合作关系和默契就难以持续，由此也会产生很多新的摩擦。因此，还是执政党当选对华政策会相对平稳些。

应当说这次执政党如果胜出会对中国更有利。一般地讲，民主党比较关注低级政治的问题如贸易、人权、环境等；共和党更关心高级国家问题如国家安全、外交战略等。若无反恐问题的话，布什在对华政策中一定会强调安全问题，将中国视为潜在的竞争对手，中美关系就比较难办了。但现在布什政府的安全问题集中在反恐问题上，不在中国问题上，这样布什连任中美两国就有了更多的合作空间。贸易、人权争端虽然不会消失，但也不大可能对中美关系造成太大的影响。若民主党上台，将低级政治提上主要议程，中美关系可能麻烦就会多很多。所以，在目前反恐的特殊情况下，共和党执政对我们来说是双倍的有利。

如果中美能够继续合作，随着中国经济的发展和政治改革的进一步深入，中美之间的差距和分歧会进一步缩小，两国之间控制冲突的能力必将进一步增强，这就意味着中美之间存在的冲突和矛盾更有可能被限制在一定的范围之内。

也许是我太乐观了，但我想我们应抱着乐观的态度看待两国关系。各人有各人的看法，不对之处，希望大家批评指正。

(2003 年 11 月 1 日)

"9.11"以后美国的外国学生政策

■ 韩叶龙

韩叶龙，1982年获安徽大学英语系学士学位；1983—1985年为北京大学法律系国际关系史专业硕士研究生；1987年获美国芝加哥大学国际关系委员会硕士学位；1999年获芝加哥大学历史系博士学位；曾任安徽大学英语系教员。现任美国Eclat咨询公司高级分析/咨询员。

晚上好。我今天很高兴能回到北大，因为我离开北大很多年了。首先我要感谢袁明老师的邀请。当年在北大读书的时候，我得到了袁老师的很多指点和帮助，这种指点和帮助一直到我去了芝加哥后都没有间断过。这么多年了，她每年去美国，我们都要见面。我后来从芝加哥到了华盛顿，她每年来时我们也还是要见面，每次见面也还是有很多的交流。从她那里我得到了很多关于国内学术研究现状的信息，同时使我对国内情况也有个基本的了解。袁老师去年夏天来美国时，提出要我回北大讲一堂课。她当时说最担心的是我能不能用中文把这堂课讲完，因为我在美国这么长时间从来没有用中文讨论过这么严肃的话题。其实我心里也没有底，但是我还是能把课讲完，可能有些中文的翻译不很专业，但是我还是会把它讲完的。

其实我更担心的是袁明老师会不会后悔把我从美国请过来，而且大家为我花两个小时是不是值得。（笑）所以我想关键是讨论一个大家感兴趣且很有现实意义的话题。我的博士论文做的是20世纪初的庚款留美教育，对19、20世纪的中国留学运动和美国的对外教育文化交流等，作了大量的研究，比较熟悉这一领域的问题。去年下半年，我在想到北大来要讲什么题目时，关于美国对外国学生签证政策变化的报道，已经非常多了。我是学历史的，学历史的人常说的一句话是：历史就是现在(past is present)。所以我在看东西的时候经常会自觉不自觉地从历史的角度去理解，那么，完全是出于一种敏感和本能，我就跟着看这个事情的发展，越看越觉得有趣。从这些政策的指导思想中，我看到了1917年美国加入第一次世界大战后对外国人出入境控制的变化，看到了珍珠港事件以后美国对本土美籍日裔居民的政策变化，看到了韩战爆发后美国对当时在美国的中国留学生的政策变化。这些政策的指导思想有着惊人的相似之处，虽然从规模和程度上来讲都没法和"9.11"相比。所以我觉得这是很有意义的题目。在座的同学，大部分可能已经在为留学作准备，或者至少有毕业后出国留学的打算，那么，了解这些政策变化，很有必要。但是更重要的是，如果把视角放开，我们可以看到，这些政策变化涉及到美国的法律、政治基础、基本理念和建国原则等方方面面，影响深远。所以这是个很有意思的话题。

我今天要讲的题目是"9.11"以后美国的外国学生政策。这一政策变化的明显标志就是 SEVIS 的出台。SEVIS 是一个缩略语，全称为 Student and Exchange Visitor Information System。这是一个电子系统，"9.11"以后才开始使用的，引起了广泛的关注。那么，SEVIS 到底是怎么回事？它的政治和法律基础是什么？它是怎样建立的？它的主要功能是什么？SIVES 实行以后，对美国的国际教育、文化交流和国际关系会有什么样的影响？这些是我们今天要讨论的主要问题。

SEVIS 的政治和法律基础

大家对"9.11"是很熟悉了。"9.11"发生的当天我在美国，我想我的体验可能跟大家不太一样。我在五角大楼旁住了五年，透过窗子就可以看到五角大楼，朋友来了也都要看一看五角大楼。五角大楼是美国权力和实力的象征，没有人会想到某一天被飞机给撞了，把美国搞得一塌糊涂。虽然"9.11"袭击时我已经搬走了，但事件发生时我的感觉是非常恐怖的。过了一个多月我和朋友一起去了趟纽约，我就是想去看世贸大厦的现场。当我们从地铁站一出来，强烈的气味就扑鼻而来，几乎要窒息，就是焚烧后散发出来的气味，心像是被什么东西给箍住了。大火还在烧，火烧了100天都没有熄灭。当时的感觉就是"9.11"恐怖袭击真是改变了美国，但是，这句话的真正含义是什么，当时并不清楚。

过了一个多月，美国国会于2001年10月24日通过了一个国家安全法案。法案共342页，简称为爱国法案（USA Patriot Act of 2001）。当时，大部分议员仍然为"9.11"事件的爱国情绪所控制，根本没有阅读法案的所有条款，只经过短时间的辩论，就全票通过。这在美国立法史上已经破例。

爱国法案是"9.11"以后美国国会通过的一系列法案中最重要的法案，它涉及到了美国的方方面面。这一法案的前奏，是1996年的移民改革法，是1993年纽约世界贸易大厦地下车库爆炸事件后所制定的国家安全法。在座的同学还都很年轻，可能对1993年的爆炸案没什么印象。1941年12月珍珠港事件后，美国就没有受到过威胁。1993年的爆炸，是当时美国第一次在本土遭受外来的恐怖袭击，当然与后来的"9.11"袭击相比，不过是牛刀小试。主犯是两个持学生签证进入美国的阿拉伯人，而且事发时，他们的签证已经过期六个月。这样，外国学生和国家安全就第一次联系起来了。1996年移民法要求移民局、国务院和教育部合作开发对外国学生的跟踪监督系统。然后就是"9.11"后通过的爱国法案。爱国法案进一步严格了移民改革法中的一些条款。2002年5月，美国国会又通过一个边境安全法案，以反恐为前提，更广泛地扩大了外国学生个人信息的收集范围。根据这一系列法案，移民局和国务院分别制定了相应的法规。这些法律法规，我认为对在座的做美国研究的同学来说，是很重要的，一定要予以重视。我相信今后我们可以读到很多讨论这几部法案对美国政治文化影响的学术专著。

爱国法案从一开始就在美国引起了巨大的反响。这里的一张漫画我很喜欢，因为它一针见血地说出了爱国法案在美国公众当中的反响。漫画上，司法部长 John Ashcroft 拿着一张调查表，上面有"爱国"和"叛国"的两个判断。有一个公民对司法部长说，他对爱国法案的条款有些担忧，于是司法部长毫不犹豫地在"叛国"一栏画勾，将这一公民定为叛国分子。换句话说，你只有爱国和叛国两个选择，只要对爱国法案表示异议的，就是叛国。宪法授予的公民基本权益和权利遭到空前的侵犯。一些民间团体和组织，认为美国国会以反恐和加强国家安全的名义，造成了总统权力和司法部门政府权力的极度膨胀和滥用，违背了美国的宪法精神，已经开始准备起诉政府。正是因为社会的强烈反应，当时想都不想就投票赞成的议员都开始怀疑这个法案是否可行。今年7月份国会通过了一个 Otter 修正案，删除了爱国法案的一些条款。这些条款，用英语简单概括就是"sneak and peep"。具体说来，包括 FBI 等执法部门可以以反恐的名义，以追查罪犯的名义，不通过任何司法程序，不通知当事人，秘密检查当事人的银行账户活动、借阅或购买图书资料类别记录、电话录音、email 记录、经常访问的网址记录、旅行记录、医疗和健康记录、宗教信仰和通信，甚至可以不经过任何司法程序进入私人住宅进行搜查，或者不经过任何法律程序秘密逮捕和无限期拘留嫌疑人。听起来是很可怕的吧。不过这个条款还没有实行。一公布出来，很多美国人都反对，因为这以国家安全的名义完全牺牲了美国所信仰的自由和民主。7月份 Otter 修正案所删除的，也就是这些条款。但是紧接着，司法部长 Ashcroft 在8月份周游美国18个城市，为爱国法案进行游说，说这个安全法案并不过分，爱国法案要是早就到位，美国就不会有"9.11"；没有爱国法案，美国过去两年里就会有更多的"9.11"。我临来北京前一星期，美国前副总统 Al Gore 在华盛顿公开挑战布什政府，强调爱国法案不仅达不到安全的目的，反而剥夺了公民的许多权利。他呼吁废除现行的爱国法案，重新制定一个更合理更有效的国家安全法。至于爱国法案最后将以什么形式和方法实施，我们还要拭目以待。

那么，这个安全法案与我们要讲的题目有什么关系呢？对外国学生来说，我们关注的是法案中有关建立和实施外国学生跟踪系统的规定。首先需要强调的是，虽然在美国的外国学生总数已接近60万，但是，每年持B1（公务或商务旅行）和B2（观光旅行）签证进入美国的外国人数量，远远超过外国学生人数。仅2001年，所谓的外国访问者（foreign visitors）就达2.3亿人次。也就是说，在每年持非移民签证进入美国的外国人中，学生（包括学生配偶和子女）仅占了不到0.3%。那为什么外国学生首当其冲呢？刚才我提到了1993年的世贸大厦地下车库爆炸案的首犯是以学生的身份进入美国的，而且在事情发生时他们的签证已经过期了六个月，事情发生后司法部就要求加强对外国学生的出入境管理。1996年移民改革法也是针对这一问题制定的。"9.11"的两个主犯，是以旅游访问身份进入美国的。入境之后，他们就申请去佛罗里达的一所飞行学校学习大型商用飞机的驾驶，要求把观光签证改为学生签证。当时的法律，允许外国人入境后更改身份，而且在新的身份没有被批准之前，只要学校录取，你就可以正式注册学习。所以恐怖分子就利用了这个漏洞，进入飞行学校，而且他们只要求学习空中驾驶，不学起降，即使这样也没有引起任何怀疑。等他们学完驾驶技术，离开那个学校，着手准备"9.11"袭击时，他们的学生签证还没有批下来。其实当时签证已经批准，但是材料在移民局，没有寄出。没想到，这两个恐怖分子随"9.11"袭击葬身火海之后六个月，佛罗里达的这所飞行学校竟然接到移民局发给这两人的签证获准通知。事情发生后，舆论哗然。消息见报的当天，移民局匆匆派人到飞行学校收回原件，但是为时已晚。各报早已登出了移民局通知的复印件，将美国政府机构的弊端暴露在世界面前。总统为此非常生气，大发雷霆。这一意外事件的曝光，立即促使美国政府加强了对外国学生的监视，SEVIS的建设，随即提上了议事日程。

SEVIS的建立、实施、主要内容和功能

下面我们来介绍一下SEVIS。我们先来看看外国学生学者入境美国的签证种类和发放数量。我想在座的大家大概都清楚，外国学生、学者基本上持三类签证进入美国，首先是F类签证，这是发行量最大，

也是最普遍的签证，对象多为正规大学的学生。另一类是职业和语言学校学生的 M 类签证，我们刚才所说的飞行学校就属于职业学校。这类签证发放量比较少，每年也就五六千人。此外就是 J 类签证，指交流访问学者签证，是由美国国务院发放的。从以下的数字，我们可以看到近二十年来美国吸收外国学生的数量增长了240%，根据预测，到2004年，F 和 J 的签证发放，要达到 67 万。

"9.11"以前，对外国学生的总体管理，实际上存在大量的缺陷，这一点我们已经讲到了，现在不妨重复一遍。其一，允许外国人持 B 类签证进入美国后，在境内申请入学并更改身份，转为持 F 类签证的学生，也可以在 B 类签证有效期间，作为计时学生(part-time)就学。其二，虽然法律规定持学生签证的外国人必须为全时学生(full-time)。但是，许多学生入境后，并不到学校报到("NO SHOW")。长期以来，移民局没有任何有效措施，来跟踪这些以学生名义入境的外国人。其三，外国学生信息数据的处理，由私营企业承包，承包商虽然也使用电子系统，但那只是一个相对孤立的数据储存库，缺乏有效的监督和管理。其四，有关部门之间的信息交换，基本停留在纸张文件(paperwork)的传递和邮寄。例如我们比较熟悉的 I-20 表，一式三份，移民局一份，学生本人一份，学校一份，就是普通的纸张打印，纸上没有任何防伪标识，技术性能和管理方法远远落后于时代，为造假者提供了许多可乘之机。还有一个问题，就是部门间的职权界定非常不明确，造成工作效率的低下。

从这一层面上来看，SEVIS 的出台和实施，平心而论，作为技术和管理手段的进步，势在必然。可以说，随着数据采集和管理技术的进步，即使没有"9.11"，也会有 SEVIS，但是因为有了"9.11"，SEVIS 才成为今天的 SEVIS。因为"9.11"，因为反恐的大前提，一个本来只是技术和管理方法的进步，被人为地、理所当然地政治化、复杂化了，这就是我要说的问题的所在。

现在我们把 SEVIS 的建立和实施过程作一个大概的介绍。这里我会提到许多专门用语，可能听起来比较枯燥，大家不必太用意去记，但是，我们可以看到在美国这样一个法制国家，即使一个法律被政治化了，也必须通过一定的程序一步步完成。首先是 CIPRIS 到 SEVIS 的过渡。CIPRIS 是一个缩略语，大家不必去记它的全称。简单说来，CIPRIS 就是 SEVIS 的雏形，是 1996 年移民法改革通过之后，由国务院、教育部、移民局，加上美国西南部 21 所大学共同合作的一个试验项目，对外国学生跟踪管理系统的各种概念的建立，进行研究和开发。到了 1999 年 10 月试验阶段结束时，系统已基本成型。此时 Internet 技术成熟，CIPRIS 开始从试验阶段的 PC 操作改为 Internet 操作，向全面实施过渡，不仅使用户节省开支（不必购置专用软件和其他设备），而且在更大程度上保证系统信息处理的安全可靠性、高效率和实时性。2001 年 7 月，CIPRIS 正式改名为 SEVIS。

但是，系统建设、运行和维持，是很花钱的。资金从哪里出呢？国会的意见是，既然这一系统是针对外国学生、用于外国学生的，那么就应当让外国学生来负担费用，而不能让美国纳税人交钱。当时比较统一的意见是向每个学生在原有的签证费之外再征收 95 美元，用于 SEVIS 系统。这一政策下达到招收外国学生的学校，学校不干了，抵制情绪十分强烈。学校担心征收额外费用会影响美国大学对外国学生的吸引力，因为很多学生是从贫穷国家来的。与此相关的教育组织和机构，投入了大量的人力游说国会。他们的努力没有白费，因为反对声太大，2001 年 8 月，移民局决定暂缓实施 SEVIS。

接下来就发生了"9.11"，有关政治、法律背景，我在一开始已经作了必要的介绍。可以说，"9.11"一下子就把 SEVIS 推上了议事日程。爱国法案授权国会拨款 3680 万，用于 SEVIS 的实施，并规定到 2003 年 1 月 1 日必须在全国运行，钱以后再收回来。第二年 5 月，国会又通过了我们一开始谈到的边境安全法，要求 SEVIS 在原有的规定之外，增加外国学生个人数据和信息的收集内容和范围。这部分内容包括：外国学生在校注册情况（全日或计时）；学业开始和结束日期；注册学业状况（专业、学位、需要年限、起始/完成日期、每年完成学分）；辍学、转学或延长学业理由及日期；任何学校的行政或纪律处分；生活来源；婚姻状况及配偶和子女姓名住址；新生获得签证后，最早只能在开学日前 30 天入境（以前是只要拿到了签证，你就可以入境）；新生入境后 30 天之内必须到学校报到(老生同样如此);过了 30 天不报到或注册,学校必须立刻报告移民局;外国学生注册某一门课以后,没有按规定出席,授课教员有责任报告学校,由学校通知移民局;外国学生改变在美国的居住地址,学校必须在 30 天之内报告移民局。外国学生就学期间改换专业或转学,学生本人和相关学校外国学生事务负责人必须在 30 天之内向移民局报告……

　　SEVIS 的具体实施条例,2002 年 12 月就公布了。按照国会的要求,1 月 1 号启用,1 月 30 号之前全面运行。什么叫全面运行呢,首先是招收外国学生的学校必须申请资格。就是说,学校如果要招外国学生,必须首先向移民局申请这个资格,移民局再派人到现场调查核实、审查,然后决定是否授予学校这一资格。以前也有这个要求,但审查完全是走形式,所以造成全国有 73000 所具备招收外国学生资格的学校。有些学校完全是为了骗钱,可能连一个正式的通讯地址都没有,办一二年就垮了,关闭了,但是在移民局的存档上,这些学校仍然可以合法地招收外国学生。所以移民局要求每个学校必须重新申请,包括原来已有资格的学校。只有获得新的资格的学校,才可以成为 SEVIS 的用户,将外国学生信息输入 SEVIS 系统,并签发新的 I-20。但是,一个学校的申请和审批过程,需要 60~75 天。学校的资格认证工作大量滞后,影响了下一环节的数据输入和 I-20 的签发。问题就出在了这里。其中不仅包括学校没有按规定日期递交申请,承包现场调查审核的合同公司的工作效率和错误,还包括了移民局人手不够等困难。仅这个就耽误了非常长的时间。由此大家也可以理解为什么今年上半年签证总办不下来了。

　　由于学校的工作没有能够按时完成,SEVIS 全面实施的截止期,由原定的 1 月 30 日,推迟到 2 月 15 日,并规定从 8 月 1 日起,所有新生和老生的信息,必须全部进入 SEVIS。从 2 月 15 日以后,所有对新录取的外国学生所签发的 I-20,必须是从 SEVIS 系统里出来的。也就是说,学校首先把某一学生的资料输进 SEVIS,SEVIS 进行处理后,确认这一学生没有问题,系统就分配一个只对该学生有效的条形码,然后自动生成一份 I-20 表格,由录取该学生的学校从系统下载后再发给学生。这和以前的做法有什么区别呢？我前面提到过，以前的 I-20 就是一式三份的纸张表格，边境检察官无法辨别真假。现在的 I-20，条形码内的信息是跟 SEVIS 链接的，一查就可以辨别出真伪。

7月底，有关部门人员 24 小时连续工作，据说是在 8 月 1 日以前完成了所有新生和在校的学生的信息输入。但是，由于学校资格认证的滞后，移民局仍然根据个案的特殊情况，继续允许一些 paper 文件的使用。

下面我们来看几张流程图表（图1、图2）。这些图表，解释了"9.11"前后外国学生录取、签证申请及入境操作和程序上的区别。图表看上去有些复杂，但比较直观。先来看一下"9.11"以前的实践。首先是外国学生向学校提交申请材料，学校录取后向学生签发 I-20 表。外国学生接到 I-20 表后，携带所有必须提交的材料，到居住地所属美国领馆申请签证。审查通过，获得签证后，外国学生到达美国门户港，在入境前向边防检察官出示签证、I-20 和 I-94（出入境记录）。边防检察官

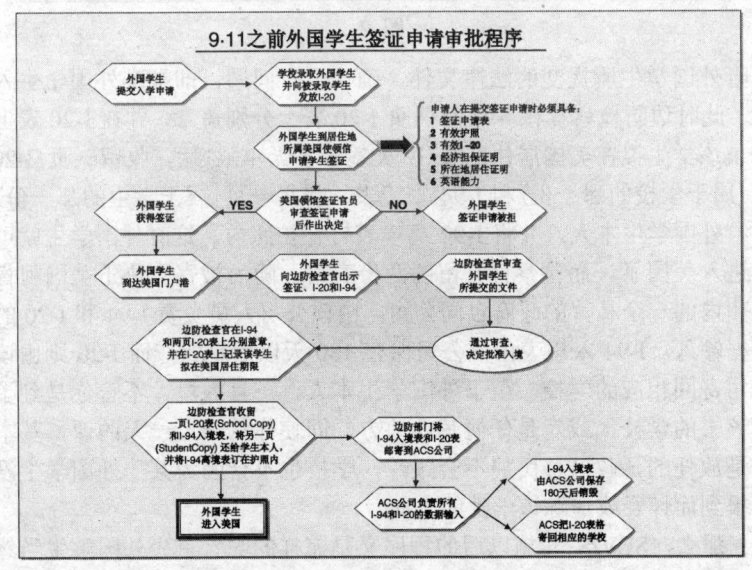

图 1

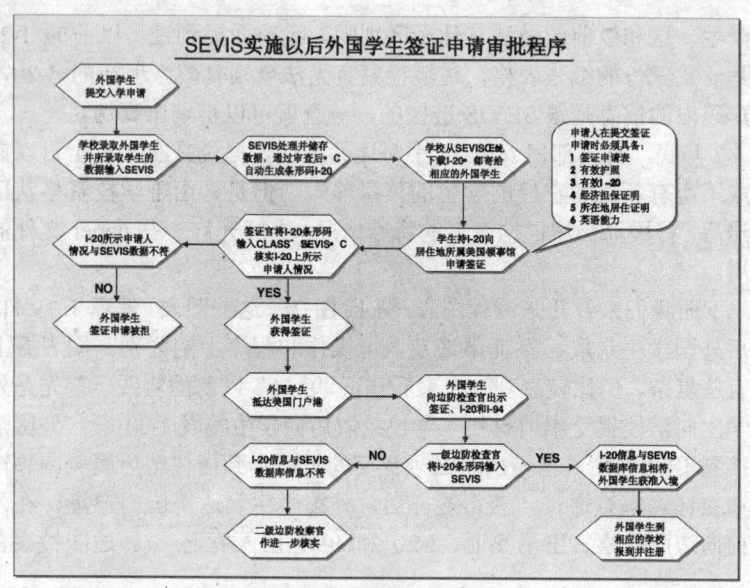

图 2

审查外国学生所提交的法律文件,确认没有问题,即批准外国学生入境。此时边防检察官在 I-94 和两页 I-20 表上分别盖章,并在 I-20 表上记录该学生拟在美国居住期限(F 类签证多无年限)后,收留一页 I-20 表(属于学校的那一份)和 I-94 入境表,将另一页(属于学生的那一份)还给外国学生本人,并将 I-94 离境表钉在护照内。这时外国学生就可以进入美国了。而检察官收留的两份表格,随后被寄到位于美国阿肯色州内的一个私营的政府合同公司,由该公司人员负责 I-94 和 I-20 的数据输入。I-94 入境表由该公司保存 180 天以后销毁,而 I-20 则由该公司寄回相应的学校。至于外国学生本人,一旦入境,不管你是到了你该去的学校,或者是任何其他地方,即使你从未上一天的课,基本上是放任的,政府移民局不会跟踪,学校也不会因为某一外国学生没有报到而怀疑或追踪该学生的去向。

那么,SEVIS 实施以后的程序又是怎样的呢?首先外国学生当然还是要向学校提交申请。这时外国学生会被要求提供可能以前不需要提供的很多信息。学校如果决定录取某一外国学生,就必须将所录取外国学生的信息输入 SEVIS。SEVIS 将数据处理以后,自动生成条形码 I-20 表格,可由学校从 SEVIS 直接下载。然后学校把下载的 I-20 表寄给外国学生。以下步骤与以前基本相同,就是外国学生持所有文件到美国使领馆申请签证。不同的是,签证官现在先将条形码输入 SEVIS 或 CLASS(CLASS 也是一个数据库,待会我会再讲到),系统自动把 I-20 表上相应的信息搜索一遍,看有没有问题,如果完全吻合,那你的签证申请就获得批准(当然也会有其他原因被拒签,因为并不是所有人的申请都被批准的),不吻合则被拒签。获得签证后,外国学生到达美国门户港,向美国的一级边防检查官出示签证和 I-20,这时一级边防检察官再输入外国学生的条形码,与系统数据库核对一遍。如果没有问题,外国学生就被批准入境。如果发现疑问,那么一级检察官就把该学生交给二级检察官,作进一步的审核。这一部分,是暂时的。因为 SEVIS 是第一年实行,系统不是很健全,而且仍然有学校向学生签发了老的 I-20,在 SEVIS 里可能没有记录。因此,当一级检察官对这个人有疑问,就把人放到旁边的小屋子里去,由二级检察官更具体地检查。二级检察官有权进入更中心的数据库实施审核。如果检察官确定这个人没问题,就放过去。至于过去所实行的检察官收留两份表格,由于条形码的实行,已经没有必要,一切信息都已在系统内。外国学生一旦入境,移民局和学校立即通过系统被告知。二级检察官的设置,也只是暂时的。因为各个系统和整个大系统的链接还有许多技术问题和障碍有待解决和克服。一旦这些问题和障碍成为历史,二级检察官的设置也会取消。I-94 出入境表,至少目前的做法还是和以前一样,但等到整个大系统投入使用以后,很可能也要电子化。

外国学生呢,在进入美国 30 天内,必须到所在学校报到。若不去学校,那你就麻烦了。这就是防止某些人拿了学生签证到美国做一些别的事。从外国学生到达学校后的第一天起,SEVIS 便始终保持对该学生的信息进行跟踪。跟踪的内容和范围,我上面已经提到过。

下面这张图表,显示的是 SEVIS 的位置。SEVIS 本身,实际上是 SEVP 系统的子系统。而 SEVP 呢,又是一个很大的系统(US VISIT)

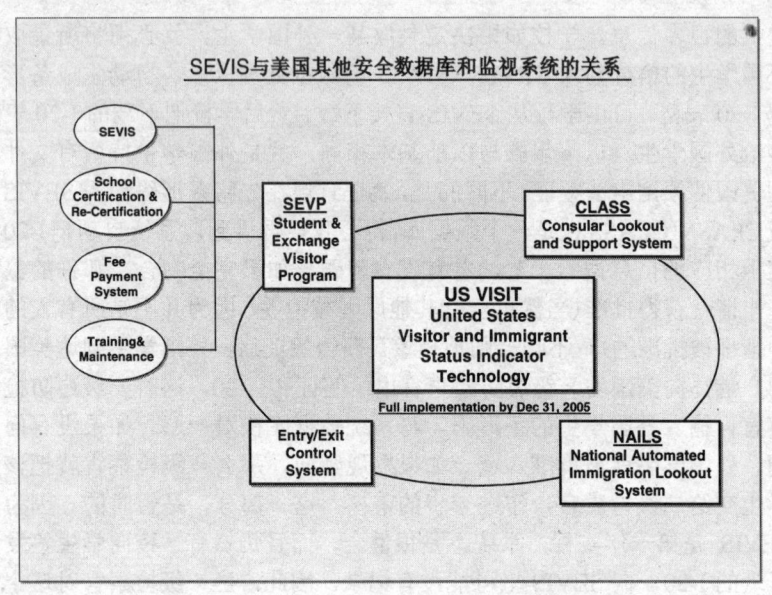

图 3

下的子系统。SEVP（Student and Exchange Visitor Program）下面，除了 SEVIS 外，还包括学校资格认证系统、收费系统等。收费系统现在还没有完成，因为实施条例草案的征询意见稿刚刚出台，还没有明确如何收费，是用信用卡还是用银行支票收？很多国家在美国没有银行，怎么收这笔钱，尚待解决。不过最终每人 100 美元，恐怕是逃不了的。与 SEVP 系统共同链接 US VISIT 中央数据库的其他子系统还有驻各国美国使领馆所使用的 CLASS，FBI 所使用的 NAILS，以及出入境控制系统。现在，系统下的许多技术问题还没有解决，因此并不是所有的系统都自动链接的。按照国会的要求，整个 US VISIT 系统，到了 2005 年年底，必须全面运行。届时，任何外国人不管以那一类签证进入美国，游客也好，商人也好，学生也好，都要在入境和出境时经过系统的审核。

除了上述所介绍的这些系统的审核之外，来自 25 个中东和其他穆斯林国家的公民，进入美国前还要进行一项"特别登记"（Special

Registration),还有一些专业是不对这些国家的学生开放的,哪些专业,现在还没有明确的规定。这一做法,可以说是 Guilty by Nationality,完全是按照一个人的国籍来定罪,已经遭到了很大程度的抵制。大家知道,美国的司法程序是 Innocent Until Proved,也就是无罪推定,就是说在没有确凿证据之前,你是没罪的,哪怕你是真犯了罪,只有在具备确凿证据,证明你是有罪时,你才有罪。在 20 世纪 50 年代初的麦卡锡红色恐怖时代,当时的做法,被认为是 Guilty by Suspicion,也就是说,只要你被认为有罪,你就是有罪的。从这一意义上讲,现在对中东地区公民和学生所实行的政策,实际上正是以国籍定罪。因为这些做法,阿拉伯今年到美国入学的学生数量明显减少。类似的例子,在历史上也曾经出现过。20 世纪 50 年代初朝鲜战争爆发后,当时在美国某些专业的中国学生是不准离开美国回中国去的。为什么?因为你回去以后把在美国学的东西去帮共产党的忙,绝对不允许。但具体哪些专业的学生不可以离境,从来没有一个规定,结果就非常乱。(后注:2003 年 12 月,美国政府已经决定取消对中东地区公民实行特别登记的做法,可见其不可行性。)

SEVIS 对美国国际教育
文化交流和国际关系的影响

　　SEVIS 推出并付诸实施后,出现了一系列的问题。当然其中很多还只是技术上的问题。因为是系统启用的第一年,出现一些问题和故障,在所难免,而且最后的克服和解决,并不需要许多时间。但是,如果我们放宽视角来思考一下 SEVIS 的实施,不难看到,无论对美国国际教育的长远利益和直接的经济利益,都会产生深远的影响。

　　我不妨先介绍一下美国高等院校和外国学生的概况。

　　据 2001 年统计,美国拥有 2450 所四年制大学,1732 所二年制大学,在校注册学生约 1400 万,每年学士学位获得者约 120 万~125 万;具有硕士学位授予资格的学校约 1500 所,每年硕士学位获得者 40 万~50 万;具有博士学位授予资格的学校 535 所,每年博士学位获得者约

35万人。

2001~2002学年在美国大学注册的外国学生近583万,比前一年增长6.4%,是过去二十年来外国学生总数增长率最高的年份。"9.11"以后美国政策变化的负面影响,首先表现在外国学生的增长率上。据美国国际教育署最近刚刚公布的统计资料,2002~2003学年外国学生总数为586323人,仅比上一年增长0.6%。今年外国学生占全美高等学校注册学生总数的4.6%。虽然这一数字比前一年的4.3%有所上升,但这是由于同时期美国大学在校注册学生总数有所下降造成的。事实上,签证政策变化直接造成外国学生入学率下降的学校占46%。

外国学生(包括家庭成员)为美国高等院校所带来的直接经济效益,2001年为119.5亿美元,2002年为129亿美元。据美国商务部的统计,高等教育已连续多年在美国专业服务出口领域占第五位。

外国学生中,亚裔学生占50%强(2002年为56%,2003年为51%)。2002年,印度学生总数首次超过中国学生,成为美国最大的外国学生群体,达66838人,比前一年增长22%。中国学生其次,共63215人,比前一年增长7%。总数占第三位的是韩国学生,共49046人。今年的统计资料表明,这前三名的排列没有变化,但三国的人数均有所增长。印度学生为74603,中国学生64757,韩国学生51519。除了这三个国家外,来自其他亚洲国家的学生数量均有所下降,主要原因不外乎是签证问题和安全考虑。

近60万外国学生中,50%以上是攻读硕士和博士学位的研究生。中国学生中,81%为研究生,印度学生78%为研究生,韩国学生则有48%为研究生。仅从这一点就可以看到美国高等院校对外国学生生源的依赖。

那么,众多的外国学生在美国究竟有着什么作用和影响呢?

首先,外国学生是促进美国国际利益的桥梁。外国学生群体的存在不仅有益于提高美国高等教育的竞争实力,而且为美国社会注入活力,促进了美国高等教育和社会文化的多元和对外来文化的包容。强调外国学生的这一积极作用,是值得我们注意的。20世纪上半期和冷战时期,美国对国际教育问题更为注重,外国学生接受并自觉地帮助输出美国的理念。美国欢迎外国学生到美国来受教育。通过在美国的学习，外国学生可以了解美国的理念，美国的优越制度，然后他们回国之后会推广美国。但是这一信念，今天已经产生了明显变化。无论是决策层还是从事国际教育交流的专家，更强调外国学生进来是为美国带来了活力，使美国更多元化，促进了美国对外来文化的包容，有利于美国对世界的了解。同时，这些学生通过在美国多年的生活和学习，有机会了解美国社会文化的各个层面，也是让世界了解美国的最好的方法。正因为意识到国际教育交流的作用，克林顿总统在任期间，美国政府在2000年提议每年11月举办国际教育周，促进高等教育的国际化。今年是第四届，在11月17日到21日举办，也就是这一周。除了一系列的讲座和展览外，今年的活动与前三年的不同之处是SEVIS成为中心议题。

其次，吸引和吸收外国学者，有助于保持美国高等院校和科研机构的学生质量和科研领先地位。刚才我已经提到，外国学生中半数以上是研究生。美国许多科研项目，多年来在很大程度上依赖外国学生完成大量的、繁重的实验室工作。三分之一的美国诺贝尔奖金获得者是在外国出生的。很难想像没有外国学生、学者（即使只是人数的减少），美国还能在高科技研究和开发领域保持其今天所拥有的地位。而掌握高科技研究开发的领先地位，是美国保持其"软实力"（soft power）的重要条件。从这个意义上说，保持美国高等教育和科研对外国学生的吸引力，不仅证实美国的软实力，而且能够从积极的角度维持和加强这一软实力。

再次，外国学生还是高校资金的一个重要来源。刚才我也已经提到，去年外国学生对美国高等教育所做的贡献达到129个亿，在美国专业服务出口领域排列第五。虽然有为数不少的外国学生能够通过各种渠道获得学校的奖学金、助学金，但是，78%的外国学生是由家庭、亲友资助，自费到美国读书的。接受基金会或其他民间机构资助的不多。接受美国政府资助的人数是零。如果外国学生因为签证紧收政策而减少，经济上的负面影响，是无法忽略的。

负面影响还不仅仅是在经济领域。签证政策以及审批过程中的一些僵硬做法，已经造成并且强化了外国学生对美国的反感情绪。与此相应的是，各国高等教育对外国学生生源的争夺日益激烈。可以说，"9.11"以后美国对外国学生政策的变化为其他国家提供了良机。美国的目标是，四个英语国家，就是美国、加拿大、英国、澳大利亚，至少应当占有留学生市场份额的60%，而这60%的份额中，有40%则应当是美国的。但是，"9.11"以后美国的一些政策和做法，已经对达到和保持这一市场份额造成威胁。

这里，中国的情况就很能说明问题。1998年9月以来，各国对中国生源的争夺战不断升级。国内各城市举办的国际教育展接连不断，而且每次都是盛况空前，人头攒动。前来参展的国家，遍布各大洲，从欧美发达国家到中国的东南亚近邻，从英语国家到非英语国家，从大学到中学甚至小学。从展台布置、展览资料、参展学校对本校的包装和推销，以及为吸引学生而推出的一些优惠政策等方面来看，这些教育展与其他的商业展销会几乎没有任何差异，留学教育（或者说高等教育）已完全市场化、商业化。人口众多的中国，对想方设法争夺生源、分享市场份额的外国教育机构说来，无疑是一座金矿，潜力巨大。当然，留学市场的这种"火爆"现象，远远不止在中国境内。

大量本来可能到美国入学的学生流向其他国家，直接的受害者就是美国的高等教育和科研机构。很多科研项目，因为外国人进不来而无法开展或难以持续。除了大学和研究机构外，不少大公司和专业学校也失去了许多技术培训合同。这里我可以给大家举一个与中国有关的例子。我们上面说过，"9.11"的19个劫机犯中，有6人是在美国飞行学校接受飞行训练的。美国共有471所飞行学校，81个大型训练中心。大家都知道，世界民用和通用航空市场上所使用的飞机，大多数是美国制造的。任何一个客户，只要买了飞机，就必然需要驾驶、维修保养等人员的技术培训。而买了美国的飞机，在美国接受培训自然是名正言顺。正因为如此，"9.11"以前，不仅大多数的飞行师是美国培训的，而且大多数国家的飞行教练员也都是美国培养的。"9.11"以后，所有美国的飞行学校对外国学员一律关门。这一政策，以后虽然有所缓解，但是审查仍然非常严格，程序也比以前繁琐。许多外国航空公司因此而放弃了在美国的正规培训。我要举的例子是中国南方航空公司。南航本来已经与美国亚利桑纳 Glendale 的一所培训学院签了合同，2002 年春季派 150 个飞行员到该学院接受培训。由于"9.11"以后飞行学校对外国人的做法，给这一合同的履行造成种种困难，南航一生气就把这个培训团拉到了澳大利亚的佩斯(Perth)，培训费 600 万美元。据说美国人急了，派人赶到澳大利亚，要求参与培训。最后结果怎么样，我不清楚。类似这样的例子，还可以举出很多。比如一些大型国际展销会，参展或前来访问的外国人到时候进不了美国。还有跨国公司不同国家职员调动困难而对经营造成的影响、旅游业的损失等。这些都是非常直接的经济损失。

总之，尽管多数人都认为无论是 SEVIS 还是 US VISIT，都不可能阻止下一个"9.11"的发生，但是反恐意识将在相当一段时期内主导美国的外交政策和外交关系。而只要反恐的主导思想不变，SEVIS 实施条例和规定中尚有争议的部分呢，我想暂时也不会有根本的改变。当然大家会有很多不方便，但即使不方便，即使丧失了一些市场份额，至少短时间内国家安全还是美国的主导利益。不过，如果 SEVIS 的负面影响继续，越来越多的外国学生必然放弃美国而转向其他国家。那么，为了争夺和维持市场份额，美国高校到海外建立分校或与当地学校合作开设专门的学位或非学位项目的活动，在速度和广度上都会不断升级。斯坦福大学就刚刚宣布了要在北大建立分校。另外，online 授课、远程教育、校友会协助等方式，也会加速发展。但是，不管怎么做，美国的基础研究条件、资金实力、研究环境和设施等，都是其他国家难以匹敌的。这些基础研究的优势，没法在本土以外复制。因此，不论反恐需求有多迫切，反恐意识有多强烈，美国必须权衡确保国家安全的需要和维持一个高度开放、透明的社会、保持美国高等教育和科研机构对外国学生吸引力之间的潜在冲突。这是 SEVIS 所必然触及的问题，也是美国无法回避的现实。目前决策层对这些问题有没有切实有效的战略措施？没有。随着 SEVIS 的全面实施，谁会成为最后的受益者，我想我现在也没有一个很确定的答案，可能无论哪一方都不会是受益者。

下面看看有什么问题吧。

问：韩博士谢谢您的演讲，我们受益很多。您在美国留学多年，您认为对于中国学生来讲，在现在的环境下，留学美国还是不是一个明智的选择？就是说在我们判断的时候会不会觉得这个代价和风险太高。其实从去年开始国关的学生也感受到了"9.11"带来的影响，offer明显减少，而且拒签率很高，作为我们这些学生可能也面临着毕业后的选择问题，就您的经验来讲对于我们有什么好处吗？

答：这个问题很难回答，因为很难说你申请美国是在冒多大风险，因为申请本身就是一种冒着风险的事，你不知道，完全不知道，你花20块钱报学校和你花2000块钱报学校，很可能20块钱成了而2000块钱没成。因为每个学校都不一样，美国没有一个总的指导政策规定学校如何录取外国学生。学校看中你了就录取你，我觉得这里跟你的机遇有很大关系。因为我自己也看到很多优秀学生，他们在申请中就是不顺利。SEVIS的启用，今年耽误了很多学生的签证审批，但这只是一个新的系统推出来之后在实施初期阶段所难免的技术问题，一旦这些技术故障和问题克服了以后，明年我想会顺利得多。学校的资格认证是两年有效，第二次做要比第一次顺利得多。一旦这个系统已经进入比较正常的运作以后，我觉得SEVIS不会在将来影响签证的审批。另外大家不要问我签证的问题，因为我不是签证官，我不为任何政府部门工作，大家要问我怎么把签证办下来，我真没法回答。(笑)

问：谢谢韩博士，我去过美国参加了Harvard Program，也有一些自己的感受。一下飞机就发现自己的箱子被撬开了，后来我就去投诉他们，他们解释有个什么专门行动小组，那个小组可以随时抽一些箱子出来，打开检查里面有没有什么东西，但是我说你们撬开箱子虽然东西没动，但是这个箱子就没法用了，这是对我的利益的侵犯，这是我的一个比较感性的感受。然后还有就是因为我去美国之前已经有签证的经历，当时很多的人排队等签证，人山人海的，但最后签了的就那么几个，那您能不能再谈一下，当然您不是签证官，但是您能从感性上谈谈被拒签的原因吗？

答：两个方面，先说你入境时遇到的问题，其实这个事情在美国已经多次发生了。不过，机场总是在发布新的规定，其中包括告诫人们不想把箱子弄坏就最好别上锁。他们完全是随机抽查，没有目标，就是起一个威慑作用。因为美国不像中国，过海关时你的行李都要在机器下扫一下，而美国机场的X光机还没有全部到位，很多机场现在还没有这些设施，所以行李托运进去，只能随机抽查，只要检察官怀疑某一件行李，他就有权打开检查。并且在起飞前还有作最后核对，旅客本人和行李要完全对上号。关于那个签证的问题，我怎么回答你呢，我个人觉得很多是运气。我是从"文化大革命"过来的，很可以理解签证官在现在这种特殊氛围下的考虑，他们不会为了多签一个学生，结果那个学生出了事，而把他们的饭碗丢了。我把你拒签了，我的饭碗不会受到威胁，也许明天你没问题了我就会让你过，就是这样。

问：我想问一个问题，有没有一个公开的数据显示拒签学生的概率。

答：我没有看到具体数字。有些个案可以说明一些问题。最近我看到报道，有一个加拿大的学者，物理学家，原籍是巴基斯坦，成为加拿大公民11年了。他要去美国参加一个学术会议，在多伦多过美国海关时，人家把他带到一个小房间对他说，你是巴基斯坦人。他说，不，我是加拿大人。但海关说，你是在巴基斯坦出生的。学者说，我是在巴基斯坦出生的，但我已经是加拿大公民11年了。海关官员说，那你老往中东跑。他确实总去中东地区，但是去参与一些科研项目，帮助当地人开展一些研究。最后美国海关同意让他入境，但是他必须先经过特别登记，也就是我上面提到过的对25个中东地区公民的特别登记，然后才让进去。学者说，这样的话，我干吗要去呢？他拒绝登记，结果只有放弃出席原计划中的学术会议。

问：我有两个问题，第一个问题是，可能您还认为美国的政策还是一个文化相对主义，希望更多地吸纳外国留学生，让世界更多地了解美国，让美国领导世界这么一个政策。我们也都知道在克林顿时期，主要还是以这样一个方针为主，到了小布什时期很多人说，美国是以保守主义为主基调的，我想问的问题就是，因为美国开始的时候是以白人和清教文化为主体的一个国家，现在美国已经很多元了，有很多的亚裔和拉美裔居民，那么美国的政策会趋于保守一些，以确保美国的主流文化不受侵害，就是说他们觉得美国已经够多元了，而避免吸收更多的留学生。另一个就是您刚才提供的数据，留学生数印度去年增长了22%，中国增长了7%，这跟美国在亚洲的一些政策以及美国跟中国和印度的关系有什么联系吗？谢谢。

答：第一个问题，我觉得，答案是否定的。什么是美国的主流文化呢？美国的主流文化就是多元文化，没有人说是白人文化。美国是利用了世界各地的精英来维持自己的实力。我也不认为因为布什政府现在的政策，美国就会排斥外来文化。这类事情在美国不是第一次出现，基本上是反复多次，发展到了一定的程度后，社会自身就会调整，行不通的东西，它自己就会改变。美国领导人是靠选民才能坐到这个位置上的，不是他们想怎么着就怎么着。第二个问题呢，我不认为印度去美国的人多是印美关系的反映。从".COM"最热的时候就有大量的印度人到美国去，这是一种趋势，不是说跟美国的政策有什么关系。因为，招生都是各个学校之间，公立学校会有一些限制说哪一类奖学金是不可以给外国人的，私立学校完全是自主。另外印度人说英语，交流障碍少。至于印度人到美国学博士的少，可能是他们互相间的影响比较大，就是说一两年后就去工作，我想这个趋势还会延续的。

问：我想问的也是一个关于签证的问题，我们知道2001年6月份，我们的签证就已经变得很困难了，然后我们97级的一些师兄师姐们由于签证的问题至今还没有走，那我想这个东西到底跟"9.11"有关系吗？美国的政策我的感觉好像跟布什政府的上台有关，而跟"9.11"并不是关系密切。您怎么看？

答：我刚才说了，一个就是学校资格认证大量滞后，影响了签证的审批。另外，原来并不是每个人都要去领馆面试的，尤其是那些集体的，都是免面试的，"9.11"后领馆就要求所有人都要去面试，面试官还是那几个人，那你就只能排队了，不过这个关你就拿不到签证。所以我认为更多的不是布什政府的政策，而是实际操作的困难，没有足够的人力物力来加速签证审批，所以才造成了这种情况。我相信明年情况会好转，因为这个系统实施了一年以后，许多技术问题应当已经克服，进入了一个比较成熟的阶段。

美国人：我应该强调，你们都应该去驻美国三藩市的中国领事馆，让他们来北大搞签证。这是一个比较长的手续，所以我觉得您强调的改变还是很重要的，一定跟"9.11"有关。但是你住在人家的国家里，必然有当地的警察知道你在哪，我搬家我也得去公安局，他们也得问我住在哪到底在干什么，然后交一大堆照片。

韩叶龙：我做这个讲座时就觉得，其实中国人早就感受了，美国人就是不做。(笑)

听众：你办签证办了多长时间？

美国人：两天。

听众：这里的学生要用两个月。

美国人：我说的两天是排队。(笑)不是两天都拿到签证了。

韩叶龙：还有一个就是今年3月美国国土安全部正式成立，很多部门调换，并来并去的，这段时间，各部门的职权界定就很混乱，你的材料没让他们给弄丢了已经是万幸了，这个在移民局是常见的事情，他们弄丢了以后，你还在等呀等，再去问时，人家又找不到你的材料，你就只能从头开始。

问：谢谢韩博士，您在美国生活了这么多年，肯定也接触了不少赴美留学的中国留学生，所以我就非常想了解一下，一些在美的中国留学生的情况，比如说他们的成绩，他们的生活，在课余时间他们需不需要去打工，以及他们中会有多少在未来会回到中国，又有多少会继续留在美国发展，谢谢您。

答：一个巨大的题目，(笑)要是讲在美的中国留学生，我要从1900年开始讲，就太多太多了，今天不可能讲完。打工是当然，大部分的学生到美国都要打工，打工是一种生活的体验，中国学生，至少是我们在中国做学生的时候，是很少打工的。美国学生打工，跟有钱没钱没关系，有钱人也去打工。学生根据不同的专业都有活动，学术的交流也有，我知道至少社会科学他们每年开学术研讨会。至于他们将来如何选择，又讲到我熟悉的一个话题。韩战爆发以后，很多中国学生都想回国，美国就非不让他们走，说不能让红色中国白白获得他们在美国获得的知识。其实并不见得当时的中国学生都因为喜欢共产党而回国。这些人出国的时候都是二十五六岁的男孩子,单身,留了五六年学,他们有自己的问题。当时在美的中国学生的男女比例大概是20:1,(笑)中国孩子找外国人也根本不可能,所以有很多具体的原因,他们就是要回来。(笑)所以留学国外的学生,在决定去留的问题上,除了特定时代所难以避免的政治原因和其他限制外,还会有种种个人因素的考虑。

(2003年11月18日)

思维方式与跨文化交流

■ 关世杰

关世杰，北京大学新闻与传播学院教授。1981、1984年先后在北京大学历史系获学士与硕士学位。1988—1990年在哈佛大学访问学习。1984年到北京大学国际政治系任教。1991—1996年任国际文化交流教研室主任。1996—2001年任国际传播与文化交流系副主任。2001年起在新闻与传播学院任教。现为国际大众传播研究会（IAMCR）会员，北京哈佛校友会副会长。

同学们，大家晚上好！我今天与大家谈谈思维方式的差异会给跨文化交流带来障碍的问题。随着交通和通讯的便利，各国人民之间的交流越来越多。在跨文化的人际交往过程中除了政治因素、经济因素、利益因素以外，文化因素也是影响人们交流通畅与否的一个重要因素。文化差异常是文化交流过程中要克服的一种障碍。由于时间关系，今天不可能讲及影响跨文化交往中的各种文化因素，今天晚上我只就诸多文化因素中的一个方面，即思维方式上的差异对跨文化交流的影响谈一些粗浅看法。具体谈三个问题。一是不同文化中的思维方式；二是分析一下中美主流文化思维方式的差异；三是讲一讲思维方式差异给跨文化交流带来的影响。前两个问题是进行一些理论探讨，最后一个问题想联系实际，讲思维方式差异给我们实际交往和讲话行文中会带来哪些障碍，以便提高大家的跨文化交流意识，提高交流的技能。

一、不同文化中思维方式的差异

不同文化中的思维方式是否有差异或者有所偏好？我想从两件具体小事谈起。第一件小事是信封的书写方式。在美国的中国朋友给我写信，信封上收信人地址的写法是：中国　北京　北京大学　新闻与传播学院　传播系　关世杰；在美国的美国朋友给我写信，信封上收信人地址的写法是：Shijie Guan, Department of Communication, School of Journalism and Communication, Peking University, Beijing, China（直译成中文是：世杰关、传播系、新闻与传播学院、北京大学、北京、中国）。信封的写法中，中国人和美国人在思考空间概念的顺序上正好相反，这就是思维方式上的差异。第二件小事，时间的表达法，对现在的时间，我们中国人表达的顺序是2003年11月23日7点02分。而对这同一时间，美国人则说，It is time of two minutes past seven, 23th, November, 2003, 中美两国主流文化对时间概念的表达顺序上，也正好相反。从上面两个司空见惯的小事中，我们可以看出，中美主流文化对一组信息的陈述排列，即思维方式是有差异的。

在我们的思维活动中，有些反复出现的、相对稳定的思维程序，就是思维方式。20世纪80年代，中国的导弹之父钱学森先生倡导研究思维学，他对思维学的界定是："思维学是研究加工信息，而不是研究如何获取信息，那是人体学的事。"思维方式是指如何加工进入头脑中的信息，大脑对信息加以处理的过程，不包括对价值的判断，对真善美的判断，而只是信息加工过程。当然，实际上我们的头脑在对信息处理和加工的过程中也包括了对价值的判断，但我们在讲思维方式的时候，为了把这两个问题分开，我就暂不讲对信息的价值判断。

实际上，不仅两个主流文化之间，而且一个主流文化内部，不同亚文化之间也有思维方式的偏好或差异。比如说，北大和清华的学生，都是中国重点高校的学生，但是他们的思维方式也有一些差别。我前些年接触到一些曾在北大、清华工作的领导和院士，他们说两所学校学生在思维方式上有偏好或差异。有一次在北京哈佛校友的聚会上，我遇见了一位曾经在北大工作多年后来又到清华工作的一位院士,在交谈中,由于我的跨文化交流专业所致,也就自然问他,"北大学生与清华学生有什么差别?"他没假思索,脱口而出:"差异很明显,北大的学生经常问'Why do it?',为什么这样?而清华的学生经常问'How do it?',怎样做?"形成这种情况的原因和两个学校的差异有关,20世纪50年代初我国院校调整后,北大主要的院系是文科和理科,习惯于追根溯源;而清华呢,主要是工科,更多的是研究如何去做。不同的教育模式对学生的思维方法有一定的影响。当然,随着近十多年来,北大对工科的加强,清华对文科和理科的加强,这种情况可能不久会改变。也许以后清华的学生也经常问:Why do it?北大的学生也会问:How do it?在主流文化内,亚文化在思维方式等方面存有差异是个很普遍的现象。20世纪60年代,英国一位从事文学研究的学者C.P.斯诺在《两种文化》一书中提出,随着科学文化的发展,人文知识分子和科技知识分子所代表的文化日益分化,形成两种不同的文化,会给人类带来损害,警告说这两种文化应该合作。

不同主流文化中存在思维方式的差异,在20世纪40年代末以来,已经被不同学科的学者所注意。哲学家普瑞布莱姆(Karl Pribram)在1949年出版的《冲突的思维模式》一书中,提出西欧国家存在四种思维方式偏好:归纳推理,他认为英国人偏好归纳推理,也就是从特别到一般;而法国人呢,则偏好演绎推理,就是从一般到个别;可能因为当时第二次世界大战刚刚结束,他就认为德国人的思维方式是一种直觉的推理;再有就是辩证逻辑的方法,这在西欧信奉马克思主义的人中流行。

语言学家卡普兰(Kaplan, Robert B.)1966年从文章写作风格角度,对不同文化思维方式差异进行了分析。这位学者曾经教授留学生英语,第二次世界大战以后,有许多人到美国留学。第一年留学生英语通常不是很好,需要补习英语。留学生英语补习班中的学生来自世界各地,有不同文化背景。卡普兰在教留学生英语时,时常让学生写一些短文。在批改学生作业等教学实践中他发现,尽管这些留学生的作文语法没有错,用词也没有错,但读起来感觉却不一样。经过研究,他认为,这是由于不同文化背景的留学生文章风格和谋篇布局的方法不同,也就是思维方式不同所致。他认为,以英语为母语的人,其文章中是直线式的思维方式;讲汉语或是朝鲜语的学生写文章的时候就爱从大的方面绕圈子,刚开始不说正题,绕半天才开始点题,也就是说这些人的文脉是螺旋式的;以拉丁语(法语和西班牙语)为母语的学生的思维方式接近于说英语的,但表现出的思维方式是以文章中穿插一些离题的句子为其特色。以俄语为母语的学生在文章的段落中常有一系列的猜想式的平行成分和一些并列成分,至少有一半与句子中心思想毫不相关,从本质上说,这些句子从结构上是与从句有关的插入式的补充材料。以闪米特语(阿拉伯语和希伯莱语)为母语的学生的文章中盛行平行式的句法,含有同义语的排比(synonymous parallelism)、综合排比(synthetic parallelism)、正反对照排比(antithetis parallelism)、高潮排比(climactic parallelism)无论是肯定式还是否定式的都是如此。这种平行式的句法在伊斯兰教的经典《古兰经》表现得十分突出。2003年3～4月间在看香港凤凰卫视关于伊拉克战争新闻报道时,在片头上有一首写在巴比伦花园砖墙上的诗句就是这种风格。该诗写道:"我已不知道我是谁/我不知道我是天使还是魔鬼/是强大还是脆弱/是英雄还是无赖/如果你用人类的名义把我毁灭/我只有无奈地叩谢命运的眷顾。"从中我们可以看到这是一种排比的而不是螺旋式的思维方式。

卡普兰用下图表示不同文化背景的学生在写短文或段落时所呈现出的思维方式差异:

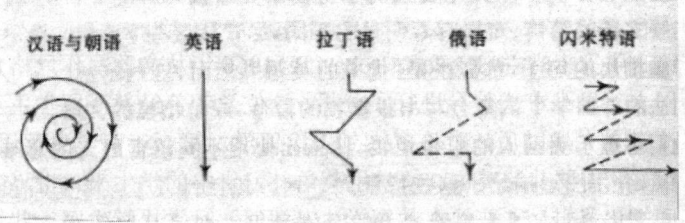

图1

我的一个学生做了一个个案研究。他找了五封国家元首之间的信：康熙大帝怒斥俄军进犯雅克萨信(汉语写作风格)、彼得大帝回信辩驳指责清军不宣而战信(俄语写作风格)、拿破仑致本国的外交部长信(法语写作风格)、美国肯尼迪总统致前苏共总书记赫鲁晓夫信(英语写作风格)、埃及总统萨达特致信勃列日涅夫信(闪米特语写作风格)。他把这些信研究后发现，持这五种语言的国家元首写作风格所体现的思路和卡普兰的图相符。体现出反映了不同语言文化中思维方式的差异。

有位日本学者石井哲对日本人的思维方式进行了一个分析。他认为日本人的思维方式是跳跃式的，是从一个主题跳到另一个主题，再跳到第三个主题，是一种跳跃式的思维。日本俳句是这种思维方式的体现。

上面我们简要地说了一下不同学科学者对思维方式差异的一些探讨。形成思维方式差异的原因有哪些？学者们认为，有长期的，也有短期的，有内因，也有外因，与生产方式、历史传统、地理位置、哲学、宗教、语言等都有关系。我个人的看法是思维方式和语言文字的关系密切。思维方式和语言之间的影响是相互的。根据人类进化论理论，从历史先后的角度看，当然是先有思维方式再有语言，因为据语言专家推测，人类有语言的时间大致在3万～4万年以前，而猿进化为人已经有50万～60万年了。所以思维方式影响语言。但在语言形成以后，语言又反回来影响思维方式，婴儿在成长过程中，语言是重要的交流媒介，语言对其思维方式的影响是很大的。语言若仅仅被看作交流思想的工具，这种看法是片面的。每种语言都是一个文化的诠释系统，其实包含了很多内容。影响不同文化思维方式差异的原因是复杂的问题，今天不在此详细探讨。以上是今天谈的第一个问题，不同文化之间在思维方式上有一定偏好或差异。

二、中美主流文化在思维方式上的差异

世界上有几千种文化，人们难以了解中国主流文化与各个文化之间在思维方式上的差异，只能找重点谈谈。当今最有影响力的文化是

美国文化。美国文化和中国文化交往最多。美国文化是源于古希腊罗马文化的西方文化中的一支。下面我们看一看中国主流文化与美国主流文化在思维方式上到底有哪些主要差异。我认为，两者的差异主要体现在以下三个方面：

1. 在有关一组信息的内在联系方面，中国人偏好形象、直观、类比思维，美国人偏好概念、逻辑思维

什么是形象思维？什么是逻辑思维？形象思维就是对大脑中的形象进行加工改造，形成新的表象的心理过程。比方说我们想起一个熟人或一道美丽风景时，头脑中就会浮现出相应的形象，这就是形象思维。逻辑思维就是对概念进行判断推理的一些思维活动。比如说，文学家艺术家偏重于形象思维，但也有逻辑思维；数学家则偏重于逻辑思维，但也需要形象思维。实际上地球上每个发育正常的人都有发展逻辑思维和形象思维的能力，只是由于不同的历史背景，不同的文化形成了不同的偏好。对比中美文化，可以发现中国人更偏好形象、直观思维，而逻辑思维不是很发达。相形之下，美国文化作为西方文化的一个分支，则更偏好概念和逻辑思维。作出这样的判断有什么根据呢？我们通过一些现象来说明。

汉语中"逻辑"这个词是来自音译英语的外来语。随着近代以来中国与外国的交流的增多，20世纪初严复在翻译英文文献中碰到"logic"时，在汉语词汇中，没有合适的词汇和它相对应，只好音译为"逻辑"，也就表明在20世纪初的时候，逻辑学在中国尚未得到充分发展，从文化发展史中可以看到，中国的逻辑学并不发达。

中国的语法成书非常晚是另一个旁证。语法和抽象思维是密切联系的，语法是人类思维长期抽象化的结果，语法规则实际上反映了人类思维的逻辑规则。1898年中国才有了第一部汉语语法书《马氏文通》。书的作者马建忠到欧洲游历后受到西方拉丁语语法的影响，参照西方语法写了中国的第一本语法。而希腊的语法书，公元5世纪就已经有了，并且对现在的语法仍然有巨大的影响。印度文化也很早就有语法书，公元前5000年的时候就有梵文语法。

汉语中的量词比英语中量词丰富得多，也是一种旁证。量词是表

示人、事物和单位的词,中国词汇的量词很多,一面红旗、一颗星、一把伞、一头牛、一只羊、一匹马、一罐茶、一盒火柴、一盏灯、一册书、一杆笔、一张纸等等,汉语中量词与名词的搭配往往与名词的形象有关。而英语中的量词很少。就是由中美文化在形象思维上的差距所造成的,这是在语言文字学方面,中国主流文化比美国主流文化更偏好形象思维的一种表现。

以上是从人文科学中找到的证据,下面我们看一些自然科学家的说法。著名数学家陈省身在《什么是几何学》一文中,比较了中国的《九章算术》和西方亚里士多德的《几何原理》后认为,中国没有纯粹数学,都是应用数学。著名的数学家吴文俊教授说"西方数学从公理出发,中国从问题出发",从上述两位著名数学家的说法中,隐约可见中西思维模式确有不同之处。陈教授和吴教授都是自然科学家,中西文化的差异问题不是他们所专,因而更是客观可信的。世界著名中国科技史专家英国学者李约瑟,对中国人民非常友好,对中国历史上的科技大加赞赏,不存在西方中心论的偏见。他说,"总的说来,像希腊的演绎几何学和形式逻辑那些概念,在中国人的思想上是比较少的。"

从中医和西医的区别中也可以看出两种思维方式的差异又是一个旁证。如果说医学是一门自然科学,那么它是自然科学中最具人文性的一门科学;如果说他是一门社会科学,那么它又是社会科学中最具有科学性的一门学科。按照李约瑟博士的说法,到当今为止,中西方在数理化等自然科学方面都融合了,惟有医学如今并没有完全融合,依然各成体系。尽管中医和西医都历来重视感官的变化所带来的信息。但中医看病讲望、闻、问、切,善于直觉思维,从现象洞察事物的本质。西医强调逻辑思维,习惯从局部分析入手,采取由个别到共性的形式,将同类事物的共性总结出来,是由具体到抽象的思维过程。

中国主流文化中亚里士多德式的逻辑思维不发达,在说服方法上形成了中国人所偏好的中国式的"逻辑",即喜欢类比和相关的思维方式,不是美国主流文化在说服人时更为强调的亚里士多德式的逻辑。

上面我们谈了中国人偏重形象、直觉思维,而不善于逻辑思维的特点。钱学森认为,思维有三种:逻辑思维、形象思维和创造思维。第一种是微观法,第二种是宏观法,第三种则是微观法与宏观法的综合。中国主流文化和美国主流文化在形象思维和逻辑思维上的偏好,即中国偏好宏观,美国偏好微观,这对两国文化的方方面面都会带来很大的影响。

2. 中国人更偏好综合的思维,美国人更偏好分析的思维

在思维过程中,在理解一组信息的切入点方面,中国人偏好综合思维或宏观思维,而英美人偏好分析思维或微观思维;在信息的排列组合方面,中国人整体思维优先,而英美人则是个体思维优先。作出这种判断的证据有以下例证。讲演一开始讲的两个小例子,信封的写法和时间的表达法的差异就是中美在时空观表达方面在整体思维和个体思维优先方面的表现。此外在姓名表达方面中美也是如此,中国人通常是姓(表明家族的字)在先,表明一个人的称呼在后;而美国主流文化恰恰相反,表明家族的字在后,表明一个人的称呼在前。算盘是具有中国特色的计算数目的用具,大家以前都学过算盘,中国人在使用算盘的时候,加减乘除,都是从大位数开始手,比如说十五加十六,就是从十位开始;而引入西方算术后,我们现在都是从个位开始。中国人在用两个字组词的时候,表示大概念的字在前,表示小概念的字在后的情况占绝大多数,例如,大小、多少、多寡、长短、尺寸、粗细、年月、分秒、高矮、胖瘦、宽窄、斤两、锱铢、长幼、兄弟、姐妹、百十、国家、省市、取长补短、长年累月、长吁短叹。相反的只有轻重、轻重缓急等不多的几个。这些都是中国文化中偏好整体优先的表现。

此外中国文化的三大国粹——中医、京剧和国画都体现有中国人偏好综合思维的特点。先从京剧来看,京剧是清朝乾隆年间综合徽调和汉调等地方戏剧发展起来的。中西方的戏剧发展史中,中国注重综合,西方注重分析。西方戏剧是一源分流,中国戏剧是多元综合。西方古代戏剧是诗剧,最初也包含着歌舞成分。在戏剧发展过程中,歌剧逐渐分离出去,形成歌舞剧,戏剧就成为用对白进行表演的"话剧"。中国戏剧由原始歌舞、优人、百戏、参军戏等多种源头综合发展而成。

戏剧形成后,歌舞成分没有减弱,而是增强,音乐成为戏剧的灵魂。京剧讲究唱、念、作、打,是西方歌剧、话剧、舞剧的综合,此外再加上中国独有的武术。

国画的发展历史中,最初中国的绘画也只有画。到了宋代之后在绘画中逐渐增加了题字、题诗和印章,使国画这种绘画艺术中,又增加了书法、文学和雕刻艺术。

医学上来讲,现代西医学是以文艺复兴时期建立的人体解剖学为基础发展起来的。西医的理论出发点是解剖概念、疾病定位和寻找病原。而中医就不是源自解剖。中医更偏好综合与整体。中医不仅把人体本身看作是一个整体,而且强调天人合一的思想。因此中国的传统不重视精确的量化关系,也不注重事物的结构,它所要求的对应是与自然界整体的对应性,不强调概念与实物之间严格的一一对应关系。由于这种文化差别,造成了西医学重分析、中医学重整体的不同特色。最近到北医三院去看病,中医的专家门诊中,前三名的中医专家,在特长方面都写着:医治各种疑难病症。在西医的专家门诊所擅长看的疾病中,分得很细致。依然体现着中医看病注重整体和综合思维,而西医看病注重分析思维的特点。西医看病是"头疼医头,脚痛医脚",而中医讲究全局和整体,特别是中医的一套经络学说,经络构成全身的信息联络网,一旦不通就要生病,治病不是头疼医头,脚疼医脚,而是通盘考虑,例如,失眠可以按摩脚底的涌泉穴、手腕内侧的内关穴、小腿的足三里穴。

3. 中国人比较注重对立面的统一,英美人比较重视对立面的对立

在对一对概念(例如好坏)的判断上,中国人注重对立面的统一,比如说中国的易经,还有道家思想的太极图。中国的阴阳概念也是互相对立互为补充的,所以中医讲究阴阳平衡,阴阳相生相克,相辅相成,阴阳失调就要生病。中国人讲求天人合一,西方古代哲学强调主客二分,天人对立,人战胜自然,讲求观察、实践、理性的方法。从笛卡儿以来,西方二元对立的线性思维,主客不是相互关联的整体,而是分成各自独立的因素。这种哲学体现在美国人的思维方式中,美国人更注重对立面的对立。

这一特点在中西医学不同的治疗原则上得到了鲜明的反映，现代西方医学强调发挥人的作用，依赖人发明的药物和技术把病原体清除；而中国传统医学则强调人与病原体之间的稳定平衡，这种平衡不一定要把病原体清除，只要求达到人与病原体"和平共处"的状态，即不表现出临床症状。我们从2003年春季抗非典的实践中，就可以看出这些差别。在抗非典的过程中，广州中医大教授邓铁涛和记者的一番对话说明了问题。

邓教授说，此次温病属寒邪内侵，应用升阳发散之法。

记者问，现在没有找到非典病因，也没有确定是哪种病毒，如何采取针对性措施？

邓教授回答说，中医看病，不必搞清敌人是谁，只要把人体调整到正常状态就行了，至于杀敌，用什么武器杀敌，那是人体自身组织系统的事。西医采用的是对抗疗法，需要找出敌人，再用药品予以消灭。

从上面的对话中，反映出中国传统思想趋向于中庸，趋向于和；而美国人趋向于斗，趋向于对立。

中国人比较注重对立面的统一，也体现在人们的日常说话中。例如，目的和手段。中国人的目的和手段，不是截然分开的。常听到这样的说法"文化不仅仅是手段也是目的"，"民主不仅仅是手段也是目的"，文化到底是目的还是手段，民主到底是目的还是手段，中国人不是分得一清二楚。江泽民主席在北大百年校庆的时候就提出对当今大学生的期望："坚持学习科学文化与思想修养的统一，坚持学习书本与参加实践的统一，坚持实现自身价值与服务祖国人民的统一；坚持树立远大理想与进行艰苦奋斗的统一。"我认为，这也是中国人偏好对立面统一思维方式的一种体现。

上面我们说了中国人的思维方式与美国人的思维方式三个方面的主要区别。应当指出：首先，不同文化思维方式的差异，只是偏好和强弱问题，不是有无问题。举例来说，中国古代就有"古之欲明德于天下者，先治其国；欲治其国者，先齐其家；欲齐其家者，先修其身；欲修其身者，先正其心；欲正其心者，先诚其意；欲诚其意者，先致其知;致知在格物。格物而后知至,知至而后意诚,意诚而后心正,心正而后身修,身修而后家齐,家齐而后国治,国治而后天下平。"这就体现了中国人的分析思维。所以说,不同的思维方式只是偏好与强弱问题,而不是有无的问题。其次,各文化的思维方式随着时间和认识的发展而发展。自鸦片战争以来,中国吸收了许多西方文化。我们现在中学里学的平面几何、立体几何、解析几何、代数等课程都是从西方引进的,这些都是对逻辑思维的训练。第三,我们刚才讲的多是主流文化中思维的差异,在主流文化中的亚文化中,不同地区、不同行业,不同时代的人,思维方式上都有细微的差异。另外,思维方法存在于人类思维活动的各个领域,各个层次,会影响到我们生活的方方面面。季羡林先生曾经说过"东西文化有同有异。其间之异,无论如何是否认不了的。我对中西文化的看法究竟是什么呢?想起来似乎很复杂,说起来其实很简单。我认为,东西文化差异之根本原因在于东西方思维模式之不同,东方的思维模式是综合的,而西方则是分析的。"

三、思维方式差异对跨文化交流的影响

思维方式的差异是对跨文化交流的一个障碍。这种障碍表现在哪儿呢?由一种思维方式组织起来的一套语言信息发出后,接收者以另一种思维方式去破译或者重新组织,就可能不习惯、不适应、不对口味,甚至会发生歧义或误解。一席讲话或一篇文章,在甲种文化中的人看来是符合逻辑的,在乙种文化的人看来就不那么符合逻辑;在甲种文化的思维方式看来是思路清晰,很好理解,在乙种文化的思维方式看来就可能显得思路混乱,比较费解;在甲种文化看来是有说服力的,在乙种文化的人看来,可能就不那么有说服力。所以说,思维方式确实是我们交流中的一个障碍。下面我想举几个例子。

课堂教学。在课堂上,美国文科学生更习惯于从个别到一般,所以在美国,老师上课,总是对学生先讲个案,再总结出条条。中国学生可能是更习惯于整体优先,先讲条条,然后举例。我曾经遇到一个

台湾学者李教授，他在台湾和香港教过一段书之后，到美国一所大学教书。他以自己的教学经历对我说，他在美国一开始按照在中国讲课的方式备课，先讲条条框框，再举实例说明。这种讲法美国学生就不爱听，打瞌睡，觉得没意思。后来他就先讲例子，再作分析，这样学生就比较容易接受。

会谈或谈判内容的先后次序。谈判或交流中从哪些问题谈起？许多美国人先从具体问题谈起，中国人常常从原则谈起。一次，一位美国友人要给我校某学院捐一笔钱，用于图书馆资料室的建设。在会谈过程中，中国人体现了整体思维，先问：他准备捐多少钱？然后根据对方的捐款额，考虑有了这样一笔钱我可以买哪些设备，买哪些书籍，也就是说根据对方的捐款数来决定购进哪些东西。而这个美国人却从具体问题问起，问图书资料室需要购置哪些书刊、订阅哪些期刊、增添哪些设备，一条一条开列出来，算出需要多少经费，然后再决定捐多少钱。中方由于没有事先准备，提得不具体。这次会谈给这位外宾一种该院图书资料室并不十分迫切需要改善的印象，因为中方不能开列具体清晰的需要添置的书刊和设备及价格的清单。

行程安排。习惯于整体思维的人，常是定好大的时间框架再考虑细节安排。而习惯分析思维的外国人常从细节时间考虑，然后再得出总体时间。下面是我国前驻德国大使卢秋田经历的90分钟与108分钟的故事。

那次我国领导到欧洲访问，按照惯例，我要和德国外交部礼宾司商讨在德的日程安排，初步定下来之后向国内进行了汇报，国内作出几点指示，其中一条是认为欢迎宴会的时间108分钟太长了，要求不要超过一个半小时。德方并没有直接回答可以还是不可以，而是不慌不忙地拉开抽屉，拿出了一个计算器，边按计算器边对我说："尊敬的大使先生，您请看，这场宴会德方将有36人参加，中方主宾进来后，将同向站成一排的36人依次握手致意，平均每人15秒钟，36人就是9分钟，按照惯例大家还要站着寒暄一阵，然后各自就座，这又要9分钟的时间。从侍者倒酒到上第一道菜是10分钟,然后两菜一汤平均每道连上带吃是20分钟,共计60分钟,主食上完后,我方主人将致欢迎词,连讲带翻译一共是5分钟,最后是甜点、咖啡,15分钟,总共108分钟一分钟也不能少。"我们被他搞得啼笑皆非,这次会谈就这样无功而返。第二天,在谈别的事情时,又谈到这个问题,德方依然固执己见,最后我只好说:"我们先按90分钟准备吧,实在不行再来108分钟,我也好向国内汇报。""那怎么行?"对方一脸严肃地说,"18分钟是很大的差别,我们都已经反复算过了,无论如何省不出这些时间。"回来后,我与驻邻国使馆联系了一下,说到商谈日期时,他们很奇怪我们这边居然还未定下来,说他们谈日程,10分钟就搞定了。可是结果他们那里的欢迎宴会进行了两个半小时才结束,而德国的欢迎宴会却基本上控制在108分钟。

新闻报道的差异。中国的新闻报道总是从大到小,从整体到部分,从宏观到微观。而美国呢,是从小事到大事,小中见大,从部分到整体,从微观到宏观。

人际交往模式的差异。人际关系一般分为两种,一种是专一型,一种是扩散型。专一型一般是分析性思维方式所致,扩散型则由综合型思维方式所致。在一个专一型文化中,一个经理将其与下属的工作关系和其他相互关系截然分开。在上班时间我是经理,你是职员;在下班时间,你是你我是我,谁也不制约谁。在扩散型文化中,一个经理将其与下属的工作关系和其他相互关系密切相联。也就是说,你上班时是经理,下了班还是经理。专一型与扩散型在处理人际关系方式上是不同的。

下面我们来看一份问卷:

一个老板请自己的下属帮自己粉刷房子。这个下属不愿意,和自己的同事商议对策,有两种意见:

不去:如果你不想去就不用去,在公司里他是你的老板,在公司外边他无权指挥你。

去:尽管你不愿意去,可是还得去,他到底是我的老板,即使在公司以外的工作,我也不能无视他的权威。

你遇到这种情况,你去还是不去?

对这个问题,不同的文化就会有不同的回答。调查结果显示:中国人只有30%说不去,而瑞典、荷兰人有90%说不去。在西方,生意上的事与友谊上的事之间是分开的。再听一个卢大使经历的故事:

我在卢森堡任大使期间(1988—1993),有一次邀请五对刚刚访华归来的朋友来使馆做客并设宴招待,席间他们畅谈了访问北京、上海、西安等地的观感,大家谈得十分愉快,气氛也非常热烈。告别时这些朋友一再感谢中方的访华邀请和当晚的丰盛晚宴。

次日上午,国内一个级别较高的代表团从布鲁塞尔过来,我去火车站迎接。因去得很早,就在火车站附近转转,徒步进了一家书店,看到转动式的书架上有不少当日报纸,便翻阅起来。正看着,有人过来和我打招呼,原来此店的老板正是我昨晚宴请过的S先生。我们很高兴地握手问好,他又兴奋地谈起了昨晚的情景,说他和夫人度过了一个愉快的夜晚,并希望改日邀请我共进晚餐以表谢忱。他还向我介绍了他这家书店的情况,并说他每周来书店两次,今日与我在此邂逅,感到非常荣幸。两人谈了一会儿,我一看时间快到了,便准备告辞,顺手拿起一份刚才看了一半的报纸打算去付钱,他从我手中接过这份报纸,我以为他准备送给我,但没想到他看了看报纸标价后,就快步走到收款处,拿了一张收银机打的发票给我。我拿出钱夹,如数付给他50法郎,他很坦然地把钱收下,然后非常客气地送我到门口,嘴里说着欢迎我常来,并再次表达了他的邀请。同行的司机兼使馆招待员说,昨晚来使馆赴宴的不就是这个胖子吗?为什么区区几十法郎的一张报纸还要收钱,太不够意思了。我说,老李呵,你不知道,他们就是这样。

时隔不久,我果然收到了他的请柬,邀请我们夫妇在卢森堡最著名的米歇尔饭店共进晚餐，其他客人还有卢森堡国务委员及一些社会名流约十余人。晚餐十分丰富，龙虾、红鱼片、香槟酒等应有尽有，其规格可以说不亚于宫廷的宴请。根据当地价格估算，每人花费至少要在5000法郎（约合人民币500元）。在回家的路上，我又想起那50法郎的报费。这倒不是我对50法郎耿耿于怀，而是从50法郎与5000法郎的对比中又一次体验到那句话（友谊是友谊，生意是生意）。

下面我们再看一看思维方式差异对写文章的影响，思维方式的差异会影响到说话行文的遣词造句。中国人习惯于形象思维，在文章中，为了使文章鲜明、生动，用词上，特别喜欢用形象词汇；造句上，多用比喻。在汉语修辞中大量用"比"，用得多，用的方面广。"比"的方式有种种，总的就是不直说，而以此喻彼，让听者或读者自己去理解。大量的、多方面的用"比"，反映汉民族文化传统的一个侧面。下面我们来看《三国演义》中对张飞的描写："身长八尺，豹头环眼，燕颔虎须，声若巨雷，势如奔马。"而巴尔扎克在《欧也妮·葛朗台》中对葛朗台的描写是这样的："他身高五尺，臃肿横阔，腿肚子的周围有一尺，多节的膝盖骨，宽大的肩膀，脸是圆的，乌油油的，有痘瘢，下巴笔直。"两者相比，前者比后者用"比"要多得多。

华丽的中文翻译成英文以后英美人会如何评价呢？下面来看一篇描写中国江南龙舟节的文章：

中华大地，江河纵横；华夏文化，源远流长……（然后才讲到本地，再讲到龙舟节）轻快的龙舟如银河流星，瑰丽的彩船似海市蜃楼，两岸那金碧辉煌的彩楼连成一片水晶宫，是仙境？是梦境？仰视彩鸽翩飞，低眸漂灯流霓，焰火怒放火树银花，灯舞回旋千姿百态，气垫船腾起一江春潮，射击手点破满天彩球，跳伞健儿绽空中花蕾，抢鸭勇士谱水上凯歌……啊，××城是不夜城，龙舟会是群英会！

它的英文译文是这样的：

The divine land of China had its rivers flowing across; the brilliant culture of China has its root tracing back long. The lightsome dragon-boats appear on the river as though the stars twinkle in the Milky Way. The richly decorated pleasure boats look like a scene of mirage. The splendid awnings in green and gold chain into a palace of crystal. Is this a fairyland or a mere dream? Looking above, you can see the doves flying about; looking below, you can see the sailing lamps glittering.

Crackling are the fireworks, which present you a picture of fiery trees and silver flowers. Circling are the lantern-dancers, who present you with a variation of exquisite manner. Over there, the motorboats are plowing the water, thus a tide stirs up. Over there, the marksmen are shooting to their targets, thus colourful beads whirl around. ... all claim a strong appeal to you. Therefore, we should say: xx city is a city of no night; its Dragon-Boat Festival a gathering of heroes.

一位在中国外文局工作多年的美国新闻工作者看到这篇译文后，坦率地写出了评语。他认为该文充满了极度夸张，不仅不知所云，而且令人发笑。对于外国读者，华丽词藻一般只能减少传播的清晰性和效果，甚至被视为空话冗词和夸大宣传。尤其是英语读者，更惯于低调陈述，而不惯于用词强烈。

由于中国人偏好整体思维，因而喜欢使用高度概括性的词汇。英美人喜欢使用低度概括性的词汇。比如，中国人习惯说，"毕业班的同学都忙着找工作，没有心思学习。"（毕业班的男同学都忙着找工作，没有心思学习。）而实际上，毕业班的学生有男生也有女生，有找工作的，也有忙着出国的。所以这句话只是一种高度的概括，并不准确。而美国人习惯说，"毕业班的汤姆在忙着找工作，没有心思学习。"这是具体的信息。一位来华教英语的老师说，"当我教英语写作的时候，我读到的学生作文常使我想起中国的国画（指水墨写意画）。例如，一个学生可能会使用'顽皮的男孩'(naughty boy),而不加以进一步的描绘,经过许多年我才理解,顽皮的男孩是一种形象(image),一个固定的词组,表示一种在人们头脑中的感知的对象,它本身就带有一些不必要进一步描述的细节。当中国人使用短语'顽皮的男孩'、'可爱的女孩'(lovely girl),期望读者去产生许多关于该短语的联想,用这些联想去填充细节。"中西方的不同在于西方读者不会对这类短语有与中国人同样的联想。西方读者在其头脑中不会有同样的感知对象。西方读者习惯于对细节全面和具体的描述,因而他们不会作出这样的联想,甚至会运用自己的联想去填充细节。对西方人来说,这些短语听起来又模糊又空洞。

中国写文章的人在谈层次的时候,通常使用"顶级"(top)、第一位的 (leading)、著名的(famous)。他们应记住,从低语境文化来的读者不会发现陈述传达什么意思,除非由特定的事实给予支持。这就是我在把汉语的语言图片翻译成英文语言图片时的劝告。由于中国人偏好形象思维、英美人喜欢逻辑思维,中国汉语造句如大江流水,后浪推前浪;英语则如参天大树,枝繁叶茂。

思维方式还会影响到人们说话行文的谋篇布局。文章的文体可分为多种类型。无论什么文体的文章,由于中国人有整体思维的偏向,都习惯于写得有头有尾,来龙去脉交代清楚,起承转合不可颠倒,注重结构的完整性。中国的文章,常常用非常概括性的话开头。各个段落之间常包括一些与文章其他部分似乎不相关的信息。作者的观点或者建议常常不直接表达出来,或以不明显的方式表示出来。但这样的文章在美国人看来却有不少毛病,一致指出其两大共同缺点是"重点不突出"和"连接性差"。美国人的文章有一个固定的焦点,文章中的所有细节都围绕着中心观点展开。作者的观点在文章的一开始就鲜明地表达出来。

中美思维方式的差异也体现在记叙文中。中央电大有一本教材《基础写作学》(刘锡庆著,中央广播电视大学出版社,1985年)介绍了几种写作技巧。其中有些技巧可能中英文通用,但是有一种被称为"曲径通幽"的技巧则不一定适用于英美读者:"'曲径通幽'法。古人说:'文似看山不喜平。'(见清·遥游《李觉出身传评语》)这是对人们阅读心理、审美要求的一个合乎规律的总结。'平'即'直','直'则'板'。直露、呆板,就很难动人。所以,总体而论,'记叙'性文章(特别是散文)的审美要求,不是'小巷赶猪——直来直去',不是'作直头布袋',一气'倒出',而是要起伏多变、婉转生姿,像'黄河九曲'一样,斗折弯转,腾挪跌宕。"中国的文人墨客从来都与平铺直叙、直白如话的表达方式不共戴天。比如中国的一首古诗:"妆罢低声问夫婿,画眉深浅入时无。"表面上看来是新婚的妻子在问丈夫,妆化得怎么样了,实际上是作者在向主考官陈述自己科考以前的不安。这种写法在英美文章中是很少出现的。以英语为母语的读者所期待的是一种以直线式展开占主导地位的思维过程。一段英语的记叙性段落通常包括:①首句点明主题。②对该主题细分成一系列小的论点。③用例子和阐述来支持各个小的论点。④进而去发展中心论点,并把该论点与全文中的其他论点联系起来。⑤运用该中心论点与其他论点的专有的关系,来证明一些事情,或者为某事进行辩解。有的学者把美国文化的思维方法比喻成"桥"式思维方法,作者用一种明确和直接的方法组织他的思想和表达出这些思想,犹如在主观点 1 和主观点 2 之间架起一座桥梁。读者在接收信息时就像平稳地走过一座桥,因为发送者发出的信息是明确的。而中文的段落大意常不在一段之首,需要读者从中概括。这种"曲径通幽"的技巧,正好与卡普兰把中国人的文章体现的思维方式称为涡轮线式的思维方式不谋而合。"曲径通幽"很容易使人联想起中国的园林。中国古典园林的造园技术就讲究曲折迂回,园必隔、水必曲。与西方的几何直线式的花园迥然有别。中国的写作技巧和中国的园林从不同的角度说明含蓄委婉是中国人的思维特点。中国人喜欢曲折的中国花园,西方人喜欢直线条的西方花园。东西方对文章的形式偏好亦是如此。英美读者对中国人的涡轮线式的写作方法觉得别扭(awkward),认为它是一种多余的拐弯抹角。

中美人思维方式的差异在议论文中也有体现。下面我们先比较一下古代时候的文章。以荀况的《劝学》和 F.培根的《论求知》的头一段为例。

劝　学（荀子）

君子曰：学不可以已。青，取之于蓝，而青于蓝；冰，水为之，而寒于水。木直中绳，揉以为轮，其曲中规。虽有槁暴，不复挺者，揉使之然也。故木受绳则直，金就砺则利，君子博学而日省乎己，则知明而行无过矣。（译文：有学问有修养的人说："学习是不能够半途而废的。"靛青，是从蓝草中提取得到的，但是却比蓝草颜色更浓。冰，是水冻结成的，但是却比水更冷。一根木头，笔直的程度合乎木匠的绳墨，假如，用火使它变弯曲，再把它做成车轮，它的弯曲成圆符合圆规。即使又风吹日晒让它干枯，它也不能再变直了，这是用人力使它弯曲成这样的缘故。所以，木材经受到墨线比量，就可以取直，金属制的刀剑到磨刀石上去磨，就容易锋利。君子只要多方面地广泛学习，并且每天对自己的言行检查、省察，那么就会智慧明达，而且行为也不会有过错了。）

论求知（F.培根）

求知可以作为消遣，可以作为装潢，也可以增长才干。当你孤独寂寞时，阅读可以消遣。当你高谈阔论时，知识可供装潢。当你处世行事时，求知可以促成才干。有实际经验的人虽能够办理个别性的事务，但若要综观整体，运筹全局，却惟有掌握知识方能办到。

比较这两篇文章，我们会发现，《劝学》多用比喻论证和正反对比论证，而《论求知》则多用逻辑论证。两篇文章对引经据典的态度不同，在文章布局上也有不同。《劝学》体现的是曲折含蓄的风格。在一些铺垫之后，其理不言自明，表现出涡轮线式的思维方式。而《论求知》是直导主题，然后层层深入、层层剖析，表现出直线式的思维方式。

我们再来比较现代文章的差异。论说文无论是何种写法，最终是要说服人同意你的观点或结论。中文以《基础写作学》为例。该书介绍议论文常见的五种技法，大多与中国人思维特点有关：其一是"两扇开阖法"，即正反排比，对照成文。其二是"设靶论战法"，即把已有的或可能的错误观点及论调标举出来作为自己的靶子，予以反驳。其三是"古今中外法"，由古代"文论"中"援古证今法"发展而来。其四是"互喻互用法"，即在议论文中的篇章构思上，常常用比喻，巧比妙喻是增强说理的"形象"色彩，使抽象道理化为具象感知的重要手段。其五为"举纲张目法"，纲就是主题，全文的基本论点，目就是分论点，是围绕主题，阐释主题的各层文字的核心意旨。这些方法中都没有很强调西方的亚里士多德的逻辑性。体现的是一种相关论证的思维方法。五种方法中，有三种即"正反对比"、"古今中外法"和"互喻互用法"都体现了很浓的运用相关论证的思维方式。

英文以美国一位语言学家的著作为例。美国语言学者理查德·科(Richard M. Coe)在《过程·形式·材料》一书中介绍，根据亚里士多德的理论，有三种方法对读者和听众有说服力，使读者和听众同意你的观点：一是伦理道德的吸引力(ethical appeal)；二是感情的吸引力(emotionnal appeal)；三是逻辑上的吸引力(logical appeal)。在英文的论述文的要求中，逻辑性被提到了很重要的地位，是三大要素之一。

英文说服性文章(persuasion)的谋篇布局的章法有两种：①古典式的章法：古典式的章法是这样的，首先是引言(introduction)，以下分别是记叙与说明(narration and explication)，主张和分述(proposition and partition)，证明(proofs)，驳斥(refutation)，一些离题的话(digression)，最后是结论(conclusion)。②罗杰斯式的章法是美国心理学家罗杰斯(Carl Rogers)所推崇的一种说服模式。它特别适用于棘手和敏感的论题，或适用于怀有敌意的读者。其文章的段落结构如下：第一部分是引言，然后对作者所反对的观点进行平心静气的陈述，第三部分陈述所反对的观点在某种场合下可能是合理的，然后就开始对自己的观点进行平心静气的陈述，并说明自己的观点在何种环境中是正确的，最后将陈述读者在接受作者的观点后，至少能如何受益。这两种方法的文章结构中都体现了很强的逻辑性。中国论述文的论述逻辑是相关对比联想的"逻辑",不是亚里士多德的逻辑。中国写论说文的要求与美国写论说文的要求相比,前者没有强调亚里士多德式的逻辑,而后者非常强调亚里士多德逻辑性,两者相差甚远。因而,不注意这个问题的话,用中国相关论证思维写出的文章,不容易说服美国的读者。当然,需要说明的是,现在硕士生和博士生的论文都很注意逻辑。我们这里所说的论说文主要指一般的议论文。

一位经常阅读《中国日报》(*China Daily*),曾在中国教授过英语的美国人士形象地说,在西方,议论文的作者似乎是一个追寻真理的战士;而在东方,议论文的作者则是真理的宣传员。照这位人士的说法,我们的论说文在美国读者看来论述的效果不很好。

总之,在当今日益频繁的跨文化交流中,影响彼此通畅的交流,除了政治因素、经济因素和利益之外,文化因素是一个重要的因素,在文化因素中思维方式的差异常是导致误解甚至冲突的一个方面,如果处理不好,也会一招不慎,全盘皆输。

以上是我对今天所讲问题的浅见。谢谢大家。

主要参考资料:
赵光武主编:《思维科学研究》,中国人民大学出版社,1999。
关世杰:《跨文化交流学》,北京大学出版社,1995。
乐黛云:《比较文学原理新编》,北京大学出版社,1998。
[英]李约瑟:《四海之内》,劳陇译,北京三联书店,1987。
《经济参考报》,2003年4月28日。
卢秋田:《差异:一位中国大使眼中的东西方思维》,上海三联书店,2003。
[美]Linell Davis:《中国文化之鉴》,外语教学与研究出版社,2001。
[荷]丰斯·特龙彭纳斯:《在文化的波涛中冲浪》,关世杰等译,华夏出版社,2003。

(2003年6月3日)

自我、命运与心理健康

■ 王登峰

王登峰，北京大学心理学系教授，博士生导师，中共江西吉安市委副书记。1981年9月入北京大学心理学系本科学习，1990年7月取得北京大学心理学博士学位，此后一直在北京大学心理学系从事教学、科研工作。主要研究方向为人格和社会心理学、临床心理学。已在国内外杂志上发表论文40余篇，出版学术专著6部。

我很久以来一直想在北大的阳光大厅作讲座，但是这次主办者给我出的这个题目让我颇费思量，不知道怎么讲才好。新生入学的时候也曾讲过有关从中学到大学的转变的问题，当时这样一个题目主要是针对本科生的。实际上从我的出发点我是希望针对所有新生，但是每年本科生去的很多，研究生几乎没人去，因此研究生院和校团委组织这样一个活动是有价值的。研究生与本科生有很大差别，因为心理健康的问题跟一个人的年龄阶段、生活阅历和所处的环境都有很大的关系，作为北京大学的研究生来讲都经历了很多，包括从中学的艰苦拼搏到大学里的方方面面的丰富多彩的生活，到进入研究生的阶段，各方面的经历和个人经验都在增长，心理健康的问题不像大学新生那样突出，但是我觉得也还是有很多问题值得关注。

我这次讲的题目，叫做"自我、命运和心理健康"，中间这个命运是我临时想到的一个问题，因为中国人在过去很重视命运，前一段时间跟几个朋友交流的时候我突然意识到一个很值得我们注意的现象，现在社会中，很多的人变得越来越迷信了。他们一般属于两种人，一种是农村比较偏远地区的人；另外一种就是有着很好的社会经济地位的人，比如说做官的、做生意的人，经常会不经意地发现他们脖子上挂着一个什么东西，手上戴着一个什么东西。甚至我从报刊上看到有的人做了官以后在家里开个佛堂，早上三炷香，晚上三叩首。为什么这样的人变得越来越迷信？有一次开玩笑时我说，其实想想《共产党宣言》上的那句话你就清楚为什么了，共产党宣言上讲："我们无产者失去的只是脖子上的锁链，得到的却是整个世界"。而做官的和做生意的人他们有权有钱，他们拥有了许多，他们怕失去这些就要找点依靠，但现实生活中有太多不确定的因素，于是他们就会转向命运。这个问题好像与我们研究生关系不是很大，与心理健康的关系好像不是很大，但实际上西方很多人他们觉得中国人的心理健康水平按理论上讲是很差的。但实际考察，中国人的心理健康水平却不像他们想像的那么糟糕，甚至比西方人还要健康。这里边很重要一个原因就是中国人有很多种缓解或者疏减自己内心压力的方法。

在西方社会有宗教的问题，宗教可以起到很重要的作用，对一个人保持心理健康非常重要。我在国外的时候也经常跟一些华人到教堂里面去，看他们做礼拜，看他们各种各样的活动。当时给我一个很深刻的印象，就是我参加的那个组，他们大部分都是台湾过去的、台湾的留学生留下来在美国工作，也有一小部分是从大陆过去的。他们的礼拜做完后，都在谈论什么样的话题呢，都是他们在周一至周五工作中所遇到的各种各样的紧张和压力以及他们对神迹的验证。比如有人讲在高速公路上开车，后面有一辆车很快地就开过去，自己差一点拐到沟里去，但是他马上想到这是耶稣在保护。作为华人来讲他们是很难融入到美国社会各个阶层里面去的，周末的一些这样的聚会对于他们调整一周以来的劳累和精神紧张是有着非常重要的作用的。因此宗教对保护人类的心理健康起到非常重要的作用，包括现在这次美国打伊拉克时在随军人员里面有心理学家、也有牧师，但心理学家和牧师的作用是什么呢，是保持他们的士气，保持他们的战斗力。保持他们战斗力的方法一个是靠神，一个是靠自我，神由牧师来做，自我由心理学家来做,所以说保持心理健康跟人们对待宗教的态度是有关系的。

在中国宗教对人们的生活影响不是很大,但是当人们面临一些不确定的问题,而这个问题对他的影响又很大的时候,往往会有偏向命运的倾向。我下面就给大家一个命运的学术的定义,实际上,命运就是"你认为你是什么样的人,你就会成为什么样的人,跟自我有关系"。因此我想跟大家谈论的是心理健康的问题,但是我希望我们从对自我的认识和对命运的认识以及如何度过在北大的研究生生涯,给大家提一些建议。

我主要从六个方面来讲:一个是研究生面临的压力,大家比我更清楚;第二个是界定一下自我;第三个问题是自我的形成和发展;第四个问题是自我与健康的关系,或者说我们对自己的看法与心理健康的关系;第五个问题我会再次和大家讲到命运;最后我还会和大家探讨一下如何树立学术的自信心。

我在北大工作这么多年,特别是做了教授以后,经常要给研究生评论文,参加论文答辩。在这个过程里我有深刻的体会,我觉得现在很多人缺乏学术的自信心,当他们面对研究结果的时候到底应该如何解释,如果跟已有的理论和已有的模式不能很好的匹配就往往感到非常的焦虑,实际上这个时候可能就是我们创新的时候,是提出自己的理论假设的时候。但是因为缺乏学术的自信心,会给以后带来很多很多的麻烦。因为这是一个交流论坛,我也会尽快把我所要讲的内容讲完,我也会和大家有一个交流。

一、关于研究生面临的压力。

实际上研究生面临的压力是多方面的,首先是学业的压力。研究生阶段和大学阶段在学业上发生根本的变化,实际上讲在大学的时候既是汲取基础知识,也需要去创新知识,或者是说我们要有自己的创新,在大学里这两个成分是都有的。但到了研究生阶段,我想后面一种成分的比重可能要更大一些,我们要把更多的精力放在创新上,而且从进入北大读研究生开始,我们在汲取知识和创新知识两个方面都面临着非常大的竞争的压力。一入学之后你就会发现同班的同学、同一个导师的同学,他们已经发表了多篇 paper,他们整个学科的知识要比你丰富深入得多。因为研究生阶段很多都是跨专业来读书的,这样方方面面的压力都非常大,所以从某种意义上来讲,学业方面的压力在研究生阶段比本科生阶段还要大得多,而且这种大是非常明显的,会超过你的想像。最近几年研究生会都要搞学术十杰的评选,我们看到一些非常优秀的研究生,他们在读书的期间就发表了很多论文,在国际顶尖杂志发表论文,也有一些人可能直到毕业之前为达到要求拼命发表一些文章,很困难。这方面的压力在刚入学的时候可能还不是很大,很快你就会意识到在同学或者同伴之间的竞争,在学业上的压力是非常大的。

　　第二个,就业或者是生活方面的压力。研究生阶段和本科阶段的第二个差别,是研究生的年龄比较大,有的已经成家,甚至有了孩子,家庭和事业之间的矛盾,以及理想和现实之间的矛盾比本科生更现实,因此对他们的冲击会更大一些。本科生也会面临理想和现实之间的冲突,但是这些冲突往往更多的是比较虚幻一些。到了研究生阶段,理想与希望从事的工作或者研究的项目和现实条件的约束之间有更大的矛盾。最近北大的研究条件特别是图书资料的条件比过去好了很多,我们读研究生的时候为了找到一篇文章可能要写信给美国的同学和朋友让他们到美国图书馆帮我们查到再邮寄回来,差不多需要两个月时间,而现在我们基本用不着这样,我想这里文献资料的问题解决了。还有很多问题,特别是应用科学的。现实生活里面我们遇到很多困难,比如说我在学校负责团委、学生会的工作,我知道我们研究生同学带有普遍性的一个问题就是钱给得太少,都希望能多发点津贴。这是一个生活的压力。

　　第三,人际方面的压力。研究生人际压力跟本科生也有不同,本科生主要是同学关系和同伴关系,研究生阶段更多的会受社会关系的影响,我想这些方面的问题,总体来讲每个人都是一样的,只不过是程度不同,要解决这些问题有很多种办法,但是核心的问题就是如何看待自己。也就是解决学业压力的问题、解决生活和就业的压力及人际压力,这些问题都是客观的,实实在在的摆在眼前的,应该怎么解决?很多情况下需要客观条件的,比如说生活压力,怎么想办法把钱挣回来,你才能够解决生活上的问题。但是更重要的我想还是主观的认识,也就是你到底怎么看你自己:你是谁?你为什么在这儿?你在这儿干什么?这些问题解决了,解决得好,其他的现实的问题也就比较容易解决了。

二、自我的界定

许多人在面临很多困境、很多问题的时候往往搞不清现在最需要的是什么,往往对自己没有一个清醒的认识。这些问题都会影响到我们的生活质量,影响到我们的心理健康,影响到我们迅速有效地完成我们的学业,或者是做好我们该做的事。总体来讲我觉得还是一个到底对自己应该怎么看的问题,即如何认识自我的问题。

界定自我之前我们首先来看一下现象学理论的一些观点。我们先看一个示意图,这是一个很简单的一个图,这个圆圈代表了一个人对整个世界的认识。现象学理论一个很重要的论点就是说,对人们起决定作用的或者影响人们的行为的并不是客观的世界,而是对这个世界的主观的认识。换句话来讲,北京大学是客观的存在,她对我们每一个人的影响是什么?北京大学对每一个人的影响都是不一样的,但从理论上来讲,北京大学作为客观存在是稳定的,但是她为什么对不同的人有不同的影响?其中一个最重要原因就是每一个人所处的位置是不同的,因此对北京大学的认识也会存在差别。因此并不是物质的客观世界影响了我们,而是由于我们对物质世界的认识才最终影响了我们。这是现象学理论里的最重要的一个命题。我们每一个人对这个世界都有一个看法,因此在这个世界上只要有一个人,那么就有一个世界,有50亿人或者60亿人就有50亿或者60亿个世界。尽管客观世界只有一个,但人们思想中、观念中的世界是各不相同的。而且,最重要的是人们每一个人对这个世界的看法,他的言行并不是由这个客观世界决定的,而是由人们对这个客观世界的主观认识决定的,这就

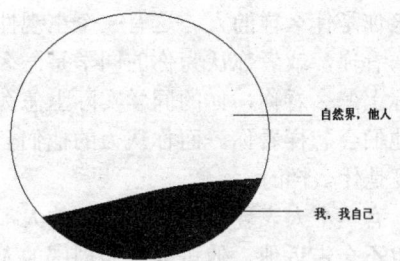

图1 现象领域示意图

是现象学理论。

自我是什么？图1是我们整个的现象领域，是我们关于自然界、他人或者社会的认识，而其中深色的部分是对自己的看法，这一部分就是自我，就是人们对自己的看法。这就是现象学理论对自我的一个很重要的一个观点，结论是有多少人就有多少个世界。

人们是按照不同的方式参与到这个世界中来的。来到北大的人有的高兴有的不高兴，有人觉得北大的条件非常好，有人觉得北大的条件非常差，于是就决定了人们对北大的态度的不同。而北大是固定的，北大没有变，只是人们对北大的反映不同，反映不同是因为人们对她的认识不同，自我就是属于这一类认识里面的一部分。

自我有两种成分，第一种成分是自己作为观察的主体的时候对自己的看法。典型的描述就是"<u>我认为我是什么样的人</u>"，前面总是要加一个"我认为"，表示是对自己的看法，而且是自己的主观认识，跟客观实际情况是不是一样还是另外一回事。例如，有一个人特别自卑，觉得自己什么都做不好，因此每天都很伤心，见人不敢讲话，很内向。这是由于他认为自己什么都干不了。但客观情况如何呢？假如你能考上北大来读研究生，能说明你什么都不行吗？说明你还是有很好的潜力的，素质还是不错的，你应该感到很高兴。但是你认为自己不行。这就是人们对自我的看法会决定对自己的态度以及对世界的态度。

自我的第二部分是当把自己作为被观察对象的时候对自己的看法。我们对自己的认识里面一部分是你认为你是什么样的人，还有一部分是在别人看来你是什么样的人。这有一个主观性的问题,如你觉得你的导师是怎么看你,或者你认为你的同学是怎么看你。换句话来讲,你的导师实际上怎么看你,你的同学实际上怎么看你并不重要,重要的是你认为他们会怎样看你。而你认为的他们会怎样看你,决定了你对他们的态度是什么样的。

再举个例子。有一个人表现很糟糕,所有的人都不喜欢他,中国人都是含蓄的,也不会告诉他。他可能认为周围的人都很喜欢他,于是他对大家都很客气,很自信。相反的来讲,周围的人都对这个人很不错,但如果他觉得周围的人不喜欢他,于是他的表现也就不一样。从自我的两个组成成分来看,很重要的一点就是我们对自己的看法以及我们认为别人对我们的看法并不一定符合实际。尽管如此,我们对自己的看法、我们认为的别人对我们的看法仍然会决定我们是什么样的心态、我们在面对别人的时候会是什么样的、在研究问题的时候又是什么样的。这就是我们讲的自我,自我是人们对自己的主观认识,与自己的实际情况并不一定相符。

既然自我是这样,是我们的一种主观认识,并不一定符合实际,那么我们在生活中是不是盲人摸象?从某种意义上来讲,我们确实是生活在一种虚幻的认识里。心理学里也做过很多这方面的研究。比如在 20 世纪 70 年代,美国一位精神病学家提出了一个非常重要的理论假设,叫做"sadder but wiser",就是越抑郁越明智,或"抑郁但明智"。什么意思呢,他做了很多研究发现健康的人对现实的认识、特别是对自己控制能力的认识往往是高估的。也就是人往往会高估自己的实际能力。然后他又去研究抑郁的人、情绪低落的人,让他们来判断一下他们对现实的控制能力,结果发现这些情绪低落的人对自己的控制能力的认识跟实际情况很接近。我们所说的正常人,他们对现实的认识往往是超出了他们的实际能力,高估自己的能力,这个结果实际上是让人很伤心的结果,也就是我们在座各位如果你们对自己还有信心的话,对不起,那是一种 Illusion,是一种幻觉。但是我想这是一种进化的结果。那些对现实看得特别清楚的人都死掉了,而高估自己的能力,使得他有信心活在这个世界上,能够不断地发展,这是人类五千年的历史进化所留给我们的一笔财富,尽管是一种假象。

这方面的研究很多,像决策论里面有一个 2% surprise,即百分之二的惊讶,也就是当人们做决策的时候,对小概率事件的自信心大得惊人,也就是说本来只有百分之一的可能性,在你看来可能会有百分之七十或八十,这就是所谓的百分之二的惊讶。这就使得人们往往会高估自己的能力。这是我们从祖先那里延续下来的一种高估自己的能力。

但是如果对自我的认识永远都停留在一种虚幻的水平上,我们在适应环境的时候就会面临很多很多的困难。这就是刚才所讲的,如果你不能很好地判断你的导师、你的同学、你的同事对你的态度到底是什么,那么就会影响到与他们的交往以及与他们的关系,也就谈不上真诚的合作。所以说我们对自我的认识还是要不断地去接近现实,这是从自我的发展来讲的。

三、自我的发展

我们都经历了这样一个阶段,从婴儿开始有自我意识,就会形成一种"万能自我"的观念。小孩子生下来就会得到各方面的照顾,因此他觉得他是万能的:只要他感到饿的时候,父母马上就会喂他,一觉得冷马上就会给他盖上衣服,一觉得热马上就脱下衣服,因此在婴儿的眼睛里面,当他饿了的时候是整个世界都饿了,他的胳膊腿动的时候是整个世界都在动,因此就会形成一种"mighty-self",万能的自我。

随着儿童年龄的增加,他慢慢就会发现并不是每次有需要的时候都能够完整地得到满足,于是开始出现了一种新的认识,叫做自我局限,因此,我们对自我的认识不是逐渐发现我们会做的越来越多,而是逐渐发现会做的越来越少。即不是加法而是一个减法的过程。就是从万能的自我一直到最后认清自己,认清自己的真实能力,在这个过程中会减掉很多很多实际上并不能做的事情,因此这是一个很痛苦的过程。认识自我很难,难就难在这里。

认识自我就是要认清自己的局限,在认清自己的局限之前你认为自己的局限那么小,当你认清自我的时候你知道你的局限却是那么大。上次在给本科生讲课时我就讲过,有一个人讲,我们现在生活在一个"对越来越少的事情知道得越来越多"的时代,你要想对某一个事情有深入的研究,必须使研究的范畴缩小,这对我们研究生的学习和科研来讲是非常重要的,你必须把兴趣集中在某一个点上,才能够深入研究,而这样的后果就是只对这些方面有很多的研究,有很深的思考,对这以外的东西则知道得越来越少。这也是一个认清自我局限的时候,也就是你在某一个点上做得越来越深入的时候,你同时也就意识到有越来越多的东西你知道得越来越少,这就是一个减法的过程。

随着小孩子的发展,"万能的自我"也慢慢地开始缩减,直到最后开始认清自我。到青少年时期是一个转折。大家都知道中学生受到来自社会各界的压力在人的一生里是最大的也是最严厉的。不管男孩女孩,他们都受到了来自学校、来自父母、来自社会的极端严格的控制。小学生们有的时候还贪玩,但中学生不行,因此这个阶段受到最多的束缚,受到最多的压制。但是在中学生这个阶段他们的"万能的自我"还是非常强,因此他们反抗也非常激烈。过了这个阶段,过了青春期之后,人们会慢慢地变得"老实"了,变得"驯顺"了,因为越来越多地认清了自己的局限,开始意识到在现实生活中不像想的那么简单了。当一个人在高谈阔论地谈论自己的理想,谈论在改变现实的时候,往往会被认为这个人很年轻。很年轻的意思就是这个人还是有万能的自我,像个婴儿一样,认为自己能够改变世界,或者他就是世界。只是认识到这个问题还不够,还需经过艰苦的努力才能做好,才能对现实有比较清楚的认识。这是自我发展的过程,自我是逐渐成熟的。

自我逐渐成熟的表现就是当发现实际的作为和自己认为的能力之间出现不一致的时候,一定要调整对自己的看法。也就是你认为你是万能的,但是有一天你饿了你父母根本就把这事忘了,你一天没吃到东西,这样你还认为你是万能的吗,这就有了局限了。这时就需要接受自己的实际表现,把它整合到对自我的认识里面去。

因此我们对自我的认识是在不断地遇到挫折、遇到挑战的时候慢慢慢接近我们的实际情况，因此人们调整对自己的看法，从而使自我与实际情况一致，这就是我们自我逐渐成熟的标志，也是心理健康的标志。

最近我们也在做关于心理健康方面的研究，是教育部关于大学生心理健康标准的制定。我们在做这个课题时发现实际上心理健康就是一种幸福感——Happiness，但幸福感一定是建立在对自我、对现实、对他人的客观认识上，否则的话就不是心理健康，而可能是精神病的一种——躁狂的病人。这种人他们生活得非常愉快，跟他在一起你也会受他感染，他真的精力充沛、思维奔逸，觉得自己什么都能，他真达到那么幸福感的状态了吗？他是建立在对现实、对自我的虚幻认识的基础上，因此我们讲心理健康首要的一个条件，是对自己真实的情况有一个客观的认识，在这个基础上再能达到一个高的境界，这才是心理健康。

作为心理健康的一个很重要的标志，对自我的认识与实际情况是一致的。那么当发现自己的表现和自我，也就是对自己的认识不一致的时候，我们就会根据这个表现调整自我的概念。这里面主要包括两个步骤：第一，我们接受与自我不一致的经验。这是非常非常难的，自我的成长不是一帆风顺，按照我刚才的说法，我们对自我的认识是减法的过程，遇到挫折就给你认清你这方面有问题的机会，要接受这个现实，这个事情我没做好。如果真是不会做，是能力的问题，就要对自己的能力有一个认识。如果因为你疏忽，那是态度的问题，将来你做事的时候就要改变。但前提你要接受现实，以此调整自我，就是调整对自己的认识。原来认为你是一个绝顶聪明的人，什么事儿到你这儿都不在话下，但是你把事儿办砸了，首先你要接受这件事儿我没办好。

第二，要调整对自我的认识，并不是说什么事儿都能搞定，包括你的能力可能有些欠缺，另外你在做事的方式、在处理人际关系方面可能也有一些问题，要对自我有一个更加客观的认识。实际上，我们对自我的客观认识就是这样一个过程。这是我们自我成长里面很顺的一个路径，但要做到这点非常难，有很多很多的困难。

接受实际表现是自我成长和发展的前提，但很多人都做不到，其中很重要的一个原因就是价值条件和积极关注。这两个词是美国的人本主义心理学家卡尔·罗杰斯在上世纪 60 年代提出来的。当时美国的社会整个环境跟中国现在的社会环境很相似，美国经济飞速发展，工业化对人性带来的一个巨大的冲击就是人们很难再时时刻刻体会到自我的价值。比如有的人一辈子的工作就是往一个汽车轮胎上拧螺丝。在流水线上拧螺丝，一天到头，每个礼拜、每年都在拧螺丝，这与过去手工劳动自己把一个产品做出来的价值感是不一样的。而且商品社会越来越繁荣，人也变成了商品，人变成商品的一个很重要的一个标志是什么呢？如果没有人注意你的话，你就没有价值。笛卡儿曾经讲"我思故我在"，你要思考，你要想事儿你才存在。北大的教授胡适曾经讲过"我思故我是蝴蝶"，他认为思维的人是最美的。在上世纪 60 年代美国有个口头禅叫做"报上谈到我，故我在"，有人注意到我了我才存在，如果没有人注意到你也就是 nobody，这样每个人都在拼命地希望被别人注意，被别人注意的目的是什么呢，为了能够体现自我价值。

但是商品社会同时又带来另外的后果，人类在追求独特性或者自我价值的时候所采取的方式就是赶时髦，但一旦赶上这个"时髦"之后，却使你失去了独特性，这就是当时整个美国社会的人们的一种心态。举个例子，现在最火爆的饮料是可口可乐，有人讲如果可口可乐所有的工厂一夜间全部化为灰烬，它也可以在一夜间重建起来，为什么呢，有这个品牌，有这个品牌就可以去贷款，所以它很快就重建起来，这就是品牌的价值。因此作为一种饮料来讲它的最高的理想就是成为可口可乐。作为一个青年来讲他的最高理想就是进北大，当然还可能去别的学校。但是当饮料一旦成了可口可乐，后果是什么呢，那么你在全世界任何一个角落喝到的那个东西，黑乎乎的那个东西，从它的外观、口感、包装全部是一样的，也就是失去了个性。

现代社会给人们带来的最大的矛盾和冲击是什么呢？你要去体现自己的价值，但你体现自己价值的方式就是去消耗掉你自己的独特性，这是人类学、心理学当时提出的一个悖论。这就是一个价值条件的问题，也就是每一个人有了自我意识之后都希望能够得到别人的积极关注，即接受、喜欢、尊重、表扬、夸奖，每一个人都希望得到。但是这个社会不会无条件地给你提供这样一种关注，你要想成为一个有价值的人你就必须具备某些条件,这就叫价值条件(或"有价值的条件")，你只能按照社会所希望的某种模式来成长来发展，你才能够得到别人的积极关注，而不管你自己内心是不是希望这样做。

在众多的考研究生的群体里面，能考上北大是非常好的，但是有的人所感兴趣的专业北大没有，有这个专业的学校是很差的，他不愿意去，于是也考了北大。考了北大之后牺牲掉的是什么？是独特性，尽管也赶上了"时髦"，也具备了价值条件，得到了别人的尊重，得到了别人的接受，但是却失去了自我，失去了所追求的一种独特的东西。因此在现代社会里，人们为了得到别人的关注，就要努力使自己符合价值条件，符合价值条件就得表示自己做得很好，但是我们讲对自我的客观认识就要不断地接受自己做得不好的地方，但接受自己做得不好的地方却很难，难的是一旦接受，那我就达不到价值条件的要求，就得不到别人的积极关注，因此我不愿意去做。

这件事说起来很简单，但是实际情况要复杂得多。比如我的专业是临床心理学，做心理咨询，做心理医生，心理医生要具备很多条件，但是有一个最最基本的条件，就是你要能够对自己做深度的剖析，也就是我们要自我反省，要搞清楚自己是什么样的人。在自我反省的时候你就会感受到当你去反省你自己做得好的、做得优秀的、被人注目的方面的时候非常简单也非常容易，而且自己也非常的高兴，但当要你去分析你自己的那些表现很差的，甚至那些永远都不能放在阳光下的、甚至是非常的龌龊的一些东西的时候你就很难深入分析下去。电影《飘》里有一句台词："I will think about it tomorrow"，当分析到自己的弱点、毛病的时候往往就是 Tomorrow，这是要接受自我非常难。这是做自我分析，没有人看得见，你自己关到屋子里你认为你自己什么地方做得不好，都很难分析得下去，为什么呢？这是因为价值条件。

另外一方面就是自尊心的问题，讲到这儿我就要给大家讲一个观点，我刚才讲到心理学中的价值条件和积极关注的概念，但是同时也提到了另外一个概念,也是这个理论的一个标志性的概念,就是每个人都是独特的,每个人都有他的价值,即使你的独特性,你的价值在所有人看来都是不值得一提的,但是你的这个独特性的价值仍然存在,而且这个价值的独特性跟一些被万人关注的那个价值独特性相比是同样的。也就是人本主义心理学呼吁的人们要尊重、接受和接纳自己,而不管你是什么样的。因此我们还要学习,还要不断地去提高自己的修养,提高自己的修养就越来越能够宽容自己,特别是宽容自己那些不能被人所接受的东西,或者说越来越独立于周围的人和社会对你的评价。这是从个人的成长和发展上来讲的,是客观上认识自我的一个非常重要的一个环节,即对自己的评价,如果总是抱着一个社会的标准、一个价值条件的标准来观察自己,那你永远都不可能客观地、准确地认识自己。

接受自我很难,需要想办法克服它。主要三个建议:一是要顺从实现倾向,承认自己的独特性。这我刚才已经讲了,从客观上来看,每个人的能力、每个人的个性特点、能够做的事情是千差万别的,从这个意义上来讲人的价值、社会价值确实是不同的。但是从另一个角度来讲,作为每一个人来讲,他都有他发挥自己的潜力的时候,当一个人失败的时候,我们安慰他的最常用的一句话就是"你已经尽力了"。"尽力了"是什么意思呢,就是你已经发挥了你最大的能力,尽了你最大的努力,结果没做好,这不是你的过错。有的人什么事都做得很好,但是人们认为这个人做事不认真,这是什么意思,就是从他的能力和潜力来看本来他还可以做得更好,但他没有去做,也是没尽力,没有发挥他的潜力。从这个意义上来讲,做的不是十全十美,但已经尽了自己的全部努力去做就是自我价值的最大体现。因为他尽力去做自己的事情,而且每个人所处的位置所做的事情都有他的独特价值,应该相信自己。

有一年,我在菲律宾一个私立大学里面教了几个月的书。这是一所在菲律宾最好的大学,好多学生都是由他们家里人开车把他们送到教室的门口,很多家庭都是雇的车夫,就是雇司机开车把他们送到门口。我就注意到这些开车的司机真的是很有意思,他们把这个孩子放到教室门口，这是大学，不是小学、幼儿园，然后他们把车停到学校的停车场，这些司机在干什么呢，他们就坐在停车场的栏杆上，像鸟一样在那儿坐一天，一直在那儿等。我很纳闷，有一次我没事儿跟他们聊，我说学生已经去上课了，你们干吗还要在这儿，不会去做点自己的事情吗？他说那不行。我问为什么，他说少爷有事儿找我找不到我不就失职了吗？我觉得他们对自己这样的生活非常满意，满意是在什么基础上呢？我是作为交流学者去的，每个月给我两万比索，两万比索大概不到一千美元，三万比索是一千美元。我在那边一个人去农贸市场买菜、自己做饭，一个月下来大概要花掉五千比索，而这个司机一个月的工资是三千比索。菲律宾是天主教国家，是重生育的，他们的家庭一般一开门出来一串七八个、五六个，很多很多，都是差一岁半岁的，他这三千比索要养活七八口人，他们吃的东西是什么呢，是白米饭和臭干鱼，每人一大碗米饭。上面有一条黑黑的鱼，他就很满意。这里我想人比人气死人，那些少爷们，每天车夫要把他从家里接到教室，然后再把他送回去，他在家里是锦衣玉食。所以说菲律宾老有人绑架，绑架有钱人，因为贫富差距太大。很多人没地方住，但是很多富商他们修的坟墓里面都装空调、彩电，连网络都有。为什么呢？因为他们的坟墓是度假用的，雇好几个人打扫，一家人开车去坟墓里住一天。他们把爷爷、奶奶、自己的，连孙子的坟墓都做好了，这就是社会的一种差别。但是那些"车夫"们真的很满意，他觉得他就会开车，他不会干别的。我觉得进入这样一种境界就是对自我的看法决定了他对生活的态度，这就是我们要顺应。不是要大家想我就去做个车夫了，你还可以有理想，希望不去做车夫，希望做一个管车夫的人，但是你现在只能做到这个，你就得安于现状。我们一定要承认自己的独特性，即使我这辈子永远只能做个车夫，那我也感到很高兴，因为我实现了我的价值。

二是要树立独立的自信心。从这一点上来讲每一个人，特别是北大人是非常优秀的，但是往往受到外界太多的干扰，我们要学会用自己的角度而不是社会的角度来评价自己。这个社会的角度也包括你的同学、你的导师对你的评价，你现在可能很多方面做得不好，但是经过一段时间的努力,比原来有了很大的进步,尽管进步了以后的你跟别人相比还是有很大的差距,这并不能说明你还是那样,而应该感到高兴,因为你是在不断地向着你的目标迈进。

三是允许自己有一个逐渐改变的过程。当发现自己跟别人有差别的时候要学会允许自己有一个改变的过程,这也是很难的。难在什么地方?难在这个过程里你要保持一种"不如别人"的状态,这就是过程的含义。如果没有过程,谁都不知道,一夜之间不吃不喝不睡把你所有的差距都弥补上了,你出来以后就光彩照人。但是如果需要有一个过程呢,在一年里面你一直比别人差一些,尽管一年以后你和别人一样了,甚至超过了别人,那是后来的事。在这一年里你要能够容忍,只是容忍还是被动的,还要能够接纳自己与别人的差距。

我上次给本科生讲课的时候,我就说我有一个研究生,有一天我骂他笨,我跟他讲一个病人的治疗情况,他没听懂,后来他说:"我知道我笨,但是我不在乎。"我说你这种心态非常好,而且我也讲了,他说不在乎的意思不是说"我就不懂你能把我怎么样",而是说"你敢再讲一遍我就能懂,或者说我没有听懂,让你说我笨,我回去查书查资料问别人我一定能把它搞懂。最后没办法,实在是别人都不知道,只有你一个人懂,那我冒着再次被你骂我笨的危险再来问你,我一定能搞懂,所以我不在乎。"我想我们这种独立的自尊心也罢,逐渐地改善的过程也罢,就需要有这样一种心态,这是我们讲的自我的发展。

四、自我与心理健康的关系

第四个问题就涉及到心理健康的问题,就是我们前面讲到的,当我们实际表现和我们对自己的认识不一致的时候,最积极的办法就是要接受现实,调整对自我的认识。这时会有一些困难,我们要想办法克服,这是一种适应的过程,或者走向心理健康的过程。但当实际表现与对自己的认识不一致的时候,人们还会有一些不恰当的方式。图2是对自我与经验关系的直观表示,白色的部分加上浅灰色组成的这个圆圈代表自我,浅灰加上深灰色这个圆圈是我们的实际表现,也就是

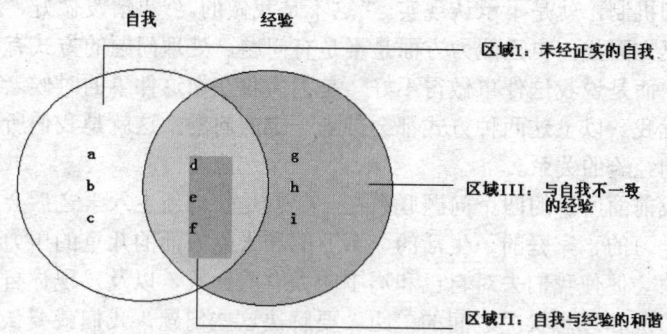

图2 自我与经验的关系示意图

经验。这两个圆圈构成了三个部分，中间浅灰色部分就是自我与经验的重合部分，也就是你对自己的认识和实际表现是一致的；白色的部分是你对自己的认识，但未经证实，也就是你认为你是一个什么样的人，比如说是一个诚实的人，但是没有证实；是一个绝顶聪明的人也没有经过证实，但是你信以为真。深灰色的部分是你真实的表现，但是与你对自我的认识是不一致的。

从心理健康来讲，深色部分的内容我们要接受它，然后调整对自我的认识，这样白色的和浅灰色的部分就会向右边扩张，核心重合的部分越来越大，最终几乎重合，这就是一个心理健康的人。

当出现跟自我的看法不一致的实际表现的时候，除了接受以外还有另外两种不适应的方式，第一种就是接受经验但自我解体，这是一种极端化的反映。就是因为某一方面的问题，彻底打破原有的自我结构，就是自卑的问题。比如说你是考上了北大研究生，但是因为某件事情做得不好，受到别人的批评，就觉得你自己什么都不是了。你确实接受了别人的批评，但却因此否定了所有的方面，这种情况最近报章上披露的越来越多。比如中学生有的人特别优秀，但是因为老师批评了两句就不高兴，就跳楼了。因为他觉得原来我都是受表扬的，惟一这一次受到老师的批评我就不完美了，这就属于接受了经验，但却无法接受自己。第二种就是对经验的歪曲和否认，这就是心理学上讲的防御机制,就是不承认现实。"这不是我做的。"事情没做好,不是从自己方面找,自己能力方面是不是有问题,处理问题的方式有没有问题,而是说我这件事做得不好,是因为我在做这件事的时候老有人来干扰我。以上这两种方式都会带来一定的问题,这就是我们所讲的自我和经验的关系。

我前面所讲的四个问题联系在一起就是作为新生入学之后会承受来自学习的、家庭的、生活的、事业的和人际方面的几重的压力,这些压力会促使我们去对自己和周围的人有些比较,以及发现你自己现实的情况和理想状况之间的差距。要解决这些问题,我们就要认清自我,而且认清自我的同时需要我们对自己身上存在的一些不尽如人意的地方,要有一种合适的态度。就是要学会根据自己的实际表现来调整对自我的认识,而且允许自己有一个逐渐改变的过程。比如你原来不是学的这个专业,现在考了这个专业的研究生,你跟原来学这个专业的同学相比你入门的时候肯定要难一些,这本来就是客观的事实,你如果这个都不承认,觉得跟别人有差距你就会垂头丧气,肯定没有意义,也不能解决任何问题。

五、命运是什么?

为什么对自我的认识这么重要呢,这就回到了命运的问题上了。首先我们为什么会对命运感兴趣,这里面有两个方面的原因,一个是我们知道每个人的欲望、要求是很多的,人们都希望做好很多很多的事情。但是要做好这些事情要有资源。首先要有时间,另外要有空间,而且你的知识的因素有没有,时间、空间的因素是有限的,因此"人生不如意者十之八九"这句话你可以从多种方面来理解。从我们的角度来看,你想做的事情很多,但是真的能做好的事情很少,就是对你特别想做的事情里面能够做好的也并不多,做不好的肯定是很多的。我记得去年新生入学的时候许智宏校长有个报告,他在报告里面念了我国有位著名的科学家讲的一段话,他说科学研究者就像黑夜里的独行者,每天都被众多的未知包围着,偶尔自己有一些创造性的发现,也只不过是灵光一现，很快会被更多的未知、更重的黑暗所淹没，还会继续在黑夜中独行。我想这是对从事科研工作的一个非常恰当的描述，在我们整个的从事科学研究或从事其他工作时，我们能够做好、能够让我们感到特别兴奋的时候并不是很多，更多的情况下我们要不断地去摸索，不断地失败，不断地去吸取经验，不断地再去进行新的探索。这个时候也就是说我们能够做好的时候是很少的，很多事不如意，人们就往往会归结为命运，这是不正确的。但从现实的需要出发，我们需要把命运这个问题搞清楚，到底有没有命运，到底什么是命运。

第二个方面也是客观事实，有的时候人们的成功和努力之间并不成比例，有的人做了很多努力，花了很多时间和精力而并没有成功，有的人吊儿郎当反而成功了。

心理学中有个内控和外控的概念，有的人认为自己的成功是完全由自己的所作所为带来的，这就是内控，也就是说由自己来控制的。还有的人认为我能不能成功就看周围的人喜不喜欢我，这叫外控。内控的人和外控的人相比之下外控的人就是我们所说的相信命运的人。这方面的研究也很多。我在1990年做过一个研究，差不多就是这个结果。在美国他们研究发现内控的人和外控的人相比，内控的人心理健康水平高，典型的标志就是精神病人和正常人相比非常地外控，就是在精神病人的世界里他们觉得所有的事情他们是没有办法控制的，而正常的人认为这些事情我都能控制得了。我在对中国人的研究的时候却发现，中国的精神病人是最内控的，而大学生们是最外控的，这就出现了一个矛盾的结果，即在美国社会外控的人容易得精神病，而在中国社会里内控的人容易得精神病。为什么？理由很简单，在美国社会里相信自己能够创造一切的人会不惜一切代价不遗余力地自己去打拼，而且在美国社会里也认这个，你打拼出结果了，我就会接受你。有这种内控倾向的人更容易适应环境，他相信自己，而那些外控的人他不愿意去做努力，受到的挫折就会多一些，因此他容易进精神病院。在中国社会里内控的人就是认为这个事情我能够做好我就一定要去做，我根本不管别人怎么样，因为别人决定不了我的命运，由我自己来决定。于是他就会按照自己能够决定命运这样一种模式去生存，因此他就会受到众多的牵制、众多的压力，因此他们进精神病院的概率就急剧增加。

我1990年做的研究，现在已经是十几年了，我们的社会已经发生了很大的变化，这种变化可能在这个方面也会带来一定影响，我相信，现在2003年，也就是14年以后，已经有了巨大的变化，这种变化我相信大家都能感受得到。现在中国社会里面特别是像北大这样的地方，越是内控的人越是容易成功，越不容易进精神病院，这是一个很有意思的结果，从这里面我体会到命运是什么，该怎么看待这个问题，到底有没有命运。

现在一共有四种观点，一种说命运是一种惯性的思考，也就是说你认为你命好，你就习惯这么去思考，因此也就习惯朝着好的方向去努力、去想，于是你就成功了。你认为你的命不好，所以就放弃了努力，你成功的概率就减小，这就是命好和命不好的一种惯性思维。按照前面讲的自我认识，你对自己的认识、对自己的看法，就决定了你会以什么样的态度去面对这个世界，也会决定最终的后果是什么，所以说这种惯性的思维、惯性的思考就是你的命运。

第二种观点，你怎样看待自己的人生，则生活中的各个方面都会受到影响。这个观点相对平和一些，你怎么看你自己因此会影响到你的生活。

第三种观点认为命运都是惯性思考之下绘制的蓝图，如果把惯性思考改掉，理论上就等于改变了自己的命运，这是从改变的角度来讲的。在心理治疗里面有一种认知行为疗法，效果非常神奇。我曾经治疗过一个人，他是习惯性的"摔跤"，他在中学里一次体育课打篮球的时候，抢球的时候摔倒了，老师特别生气把他叫出来，在体育场旁边站着。体育课有的时候拖堂，当其他同学下课以后，他们的体育课还在进行，结果所有的同学都看到他在体育课时在旁边站着，他就觉得很没有面子。第二次上体育课还是打篮球，他就告诉自己千万不要摔跤，结果运球的时候还是摔倒了。第三次跑百米的时候他告诉自己这次再不能摔跤了，结果发令枪一响，他又摔跤了。这样三次之后，他就认为自己只要是跑就肯定摔跤，而且他是从高一的时候一直到了大一，到了北大以后来找我解决问题。他说实在没有办法，父母已经带他到全国各地的大医院检查都没有问题，但就是治不好。我说你现在站起来你认为会怎么样，他说我肯定会摔跤。我说你肯定不会摔跤，他说这怎么可能呢？我说可能，他说不行，肯定不行。我说，你这样跟你自己讲：我这次站起来肯定不会摔跤。他不信。我说，你就跟着我念，我说什么你就说什么。我说现在站起来肯定不会摔跤，他就跟着我重复。我说你站起来，他从沙发上站起来以后身子扭了一下但没有摔倒。我说你和以往有什么不同，他说没有太大不同，好像稍微的没有那么严重了一点。我说你的问题就是你认定了你自己老摔跤，所以自己才摔跤。

中间还有一个细节，我说你有没有一次例外没有摔跤，他说有一次他闹肚子，晚上睡觉突然醒来急着要上厕所，他在上铺，从上铺下来，跑到厕所，整个从床上跳下来往厕所跑他没摔跤。然后从厕所里要站起来他就抽筋了，但是从床上跳下来没有摔跤。后来我就让他练，你要相信自己，每天晚上11点到操场，先走一段，然后要跑了，告诉自己不会摔跤，肯定的，反正摔了再爬起来也没人看见你，下次告诉自己不会摔跤，然后再跑。我说，你坚持一个礼拜，下周再来找我。结果第二个礼拜他来没有挂号，说报告老师，我已经好了。这就是你相信是什么你就真的会是什么，这就是命运。

另外艾利斯(Ellis)认为，有没有命运的答案取决于问者自己对命运的看法，如果相信命运，那么这种相信就有影响力量。艾利斯提出的理论叫做ABC理论，或者叫做合理情绪理论。他认为人们很多的心理障碍是由于不合理的信念所致。什么叫不合理的信念呢？比如说你生病了，在医院里躺着，床头有个呼唤铃，按一下呼唤铃护士就会过来，结果按了呼唤铃15分钟后护士才过来。这时候你就非常生气，艾利斯认为这时的生气，是因为人们有一种信念，就是我按下这个铃去，护士就应该马上站到我面前，否则就是渎职，不称职，就是白要了我的钱。这种信念显然是不合理的，当你按铃时这个护士没准正在打针呢。你呼唤她就跑来那怎么办，她总得把那针打完再过来吧。如果说你雇这个人只侍候你自己，如果那样的话你按下铃她没来那就是她的问题,但你住的是公共病房。所以如果要改变愤怒情绪就要改变认识,首先要把这个念头打掉。不要认为你一按铃马上就要有人来。

另外,很多大学生都有这样的观念:既然是朋友就要什么都帮我。一旦自己有问题了,别人没有及时帮我,他就觉得这个世界人情太冷,情薄如纸,没有什么真情,没有什么友谊,这也是一种不合理的信念。一旦改变了这种信念,整个生活就会改变。从在病房里整天气呼呼的,到很心安理得,很愉快;从对所有的朋友都冷眼相看,到能够比较平和比较热情地对待周围的人,这就是你的观念改变了你的命运。

中国人的命运观,孔子是"知命",但不要去考虑他。在民间还有很多关于"改命"、"盖命"的说法,我在这里就不细说了,这都是封建迷信。

很多人认为,说到什么叫命,那就是"everybody knows, but nobody can tell",即谁都知道,但谁都讲不清,最终还是落实到命运的学术定义。什么叫命呢,两层含义,一个就是与生俱来的命运,包括生辰八字、性别、外貌、父母、体质、家庭条件,这些都是随着你的出生带来的,没有办法选择的,你只能如此。什么时候出生不是你自己确定,父母也决定不了。这一部分就是命的先天的因素,都是与生俱来的。第二个就是后天获得的条件,包括社会地位、名誉、性格、常识、专长、技能、各种习惯等,这些也属于命的范畴。从这个意义上讲,我们讲的命运就是指我们与生俱来的条件,以及我们现在所拥有的一些东西,其中特别是习惯和个性,会对将来产生巨大的影响。因此在出生的时候所固有的一些东西,与出生以后随着生活经历的增加,每增加一层经验就使得你的命运在朝着一个新的方向去发展。要想改变你的命运,与生俱来的因素没有办法改变,但是后天获得的这些,即使客观的条件不能改变,比如说你的社会地位没有办法改变的话,起码也可以通过改变对它们的看法来改变现在的处境。这就是我为什么要给大家讲命运,实际上跟前面讲的自我是呼应的,我们对自己的看法就是自我。我们要解决我们现在面临的各种各样的困境,就要靠我们如何看待自己。如何看待你自己,就是你的命运;如何看待你自己,就决定了你会成为什么样的人,这是跟心理健康关系非常密切的。

六、关于独立的学术自信心

最后一个问题就是关于学会树立自信心的问题。我讲两点。一点就是科学有没有国界。这里我给大家讲一个知识社会学的观点。现在知识社会学在学术界的影响是非常大的,它的观点你不一定非要接受或赞同。他说科学本身就是一种社会体系,其发展历程与结构是以社会文化为基础的。科学包括自然科学和社会科学。科学知识并非产生于社会真空之中,而是受到特定的社会、文化、历史因素的制约。这句话的意思是,即使纯之又纯的自然科学的研究和知识的积累,也并不是一个单纯的真空的东西,它一定是跟社会的、文化的、历史的因素纠缠在一起。

心理科学的理论和社会背景的确有很大的关系。我刚才讲的人本主义心理学,60年代被人们称为心理学的第三势力,第一势力就是精神分析,第二势力就是行为主义,在心理学里面起到了非常大的影响,而且它的影响已远远超出了心理学界。而这一理论的提出,跟当时的社会背景有非常大的关系,这是知识社会学的观点。

另外一个很重要的问题,就是科学研究的目的是什么?我觉得我们现在特别重视科学研究,但是我个人感觉我们好像忘了我们干吗要研究,研究的目的是要解决现实问题,和加深人类对自然和社会的认识。先不说对自然、对社会的认识跟社会文化和历史因素有关,就从解决实际问题来讲,也一定会受到历史文化和社会的影响。也就是我们现在要追赶世界一流,那么我们要研究什么问题?最近听了这样一次研讨会,有个人讲未来20年国际上最热门的六大课题是什么,作为我们北京大学来讲怎样去适应时代的潮流,把我们研究的项目往这六个方向去靠。北大的科学研究的目的是什么?就是为了跟国际的"潮流",跟国际上研究的问题一致吗?那么国际上这六大课题是怎么提出来的?他们提这个是为了解决什么问题?而这个问题在中国是什么样的?就是说未来20年,中国迫切要解决的六大课题是什么呢?可能跟国际上六大问题是重合的,可能有的重合有的不重合。如果我们一味地去赶国际的那六大课题,而对我们中国的课题不闻不问,那我们的科学最终要达到什么目的？

我想，作为研究生，首要的任务是汲取知识，其次是创新知识。我们一定要选准目标，我们要研究的目标应该是自己确定的，应该是本土的，应该是中国特色的，而且只有自己的本土的有中国特色的，才有可能成为国际的。我们要瞄准世界一流，但瞄准世界一流只是一种手段，而不是一个目标。为什么众多的研究结果都束之高阁而无人问津呢？是因为在这众多的研究中可能在设计的时候就没有考虑到现实生活是否需要。作为北大的研究生要有这样一种意识，如果北大的研究生都不关注国计民生的现实问题的话，你还指望谁去做？要树立学术自信，我们要有这样一个口号：我做的研究是自己的，而且我真的想做，而且真的需要去做，是本土的，是符合中国的社会历史文化因素和中国特色的。

研究生阶段该如何学习？我觉得作为研究生阶段有三句话，一是系统的学习，二是审慎的吸收，三是大胆的创新。系统的学习，我觉得本科阶段和研究生阶段的区别更多的是研究生阶段要有更多的操作化，科学研究的操作化。因此我们要通过系统的学习，去形成科学的思维方式。科学的思维方式就是一个内行和外行的区别。我给大家举一个例子，比如说有一天看到的一个报导标题就是"如果你采纳以下十条建议你将多活十年"。这里包括不抽烟，不喝酒，喝酒要喝一小杯红葡萄酒，要锻炼身体，每天要锻炼几个小时。这种说法有很多。有一位老先生，我就不说他的名字了，他的长寿的秘诀就是"不抽烟、不喝酒、不洗澡"。后面这个我们就不要学了，可能也不一定有效。看了这个报导之后，我是做心理学研究的，我也是研究医学心理学的，我的第一个问题就是这个结论是怎么得出来的？看完之后，整个报导里讲的就是有多少人活到了多少岁。按照科学的思维方式，我们首先要想的是，如果只是提供了做到这十条的人活了多少年，还不能作为一个因果推论。还有一个条件：没这么做的人是不是少活了十年？没有后面这一条的话，这个只能是相关，相关可能是受其他因素的影响。所以我们要学会科学的思维方式，不能让外行把你给蒙了，而是你一听到这个消息马上能提出问题来。另外像研究的范式以及提出假设和检验假设的程序，这些都是要通过系统的学习才能够做到。

我觉得，在研究生阶段最好的学习方法是真正的从头至尾的做一项研究。从整个的操作，到结果的分析，到写出论文发表，这个过程里导师要做的就是帮你改论文。我发的第一篇英文的报告，我改了将近三十遍，每一次我都觉得改好了，没有问题了再交给老师，拿回来时全是花的，还得重新改，而且从第一遍到第三十遍我觉得那篇文章已经脱胎换骨了。最重要的还不是这篇论文最后发表了，是改这三十遍的过程，让我真正了解了科学研究中每一个环节要注意些什么问题，写一篇研究报告的时候每一个部分甚至每一个段落，每一个表格、每一张图、每一个上标下标、每一个小细节都应该怎么做，这是系统学习。我觉得作为研究生阶段来讲，这一课一定要补上。现在我们研究生中很多学科实际从事研究的很少，老师的指导只是给出一个主意，将来你们自己去做其实主意多得很，关键是整个研究的过程是什么，要搞清每一个环节里要注意些什么问题。做科学研究和写论文往往是看上去简单，但做起来繁琐的要命，而且我们需要掌握的知识是非常多的，从这方面讲，所以我们第一句话系统的学习，真的是踏踏实实地去做才有可能有收获。

第二句话就是审慎的吸收。我觉得我们现在很多学科都是西方的理论和模型，最有意思的是我们现在用的教科书，我是学心理学的，其他的我不太懂，心理学教科书里讲普通心理学时讲心理学史，这个问题往往从古希腊开始，然后就是柏拉图怎么怎么样，就完了，唯独忘了说中国古代有没有这种东西，没有人去讲。因为这个教科书是从国外引进的。在本科阶段我们要系统地学习知识，要形成自己的知识背景。到了研究生阶段要审慎地吸收，即使是纯自然科学的理论和模型，我们也不能把它当成天然的真理，人文社科问题可能更突出一些。所以对我们所接触到的理论的概念以及模型，它的适应性，要保持高度的警惕，这一点我觉得我们大家一定要有这样的意识。

上世纪70年代邓小平访问美国，哈佛大学的经济学教授陪着他去看核电站。当时小平同志想中国将来也要发展核电，因为中国资源是短缺的、能源短缺的，当时哈佛的教授回去时跟他的学生讲，说邓先生太天真，他以为把这个核电站搬到中国去就能用，实际上他根本就错了。这个美国教授为什么这么讲呢，事实证明他的嘲笑是错误的，但他讲的有道理。因为整个核电站从建设到发电除了原理以外更重要的是一种机制，管理的机制，运作的过程。并不是说你把核电站能够建起来就能够用，当然也包括现在的很多的社会经济制度。比如说经济体制改革，刚开始改革开放的时候，农村实行联产承包责任制，联产承包责任制的最重要的制度背后的假设是什么呢？是人是自私的！人的所有作为跟他的利益挂钩，才能用心地去做。否则为什么实行联产承包责任制之前大家都吃不饱饭，一旦实行这样一种制度，就有了很多的余粮。地还是那些地，人还是那些人，就是换了一种模式而已。这种制度简单说人是自私的，使中国农村发生了巨大变化，我们引以为自豪的是我们终于由中国人自己喂饱了 13 亿中国人，用不着外国人来喂我们。

但是问题就在于这样一种制度背后的那种东西和我们主流意识形态所倡导的东西是格格不入的，我们可以不断地去借鉴西方的制度，但西方的制度面向的是西方人，是西方人的观念，这个观念包括政治理念、价值观念、人际关系的观念，这样的制度是适合这样的人的。但是我们把这样的制度拿来管理谁呢，管理跟西方有重大不同的一个社会。这里面有没有问题呢？因此理论概念和模型的适用性问题必须引起我们高度的重视，特别是现在西方在学术上的霸权，对我们的影响是非常大的。西方人自觉不自觉地会把他们的理论、他们的概念、他们的模型认为是人类的理论、人类的概念、人类的模型。实际上他们的理论、概念和模型只是西方价值的产物，到了其他国家是不是适合那还得另说，人文学科是最突出的，自然科学稍微好一些。这是我讲的第二个要素，叫审慎的吸收，不要全盘吸收，我们要搞清楚。

第三要大胆的创新，我们要不断提出自己的假设和理论。曾经有一个人跟我讲过一句话，他说中国人，特别是中国的知识分子，从鸦片战争之后就没有学术上的自信心了。讲这话的是一个台湾的学者，我心里很不舒服，后来我想想他讲的尽管不全面，但是有一定的道理。近代史上中国科学家提出了多少被世界上接受的理论、观念、模型，而在鸦片战争后，有多少是在世界上有位置的？这里有很多很多的原因，其中一个原因我想不能不承认，我们的学者们，我们的研究者们是不是开始在不断地丧失信心，丧失自己独立的自信心？举一个例子，前面我说的前几年参加研究生答辩我最大的感受，我就很可怜我们那帮研究生，他们做出一个研究结果跟国外的结果不一致的时候会非常的焦急。这本来是创新的开始，但是他采取的是相反的方向，他开始自我检讨，他检讨说，这个结果和西方的结果不一样可能是因为我在做研究的时候控制得不太严格，或者是漏掉了什么东西，如果我做的完全正确的话应该和模型是一致的，不一致是我的错。这本来是根据你所做的研究结果提出自己理论假设的一个最好的时机。科学就是要不断地发现事实，不断地提出新的假设，不断地去完善这个假设，慢慢地形成自己的理论，如果每一点跟别人的观点、别人的理论、概念、模型不同时都把它抹杀掉，都认为是自己的失误造成的，那么你永远都不可能提出自己的理论，这就要不惮于提出自己的假设，提出自己的理论。尽管你通过一个研究提出的理论和假设是很不完整的，但只要你不断地一步一步地去做，你的理论会越来越完善。

今天我来时看到我信箱里有一封信，是东北的一个研究生给我发的，前几天他向我要在一篇报导里面我用到的量表，是今年1月的时候发表的一篇文章。他收到之后他给我回信说，王老师你这个1月时发表的共计是215个项目，发给我的是180个，是不是你弄错了。我说今年1月发表的是第一版，现在是第二版。就是说你会不断地提出一些东西，不断地完善，不断去发展，一开始可能很多人觉得你这个东西有点意思，但是不好，可能有很多问题，那好，现在我就一个一个地去解决，这样就逐渐地形成自己的理论。我们得有这样的自信心。而且这样的自信心要建立在一个扎实的、系统的、科学的训练基础上，也就是只要你相信你研究的这个数据是实实在在的。怎么才能相信呢，你按照严格的科学的程序做出来的，那你就要尊重这样一个事实，这就是事实。在这个事实基础上我来提出我的假设，提出我的理论，这样才能既彰显了自我，又能在科学上有不断的进取，也会使你的理论观点不断地受到关注，否则只能是在别人的阴影之下，而且这种阴影可能会在相当长的时间内还会继续存在。

　　作为北大的研究生应该树立这样一种学术的自信心。其实我们什么条件都有，尽管仪器、设备、图书、资料等条件和国外的一流大学相比是有一些差距，但我相信只要我们认真去做的话，还是会有一流的成果的。但是这一流成果并不一定是西方人认可的，我们甚至完全可以向他们提出挑战，因为我们是在中国。前一段时间我在给我们系的学生上课的时候我就开了句玩笑，我说现在美国的普通心理学，他们的教材把他们的心理学当成人类的心理学。其实美国只有两亿多人口，按人口比例的话，最有资格讲研究心理学的应该是中国人，因为美国的心理学是在白老鼠和白种大学生身上建立起来的，他们弄个人都是白人，弄个耗子也是大白鼠、小白鼠。我说用建立在白耗子和白大学生身上建立起来的心理学能让全人类去学吗？

　　所以我们要有这样的自信，不要以为美国人提出的模型我跟他们不一样就是我错，不见得！不管是谁提出来的，只要有足够的证据完全可以向他提出挑战，这没有任何不好意思的，而且关键是我们要有这样一种意识，创新的意识，不惮于提出自己的理论和假设，尽管一开始可能不成熟，但是我相信通过我们的努力一定会有新的发现。

　　这就是我给大家讲的，今天本来我说讲一个小时，我没刹住闸，谢谢大家的宽容！

（2003年9月23日）

诗是头朝下栽进我们生活中来的一块陨石

■ 朱孝远

朱孝远，文化史家，北京大学历史学系教授，北京大学希腊研究中心主任。全国优秀教师。1990年获美国俄勒冈大学欧洲史哲学博士，旋任教于美国伊利诺伊州立大学，现为美国俄勒冈大学名誉教授，中央美术学院文化史客座教授，清华大学宗教和道德研究中心研究员，中国世界中世纪史协会副理事长。主要论著有：《神法、公社和政府：德国农民战争的政治目标》（北京大学出版社，1994），《近代前期世界宗教史》（中国国际广播出版社，1996），《中世纪欧洲贵族》（华夏出版社，1996），《拜占庭造型艺术》（商务印书馆，1996），《近代欧洲的兴起》（学林出版社，1997），《欧洲涅 ：过渡时期欧洲的发展概念》（学林出版社，2002），《史学的意蕴》（中国人民大学出版社，2002），《艺术季风：写在史学的边缘上》（国家图书馆出版社，2004）。

同学们，今天我要以"诗"为题，来说明诗是如何有着无可比拟的魔力，能够用来帮助我们成为完整意义上的人的。我将以诗人们的故事，来说明"诗性生存"对于我们是何等紧要，同时诗的滚动又会如何把我们抛入真情之中，让我们欢乐、奉献、善良和友好。我想说的是，诗这个辉煌的、富有戏剧性的自由之神，不仅赋予我们骄傲的、无所顾忌的、英雄般的尊严,还给予了我们展现青春、让生命充满传奇的机会。即使有阴沉的奴役,即使有悲剧性的挫折,都无法抵挡住向诗奔走的愿望。事实上,诗是我们生活欢乐的源泉。没有了诗,我们就无法跃过奇形怪状的深渊,我们的充满美好和五彩缤纷的生命,也将枯萎,那时,我们青春的乐章也就结束。

在讲这个题目的时候,我心中涌现出三个非常美妙的主题变奏。第一个声音告诉我:"文化在民"。诗人走到民间,就是诗人回到了自己的家中。诗人的道路,本质上,就是回家。第二个声音告诉我:当诗人加入了民间文化的变奏,就把民间变成了文化共和国(Republic of Letters),其中的一切都显得美丽。第三个声音更加动听,说道:优秀的诗人还将带着大众进入天庭,民间文化进入上层文化,带来了自由、平等、民主和博爱。那时,就不仅仅是一个文艺复兴时代的到来,而且也是一个泰戈尔所说的"灵魂永远自由、存在于爱之中"的现代社会的到来。

诗的流星雨

让我们先来解题。头朝下栽进我们生活中来的一块陨石,这句有趣的话,是从伟大的维也纳小说家茨威格(1881~1942)那里借用来的。茨威格的一生真是一个伟大生命的戏剧,他在欧洲的上空呼啸而去,足迹遍布世界,却又和我们文化历史的源头紧密相连。他出版过《银弦集》、《早年的花环》这样的诗集,也写《一个女人一生中的二十四小时》、《儿童王国里的四篇故事》这样的小说。他的传记和散文更是必须注意,因为在此夜空,他专门搜集伟大精神性灵的孤魂,其中包括了罗曼·罗兰、荷尔德林和陀斯妥耶夫斯基。他是怀着无比亲切的感情来写尼采的孤独、托尔斯泰的出走和弗洛伊德的发现的,在他内心的深处,他又同歌德、莱依纳·马利亚·里尔克和拜伦息息相通。在茨威格看来,他笔下的那些人物都是划亮黑暗的流星,他们携带着巨大的精神能量向我们飞来,又在令人眩晕的光亮之中消逝。在他们生命的飞驰之中,诗的清晰、简练、人性的符号开始展开,带来的不仅是真正的光亮,还是一种对整个天宇之中人类的告诫:"一个梗概,像一滴露珠那样大，但它受到上方的光亮照耀时，就出现了色彩和火焰"；反之，"当一个诗人逝世时，似乎创作本身也死去了"。

诗，从它进入人类生活之时起，就以一种超凡的对于美丽事物的感受能力向我们敞开。就像茨威格专门搜集伟大的精神性灵一样，诗专门搜集美和爱的火花。如此说来，诗人应当说是对于美之事物特别敏感的人。倘若对美丽视而不见，或者说对于美之事物毫无感觉，那么，他也就无从于心灵深处点燃激情。惟有用直觉就能洞察美的人，才是让心灵插翅翱翔的艺术家。他写出比少女更秀美的文章，让人成全喜悦，让"童心"刺进被冷静理智之光弄得晕头转向、萎靡不振的坚硬裸身！

然而，诗却是头朝下栽进我们生活中来的一块陨石。诗一坠落，民就吟咏即兴，而民间文化，经"诗之美"这一信念的照耀，心灵就闪光，纯情就舒展，最艺术、最纯粹的本质生活就出现。诗刺激出理想和奇妙感觉，人的生活因为"诗意"而放光，令人惊异地得到了"在林野中跳跃，对着太阳展翅"的大慰藉。

诗的性质因此而显得显露后易于观察。在新疆伊犁，一位善良的维吾尔族老人在非常时期收留了一位著名的落难作家。后来，当人们问起这位老人为什么要这么做的时候，老人随口而出："一个国家怎么能够没有国王和诗人呢"？

在德国，一张大学门口的招贴画引起了我的注意：大学生们刚入校时，不过是些文弱书生、窈窕淑女，但是，在他们毕业之时，却已经变成了大头、大脚、粗胳膊、粗身段的运动员了。这个"自然人"的理念非常正确，大学绝非是要把充满生命活力的孩子培养成文弱书生，相反，它只是在一切追求新奇和非凡事物里增加一点好奇心，让孩子们的心灵中产生一种极愉快的活动，他们领略到极其壮丽的景色，大自然漫不经心的粗豪笔触一扫而过，使力量变成一种特殊的美，饱吸无限风光的学子们也由此借助学识成为主动驱使力量和心灵的开拓者。只要我们同意把这种改变当作进步，那么，我们就会心满意足地来高度评价德国那个大学的教育理念：借助美和力的提升，让人摆脱文弱的体质和精神，在心象中激起美，在自然中激起力，在生命里激起惊奇,在危险中激起爱,正如英雄从善与恶的混合表象中确立正义一样。

有一位美国的总统将要卸任,他邀请一位女历史学家到他的农场为他撰写传记。女历史学家感到,那个卸任了的总统依然明察秋毫地洞察理智,他指挥着农场里牧羊人的军队,丝毫不忘自己曾经带给人们福祉,牵挂人们是否会忘记他。与总统不同,女历史学家却期望真正回归民间。总统逝世后第三年,她嫁给一位著名的学者,为照顾家庭和孩子,她决定放弃教授的职务。这种做法很令同事吃惊,他们不理解女历史学家,他们无法脱离那种千篇一律并且永无尽头地在精英文化中的旋起旋仆。但是,女历史学家却固执己见,因为如果心灵要扬弃精英意识,那么人们就定必将首先选择最贴近自己内心需求的那些冲动。实际上,各种成长都是变化:要么往上走,表现为如何贴近和维护精英文化,要么往民间走,那里有对现实生活的本真热爱和体现人类美好天性的一切内心立法的明显公式。

著名的李白和杜甫都是民间文化中培育出来的伟大诗才。李白企图用民间的习俗改造宫廷,杜甫则说出了"安得广厦千万间"、让天下百姓尽开颜这样的话。"朱门酒肉臭、路有冻死骨"一言九鼎,奠定了杜甫最基本的民间立场。

宋代的大学问家朱熹,其影响不仅是在众多学术思想上有所创见,他还创办书院,把文化带到了民间。美国的历史学家汉姆斯说他做了三件事情,一是办书院,二是订乡约,三是立社仓,因而使读书人有书读,乡民们有德依,农民们有救助。这样。就在制度上保障了人民的福祉。对百姓的持久关注被看作为这位伟大人物的最重要的特征。

诗人身上有什么东西,值得人们那么去赞美呢?人们赞美他们,是出于诗呢,还是因为诗人本身?

诗人首先是一些无拘无束的人。他们的内心世界经常是极其丰富的。在屈原的诗篇里,有天问,有山鬼,有离骚,有无穷无尽的美丽传说。诗人永远在天涯海角漫游,他们的关照范围,是无限广阔的。他们听千里之外松林间的风声,他们见万里之外美丽的花朵。他们凭直觉行动,然而却有着无限平静的内心。他们追求所爱之事毫无障碍,他们的自由精神,给人带来无限遐想,无限美丽。

诗人是自然的尤物。他们在哪里都是自自在在，如鱼得水。他们有了爱情就说出来，有了不满也不隐瞒。他们不是每分每秒都在反思，他们特别乐意把别人当作朋友而倾诉。他们几乎没有什么是不能说的，他们简直是能用生命直接说话。他们直抒己见，把遇到的人都当作是自己的好朋友。他们心里觉得自己的诗歌就是普通人的一种吟唱，他们采集民歌民谣，也把自己的诗歌送给普通人。诗歌是活在人心中的，诗人是活在人民中的。

诗人不很考虑怎么写诗的事情。他们有许多心中涌出的东西。他们没有觉得自己在写诗，但却是吟唱出了歌谣。对于诗人来说，创作是不存在的，他们只是把自己的意见不断地说出来。他们是一群专门唱歌的艺术家，喜欢把自己比作夜莺，认为自己是在唱歌，在唱一些欢乐的、悲哀的、激动的、美妙的歌。

诗人从不刻意想像，他们只追求美丽的事物，结果，他们自己却变成了光。由于在内心里没有任何压抑，他们的内心就充满着各种自由。自由对于他们是天生的，但对于有压抑的人来说，就是一种福音：尼采在其《悲剧的诞生》中，向我们专门描述过希腊人怎么利用酒神和梦神使自己感觉平等、自由和无拘无束。假如人们找到了一片绿洲，在其中不感到压抑，那么就会觉得自己是在真正的桃花源里了。我们都喜欢在桃花源里的生活，那里没有压抑，无意识的知觉获得了价值。由于没有意识的压抑，人拥有了更高的追求。诗的出现，就是让人变得自然、放松、靠直觉生存。人只要不违背自己的心意，也就没有压抑，没有制约，没有计谋和阴谋，心灵也就变成得柔软。纯真是如何因为诗歌而出现，惊奇是如何伴随喜悦而舞蹈，生命是如何经由自然而复苏，这一切似乎都是不言而喻的。

诗人无法有效率，因为他总有新梦想。达·芬奇永远完不成自己的作品，因为他的创作能力比不上他的创造能力。诗人的心永远是跳动的，他是一个制作盆景的人，心中的盆景总是高过做出来的盆景，更要高过那最后展览出来的盆景。

在特定的时期，诗歌的流星雨会出现。20世纪80年代初，诗歌的流星雨闪烁在中国大地，14世纪，诗歌流星雨撒遍文艺复兴的欧洲，这都是在最特殊时期人们心中真情的抒发。流星雨点点闪烁,就让人知道了光在哪里,山在哪里,自己在哪里。

诗人给我们带来了美。美的事物印入人心,就激起人内心的光亮,这种光亮折射出来,诗也就产生了。美是诗的养料,诗却是美的想像。诗的折射乃是放射性的,有如思想,放射出万丈光芒。这种光芒不仅可以把诗人照亮,也同样可以把人群照亮。雪莱说:诗人是在黑夜中唱歌的夜莺,但我以为诗是美的光束,一经点亮,自由自在的生命也就开始跳舞。诗是语言而不是音乐,但诗在人心中反射出的感觉却正是音乐。诗的节奏是生命的节奏,这种节奏只要合着生命舞蹈的节拍,就能引起人的共鸣。凡是在严寒的冬天进行过刻苦锻炼的人,他的性情也就变成一种善于控制的自然冲动。他既然有过了高峰体验,因此也就能善待一切。从这个意义上说,对他来说,春夏秋冬皆是诗。他这样地生活下去,总是觉得只要生命真正地自由地开了,音乐将随之而来,衬托出大自在的本意,激起人心中无比描绘的大快乐。

诗人给我们带来了和谐。诗和诗的美皆服从于天然的和谐。和谐无不出自本质的自然,而非仅仅出自于形式的排列。只要本质是和谐的,那么,诗的韵律也将是自然合拍的。诗的韵律就是人的韵律,所以诗的和谐断然也就是人的和谐。因此,诗的旋律要从人性的和谐中去寻找,而诗心却要从人的爱意中去寻找。爱是诗人的魂,它能够让废墟变成绿地。诗也是一种优美的力量,它浸润荒野,能把荒野变成鲜花铺地的天国。

诗人给我们带来了爱、喜悦和渴望。倘若诗真的能够感人,那么,诗人的热情和人格就好像闪烁的星星,它那放射性的光辉透过幻想和淡淡的哀愁,给予人类充满希望的喜悦。只有那些心中燃烧着对光和亮的渴望的诗,才能成为射入人心灵的赐福的光线。诗歌的美不在于丰富多彩的连贯情节,因为优秀的诗人也可能稍微离开铺好的道路而另辟蹊径。谨守优秀人格的诗人不外意味着"美的发现者"和"美的创造者",他的诗不在于有意地向人揭示崇高,只是他的热情和人格能够燃起星火,让人真实地感受从深处发出的颜色和美,以慧眼关照的崎岖小道。我们仰望诗,我们也就仰望人类的本质和美德,从而获得一种非凡的壮丽。诗的庄严，在于诗的不容亵渎。诗人的尊严，在于诗人的人格力度。当诗人以他的方式在寰宇之中祈求诗才时，诗就成为一种揭示。因此，当诗成为人类本真的聚集力时，不存在诗的危险性，只存在诗人思的神秘性。

　　心灵自由的人会有创造的能力。天地万物，一经诗的浸润，生命的绿就吐芽，这样就产生出诗境。照一种说法，诗具有一种强大的传递光亮的能力，只要一进入诗境，万物就都染上了诗意的光辉，由此变得光彩夺目。然而，凡入诗之事物本身却必须是纯净的，正如能够运用心灵来加以想像的事物，本身也必须是美丽和充满爱意的。诗从来不是从事物的整体来考察事物，而是把事物看作导向心灵的精神价值的原材料，并且是在刻意推敲其精神价值的完善性上来把事物提升到诗。事物之于诗，犹如泥土之于花朵，夜空之于星星，肉体之于精神，煤之于火。

　　一般来说，诗又可解作"精神之提炼"；天地万物，宇宙大化，乃至于历史雕刻之时光，无一不在人类敏感的心灵上打下印记。然而，诗起于印象却不止于印象，因为诗要赋予印象以智性。凭借一种特殊的聚焦作用，诗为心中印象定格，让流散的瞬间成为永恒。自古以来人类便写诗。《诗经》、《伊利亚特》、《奥德赛》，无一不是人类瞬间印象获得历史永恒的证据。诗从来不是扩散性的，恰恰相反，它只是"精神之集中"，通过感觉的传递和精神化，它奏响心弦，也让共鸣变成永恒。这种诗的灵感给人强烈的快感，不仅欢乐，而且陶醉，从而激发出诗心之力。在诗力面前，野蛮人收敛了原始的冲动，艺术家获得了圣洁的天火，凡俗之辈开始了对于未来的憧憬。凡诗出现，人就愿意以诗为镜，如此一来，审美的能力突现，人却在极度的诱惑面前得到了极度的克制，从而想像中有爱，艺术中有美，情操中有真。自然之人既然为诗所浸润，审美意识也就赋予了人类以诗意。

诗人的天职

　　诗人的天职，就是回家。文化在民，所以诗人的家就在民间。诗人回家,流星变成了陨石,家却成了文化共和国。

回到民间来的诗人还是诗人,他要家里的人快乐,因此,他呼唤光、美、爱和灵魂。

家里住了个诗人,人就产生诗意,让人心动,诗又反过来成为一面明镜,让人得到喜悦和大安慰。

诗人的三个维度,就是爱、欢乐和工作。著名的心理学家埃里克·埃里克森说:玩、爱和工作,将使人获得一段最为丰富的生活。

第一个向度是爱。诗人觉得,爱非常重要。彼特拉克、但丁和薄伽丘都宣扬爱。这是因为爱带来了热度。心中必须有爱,然后才有星星的热度,星星的闪烁。

因为没有爱的生活是单调和贫瘠的。

而有了爱,就会有了爱人的能力。

爱的真谛是爱人的能力。爱人的能力中的很重要的部分,是要学会与人分享。但丁、彼特拉克都具有爱人的能力,他们的爱与人分享,他们的爱,不是占有,而是欣赏。

这样的爱,能给生活带来温暖。有了温暖,人就有了自信。

第二个向度是欢乐。但丁不快乐,但彼特拉克快乐。彼特拉克不快乐,但薄伽丘快乐。薄伽丘不快乐,但莎士比亚快乐。莎士比亚不快乐,但他的观众快乐。诗人们的心成了人们快乐的源泉。诗情升华,就把人进入进了诗的想像,诗之想像的伟大作品,就是《乌托邦》、《理想国》和《太阳城》。

诗和诗人一样,都是往向下走的。你看,诗变成歌,歌变成舞蹈,于是诗人就邀请最美丽的人同他跳舞。和诗人跳过舞的人,都觉得生活在艺术世界的新的法则里:那里似乎没有逻辑,没有知觉,没有计划,却有无限美好的天真的童年。当诗一完成对真理的本真诠释,人就开始获得诗的创造力!

第三个向度是工作。工作就是承担责任。爱因斯坦说他要四样东西:纸、笔、一点时间和一把小提琴。他四次拒绝去当以色列的总统,他愿意在科学和艺术中生活。他是一个诗人。

诗人一无所有,但却给予人们大地、天空、星星和向日葵。有这么一个大钢琴家的故事：一位像贝多芬那样的伟大音乐家迷了路，就在乡间一户人家里过夜。那里居住的是一对夫妇，都是音乐爱好者。清晨，音乐家要走了，为了报答主人们的热情款待，就为他们弹奏了一首钢琴曲。天哪，天空突然换了色彩变成了云海，智慧被征服之后突然变成了流动，各种事物显现出了十分强烈的真正的色彩！随着音乐、精神、物质的流动，荒山秃岭、被河流割得七零八落的国度又回到了郁郁葱葱、气候柔和的春天。自然的刺激和人生的刺激不相协调地合二为一，人的灵魂给呼唤了出来，生命的景象达到了极致。钢琴家走了，但那位夫人每天却重复弹奏钢琴家弹奏过的那首曲子。那突如其来的美以及那严峻一刻所带来的令人震惊的场景，是永远不会消逝的。

倘若没有林肯这位从小木屋里走出来的总统，人们就不会像现在那样永久地关注美国内战和废奴运动。 小木屋就是一柄刀鞘的底部，表现为令人震惊的、生动饱满的民间文化。这种文化注定要在关键时刻承担拯救工作，在那里会自动产生出潜藏在文化灵魂深处的火星，像普罗米修斯那样，借助人类根部的本身的光，来赋予人类以生命。于是，一种复兴的活动出现了，最终会带动其他人类，推动其走向金灿灿的麦穗和含笑的葡萄园。只要诗和民间潜在的爱、欢乐和工作结合着，就会缔造一个人间天国，一个文化的共和国，一位能说出"of the people，by the people，for the people"的总统！

真正的幸福果实，是诗人回家，回归到了民间文化之中。

真正的喜悦，就是诗人在自己的"家"中，获得了自由。

诗人到场，就在市民们的家中成了受欢迎的贵宾。

诗人的桂冠都是人民给予的。

文艺复兴时代的大艺术家笔下的都是市民。

诗人下笔，画的都是爱他们的和平鸽。

诗人要办一所学校，那是一所平民的学校，就是《巨人传》中的那所学校。

诗人要兴办经济，为的是让人民安居乐业，得享天年。

诗人关心人民的价值。他们眼里，圣母就是最美丽的村姑，耶稣是个没有光环的平民，天神们都是维纳斯、雅典娜，都是大海的女儿和卖火柴的小女孩。

道德秩序，就是根据天性来确定的。诗人们认为：道德不高于人性，也不低于人性，人性就是那道德的准绳。这样，诗性的生存就启动了。

"诗性生存"这句话，是借用德国哲学家海德格尔《人，诗意地安居》这本书中一段话的含义。海德格尔是位思想家，他认为："诗是真正让我们安居的东西。"他指出："这并不意味着诗只是附加于安居之上的一种装饰或津贴。安居之诗的特征并不仅仅意味着诗非要千方百计在所有的安居里出现。'人诗意地安居'更毋宁是说：诗首先使安居成其为安居。诗是真正让我们安居的东西。但是，我们通过什么达于安居之处呢？通过建筑（building）。那让我们安居的诗的创造，就是一种建筑。"

让我们看看，意大利文艺复兴时期的那批诗人，把欧洲变成了什么样子。诗人回家和文化在民这个主题，在300年的文艺复兴运动中一直重复着，这个事实尽人皆知，反衬出文艺复兴就是一个提炼民间文化改造精英文化的运动！没有民间文化，春天就不那么鲜亮，山岭会变得千疮百孔，世界也会失去友爱与和谐。鲜明的对比来自诗人同封建贵族精英的对照：这里有两种知识运动在飞速地变换着———一种是主要的、非重复的诗人们的知识；另一种是重复的、机械的、墨守成规的贵族文化的知识。那些从市民阶层中走出来的诗人、艺术家，是些具有改革意识的知识精英，他们与经济有联系，与政治有联系，不断增进的是地方上的人民的力量。他们活动的中心在地方，他们独立行事，最注重的是经世致用的学问。他们几乎完完全全是一个新产生阶层，健壮的精力充沛的民间文化是他们的故乡。与他们相比，古老贵族出身的知识精英却是另外一副样子：他们懒惰傲慢，不懂装懂，鄙视民间，却热衷于追求宫廷中的富贵，一心一意地往上走，不断增进的无非是封建的朝廷意识，他们既不独立行事，也绝不是社会流动的产物———因为贵族家族惯用的伎俩就是改变策略，世代延续。封建社会崩溃时，贵族的人数在缩小，他们的创造才能在枯萎，至于那些经世致用的学问,在贵族那里是找不到的。是啊,在伟大的文艺复兴运动里,又有谁是在真心期望在这些古老的贵族之家里出现艺术喷涌的泉眼,画出拉斐尔那样美丽的圣母造型,或者雕刻出米开朗琪罗那样的人类年轻始祖大卫呢?

海德格尔的思想也许是高深莫测的。但是,他所说的"诗意地安居"却是引自于诗人荷尔德林的原诗:"人充满劳绩,但还诗意地安居于大地之上"这句话。海德格尔认为充满劳绩意味着一种限制,很有可能淹没了人的原本根基,即人类真正安居的本质。诗意的和大地上两者的相连令人深思,因为诗无意让人远离世界,还因为诗反是要把人立于大地的真正根基。当人类离开了诗,也就远离了自己的根基,成为纯粹为了自己的劳绩辛苦万分的追逐之徒,却终因远离自己安居的长久安泰而陷之于危难。诗意的安居,因此,就是世界与大地的对立,即劳绩与自然本真的对立。诗意,作为自然本真的确立,不仅能够让人回归自身的宁静之中,也能够让一切存于于澄明之中,从而为人提供一种保护,让人知道他的意志要自己真正做些什么。

诗人在使用诗意一词时,诗实际上就成为人类去蔽的原动力。诗的净化作用是无边无际的,一旦有诗的介入,混沌的东西就开始变得清晰,就像雨后飘着清香的绿色树林。诗,原本是属于树林的。当人们从树林中走到世界里来的时候,他必须带着诗意而来。诗,这一原始本真的艺术品,能让世界净化,因为诗本质上就是精神之雨,是专门为我们生活带来真理保护的特殊艺术。

诗能进入生活,是因为诗人能够溶入生活。每到一方,诗就净化了一方,这为人留下可以安居乐业的大地。当诗融入人心时,诗的韵就合着人的心而跳动。这样,诗的纯净既拯救了人,也拯救了诗人的世界。

携带诗意的人就是诗人。诗人的使命,是让鲜花绽放,让心灵去蔽,让大地安宁。诗人,因此是天命的使者,是产生希望的原动力,是让人回归本真的境域守护者。

因而,凡在诗意充溢的地方,每分每秒都会显示出生命的韵律,结果便产生出那种令人羡慕的精神节奏。我们无意把诗限制在一种行为的范围之内,反而要自己熟悉诗律的最惯常、最充分的显示。当一个人把每一件事情都做得非常得体的时候,他也就获得了一种韵律,并且确定这种韵律的乃是一种内在的精神自省,由此区别于那无韵律可寻的生活。从严格的诗性生存意义上来说,诗不是写在纸上的——让生命带上诗的韵律感,生命在跳动,随之生命也就成诗。那时,人人皆可入诗境。

作为发自内心的歌颂,诗不同于惩罚,因为它是人自觉自愿走向美好事物的阶梯。在诗的里面,人是自然,自然也是人。人通过爱慕走向自觉,自然也通过关爱澄清万物。蓝天,白云,大海,在诗人看来,莫不具有诗意。人的自然是人找回了自己的本性,而自然的人却是心灵美的恰到好处的发挥。诗把人置入意境之中,心绪闪耀,人就透明晶莹。人心透明有如水晶,既然清澈如水了,就无法再矫揉造作,藏污纳垢。美和清澈都是娴静温婉的,当美的波澜在心中起伏时,慷慨激昂的崇高和热心幻想的壮丽就让身心受益,让其拥有诗的节奏。人心有诗,人就有情,精神、魄力和智性上的诸多能力也就发展。许多人困惑于语言的选择,却不知道不合逻辑的词藻,或者不大适意的风格,都只是心灵缺乏磨砺,身体缺乏精神所致,并非出自诗艺技巧的缺乏。人心受阻时,生命节奏就受到挫折,魄力、淳朴和内在的和谐也就绝迹。人心不断破裂,出现裂缝、断层,撞击着的浮冰,友爱、活泼的理智也就丧失,人心坚硬,就不再产生出歌咏之心。诗却能够使悲伤的也成为美的,因为只有它能够修补最破碎的和最坚忍的心,用情谊来唤起千百年来人类情投意合的互助。这样,枯枝发绿,人心温暖,在最意想不到的时候出现希望。诗浸润了人心,让它柔软和谐如初,人在诗的浸润下获得了清澈,这样,诗就再造了一个宇宙。

向诗这一带着诱惑性的成果致敬

诗人的使命就是但丁的使命。诗人的使命,就是让家里的每个人都感到幸福。

有一本书说,民间的文化不能进入精英文化。我却要说:能。

原因是：文化在民。当精英文化出现问题时，民间文化就进入了精英文化。民间文化中有诗意，优秀的民间文化常常是新文化的发源地。

诗，犹如一种宇宙之神赐给我们的带有诱惑性的礼物，把来自民间的韵律精髓带还给我们。我们大家聚集到了这里，并且相信，除非事物是恰到好处，无法相信它会保留至今，永久不衰。是什么原因使得人如此决定性地求诸于诗，甚至把有着诗性的人视为一种真正的人？诗作为人类的一种艺术而存在着，至今也是哲学家们愿意谈论的问题。我们不禁要问：诗与人类结下的不解之缘，究竟为何在我们生活之中占据如此特殊的位置、究竟又在人类的生活中起着什么作用呢？

原因之一就是诗歌开始关心"人的发现"这个主题，而阐述这一主题的方式首先有赖于对诗歌的内容和形式两个方面进行一番改造。雅各布·布克哈特告诉我们，但丁、彼特拉克、薄伽丘的诗与他们之前的诗歌有了很大的不同。在14世纪以前，欧洲的诗歌也表现人类的激情，但更多的是描写个人情感的充满矫揉造作情调的抒情短歌和歌功颂德的应景之作。是但丁的老师布鲁纳托·拉蒂尼把短歌改造成为反映自己真实感情的诗，他的《无韵诗》标志着这方面的重要突破，被认为是一个诗歌新纪元的开始。短歌注重的是自由情感的表达，但是13世纪前半期大量的具有严格韵律格式的十四行诗，在意大利成了一种标准的和为人所承认的诗律。诗韵的押法，乃至诗行的数目在一个世纪都是有变化的，一直到彼特拉克才把它们永久固定下来。这样，诗歌到了彼特拉克时期，无论是在内容的畅快抒情方面，还是在诗歌体裁的定型方面，都找到了最合适的形式。现在，意大利的诗歌不仅具有了层次分明的结构，而且有了抒发自己真实情感的内容，清晰、扼要、感情充沛和活泼有力的诗歌就被创造了出来。正如雅各布·布克哈特所言："一切较高的抒情或冥想的主题，以及较晚时期的各种各样描述的主题都是以这种形式(十四行诗)来处理的，而那些情歌、六重唱以至'短歌'都被降到了从属的地位"①。

在但丁、彼特拉克和薄伽丘的诗歌里，"人的发现"这一主题是同

---

① [瑞士]雅各布·布克哈特：《意大利文艺复兴时期的文化》，商务印书馆，1979年，第305页。

探索自己的灵魂和歌颂高尚的爱情紧密联系在一起的。但丁的《新生》以大胆的坦率和真诚流露出他对爱情的感受,以及如何把这种感情上升到净化灵魂的崇高辉煌。彼特拉克的《歌集》是用意大利文写就的,乃是诗人年轻时代所作,但直到诗人生命结束之前仍在不断修改再版,共收入317首十四行诗,29首情歌,9首六行诗,7首民谣,4首牧歌,共366首,其中大多是诗人用他的灵魂对他内心世界的揭示和对爱情的大胆真实的歌颂。诗人这么写道:"从这些零散的诗句中,诸君可以听到我心灵的哀叹,那是我青春时期的幼稚之举,自然与现在的我不能等同一般。"①在第二首中,诗人是这样歌颂爱情的:"我鼓起勇气建造一道心灵的防线,以便迎接即将出现的爱情挑战,当致命的爱矢向我袭来时,别的爱情之箭都变得秃钝不堪……于是,它便引导我攀登理智的峰巅,机智地躲避心灵的折磨,但它却又无能为力,望洋兴叹。"②同样的情感也表现在薄伽丘的十四行诗集里③,在"回到被爱净化了的地方"(第二十二首)、"春的忧郁"(第三十三首)、"诗人老去的悲哀"(第六十五首)中,诗人都表达了爱情的诱惑如何使人灵魂净化的主题;雅各布·布克哈特告诉我们,在薄伽丘的以农村爱情故事为题材的诗篇《爱弥多》中,"他描写了爱情使人趋向高贵和纯净的力量,那种风格使人几乎想不到它是来自《十日谈》作者的手笔。"④

诗人们追寻古代希腊、罗马诗人的古典风格,这反映在但丁的《神曲》和拉丁诗歌之中。我们必须重视的是意大利诗人们所开创的研究古典文化之风,这在后来成为佛罗伦萨许多市民毕生愿意从事的事业。我们只要想一想"古典精神"在佛罗伦萨城具有何等的影响,就可以知道尼科利,那个佛罗伦萨城中最有名的教师,为何被人认为是"一个不能容忍他周围有任何与他自己的古典精神不协调的人"。⑤

诗人为何写诗,他们怎样写诗,以及他们写诗歌时究竟抱着什么

---

① [意]彼特拉克:《歌集》,花城出版社,1980年,第1页。
② [意]彼特拉克:《歌集》,花城出版社,1980年,第2页。
③ 刊印在他的《俗语著作集》第16卷中,见兰道:《薄伽丘》,斯图加特,1877年,第36~40页,见雅各布·布克哈特:《意大利文艺复兴时期的文化》,第309页。
④ 雅各布·布克哈特:《意大利文艺复兴时期的文化》,第309页。
⑤ 同上书,第212页。

样的情感？我们先来看薄伽丘在1365年所撰写的《异教诸神谱系》中所论述的诗的功能和诗人的修养，见其第14卷第7章：

> 这种诗，无知的懒汉弃之如敝屣，乃是一种热情磅礴的绝妙的创作，是心灵所创造的东西的如火如荼的表现，不论在语言上或写作上。诗从上帝的胸怀产生，我觉得有这种天生禀赋的人为数甚少；真的，诗是一种如此神奇的禀赋，所以真正的诗人在人群中有若凤毛麟角不可多得。这种热烈的诗情具有崇高的效能：它强迫你的灵魂不吐不快；它促使你的心灵产生闻所未闻的新奇作品；它使得你的沉思冥想排列成有条不紊的秩序；以语言和思想交织成的稀奇锦绣装饰全篇；这样，它以虚构之绚丽切合的锦袍笼罩着真理。再则，假如是创作无论如何有此要求的话，它可以使帝王用武，把他们送上战场，使如云的舰队驶出湾港；不仅如此，它还可以仿造天空、大地、海洋，以鲜艳的花环装饰少女，使惰者奋发，使愚者猛醒，约束莽汉，制服罪犯，表扬贤者而予以应有的赞词：这些以及其他种种就是诗的效能。①

从这些文字看，诗歌的功能包括了心声吐露、诗情抒发、激发君主和战士的斗志、揭示事物的真理性、开启民智等等。正因为此，"诗人在人群中有若凤毛麟角不可多得"，因为如果诗人自己不是一位智者和品德崇高之人，那么，他就无疑不能用自己的诗歌劝人归善。此种诗人的定位，当然还必须是同诗人愿意为社会服务相互联系的：

> 假如得天独厚而有诗的热情的人未能美满地完成这里所说的诗的任务，按我看来，他就不是一个可敬可嘉的诗人。因为，尽管诗兴勃发，如何深深地激动有天才者的心灵，他也难得完成优秀的作品，如果他缺乏他的思想所借以表现的工具的话，——我说的是，例如，语法修辞的规范，切合时宜的丰富知识。我承认许多诗人能够巧妙地运用本国语言，而且确实完成了诗本身的种

---

① 薄伽丘："诗的功能"，《异教诸神谱系》第14卷第7章。见章安琪编订《缪灵珠美学译文集》第1卷，中国人民大学出版社，1998年，第330页。

种任务;虽然如此,但是,除此以外,还必须至少知道其他学术——精神科学和自然科学——的原理,掌握丰富多彩的词汇,博览古代的遗迹和文物,牢记各国的地理,海洋山川的形势。①

这段论述说明了诗人除了有崇高的美德之外,还必须具有崇高的思想和丰富的知识。薄伽丘认为诗歌有如排列有序的真理,显示出与其他的精神科学、自然科学相同的理性意识。同文又载:

幽静的地方,大自然的可爱的美景,乃至安静的心情和浮华的欲望,对于诗都是有利的;热情磅礴的华年也往往是优越的条件。假如这些条件不足,则创作天才的能力就往往变得江郎才尽,诗兴衰微了。②

这说明诗人也是同大自然最为接近的人。按道理说,诗歌有如美的提炼和升华,它不仅要从大自然的万物之相中得到养分,还必须回答这种美感如何给予人们以启示。正因为如此,诗的名称之由来,就是人类激情和审美意识的幽雅表达:

既然除了凭借艺术以创造的以外,徒有诗的热情也不能产生什么,尽管它可以加强和启发心灵的能力,所以诗一般被称为一种艺术。是的,不少人漫不经心地假定 poetry(诗)这个字来源于希腊文 poio, pois,这等于拉丁文 fingo, fingis(创作),其实它来源于一个很古的希腊字 poetes,这在拉丁文意即优秀的谈吐。因为太古的人们,受灵感启发,开始使用一种优秀的语言风格,例如,粗朴不文时代的歌谣,使得这种前所未有的谈吐听来悦耳,便唱出有节奏的句子来;为了免得它因简短而不能动听,或者相反地成为冗长而沉闷,他们就依照一定规律的标准应用它,而且以一定数量的音步和音节约束它。于是,这种有计划的说话方法,他们就不再以"诗"这个总名称来称它,而称之为"一首诗歌"。

---

① 同上书,第330页。
② 薄伽丘:"诗的功能",《异教诸神谱系》第14卷第7章。见章安琪编订《缪灵珠美学译文集》第1卷,中国人民大学出版社,1998年,第330页。

所以，我在上文说过，诗艺的名称及其人为的产物，乃是从它的效能而产生的。①

值得注意的是，薄伽丘注重了诗人心灵活动的特殊性。他引用西塞罗（他是哲学家而不是诗人）在元老们面前代奥卢斯·里西尼俄斯·阿尔基亚斯发表的演讲，阐述出诗歌不同于其他科学的特征："我们还可以根据最高最博学的权威说，其他的艺术都是科学、公式和技术的问题。唯独诗则完全依靠天生的才能，纯粹是心灵的活动所唤起的，而且是渗透着一种新奇的天授的灵感。"他深信：诗是一种实用的艺术，从上帝的胸怀产生，因它的效能而得名，诗咏及许多高贵的事情，这些事情即使不承认有诗的存在的人们也是经常关怀的。如果我的反对者问及我在什么时候、在什么情况下，答案是很明白的：诗人会亲口陈述他们是在谁的帮助和指导之下完成他们的创作的，例如，当他们以象征的阶梯攀登天国，或者使得密茂的绿树高耸入星空，或者蜿蜒于群山之间直登峰顶。或许，为了毁谤他们至今尚未认识的这种诗之艺术，这些人们会说，诗不过是诗人所运用的雄辩术而已。不错，我会部分地承认这点，因为雄辩术也有它自己的创造。然而，其实雄辩术在种种虚构之伪装中是没有它的份儿的，因为凡是在假托之下创作的而且巧妙地制成的作品，就是诗而且仅仅是诗。②

对于一个年轻的人来说，诗的含义就是释放、解放和自由。诗的真理性教导我们不要随波逐流，警惕我们生命的迟钝和硬化。诗对于许多人来说，是光明所在的投射，哪里有诗，哪里就有生命力的敞开。

如果把诗当作刺激之体验来加以接受，而不去领悟诗中的美和诗中的爱，那么诗就只服务于一般意义上的交流。但是，如果把诗当作人类心灵的自然显露的话，那么，诗就不只是审美的欣赏，而成了奠立人之根本的基石。惟有把生活建立在这样的基石上，人才觉得诗始终是美德的守护者，因此也为人提供安居的手段和道路。

诗的真理性使得诗能够成为少数的几种超越时空的艺术之一。在

---

① 同上书，第331页。
② 同上书，第330~331页。

诗的最为原始的本质中,我们看到主宰命运的不是把大地盘剥殆尽的榨取,而是成就春华秋实的文化。诗对所有丧心病狂的东西敬而远之,却从最近的距离把最迫切渴望的事物传递给需要它们的人们。诗是骄傲和充满着诱惑力的,但它同时又以理性律己,以便心安理得地让千姿百态的万物按照自己的自由意志而生存。诗显示自己是人类爱和青春的守护者。我们有诗的相伴,就能够在不经意之中发现真理。诗最为高深莫测,但诗也最透明简洁。质地越好,越透明,诗的透明程度也就越高。当诗完全成为透明时,诗人隐去,人才发现被诗重压过的世界已经变得透明。诗从非常崇高的意境中突然降落到大众的境界,却以这种方式激起了另一种质。遥远之物在一瞬间距离我们非常之近。人人都知道,诗将退隐,但从此人类的善也就确立。

(2003 年 11 月 28 日)

北京大学史学系五十年变迁(1899—1949)

■牛大勇

牛大勇,北京大学历史学系教授,主要研究方向是中国现代政治史,特别是现代中国与美国、英国、日本等大国的政治关系等。曾任北京大学研究生院常务副院长、历史学系副主任,美国哈佛大学访问学者(1997年9月至1999年1月),美国斯坦福大学访问学者(1998年7月至8月),瑞典斯德哥尔摩大学亚洲太平洋研究中心访问研究员(1995年1月),美国华盛顿威尔逊国际学术中心研究员,兼乔治·华盛顿大学欧俄欧亚研究所客座研究员(1993年1月至12月),日本创价大学客座研究员(1987年11月至1988年11月)。主要著作:《中华民国史》第2编第5卷(第二作者),中华书局,1996年;《周恩来和他的秘书们》(第一作者),中国广播电视出版社,1992年;《中国现代化历程的探索》(与罗荣渠合编),北京大学出版社,1992年。

一

1898年,在变革与维新潮流的推动下,清政府筹办京师大学堂。总理衙门拟制了中国近代高等教育的第一个办学章程——《筹议京师大学堂章程》。对于办学宗旨,标举"中西并重,观其会通,无得偏废",

强调"本学堂以实事求是为主"。根据这样的原则，学堂的功课拟分普通学、语言文字学、专门学三类，在普通学中设"中外掌故学"等十种课。①然而开学时，变法运动已告失败，教育方针和课程设置均呈浓重的守旧色彩。入校学生仅百人左右，课程只有诗、书、易、礼四堂和春秋二堂。每堂学生十余人至二十人，上午习经史、下午学格致、算术、化学、外文等，每月甄别一次。1899年秋，学生增至近二百人，"乃拔其尤者，别立史学、地理、政治三堂"，由仕学院分隶之。原有的六堂改名为"立本"、"求志"、"敦行"、"守约"四堂。②

1900年夏，义和团进入北京。学生四散，京师大学堂停办。八国联军侵占京城后，俄兵入驻大学堂，屋舍多毁，图书仪器荡然无存。③

1902年，清政府下令恢复大学堂。据这年旧历十一月颁布的《钦定京师大学堂章程》规划：大学专门分科将设七科三十五目，其中文学科设史学等七目。至于详细课程，因尚无生源，待若干年后预备科的学生卒业时再定。预备科及大学堂附属之仕学、师范两馆，皆设多门史学课程，如中外史制度异同、中外史治乱得失、工农商业史、史学教授法等。④

10月14日，仕学馆和师范馆举行招生考试，考试科目中都有史学。例如师范馆的中国史学的专题共12问，其中之一是：问汉武帝盛击匈奴，唐太宗厚遇突厥，御外之术固各有不同欤？试略述其得失。另一问是：问宋之均输与汉之平准，其法同异若何？⑤12月17日，大学堂举行了入学典礼，仕学、师范两馆共录取学生一百余名。⑥这时在京师大学堂为他们开设史学课程的有汉文教习屠寄、王舟瑶、杨道霖等人。

---

① 中国史学会编：《戊戌变法》第4册，神州国光社，1953年9月版，第486~490页。
② 喻长霖：《京师大学堂沿革略》，《清朝续文献通考》第2册，浙江古籍出版社，1988年影印，第8642~8650页。
③ 《国立北京大学建校五十周年大事年表》（以下简称《五十年表》），《国立北京大学五十周年纪念一览》（以下简称《五十纪念》），国立北京大学出版部，1948年12月印行，附录。
④ 舒新城编：《中国近代教育史资料》中册，人民教育出版社，1961年，第549~567页。
⑤ 蔡璐：《大学堂译学馆各项考试题目》，北京大学综合档案室藏档（以下简称"北大档"）：京师大学堂/121。
⑥ 喻长霖前揭文；《京师大学堂同学录》，京师大学堂，1903年；徐宝璜：《国立北京大学廿周年纪念册》，"沿革一览"第13页。

日籍教习服部宇之吉讲授万国史。①

1903年，清政府在对原章程作了进一步修改补充之后，颁布了《奏定大学堂章程》。拟在分科大学设八科46学门，其中文学科设中国史学门和万国史学门等。这个章程还详细规划了课程科目、教学内容、研究方法、教材和参考书，要求学生在毕业时须呈交毕业课艺和自著论说。②

1904年夏，京师大学堂开始招收预备科学生，同时招考师范馆第二批新生，首场试题即有中外历史各六问。③仕学馆因迁并于新办的进士馆，不再归大学堂管辖。④此后陆续受聘到京师大学堂担任史学教员的有冯巽占、李稷勋、王镐基、陈阆、陈黻宸、李凝、谭绍裳等。⑤他们先后编出史学讲义多种，是中国近代最早的大学历史教材。

1907年3月，京师大学堂师范馆首届学生104人毕业，按成绩分为四等。⑥他们是我国第一批受到较系统的近代科学(包括史学)教育的大学毕业生。

1909年春，又一批预备科和师范馆的学生毕业。随后，预备科改称高等学堂，仍属京师大学堂管辖。师范馆则改称优级师范学堂，脱离京师大学堂而独立。⑦

有预科学生毕业后，京师大学堂便加紧筹办分科大学，并为此任命了八科的监督。文科监督为孙雄。1910年3月31日，分科大学举行开学典礼。同原拟章程相比，办学规模大打折扣，文科仅开中国文学和中国史学两门，学制四年。⑧尽管如此，中国的史学本科教育总算付

---

① 徐宝璜前揭书，"职员一览"第29～30页；王画初：《记优级师范馆》；俞同奎：《四十六年前我考进母校的经验》，俱见《五十纪念》，第8～16页；《京师大学堂中国史万国史讲义》初编，京师大学堂印行。
② 舒新城前揭书，第574～632页；《光绪二十九年学科设置及课程安排》，北大档：1/1。
③ 喻长霖前揭文。
④ 《五十年表》。
⑤ 徐宝璜前揭书，"职员一览"，第37页。
⑥ 《光绪三十三年二月毕业同学录》，徐宝璜前揭书，"学生一览"，第1～3页。
⑦ 《五十年表》。
⑧ 《国立北京大学概略》(以下简称《概略》)，北京1923年印行；《国立北京大学校史略》(以下简称《校史略》)，北京大学1933年印行。

诸实施了。

次年,发生辛亥革命,教员学生纷纷请假回籍,京师大学堂再度停办。

二

中华民国成立后,改学部为教育部,任蔡元培先生为教育总长。蔡元培就职后,便着手改革旧教育制度。他于1912年4月发表《对于教育方针之意见》,主张从国情现实出发,军国民、实利、德育、美育、世界观五方面的教育不可偏废,又认为历史、地理两科,实际包含着这五方面的教育。①

5月1日,教育部令改京师大学堂为北京大学,嗣冠以"国立"二字。正担任大学堂总监督的严复,便成为北京大学校长。北大复课后,合经、文二科为文科,严复兼文科学长。②史学门这时的课程有:史学研究法、中国史、西洋各国史、塞外民族史、东方各国史、南洋各岛史、历史地理学、考古学、年代学、经济史、法制史、外交史、宗教史、美术史、人类及人种学、中国史概论、西洋史概论。课程共分两大学类,一为中国史及东洋史,一为西洋史。③

1913年夏,原大学分科的学生226人毕业。这是北京大学第一批本科毕业生,其中史学门的29人全部获得甲等成绩。④10月,北大本科再度开学时,文科仅开中国文学一门。⑤

1917年初,蔡元培到北京大学任校长,大力推进改革。他聘请新文化运动的旗手陈独秀担任文科学长,暑假后即在文科增设中国史学门。⑥当年考入史学门的本科生达59人,其中有后来成为五四运动积

---

① 《蔡元培选集》,中华书局,1959年,第8~15页。
② 《概略》。
③ 《民国元年学科设置及课程安排》,北大档1/2。
④ 徐宝璜前揭书,附表。
⑤ 肖超然等编:《北京大学校史》,北京大学出版社,1988年,第45页。
⑥ 《校史略》;《五十年表》。

极分子、中国共产党初创者之一的谭植棠。①

在陈独秀的提议下，文科改订了课程科目。中国史学门的课程设置渐趋完备而合理，计开必修课66学时，有中国通史、历史研究法、东洋通史、地理沿革史、金石及考古学、人类及人种学、法制史、学术史、民俗史及宗教史、经济史、中国与亚洲诸国交通史、外国语等。拟开的选修课有：西洋通史、西洋政治史、西洋外交史、西洋文明史、中国生计史、中国民族史、中国史教授法、西洋史教授法、清代考据学、清代史编纂法之研究、满文、蒙古文、女真文、西藏文、梵文等②。数年内，又陆续开设了若干中外断代和专题中课程。③

1917年11月，教育部将国史编纂处附设于北京大学中国史学门，由蔡元培兼任处长，陈独秀兼任纂辑股主任。史学门许多教员都在这一机构兼职，积极从事民国史及中国通史的史料征集和编纂工作。两年后，国史编纂处又划归国务院管理。④

1919年6月10日，史学门教授会成立，康宝忠以多数票当选为第一届主任。⑤次年即由朱希祖接任。⑥

1919年8月中旬，校评议会议决：中国史学门依新制改称为史学系。⑦这一名称一直沿用到50年代初期。

李大钊于1918年1月应蔡元培等人之请，出任北大图书馆主任，次年7月又被聘为教授。⑧从1920年10月起，他到史学系执教，并以史学系教授的资格当选为商决校政之最高机构评议会的评议员。⑨他在史学系先后开设了"唯物史观"、"史学思想史"等课，⑩经常为北大师

---

① 《北京大学日刊》，1917年11月23日。
② 《北京大学日刊》，1917年12月2日。
③ 《国立北京大学学科课程一览》，1919～1920年度，1920～1921年度，北大档：77/2。
④ 《北京大学日刊》，1917年11月17日，1919年1月17日；《五十年表》；徐宝璜前揭书，"职员一览"，第87～89页。
⑤ 《北京大学日刊》，1919年6月11日。
⑥ 《国立北京大学教职员录》，北京大学1920年11月编。
⑦ 《北京大学日刊》，1919年8月23日。
⑧ 《北京大学日刊》，1919年7月30日。
⑨ 《国立北京大学教职员录》，北京大学1920年11月编；《北京大学日刊》，1920年10月1日、14日。
⑩ 《国立北京大学学科课程一览》，1920～1921年度，北大档：77/2；《北京大学日刊》，1923年

生和社会各界举行讲座或演说，撰写了多种讲义和大量论著。①他结合社会发展史和史学史，评介了古今中外的各种进步史学思想，阐述了马克思主义新史学的一系列基本原理，论证了唯物史观的科学思想，阐述了马克思主义新史学的一系列基本原理，论证了唯物史观的科学价值。他还身体力行，以马克思主义为指导，研究论述了一些重要历史事件和人物。他为改造旧史学，创建新史学做出了杰出贡献，北大史学系也因而成为中国最早讲授和传播马克思主义新史学的地方。至于李大钊从事的其他革命活动及其巨大的历史影响，则更为人们所熟知。

新文化运动的另外两员主将胡适和鲁迅，也先后被蔡元培、陈独秀聘到北大，教授有关哲学史、思想史、小说史等课程。②有些史学系的学生选修了他们的课。

"五四"及新文化运动前后，为北大史学系(门)授课的学者及其课程还有(以姓氏笔画为序)：马叙伦(秦史)、马衡(金石学)、王徵(史学研究法、经济史)、叶瀚(中国美术史、西洋美术史、学术史)、冯承钧(中国法制史)、刘崇鋐(欧洲上古史)、朱希祖(中国史学概论、战国史、文学史概要)、朱家骅(地史学)、李宗武(日本史、人文地理)、李泰棻(中国通史)、李璜(欧洲上古史、欧洲文化史、历史学)、陈汉章(中国通史、西周史、法制史)、陈映璜(人类学及人种学)、陈衡哲(欧亚交通史)、陈翰笙(欧美通史、欧美史学史、欧洲中古及近世史)、何炳松(西洋史、新史学)、邹宗孟(东洋通史、日本近世史)、杨栋林(中国近世史、欧洲社会变迁史)、张孝年(日本近世史)、张相文(地理沿革史)、钢和泰(印度古代史)、赵文锐(西洋近世史)、洪允祥(中国通史)、徐宝璜(中国经济史)、梁敬錞(西洋通史、外交史)、钱振椿(人文地理)、钱硕甫(东洋通史)、唐宝忠(中国法制史)、黄书(中国通史)、章钦(中国中古、近古、近世史)，曹馥珊(历史研究法、中国与亚洲诸国交通史)、程树德(中国文化史、中国法制史)、潘大道(政治史)、黎世衡(中

9月29日，1925年2月23日、24日。
① 《李大钊史学论集》，河北人民出版社，1984年。
② 《国立北京大学学科课程一览》，1919～1920年度；1920～1921年度；《国立北京大学职员录》，北京大学1922年6月编。

国经济史)、熊遂(欧洲文化史)、戴锡章(中国近古史)。另外,钱玄同、刘半农、刘师培、周作人、沈尹默、杨昌济、李石曾、蒋梦麟、陈大齐等名流在其他学系(门)也开设了与史学相关的课程。①

经过"五四"时期的这番改革,北大成为民主与科学的堡垒。史学系也在传播马克思主义唯物史观的同时,多方吸取近代世界新的史学理论、方法和知识,力求使学生获得广博的基础知识,打下厚实的学术功底,练就精深的专业能力。虽然在当时的政治条件下,不免存在着厚古薄今的倾向和种种缺陷,但是北大历史学科的发展,可以说已由此奠定根基,走上轨道。

三

20世纪20年代初,北洋军阀政府竭力加强对北京大学的控制,迫使蔡元培辞去校长职务。20年代后期,中国大革命失败,奉系军阀和国民党政权进一步加紧摧残北京大学这座民主与科学的堡垒。他们将北京的九所高等学校合并,并企图以改组为名,实际上取消北京大学。北大师生进行了长期艰苦的抗争,学校一度停课。1929年3月,北京大学重新开学。蔡元培再次被任命为北京大学校长。次年9月,蔡元培辞去校长职务。不久,代理校长陈大齐也辞职,由蒋梦麟出任校长。

蒋梦麟抱有在学术上中兴北大的决心,又得到了中华教育文化基金董事会的资助,放手向全国去挑选人才。他把北大划为文、理、法三院,以胡适、刘树杞、周炳琳分任院长,告诉他们:"辞退旧人,我去做;选聘新人,你们去做"。②

1930年,因朱希祖去职,傅斯年曾经暂时代理史学系主任,讲授中国古代文籍文辞史、史学方法导论、中国古代文学史、中国上古史择题研究、汉魏史择题研究等课。蒋梦麟1931年秋也以史学系代主任

---

① 《北京大学日刊》,1917年11月29日,1918年4月12日,9月14日;《国立北京大学学科课程一览》,1919—1920年度,1920—1921年度;《国立北京大学史学系课程指导书》(以下简称《史学课程》),1932-1933年,北大档:274/4。
② 胡适:《北京大学五十周年》,《五十纪念》,第1~3页。

的名义,叮嘱学生们:大学中的史学,"第一个要求是严整的训练","所谓严整的训练者,指脚踏实地不敢转手的训练而言"。"诸位到大学中的史学系来,乃应是借教员的指导,取得一种应付史料的严整方法,不应是借教员的贩卖,聚集一些不相干的杂货"。"史学的步次是什么呢?第一步是亲切的研习史籍,第二步是精勤地聚比史料,第三步是严整的辨析史实。取得史实者乃是史学中的学人,不曾者是不相干的人。"①这段话显然对史观问题即以什么理论指导研究的问题避而未谈,但亦确实反映了那一时期北大史学系严谨求实的学风。

文学院长胡适为史学系讲授中国哲学史、中国中古思想史、中国文学史概要等课,又从中央研究院历史语言研究所和其他院校延揽了一批学有专长的教师。以西洋史见长的陈受颐教授1932年正式继任史学系主任,主讲文艺复兴与宗教改革、近代中欧文化接触与冲突、西洋史籍举要、欧洲中古与近代史等课。1936年接任的系主任姚从吾,讲授过史学方法论、辽金元史、蒙古史研究、西洋史择题研究等课。②

20年代末至30年代中期,北大史学系专任教师以及为史学系授课的校内外学者还有(以姓氏笔画为序):马裕藻(经学史)、邓之诚(中国通史)、毛子水(科学发达史、思想自由发达史、地理学通论、地图学、历学等)、王辑五(日本史等)、方壮猷(辽金元史)、冯家升(东北史地、朝鲜史、台湾史、边疆民族史)、卢明德(俄国史等)、皮名举(西洋通史、西洋史学史等)、刘崇鋐(欧洲上古史、英国史等)、向达(明清之际西学东渐史)、齐思和(西洋当代史)、汤用彤(中国佛教史)、张星烺(南洋史地、中西交通史、西北史地)、张颐(西洋哲学史)、张忠绂(中国外交史、西洋近代外交史)、张奚若(西洋政治思想史)、劳干(汉魏史择题研究)、李济与梁思永(考古学与人类学导论)、李季谷(战后国际现势、日本近世史)、陈垣(中国史学名著评论、史源学实习)、陈同燮(西洋通史、欧洲殖民事业发展史、英国史等)、吴燕绍(西藏史)、范文澜(古历学)、孟森(明清史、满洲开国史等)、郑天挺(古地理学)、陆懋德(中国上古

---

① 《史学课程》,1931年9月~1932年6月,北大档:230/2。
② 《学系主任名单》,1927年6月,北大档:195/1;《国立北京大学职员录》,1930年5月《北大各系主任名单》,1931年2月,北大档:237/1。

史、西洋上古史、考古学)、罗庸(中国文学史概要等)、罗念生(考古学、希腊文明史)、周作人(日本文学史)、周炳琳(近代经济史、西洋经济史)、赵万里(宋史、中国雕版史、中国史料目录学)、柯昌泗(隋唐五代史)、聂西生(中亚民族史、西洋中古民族迁移史、法国史)、顾颉刚(尚书研究、春秋史、中国古代地理沿革史)、容肇祖(中国思想史)、唐兰(先秦文化史)、梁实秋(英国文学史)、梁思成(西洋建筑东洋建筑史)、钱穆(中国通史、秦汉史、宋元明思想史、中国近三百年学术史、中国政治制度史等)、陶孟和(社会学)、陶希圣(中国社会史、中国政治思想史)、董作宾(甲骨文研究)、徐中舒(殷周史料考订)、蒋廷黻(中国外交史)、蒙文通(周秦民族思想、魏晋南北朝史、隋唐五代史、宋史、中国史学史)、黎东方(西洋近代史、法国大革命史、历史研究法)。①

当时史学系的教学指导思想,继承了"五四"新文化运动以来形成的传统,强调中国史与外国史必须汇通观之。对于基础知识、治学方法、工具和语言等基本功的训练,务求完备而扎实。专题课和断代史的设置,比20年代更为严密而精深②。许多教师,授课多在三门以上。其中钱穆、毛子水开课竟达七门之多,陈受颐、傅斯年、蒙文通等开课也至五六门。学生当中,刻苦研习,撰文著述,蔚然成风。

从1935年起,史学系的教学方案有所调整,将四年制学程分为两个阶段:"一二年课程,致力于基本训练,俾学者于治学方法途径,及中外史实之重要关节,有明了正确之认识,健全笃实之修养"。三、四年级则注重专门训练,"学者选习各专史及专题研究,以充实其知识,培养其学力。更由教者指导,选择题目,从事于史料之搜辑、排比、钩稽,史实之比较、考证、论定诸工作,以培养其研究能力。"③这次调整的目的,是想在培养通才的基础上,造就更多的专家。

30年代还是学术刊物的一个黄金时代。《食货》、《禹贡》、《国学季

---

① 《史学课程》,1931~1932,北大档:230/2;1932~1933年,北大档:274/4;《国立北京大学文学院课程一览》(以下简称《文学院课程》),1932~1937各年度,北大档:校史资料/34;289/2。
② 同上。
③ 《文学院课程》,1935~1936年,北大档:校史资料/34。

刊》等等都曾扶持北大史学系的年轻学人发表文章。学生们也纷纷自组社团，自办刊物。如胡厚宣、杨向奎、王树民、高去寻、孙以悌等组织潜社，出版《史学论丛》。有的班还办了《治史》杂志。当时有名的天津《大公报》经常在"图书周刊"专栏内发表北大史学系学生的稿件。《益世报》起而竞争，另辟专栏"读书周刊"，索性交由北大史学系学生负责组稿，而请毛子水为主编。①

至"七七事变"前，北大史学系一直阵容强大，教授得法，人才济济，桃李芬芳。仅1935、1936年毕业的两班，就涌现了王树民、全汉升、何兹全、杨向奎、李树桐、高去寻、王崇武、王毓铨、邓广铭、杜呈祥、张政烺、傅乐焕等一代新的史学家。"七七事变"后，北京大学师生有人奔赴抗日战场，有的流散各地，有的滞留北平，更多的师生则辗转南下，到大后方坚持办学。

四

北大史学系的南下师生，先于1937年10月在南岳衡山与清华大学、南开大学的有关学系合组为国立长沙临时大学历史社会学系，后又于1938年4月迁至云南，改称国立西南联合大学历史社会学系。②

与兄弟院校联合办学，使北大史学系的师生有了一个交流学艺、取长补短的极好机会。1940年5月7日，西南联大第二届第三次校务会议议决，将历史社会学系分为历史学和社会学两系。③八年抗战期间，西南联大历史学系及前历史社会学系的主任一职，始终频频地由原北大教授刘崇鋐和清华教授雷海宗轮流担任。在这里先后执教的原北大史学系的教师及毕业生还有：姚从吾、毛子水、郑天挺、傅斯年、钱穆、皮名举、向达、张荫麟、杨志玖、王永兴、王玉哲等。④

---

① 《邓广铭先生访谈记录》，1992年10月2日。
② 张寄谦等编：《国立西南联合大学校史资料》，云南人民出版社，1986年，第5~12页；杨振声：《北大在长沙》，《五十纪念》，第33~36页。
③ 《国立西南联合大学校务会议记录》，北大档：西南联大资料。
④ 张寄谦等前揭书，第95~96页。

1942年11月，历史学系和中国文学系联合组织文史讲演会，以增加学生课外研究之兴趣。几乎每个星期都约请校内外的知名学者轮流主讲。内容十分广泛，包括史学、文学、哲学、艺术等各个方面。不仅学生听者很多，就连校外各界人士也踊跃前来听讲。文史演讲会直到1946年"五四"前，共举行过52次。①

北京大学从1918年起，即成立了文、理、法科的研究所，组织各科教授进行专项学术研究，并为将来招收研究生做准备。1921年底，各科研究所合而为一。1922年1月，成立研究所国学门，内设考古研究室、明清档案整理会、歌谣研究会、方言调查会、风俗调查会、编辑室等。史学系教授李大钊、朱希祖任国学门委员会委员。著名史学家王国维、陈寅恪、陈垣、钢和泰、伊凤阁等都曾受聘担任过国学门导师。北大的史学研究生教育工作由此发展起来。郑天挺、容庚、商承祚、丁山、朱倓、蔡尚思等便是这时期毕业的一部分研究生。教师和研究生们的学术成果，多发表于北大研究所创办的《国家季刊》。1932年，改设研究院。国学门改为文史部，部内分别招收史学类和国文类研究生。另设自然科学部和社会科学部。1934年6月，北大研究院改组，三部改为文科、理科、法科三个研究所。史学类研究生的培养继续归文科研究所承办，导师以本科史学教授为主体，也聘有校外的名师。这时期的研究生中有单士元、吴丰培、朱文长、商鸿逵等。抗战之初，北大、清华、南开三校的研究院所一度合办。1939年夏，三校商定，本科仍合办，研究所则由各校分别办理。7月，北京大学文科研究所遂告恢复，初设于昆明市内靛花巷三号，1940年迁至北郊龙头村五台山。部分研究生后由原代理主任傅斯年率领，随中央研究院史语所迁至四川李庄，以就图书之便。另一部分师生仍留昆明，由汤用彤代理文科研究所主任。汪籛、阎文儒、王玉哲、王永兴、杨志玖、李埏、赵泉澄等，即为这时期毕业的一部分北大史学类研究生。②

北大史学系教授孟森，因体弱多病，不能远行，遂滞留北平。日

---

① 《八年来的国立西南联合大学文学院中国文学系、师范学院国文学系概况》，北大档：1371。
② 《五十年表》；《国立北京大学历届同学录》，北京大学出版部1948年印行；《校史略》；肖超然等前揭书，第62、223~229、304~307页。

伪接管北平。日伪接管北大原校址后,他拒绝事敌,终与夫人先后死于贫病饥馁之中,实践了"誓饿死不失节"的誓言。①

1945年8月,抗战胜利。9月,北大原校长蒋梦麟辞职,发表胡适为校长。时胡适尚在国外,暂由傅斯年代理。10月,北大派郑天挺等人回北平保管校产,筹备复校。②

1946年5月,西南联大结业,学生各依志愿分发北大、清华、南开三校。胡适7月底到任。北京大学8月招考新生,10月10日举行开学典礼,正式复校。③

北大史学系复原后,又以姚从吾为系主任。不久,姚从吾出任河南大学校长,北大秘书长郑天挺临时代理史学系主任。正式的主任一职,则对留美未归的陈受颐虚位以待,盼其归任。陈受颐1946年冬曾短期回过北平,看到国内时局不稳,旋又返美,并表示不再归任。④郑天挺遂正式担任系主任。⑤

复校后,北大史学系的教学与研究再次步入轨道。40年代后期,先后在史学系执教的专任教师及其所授课程有(以姓氏笔画为序):邓广铭(中国通史、宋史专题研究)、邓嗣禹(中国近世史、远东史、西史名著选读)、毛子水(西洋文化史、世界地理、史通、史记、汉书)、向达(隋唐五代史、中西交通史、中印关系史、印度通史、历史研究法、中国近代考古学发见史)、汪籛(中国史、唐代政治与社会)、沈刚伯(西洋上古史、俄国史)、张政烺(中国史、中国上古史、秦汉史、金石学、中国史学史)、杨人楩(西洋十九世纪史、法国革命史、西洋通史、西史名著选读、西洋近世史)、杨翼骧(中国史学史)、余逊(魏晋南北朝史、中国通史)、郑天挺(明清史、清史研究、中国史、历史研究法)、胡钟达(西洋通史)、姚从吾(宋辽金元史、历史研究法)、韩寿萱(博物

---

① 罗常培:《七七事变后北大的残局》,《五十纪念》,第36~45页。
② 《五十年表》。
③ 《五十年表》。
④ 邓广铭:《胡适在北京大学》,《北京大学校友通讯》第7期第4页;《国立北京大学教职员录》,1948年5月编印;《国立北京大学各学院院长及系主任名单》,1949年8月,北大档:[七]/第1号/1253。
⑤ 《国立北京大学三十×年度×月份在校教职员总名册》;《北京大学教职员录》,1950年12月。

馆学、中国美术史、中国雕刻史、编目与陈列、中国美术史实习)。

这时期,还有许多校内外学者,应聘为北大史学系讲授了大量课程:万斯年(日本史)、王重民(目录学)、孔繁霱(西洋中古史)、邝平璋(西洋通史)、包格尔(西洋现代史、欧洲十九世纪史)、刘崇鋐(美国史)、刘愈之(世界地理)、汗先生(古物保存法、古物陈列法)、师觉丹(印度古代史、印度古代文化史)、启功(中国书画史)、邵循正(元史、中国近世史)、陈垣(史学名著评论)、杨增威(地理通论)、林继诚(古器物图案摹绘、博物馆技术)、周一良(佛典翻译学史)、金毓黻(民国史、中国史)、胡适(历史研究法、水经注)、赵万里(中国史料目录学)、赵光贤(西洋通史)、梁思成(中国建筑史)、黄文弼(西北史地)、黄国璋(地理通论)、傅吾康(中蒙关系史)、裴文中(史前史、史前史实习)。①

当时,中国正处于两个前途、两种命运的大决战。北大史学系的广大师生,逐渐抛弃了对国民党反动派的幻想,认同于中国共产党领导的人民民主革命。1948年12月15日,在平津战役的隆隆炮声中,胡适乘专机匆匆离开北平。而当时北大史学系的专任教员中,没有任何人随胡适南下。他们全体留在北平,满怀对新中国的向往,迎来了古都的解放。②

(2003年10月7日)

---

① 《国立北京大学三十五年度各院系课程表》,北大档:(七)/第1号/800;《文学院教员单人课表》,1946年度第二学期,北大档:1418/教务类;《国立北京大学文学院史学系课程表》,1947年度第一学期,1948年度第一、第二学期,北大档:(七)/第1号/1042、(七)/第1号/1314、1448/教务类;《国立北京大学课程调查表》,1948年度第二学期,北大档:1444/教务类;《北京大学课程一览》,1949年度,北大档:五/(7)/1。
② 《国立北京大学三十×年度×月份在校教职员总名册》;《北京大学教职员录》,1950年12月。邓广铭:《在文革中被迫害致死的翦伯赞》,《传记文学》第56卷第3期,第55页。

钧窑发掘与研究的新收获

■秦大树

秦大树，北京大学考古文博学院副教授。1997年在北京大学考古学系获博士学位，1998~2000年在美国史密森研究院做博士后研究。主要从事陶瓷考古和宋元明考古的教学与研究，主持过对宋元时期的磁州窑和钧窑的考古发掘。

钧窑瓷器是中国北方地区宋元时期一类十分重要的瓷器产品。人们在论及钧窑时，必称其为宋代的"五大名窑"，并认为其为宋代用于贡御的"官窑"瓷器。因此历来为古陶瓷研究者们所关注。20世纪70年代末编写的《中国陶瓷史》一书，将以河南禹县为中心的一批生产天青釉钧瓷的窑场列为宋代的六大瓷系之一，同样给予钧窑极其重要的地位。近年来开始对宋元时期的制瓷手工业进行区域性和阶段性的综合研究，钧窑瓷器又以其广泛的生产地域和巨大的产量占有举足轻重的地位。从艺术上讲，钧窑以雅致的乳浊状天青色釉和多彩的窑变而备受人们的喜爱。特别是有效控制的铜红釉和铜红彩的应用，是钧窑对中国古代制瓷工艺的一大贡献。

鉴于钧窑的重要地位，对其研究备受人们的关注，又因为在长期的流传中钧窑瓷器本身和其在文献记载中的地位发生过重要的变化，文献与考古发现多有冲突，因此成为近年来陶瓷考古与研究中的一个争议较多的焦点问题。为了解决学术争端，尤其是解决钧窑的始烧时间和发展阶段的问题，北京大学考古文博学院和河南省文物考古研究所联合，于2001年秋季对钧窑的中心窑场禹州市神垕镇西南部的一组窑址进行了主动的考古发掘，取得了丰富的成果。继之，在对出土资料进行整理的基础上，完成了刘家门窑址的分期研究。现将发掘和研究的主要收获报告如下。

一、发掘的缘起和钧窑研究中存在的问题。

钧窑是中国古代著名的瓷窑，同时，又是当今中国古陶瓷研究中疑问较多的一个窑口。比如，钧窑瓷器始烧于什么年代？钧窑在宋元时期的地位究竟如何？以及钧窑的产品到底有那些？等等。考察古代的文献，宋元时期的文献中涉及的窑或瓷器种类很多，如定窑、汝窑、官窑、越窑、龙泉窑、建窑、景德镇窑等，大体当时较重要的瓷业传统均有记载。唯有钧窑，作为宋元时生产区域至广，产量极大且首创铜红釉和铜红彩的制瓷传统，却独无记述，令人不解。现今引用最多的早期文献是吴中、吕震奉敕编次的:《宣德鼎彝谱》，书中卷一录宣德三年(1428年)圣谕：记宣德帝"因见郊坛、太庙、内廷所在陈设鼎彝式范卑陋，殊乖古制……"因有暹罗国王进献良铜，令礼部会同太常寺司礼监以这批铜料铸鼎彝，令"数目多寡，款式巨细，悉仿宣和博古图录及考古诸书，并内库所藏柴汝官哥均定各窑器皿，款式典雅者，写图进呈，开冶鼓铸……。"不久工部尚书吕震会同太常寺卿、司礼监太监等："参酌遵旨于博古图录考古诸书中遴选款式典雅者，计得八十有八种，其柴汝官哥均定中亦选得廿有九种……"。如果此书确为宣德年间所撰，则是关于钧窑最早的记载；这段记载也是钧窑名列宋代五大名窑并且是官窑的有力证据。然而，可靠的证据表明，《宣德鼎彝谱》是一本伪书，至少应是明中后期的人托吕震之名所撰。由此可见，钧窑在宋元时期直至明初大体是默默无闻的。

对钧窑真正进行具体描述的文献始于明朝万历年间，首先出现在清赏类的著述中。明张应文所撰《清秘藏》卷上,论窑器条曰:"论窑器必曰柴汝官哥定",在记述以上五窑后曰:"均州窑红若胭脂者为最,青若葱翠色、紫若墨色者次之,色纯而底有一、二数目字号者佳,其杂色者无足取。均州窑之下有龙泉窑……。"另外,万历年间张谦德:《瓶花谱》记:"古无磁瓶,皆以铜为之,至唐始尚窑器,厥后有柴、汝、官、哥、定、龙泉、均州、章生、乌泥、宣、成等窑,而品类多矣。尚古莫如铜器,窑则柴汝最贵,而世绝无之,官、哥、宣、定为当今第一珍品,而龙泉、均州、章生、乌泥、成化等瓶亦以次见重矣"。另一个重要文献为万历时人高濂所著《遵生八笺》,其中《燕闲清赏笺》专记清赏器玩,在此笺论窑器部分中高濂立四小题,一为:"论官哥窑器",首句即曰,"高子曰,论窑器必曰柴汝官哥。"二为:"论定窑",三为:"论诸品窑器",以下论龙泉,章窑、古磁、大食窑、吉州窑、建窑,然后方为均州窑、玻璃。其中记钧窑曰:"若均州窑,有硃砂红,葱翠青、俗谓鹦哥绿,茄皮紫,红若胭脂,青若葱翠,紫若墨黑。三者色纯无少变露者为上品。底有一、二数目字号为记。猪肝色,火里红,青绿错杂若垂涎色,皆上三色之烧不足者,非别有此色样。俗即取作鼻涕涎、猪肝等名,是可笑耳。此窑惟种蒲盆底佳甚,其他如坐墩、炉、盒、方瓶、罐子俱以黄沙泥为坯,故气质粗厚不佳,杂物人多不尚。近年新烧此窑,皆以宜兴沙土为骨,泑水微似,但不耐用,俱无足取。"可见,这时的记载大体分为两类,《清秘藏》对钧窑大体持肯定态度,将其列为宋五窑之后的第一位,描述亦中肯。而《燕闲清赏笺》则将钧窑列名极后,并论为除"种蒲盆"外,其他器物"俱以黄沙为坯,故气质粗厚不佳"。此后,还有一些文献记载,但大体抄袭这两种记载。

大约从明代以后的文献记载中,开始指出钧窑是宋代的窑。如清朝前期佚名所著:《南窑笔记》中在描述钧窑时曰:"北宋均州所造,多盆奁、水底、花盆器皿。颜色大红、玫瑰紫、骡肝、马肺、月白、红霞等色。骨子粗黄泥色,底釉如淡牙色,有一、二数目字样于底足之间,盖配合一副之记号也。釉水葱茜肥厚,光彩夺目。"最后一句为其自创,表露了推崇之意,可视为对钧窑的一种溢美之辞。钧窑地位明显处于上升阶段。但从总体看,在清中期以前,记载评论大多较简略,也没有过多的溢美之辞。从晚清开始,人们对钧窑大加推崇,甚至列为第一,如寂园叟陈浏所著《陶雅》卷上记"古窑之存于今世者,在宋曰均、曰汝、曰定、曰官、曰哥、曰龙泉、曰建……",将钧窑列为宋窑第一。民国以后,论者已将钧窑列为名窑之列,如清末民初人许之衡《钦流斋说瓷》"概说第一"记:"吾华制瓷可分为三大时期,曰宋,曰明,曰清,宋最有名之窑有五,所谓柴汝官哥定是也,更有钧窑,亦甚可贵,其余各窑则统名之曰小窑"。可见从民国以后,论者已将钧窑列为名窑之列。不过,直到民国时期,人们并没有将钧窑直接称为宋代的五大名窑,而通常将钧窑与其他五六个窑一同并称为宋代的名窑。如吴仁敬、辛安潮于1934年刊布的《中国陶瓷史》中曰:"当时(宋代)瓷艺,即精进如斯,故官窑辈出,私窑蜂起,其间出群拔萃最著名者,有定、汝、官、哥、弟、均等名窑"。到了20世纪后半叶,有学者将钧窑列入所谓宋代的 "五大名窑",并认为钧窑生产的陈设类瓷器是北宋末年用来贡御的。

阈于这些记载,长期以来中国的许多学者一直坚守钧窑宋代说,又由于20世纪60、70年代禹县和郏县发现了唐代的花瓷窑址,出土了黑釉上加施灰蓝色彩斑的花釉瓷,被称为"唐钧",于是形成"钧窑始于唐,盛于宋。北宋徽宗时期成为御用珍品,并在禹州市东北隅古钧台附近设置官窑……","靖康之变,宋室南迁,官钧窑停烧……到金元时代,钧瓷又有了新的发展……"这样的"经典"观点,迄今为许多学者所信守。另外,钧窑生产一类陈设用瓷,有鼓钉洗、花盆、出戟尊等等,主要是花器,还有仿古代青铜器的器形,并在底部刻印有数字。这类器物传统上被认为是宋代的产品,更有人认为是北宋末年徽宗朝花石纲的产物。将这类陈设器与一般的钧釉器皿区分为所谓"官钧窑"和"民钧窑"。然而,多年来的考古发现中并无可靠的证据证明钧釉瓷器始烧于宋代,目前所见最早的考古纪年材料是金代的,而绝大多数都是元代的证据。尤其是元代,目前发现生产钧釉瓷的窑场达数百个,遍及河南、河北、山西、山东、内蒙古等省区,完全不像一种为宫廷小规模生产的产品。

然而,受文献影响不太大的西方学者,从20世纪50年代起就开始对钧窑,尤其是陈设类钧瓷的生产时代产生疑问,并根据这些陈设瓷的器形和厚重的胎体,将其生产时期排定在元末到明初。这一观点随着时间的推移,在国际上正被日益增加的人群所接受。国内一些学者在并无实证根据的情况下,将陈设类钧瓷与宋徽宗时期的"花石纲"和"艮嶽"的兴建相联系,几成了笑柄。

随着陶瓷考古与宋元考古的快速发展,越来越多的考古材料被呈献给研究者。然而,人们却发现可以证明钧窑始烧于宋代的材料竟告阙如。70年代中期,河南省文物工作队对禹县钧台窑址进行了考古发掘,这次发掘是有备而去的,因为在此前的考古调查中已发现了钧台窑址出土陈设类钧瓷。发掘的资料是丰富的,但至今仅仅刊布了语焉不详的简报,未能从考古的角度解决钧窑的创始时间。使人们对钧窑始烧年代的探讨和争论日趋激烈。近年来,关于钧窑始烧年代讨论的汉文论述接踵而至。大体都把陈设类钧瓷的时代定为元代或更晚,而将器皿类钧瓷的出现时间定为金代后期或前期。这些论述中不乏精到的考证,又有考古材料依据。然而其结论却与某些文献的记载和以往的传统观念大相径庭,许多学者难以接受。使钧窑成为中国陶瓷发展史中颇具争议的一个学术焦点。

在古陶瓷研究领域,如何证明考古发现与古代文献孰对孰错,如何判定不同学术观点的正误,对窑址进行发掘来印证是具有相当的权威性的。面对日益增多的对传统观念的挑战和有强烈不同观点的两派意见,迫切地呼唤着新的考古发掘工作。这更坚定我们对钧窑遗址进行一次认真的考古发掘的决心。2001年9月,为了弄清钧瓷创烧的时间和探讨钧窑发生、发展、繁荣、衰亡的进程以及工艺发展的历史,解决学术界的有关争端和课题,北京大学考古文博学院和河南省文物考古研究所组成钧窑考古队,对钧窑的中心窑场之一——河南省禹州市神垕镇钧窑址进行了主动发掘。

二、发掘的主要收获

今禹州市旧称禹县,是唐宋时的阳翟县,隶属颖昌府,金大定二十二年(1162年)升为州，大定二十四年改称钧州，但阳翟县依然存在，明初以县省入钧州，明万历三年(1575年)为避神宗讳改称禹州。通常人们认为钧窑以钧州或今禹州市的古钧台而得名，表明其是钧窑的发祥地或中心窑场。钧窑考古队的田野考古工作自2001年9月至2002年1月结束，历时三个多月。禹州市神垕镇西南部的古代窑址是成组分布的一个瓷窑组群，我们对相距不远的四处窑址进行了发掘，分别为：刘家门东区窑址，刘家门西区窑址，河北地窑址和下白峪窑址。发掘中清理窑炉遗迹8座，石砌澄泥池3座，灶1座以及窑前工作场所5处。出土了大批瓷器和窑具残片，总数约十余万片，其中可复原器物数千件。在发掘中我们严格按田野考古学规程开展工作，发现的意义也比较大，因此被评为2001年度全国十大考古新发现之一。

2001年的发掘结束后，经过一年多的整理和分期研究，刊布了刘家门窑址的发掘简报。我们将刘家门窑址的出土器物分为3期4段。按照地层叠压关系的早晚，我们首先将刘家门窑址发掘的地层分为5组。第一组和第二组地层中出土的器物为第一期，又分为前、后两段。第三组地层中出土的器物为第二期。第四组、第五组出土的器物为第三期，又分为前、后两段。通过分期研究，总结各期特点和断代，结合历史背景，我们可以看到，钧窑经历了两次发展的高潮和两次衰退。以下介绍各期、段的特点、时代和相关的历史背景：

第一期前段

此段是刘家门窑址产品最精美的时期。产品以青瓷器为主，其次是素胎器，钧瓷已出现，但数量较少，另有很少量的黑釉和白釉瓷器。器类比较丰富，有碗、盘、洗、盒、盆、注壶、罐、瓶、香炉、器盖、枕等。主要生产小件器物，但制作精良、规整。部分器物，如圆洗、鋬耳洗，菱口折沿盘，海棠盘等明显是仿金银器的造型，与通常的大宗瓷器制品不甚相同。碗盘的腹壁多呈优美的圆弧形曲线，圈足通常较小，足壁较薄且制作得十分规整。

这个时期器物的胎色较浅淡，呈白褐色、灰白色或灰褐色，即通常所说的"香灰胎"，胎质较细腻坚致，表现出备料、选料上的精工。钧釉器物的釉层较薄，釉的流动性不强，釉色淡雅匀净，部分器物布满小块的开片。尽管釉色相对晚期显得较匀净，但每件器物上仍表现出釉色的差异，口部和器物转折处等釉薄处常常呈赭绿色，在器体部釉稍薄处则呈现出淡淡的粉红色。总体上显得十分雅致。这时期钧釉器上带红彩的极少见，少数器物上有大片的红彩，红色几乎布满器表，红色较淡，而且与天青釉极好地交融。此期还发现了内施天青釉，外施红釉的器物，覆盖外壁的红釉秀美娇妍，比传世的陈设类钧瓷外壁的紫红釉显得浅淡而艳丽。这时期的青釉器釉色以青绿色为主，十分美丽。其不同于临汝窑的橄榄绿色瓷，釉色纯净，透明性很高，玻璃质感较强，通体布满大小不等的开片，较橄榄绿而浅，似翠绿而深。正如《南窑笔记》所述"釉水葱茜肥厚，光彩夺目"，颇似明代文献所述之"青若葱翠色"之描述。特别是，青釉、钧釉两类器物在少量未施釉的部位，如足底部加施一层酱褐色的护胎釉，十分精美。

装烧工艺也以此段为最精，大部分碗盘类产品均施釉至足底，并在足心内施釉，成为此段的一个重要特征，部分器物采用裹足刮釉方法，还有部分产品采用了裹足支烧的方法，底部留下了支钉痕迹，不过，多数支钉痕较粗大，不如汝窑同期产品精美。从发现的窑具看，本段基本采用匣钵单烧法装烧，有各种不同形状的漏斗形匣钵。

这一期的地层中出土了一些铜钱，这些有价值的纪年材料说明第一期前段的时代在北宋元丰年以后，而第一期后段的时代应在北宋末期以后。将本段的出土器物与经过考古发掘的其他古代窑址资料对比，如河南宝丰清凉寺汝窑遗址（约从宋神宗元丰年间到北宋末期）、河北磁县磁州窑遗址第二期后段的出土器物（时代为北宋徽宗朝到金代前期）、1998年发掘浙江越窑寺龙口窑址第六期出土的器物（时代为南宋早期）、陕西铜川耀州窑宋代第三期的器物（元祐元年到北宋末，1086~1127年），发现刘家门第一期前段的器物与这些窑址的器物在器形和工艺上都有许多相似之处。再对比一些有纪年的墓葬材料，我们将此期的时代定为北宋末年的徽宗和钦宗两朝，即1101~1127年。

北宋末期，钧窑创烧，从创烧伊始，就具有很高的烧制水平。烧成了淡雅匀净、典雅美观的天青釉钧瓷，青瓷的烧造水平也极高，釉色姣妍肥厚，澄澈明丽。部分器物，如海棠盘、圆洗、鋬耳洗等仿当时的金银器造型,有可能是用做礼器或祭器,与北宋后期最高生产水平的窑场,如汝窑的天青釉瓷中心烧造区和河北定窑涧磁村区域及耀州窑的某些产品的造型十分相似,表明早期钧窑的不少器物是高档产品,面向宫廷或达官贵人。在工艺上,早期钧窑向其他窑场学习了一些重要的技术。主要有两项,第一,学习了素烧后施厚釉的工艺,这种工艺目前看是在宝丰清凉寺的天青釉汝瓷中心烧造区率先发明的,在中心区以外的周边窑区都没有使用,表明其在当时可能还是有所保密的。第二,学习了裹足支烧方法,这种方法在汝窑、定窑、磁州窑等窑场的一些精品器物上使用,无疑是一种烧制精品器物的方式。在早期地层中,如果不使用裹足支烧法的,多用裹足刮釉法,即通体施釉后,仅将足底的釉刮去,然后用漏斗形匣钵单烧。可见,钧窑的创烧是在一个相当高的起点上发展的,主要是学习了汝窑的烧造工艺。此期为钧窑生产的第一个高峰期。

第一期后段

本段与前段相比,器物的质量呈现出某种衰落的现象。出土器物的数量、种类都有所减少。釉色上青釉、钧釉的比重降低,素烧器大量增加,标志着二次烧成的器物作为成品,大部分被售出了。器类有碗、盘、盆、水盂、香炉、罐、瓶等。不再见前段的海棠长盘及各种精美的钧釉圆洗。其他器形变化不大,与前段大致相同,部分器物的圈足变得较宽厚。

本段器物的胎釉质量比前段有所下降。除少量器物外,胎质多数不如第一期前段,变得略粗。釉色上,青釉器中第一期前段的那种"葱翠青"色的已很少见,较多见的是青绿稍泛黄色,较匀净温润。钧釉器的釉色变化较大,天蓝色不似第一期的匀净淡雅,开始出现较强艳的釉色,如较深色的天青釉,浅淡近白的月白釉等,由于釉的流动性加强,一器上釉色的差别较大,显得斑驳、多彩;本段仅发现了极少量红釉器,但开始出现施于碗、盘内底,所谓"聚成物形"的规整的紫红斑,多呈规则的弯曲细条状。大部分器物仅施釉至足,足心无釉。部分足心有釉的呈釉滴状,似随意一点而成,不如前期的裹足刮釉规整精致。白釉器的釉色多呈直白色,施半釉,有的通体施化妆土,也有部分器物釉和化妆土均施一半。

装烧方法上与前段相似,采用匣钵单烧。不过,除了少数种类的器物外,一般不再用裹足支烧法。

本段地层中出土铜钱28枚,较晚的有"崇宁通宝"、"政和通宝"和"宣和通宝"。所以其时代上限不会早于北宋宣和时期(1119~1125年)。从地层上看,一期前段、后段的地层直接迭压,具有时代上的连续性。结合历史背景,本段的上限大体可定在金军洗劫钧窑所在地颖昌府并强迁当地居民于河北的金天会五年(1127年)。再将本段的器物与相关的纪年考古材料对比,推断第一期后段的年代为金代前期,即金太宗天会五年(1127年)至海陵王正隆五年(1160年)。

靖康之变后,钧窑所在的颖昌府阳翟县一带遭到极大的破坏。金灭北宋后,在今河南中西部地区宋的勤王之师曾与金军多次激战,反复拉锯。而且,金军至少有两次在此地区迁民、刷户。尤其是天会五年,金军将包括颖昌府在内的数个州郡的大批居民迁往河北,又于天会六年根括此地财产和刷户。使此区域的生产、户口都有所萎缩。刘豫的伪齐政权对此区的统治,不仅未能使生产恢复,反而由于与南宋的不断战争,使生产进一步破坏。直到绍兴十一年(1141年)签订"绍兴合议"以前,这一带一直是战乱频仍之地。因此钧窑在第一期后段经历了一段时间的衰退,产品种类减少,尤其是仿金银器类型的精品器物减少,器物的制作质量明显降低,突出的表现是采用裹足支烧法和施满釉的器物大大减少,许多器物施釉不到底。前段生产的精美的葱翠青色和胭脂红色器物基本停烧了,大片弥漫全器的红彩变成了有意点画的红斑。只有天青釉钧瓷还保持了较雅致、匀净的釉色。这时虽还有一些精美的器物,但应是前期的精工制作方式的延续。这些情况表明,这时期的钧窑除了还生产仿汝窑的产品,以补充汝窑停烧后社会对汝窑产品的追逐和需求以外,窑场的总体产品的供给对象可能已发生了变化,变成了平民。这可以说是钧窑的中落时期。

第二期

与第一期相比,刘家门窑址的产品发生了较大变化。出土器物较多,可能是由于成品率提高,窑址中发现的素烧器大增,青釉、钧釉瓷器相对减少，白釉和黑釉器物的数量有所增加，还有少量的三彩器。器类有碗、盘、盆、水盂、香炉、罐、瓶等，又新增了盏托、高足杯等，出现了个体较大的香炉、洗、盆和梅瓶等器物。总体上器形开始变得粗厚，表现在圈足上，不似以前薄细精致，普遍出现挖足过肩现象；碗盘类器物的腹壁常常是上部圆曲，下部变得斜削，不似第一期那种丰满的圆弧。

胎釉质量比第一期后段有所下降。多数器物胎质较粗，部分夹杂较多杂质。青釉多为深绿色或黄绿色，较光亮；少量呈较浅淡的青绿色，较润泽。钧釉器数量有所增加，釉色多为天青色系，因烧成因素而形成深浅不同的天蓝、天青、灰蓝等色，此外还有部分灰赭色、月白色等，釉面仍较光洁、润泽。紫红斑比较多见，施于碗、盘等器壁上，呈块状或条状，边界分明，凝重呆滞。白釉器多呈卵白色稍泛灰，制作仍较规整。

装烧方法变化不大，除了少量罐和洗类器物制作稍精，仍采用裹足刮釉或裹足支烧，其余绝大部分施釉不到底。

本期的地层中没有出土有价值的纪年物。从地层叠压关系看，此期的时代应与第一期后段直接相继。与已经发现的纪年器物进行对比，结合其他古窑址的发掘材料，推断本期的年代为金代后期，即金世宗大定元年（1161年）至金灭亡的哀宗天兴三年（1234年）。

金世宗继位以后，稳定了与南宋的关系，签订了"隆兴和议"，这个和议比较早的"绍兴和议"要平和、宽容了许多。同时，大力发展生产，尤其是注意了对河南中部地区生产的恢复和发展。大定年间，几次从河东、河北迁户到河南颖昌一带垦荒，并减少一些年的赋税，使金代的经济，尤其是河南地区的经济得到了恢复和发展。从这时起到金末，刘家门窑进入了恢复、发展时期，产品逐渐丰富，质量依然比较精美，天青釉钧瓷的釉色明丽光亮，青釉瓷虽不及第一期，但仍比周边地区的一些临汝窑系窑场的青瓷美观。除钧釉瓷、青釉瓷外，白釉和黑釉瓷器的数量开始增加。根据笔者的研究，这一时期北方的制瓷业中心在河北定窑和以磁州一带为中心的地区。钧窑的定位大体是供给周围地区民众的窑场。由于技术的推广，天青釉钧瓷在河南的许多窑场开始出现。钧釉瓷从供应上层的高档瓷器,逐渐演变成具有遮盖作用、既美观又易于制作的大众化产品。因此,这一时期成为钧窑中落以后的恢复、发展时期。

第三期前段

这是本次发掘中出土物最多的一组地层,产品的数量和种类都是最丰富的,在继承第二期生产风格的基础上有所发展变化。素烧器仍是出土遗物中数量最多的品种。突出的特征是白釉瓷器的生产十分兴旺,有碗、盘、罐、瓶等,白地黑花器大量出现,以内壁饰一粗两细的三道环纹和草叶、游鱼、诗文等纹样的碗最多,还有一些红绿彩器。黑瓷的数量也大大增加,主要器物有碗、盘、罐、瓶等。代表性器物有带双耳的小香炉、带贴花的大香炉、个体较大的直领罐、梅瓶等。碗盘类器物的腹壁变得通体斜曲,弧度不大,使器形看上去比较瘦削,圈足变小,足墙多外撇,圈足大多变得宽厚且挖足较粗疏,足心出现脐底。

器物变得胎体厚重,胎质也比较粗糙,杂质多。钧釉器釉色变化丰富,天青釉的器物有所减少,月白色开始较多地出现,还有紫蓝色、褐绿色等,釉色变幻多端,釉的流动性很强,一件器物上不同部位也会因釉层的厚薄和烧成因素的不同而呈现出多种色彩,过渡部分还常有白色或灰蓝色的针状结晶,即所谓"兔丝纹"。釉层较厚且不匀,乳浊感强,釉面光亮,多密布小棕眼,器物流釉、积釉现象较多。在大中型香炉的颈部和腹部、大瓶的腹部等较大型器物上开始出现堆贴花装饰。碗、盘的内壁和罐上带紫红斑的器物增多,达到了高点。青釉器的釉色多深绿中泛黄,光亮而不够温润。白釉器数量增加,但质量下降,釉色多呈白灰色或白中泛黄,釉中还杂有许多黑色杂质,光泽暗淡。可能由于钧釉烧成区间的特定因素,与其一同烧制的黑釉瓷大多乌黑光洁,很多都带有密布的油滴结晶。

此期主要沿袭第二期的装烧方法,生产粗率,不甚求精。除了很少量的洗和罐仍施满釉外,其余器物均施釉不到底,制作不够细致。本段开始较多地出现筒形匣钵,应主要用于装烧白釉器,另外,由于许多钧釉碗盘有涩心,表明部分钧釉器物也采用筒形匣钵叠烧法烧制。

第三期前段未出土纪年物，地层则与第二期有直接叠压，从器物的发展看，时代应上是连续的。神垕镇苗家钧窑厂苗锡锦先生在禹州市磨街乡尚沟窑址采集到一片钧釉罐的底部残片，与本段出土的钧釉罐器形、胎釉特征都相同，该瓷片的足心处有划刻文字："钧州西吴镇周家造至元七年"（1270年），这件纪年器为本段的断代提供了重要的依据。这一时期各地出土钧窑瓷器的考古材料比较丰富，将本段出土的器物与这些考古材料对比，推断第三期后段的年代相当于蒙古时期到元前期，即从蒙古太宗七年（1235年）到元成宗大德十一年（1307年）。

金代末年，国势日衰，天兴元年（1232年），金军与蒙古军队在钧州境内的三峰山激战，金军主力尽失，迅速走向灭亡。这一仗估计对钧窑的生产会产生一定的影响和破坏，但是，此仗后金朝迅速灭亡，未出现宋金之际那样的拉锯和大规模的人口迁移。蒙古军队在初入中原时曾括地牧马，对农业和手工业生产造成很大破坏。但是，灭金以后，蒙古贵族开始根据汉地的情况建立制度，尤其是世祖忽必烈，任用汉人谋士，着力于恢复中原的生产，并最终依靠中原汉地的强大经济实力战胜了与之争夺汗位的阿里不哥，建立了大元朝。在世祖和成宗在位的元前期，政治、经济中心基本在北方，北方地区的生产得到发展。蒙元从蒙古时期开始推行匠户制度，基本是官府控制的手工业性质，为恢复和发展手工业发挥了重要作用。同时，民营的手工业也在竞争中继续发展。《元典章》卷二十二《户部八·课程·磁窑二八抽分》记，"至元五年七月初五日，制国用使司来申：均州管下窑户合纳课程除民户瓷窑课程依例出纳外，军户韩玉，冯海依赖军户形势，告刘元帅文字拦当，止令将烧到窑货三十分取一，乞施行。制府照得，先钦奉圣旨，节文磁窑、石灰、矾、锡、榷课，斟酌定立课程，钦此。兼磁窑旧例二八抽分，办课难同三十分取一。除已移刺枢密院行下合属，将合纳课程照依旧例办课外，仰照验钦依施行。"可见，当时的钧州既有民匠，还有军匠进行陶瓷生产，应是当时很重要的一个瓷器产区。从神垕钧窑的情况看，这一时期沿白峪河发现了众多的窑址，窑址的规模都不大，表明这一区域应是以私营的方式为主，据调查，此时仅在禹州市境内，窑址数就有上百个。这一阶段尽管产品质量又有所下降，制作显得更为粗率，但产量大增，产品的种类也十分丰富，钧釉、青釉、白釉、黑釉瓷的产量都较多，还有红绿彩、三彩和搅胎器等产品。器物的种类有日用的碗盘类，也有不少大件的梅瓶、连座瓶、香炉等。从釉色和器类上无不显示出丰富多彩的面貌，加之巨大的产量，广大的生产区域，表明钧瓷的生产进入了又一个高峰阶段。钧瓷是一类釉的遮盖能力很强的制品，其制作需要有特别的烧成曲线和技术。一旦窑工们掌握了烧制的技术诀窍，钧瓷就成为了一种对制胎原料要求不高，又不用在器物上装饰，易于烧制的产品。钧瓷在蒙古时期到元代前期在北方地区的流行，正是北方的瓷器产品不注重质量，而主要追求数量的状况的体现，也是北方瓷器生产总体上走向衰落的表现。

第三期后段

本段器物的产量依然较大，釉色组合变化不大。仍以素胎器为主，白釉、黑釉器的数量减少。器类变得单调，且主要是器形变化较小的碗盘类器物，另有少量大个的香炉、梅瓶和连座瓶等。代表性器物有带较繁复贴花的大香炉、带铺首贴饰的连坐瓶等。器形上，碗、盘的腹壁多数呈斜直稍外鼓的形态，圈足相对前段较规整，有脐底的并不多，但大部分足底有一外高内低的斜面。本段的胎质、胎色与前段大致相同。钧釉器的釉层厚，流动强，普遍有垂釉、积釉现象。釉色以偏紫色的为多，有少量很美丽的深紫蓝色釉；正天青色的少见，且色泽较沉暗；有相当数量的月白色釉，釉面有明显的白、天青色交融、流淌状；另有灰蓝、灰绿、灰赭等色的钧釉。同一件器物上的釉色也深浅各异，釉面光亮但不够细腻，多有大大小小的棕眼。青釉器的釉色有两种，一种是深绿发黄，不开片，釉光晦暗；另一种呈浅淡的青绿色，透明性和玻璃质感都很强，色泽上仅稍差早期那种葱翠青色一等。香炉、瓶等大型器物上较多地采用堆贴花装饰。紫红斑不如前段多见。

装烧方法与前段大致相同，尽管白釉器减少，但出土了一些大的筒形匣钵，说明部分青釉和钧釉器也采用了筒形匣钵装烧法。器物的制作稍强于前段，但不再见足心施釉和裹足支烧的器物，均施釉不到底，多较粗率，边缘亦不整齐。

本段的地层是窑址中最晚的，并与前段直接衔接。本段出土的钧釉大香炉虽然残破，但仍可看出同1970年在呼和浩特市东郊出土的"乙酉年"(1309年)纪年的钧釉香炉特征相似，都是器形较大，颈部、腹部有繁密的贴花装饰。私人收藏一件钧釉洗，与本段地层DT1⑤中出土的钧釉洗相同，在器底有墨书的八思巴文字，可证是元代器物。再对比其他的考古材料，推断此段年代为元武宗至大元年(1308)至元末(14世纪中期)。刘家门窑址的扰层中还发现有明代的遗物，但不能证明是此窑址生产的。尽管现在无法证明刘家门窑的准确停烧时间，但推测应不会晚于明初。

元代后期，随着大一统局面的稳定和南方经济的恢复、发展，南方龙泉、景德镇的瓷器大量输入北方。不仅抢占了供应宫廷和官府的精品市场，而且，在民间的小墓中也常常出土成组的南方瓷器。表明民用市场也受到南方瓷器的巨大冲击，也就是在此时，神垕钧窑再次走向衰落，尽管一些器物在釉色上显得比前一段美观，但所有的器物都不再施满釉，包括一直精工制作的洗，足心也不再施釉。器类也变得更单调，产量也比前段有所减少。尽管文献上记载明代钧州还有较大规模的瓷器生产，但在神垕西南的窑区，已基本停止了生产，这一点，从我们发掘的几处窑址和调查的五处窑址均可证明。

三、几个相关问题的探讨

1. 文献所指的钧窑之内涵是什么？

人们一般认为钧窑的产品为钧釉瓷器。《中国陶瓷史》的解释是："钧窑属北方青瓷系统，钧窑瓷器独特之处在于它是一种乳浊釉，釉内还含有少量的铜，不同于耀州窑，也不同于汝窑，烧出的釉色青中带红，有如蓝天中的晚霞。青色也不同于一般的青瓷，虽然色泽深浅不一，但多近于蓝色，是一种蓝色乳光釉。是青瓷工艺的一个创造和突破。人们也称之为'钧釉'"。而从首节所列早期文献来看，所指认的钧窑有红若胭脂(即胭脂红)或曰硃砂红者，有葱翠青者(俗称鹦哥绿)，还有紫若墨黑色(亦可称茄皮紫)者。然而，明显的事实是，这三种颜色均非今天我们所说之钧釉瓷。

所谓红若胭脂者，通常我们可以理解为两种产品，一为天青釉带红彩的器物；一为陈设类钧瓷中外壁通体施紫红色釉的器物。然而，这两种器物的呈色仍难以与胭脂或朱砂的红色相对应。细考文献记载，早期的文献均称红色，并以胭脂或朱砂来比拟。约从清前期始，论者开始区分红、紫二色。如前引《南窑笔记》之论，所言"大红"、"玫瑰紫"和"红霞"，似应指三种釉。其中"玫瑰紫"色可与传世陈设类钧瓷外壁釉色对应，"红霞"则应指早期钧瓷中淡天青釉带有大面积红彩的产品，这种器物数量很少，在天青地釉上的红彩面积大，流动感极强，红彩与天青釉的交界自然而无规律，有流霞的韵味。这种红彩应是在釉中加入氧化铜，在烧成过程中发生窑变而自然形成的。这类器物可以英国伦敦大学大维德中国艺术基金会所藏的玉壶春瓶及盘和日本出光美术馆藏折沿盘为代表。关于这种器物，《饮流斋说瓷》中亦有详细的解说，该书《说窑第二》"元瓷"条中，首先指出："若（河）南省所制，纵有发现，大都以宋末目之，而元瓷之名殆专属之仿均带紫之品矣"，然后从不同方面对比钧瓷和元瓷的不同，曰："元瓷之紫聚成物形，宋均之紫弥漫全体"。这种"弥漫全体"的"紫钧"与"红霞"对应是不成问题的。晚清时期，带紫的宋钧已甚受珍视，皇宫中也刻意收藏。大维德基金会所藏，大部分是民国时皇室从宫中携出之物，那里收藏有数量最多的泼彩式钧瓷，为北京、台北两故宫博物院所不及。足见晚清民国时对这类器物的珍视。至于"大红"或"胭脂红"、"朱砂红"钧瓷所指何物，仍然让人难以理解。2001年发掘的早期地层中出土的内施天青釉，外施红釉的器物，覆盖外壁的红釉颜色秀美娇妍，比传世的陈设类钧瓷外壁的紫红釉显得浅淡而艳丽。如果用这种内青外红的器物与文献上的记载对比，就比较易于理解了。不过，这种整体红色釉的器物极少见，除了本次发掘品外，仅见日本静嘉堂文库美术馆还收藏一件洗，其器形与北宋末期汝窑的洗甚相似。发掘的早期地层中还发现了少数带有大片红彩的器物，红色几乎布满器表，红色较淡，而且与天青釉极好地交融，但数量亦很少。证明这种泼彩式的红彩是早期钧瓷的一个重要特征。总之，发掘中发现的这两种器物均以红色为主要特征，又极稀少，或可与"均州窑红若胭脂者为最"之论对应。

而所谓葱翠青者，与今天所称钧瓷的天蓝釉亦相差甚远，不是指钧釉瓷。但与考古发掘的结果相符。我们在发掘中发现窑址中所出竟以青釉瓷为多，在早期地层中约占到70%~80%左右。这种青釉不同于临汝窑之橄榄绿色瓷，其釉色纯净，透明性很高，玻璃质感较强，通体布满大小不等的开片，较橄榄绿而浅，似翠绿而深。正所谓"釉水葱茜肥厚，光彩夺目"，颇似葱翠青之描述。

至于紫若墨黑者，可能是一种深蓝泛紫的釉色，亦匀净光洁，与明清时期景德镇窑生产的茄皮紫色颇相似。这种釉数量很少，只在我们发掘的元代地层中发现。传世品中亦未见报道。

从上述推定可见，长期以来文献对钧窑或曰钧瓷的记录，实际上只描述了一些釉色特殊的产品和数量最多的青瓷器，并未记我们最常说的天青釉钧瓷。所以其并不能反映当时钧窑生产区的实际生产情况。

另外，《瓶花谱》记钧窑瓶有极大，高三二尺者。明黄一正：《事物绀珠》记："均窑器大，稍具诸色，光彩太露"。但早期钧窑多为小件器物，且以碗盘类为主，极少有瓶罐类器物，似与文献记载不符。现在我们所见到的钧窑瓶，最大的是分藏河南博物院和汝州市汝瓷博物馆的一对花口瓜瓣腹瓶和首都博物馆藏的一件花口连座瓶，均通高60厘米，尚不够3尺。亦不能与文献对应。反观今禹州市，古代钧州或阳翟县境内，在州治以北的禹州扒村窑，金元时生产规模极大，且有器极大者。如美国西雅图美术馆藏一件白地黑花花口大瓶，高88.9厘米，有学者证明其为扒村窑产品，才堪称高三二尺之大瓶。另外，扒村窑生产的瓶类器物很多，国内外各博物馆和私人收藏的扒村窑梅瓶和花口瓶不胜枚举，大多高度在40~60厘米，可见张谦德所记是确有所指的。看来文献所指乃所有来自钧州之器，而并非特指今天我们所说的钧釉瓷。这种情况应在清代，尤其是后期才发生改变。

2. 钧釉瓷器是仿汝窑的产品

然而，天青釉钧瓷确实与众不同，而且产量也相当可观。对钧窑址发掘证明，早期的钧釉器物的釉层较薄，釉的流动性不强，釉色淡雅匀净，水天一色。早期文献既然记载了红、青、紫器，但忽视这种天青釉瓷，实在是毫无道理，也令人不解。有迹象表明，真正的钧釉瓷很可能被许多文献当作汝窑介绍了。有关汝窑的文献记载从宋代就已开始，但这些记载仅限于记录汝州造青器，极少有实质性的描述。对汝窑的描述最早见于佚名《百宝总珍集》："书中所记乃南宋临安市贾所编也"；其卷9"青器"条记："汝窑土脉偏滋媚，高丽新窑皆相类。高庙在日煞值钱，今时押眼看价例"。以下有文注曰："汝窑土脉滋润，与高丽器物相类，有鸡爪纹者认真，无纹者尤好。此物出北地……"。以后《格古要论》所记与此大同小异，只有"宋时烧者，淡青色"一句尚属出新。事实上，汝瓷、钧瓷釉色本十分相似，古人亦曾论及此点，方以智《物理小识》："定州白磁有芒，遂命汝州造青窑器，均州五色皆汝之类也"。方以智的《通雅》中亦执此说。尤其值得注意的是，文献中所记南宋临安府中出售 "汝瓷"，《西湖老人繁盛录》，"关扑"条记关扑之物有"……时样漆器，新窑青器、乳窑楪碟……"，按该书成于"端平二年"（1235年），已在南宋晚期，宝丰清凉寺汝窑址的发掘已证实，汝官窑停烧于北宋末年，金元时该地续烧的乃印纹模糊、釉色晦暗之临汝窑类器物，很难想像在临安仍会有大批汝瓷供"扑买"。前引《百宝总珍集》中"今时押眼看价例"一句亦暗示其时汝窑很多，而价位下跌。而此时仍大量生产，并类似汝瓷的，只有钧瓷，所以，推测这里所说的或许是钧瓷。这应是将钧瓷记为汝瓷的重要线索。真正对汝窑进行较详细描述的是《博物要览》："汝窑色卵白，汁水莹厚如堆脂。然汁中棕眼，隐若蟹爪……"。今天，汝窑址已被发现并发掘，汝窑已不神秘，反观这段记载，很难相信这是在描述汝窑，而很像是在描述元代钧瓷。与元代的许多钧窑瓷器的实际状况极其相似。

　　北宋末期，钧窑创烧，从创烧伊始，就具有很高的烧制水平。早期钧窑瓷器以不带任何装饰，水天一色的素面器物为多，表现出淡雅、悠远的色调。其釉色极近汝窑之色。禹州钧窑和宝丰汝窑地理位置接近，胎釉原料也十分相似，二者的许多烧成工艺相同，对胎釉的理化科技分析已证明了这点。通过两窑的断代，证明汝窑先于钧窑烧成天青色乳浊釉，钧窑随后仿制了这种釉。基于二者产品的相似性，和文献中对汝窑的极度褒扬，陈万里先生在50年代提出了"钧瓷继汝窑而起"的观点。日本学者尾崎洵胜早年也提出过类似的观点。然而，我们现在已知道，钧窑与所谓"汝官窑"的烧造时间大体相同。而在宋金之际，钧窑所在之阳翟县或颍昌府与汝窑所在之汝州同被金军侵扰与战乱，应无太大差别，因此也不存在汝停钧继的理由。现在，考古发掘材料使我们认识到，钧釉瓷器很可能是仿汝窑器的，古代时钧、汝两类瓷就很可能是混为一谈的。但是，钧窑在仿汝过程中发明了高温的铜红彩和铜红釉，是中国古陶瓷发展史上的重要贡献。另外，钧窑还有独特的青釉瓷，不同于临汝窑和耀州窑生产的青瓷器，而这些被称为"红若胭脂"，"青若葱翠"色的器物正是后世文献所津津乐道的。实际上，这类器物数量极少，在发掘的数万件标本中，带大面积红彩的残片屈指可数。现在所见珍品，多为过去皇家藏品。通过发掘材料，我们现在可将这些大面积红彩钧瓷定为早期钧瓷，与带小块规整红斑的器物区分开来。但无论是所谓"红彩器"还是"红斑器"，都表明钧窑是在探索自身的装饰方法，开创自己的特征，而非亦步亦趋地效仿汝窑。

　　据此，我们认为，钧窑是北宋末期兴起的一个以生产高档瓷器为主的窑场，部分产品仿制汝窑，但自己生产的青釉、红釉瓷也极具特色。其在早期阶段有相当一段时间是与天青釉汝瓷的生产并行的。至于钧窑是否也是一处用于贡御的所谓官窑，尚有待进一步积累资料和深入研究。这里应特别指出的是，本文所论证的是刘家门窑址发掘出土的这类钧瓷器物，即有些学者所说的器皿类钧瓷。对于花盆、鼓钉洗、海棠盆、出戟尊等所谓陈设类钧瓷的生产时间，笔者并不支持其为北宋末产品的观点。笔者以为，对这类器物的断代，还有待钧台窑址发掘资料的进一步整理、揭示。

（2004年4月5日）

微电子——信息社会的基石

■ 张 兴

张兴,北京大学信息科学技术学院教授、博士生导师、副院长,国家重大基础研究规划(简称"973")项目"系统芯片(System On A Chip)中新器件新工艺基础研究"的首席科学家。1986年毕业于南京大学物理系并获得学士学位,之后考入航天工业部陕西微电子学研究所攻读研究生,分别于1989年和1993年获得计算机器件与设备专业的工学硕士和工学博士学位。1993年进入北京大学微电子学研究所做博士后研究,1996年应邀到香港科技大学电气与电子工程系访问研究,1996年9月到北京大学工作。主要致力于小尺寸MOS器件物理与结构、CMOS集成电路工艺与设计技术、新型纳米半导体器件和集成电路、自旋电子器件和纳米半导体器件等方面的研究,取得了一系列创新研究成果,先后在国内外重要学术刊物和国际学术会议上发表学术论文150余篇,出版著作3部,获得信息产业部科技进步二等奖、教育部优秀青年教师奖等8项省部级奖励。

今天应学校团委的要求给大家作一场报告,我来之前不知道听报告的是哪些科系的同学,今天看到来了很多微电子系的同学,对于微电子系的同学而言,以前可能听我讲过类似的内容,但由于今天更多的或许是非微电子学系的同学,为了照顾非微电子系的同学,我的报告不可能讲得太深、太专业化,因此今天我将针对非微电子专业的学生粗略地介绍微电子科学技术和产业发展情况。

我今天报告的题目是:"微电子——信息社会的基石"。为什么说微电子是信息社会的基石呢?我们先来看一下这张胶片,现在是电子信息时代,这些东西大家应该是非常熟悉的:这些分别是数码摄像机、笔记本电脑、U 盘等等。为什么这些东西能做得这么小巧而功能又如此强大呢?你们看,我这个笔记本电脑大概也就一点几公斤,而世界上的第一台计算机,即 1946 年 2 月 14 号在 Pennsylvania 大学的 Moore 实验室中诞生的 ENIAC(不知道大家看没看过它的照片)则是由 18000 个电子管组成的。它的大小有多大呢?它长 24 米、宽 6 米、高 2.5 米,重量在 30 吨左右,功率大约 140 千瓦,跟一个内燃机机车的功率差不多,而它的平均运算速度如何呢?每秒只有 5000 次。而我的这台笔记本电脑的平均运算速度是 MIPS 量级的,MIPS 就是每秒百万次,两者相比,其差距是不言而喻的。ENIAC 还有一个致命的问题,就是其平均无故障运行时间只有 7 分钟,这就是说,它平均每运行 7 分钟就要出一些小故障。正是由于 ENIAC 的这些特性,当时有科学家认为,全世界只要有 4 台 ENIAC 就够了,因为当时主要用它来做天体运行轨道的计算等等,更因为像那么庞大的机器,是不可能进入家庭、办公室的。现在就完全不一样了,笔记本电脑已经非常普及,一些电子装备,如手机、U 盘等可能在座的每个同学都有。那么为什么从 1946 年到现在短短 50 多年的时间,计算机能发展得这么快呢——从 30 多吨到现在的 1 公斤左右?其主要原因就是由于微电子的快速发展。因为只有微电子技术才能把电子管电路缩小成晶体管电路,然后再缩小成集成电路,实现系统功能特别强大而重量又特别轻、性能价格比特别高的这样一个愿望。

下面我的报告将分以下几个部分分别予以介绍:第一,介绍一下什么是微电子学;第二是介绍微电子科学技术产业的战略地位,我将简单地叙述一下微电子技术发展的历史以及今后微电子的发展方向,因为今天有比较多的微电子系的同学,我想这可能对你们将来选择学习和研究的方向有一些作用；第三，将介绍一下我国微电子产业发展的现状。

一、微电子学领域的一些基本概念

微电子学，顾名思义就是微型的电子学。大家还记得，第一台电子计算机 ENIAC 使用了 18000 只电子管，电子管像一个小电灯泡那么大，里边有阴极、阳极和栅极。而晶体管最小可以做到小于一微米，其功能则与电子管类似。微米就是一米的百万分之一，一根头发丝的直径约 100 微米左右。所以说，微电子学是典型的"微型的电子学"，它研究的主要内容包括集成电路、分离器件(如晶体管、二极管等)，但它最主要的研究内容是集成电路。集成电路就是将很多电阻、电容、晶体管等元器件组成的电子电路集成在半导体晶片上，作为一个整体执行特定功能的电子电路。

半导体是导电特性介于导体和绝缘体之间的一类固体物质，它的导电性比绝缘体强，比导体差。半导体种类比较多，有单质半导体，如硅、锗等，也有化合物半导体，如砷化镓、磷化铟等，但其中最常见、应用最多的半导体材料是硅。在半导体行业中，硅占到半导体材料总量的 90% 甚至 95%。

从外观上看，封装好的集成电路通常像一个方形的小壳子，周围排列着管脚。管脚是集成电路输入/输出信号的媒介；每块集成电路的内部至少有一个芯片，芯片是集成电路的核心，芯片的面积很小，通常小于 1cm×1cm，它就是制作在半导体晶片上的电子电路。

集成电路通常是制作在半导体晶圆片上，每一个晶圆片上一般可以制作数十、数百、甚至数千个芯片，因此集成电路的制作是批量化生产的，这是集成电路提高性能价格比的关键。半导体晶圆片制作好之后，需要将它切成一个一个的小芯片，每个芯片封装之后就是一块集成电路。制作集成电路与印刷图书类似。大家知道，书的大小有 32 开、16 开等等。什么意思呢？就是把一张 1 开的纸裁成 32 份或 16 份后每一份的大小。我们印书的时候都是先印很大的一张然后裁开，这样可以提高效率,降低成本。半导体集成电路的制作也有点类似,一次制作出一个大晶圆片,最后裁减成很多个芯片。

每一个半导体芯片的面积虽然很小,但其中包含的晶体管数目却是非常惊人的,例如一个采用0.35微米工艺制作的64兆SDRAM芯片,其中包含的晶体管数目约1.34亿个,芯片的大小则只有5.9毫米乘9.7毫米,这就是说在50多个平方毫米的半导体晶片上集成了1.34亿个晶体管,你们可以算算一个晶体管大约是多大。就是因为在那么小的面积上集成了那么多的器件,因此集成电路的性能非常强大。

二、微电子的战略作用

微电子学是一门很复杂的学问,我在三五分钟的时间内也不可能完全介绍清楚,但我想通过上面的介绍,大家对微电子技术也有了一个大概的了解。下面我将介绍一下微电子科学技术的战略地位。

在信息科学技术领域,主要研究内容包括这样几个方面:首先是信息的获取,即将自然界当中的信号,如力、热、光、磁、化学、生物等信息转变成为电子系统能处理的电信号,这可以通过传感技术来实现;其次是信息的处理,包括运算等;之后分别是信息的传输、存储、应用等等。在整个信息科学技术领域中,最基础的部分应该是微电子。因为今天的任何一个电子系统几乎都是由集成电路、晶体管等组成的,因此微电子是整个信息科学技术的基石,可以毫不夸张地说,没有微电子就没有今天的信息社会。

集成电路对电子信息系统的作用主要有以下几点:第一,使电子系统小型化;第二,使电子系统价格下降;第三,使性能提高,功耗降低;第四,使故障率降低。我在念研究生的时候(上个世纪80年代),IBM公司生产的 8086 计算机的价格大约在四五万元人民币一台,但今天看来,它的功能是很弱的,其主频只有 10 多兆,硬盘也只有 10 兆。现在一台主频 2.4GHz、硬盘 40G 的计算机的价格也就四五千块钱。而那时候的四万块钱和现在的四万块钱是不一样的,那时候在座各位的父母一个月的工资一般也就五六十块钱。大家想想,这是多么大的一个价格反差！电子系统性能价格的急剧提高主要得益于集成电路的发展。

微电子产业对国民经济发展的贡献也是非常巨大的。根据国外发达国家的经验，一般来说微电子产业的增长率是电子工业的 1.5 到 2 倍左右，而电子工业的增长率又是 GDP 的 3 倍左右，因此微电子产业的增长率约是 GDP 的 5 到 6 倍左右，所以说它是个快速成长的产业，它对 GDP 的拉动作用是很大的。同时微电子产业也是一个利润率很高的行业。例如 INTEL 在 2003 年的销售额是 280 亿美元，其利润率高达 29%，这么高的利润率在一般的行业中是很难达到的。而我国一些计算机制造商的利润率却很低，约在 3%左右。有些同学可能会有疑问：计算机和 CPU 都属于高科技，两者之间的利润率怎么会相差那么多呢？其实，咱们国家的很多计算机制造商实际上只是一个组装企业，其中真正创新的技术并不是很多，这是其利润率低的一个主要原因。因此要发展我国的电子产业，必须将微电子产业放在重要的位置，否则就是无"芯"的电子产业。

其次，微电子技术对传统的行业具有巨大的带动作用，很多传统的产品只要利用微电子技术为代表的电子技术进行改造，就往往可以使传统产品重新焕发青春，带来更多的利润，例如普通机床改造成数控机床，使用的钢铁并没有增加，但其售价则可以成倍地提升。

微电子技术对信息技术的重要性前面已经讨论过，在此我们将以 Internet 为例进行介绍。在 Internet 的基础设施方面，无线网络系统、路由与交换系统、终端设备系统等均与微电子技术密切相关；而在 Internet 服务方面，为了保证高可靠与高保密，硬件加密已经成为普遍采用的技术，而硬件加解密正是将加密算法集成在集成电路中。

另外微电子技术对国家安全和国防建设无疑也是具有非常重要的作用。现代战争已经从传统战争模式转变成为电子信息战，而集成电路正是电子信息战的基础和核心。

三、微电子科学技术发展的历史

下面我用比较短的时间简单介绍一下微电子技术发展的历史。在微电子科学技术发展的历史上有六个重要的里程碑。其中第一个也是最重要的一个里程碑就是晶体管的发明。正是由于晶体管的发明揭开了微电子的序幕。晶体管是由贝尔实验室的肖克莱(W. Schokley)、巴丁(J. Bardeen)和布拉顿(W. Brattain)共同发明的。巴丁首先从理论上预言了晶体管的结构,布拉顿从实验上实现了该结构,最后于1947年的12月23日人类第一次看到了制作在半导体材料锗上的具有放大特性的晶体管特性,他们这三个人共同获得了1956年的诺贝尔物理学奖。

第二个重要发明就是德州仪器公司的基尔比(Clair Kilby)于1959年发明的集成电路。该集成电路也是制作在一块半导体锗上的,上面做了多个晶体管并通过细的铜丝将这些晶体管连接成电子电路。这是一个很简单的集成电路,可是它获得了2000年的诺贝尔奖。我对此感到有一点惊讶,为什么呢?基尔比的主要创新工作是将多个晶体管制作在一块半导体片上并通过互联组成了一个小的电路,基尔比的工作应该说是一个工程化的工作。根据以往诺贝尔奖的历史,把诺贝尔奖授予一个搞工程的人是比较少见。因此,这也从另一侧面证明了基尔比发明的集成电路对人类社会的贡献之大。从集成电路发明到现在也就四十多年的时间,但现在集成电路已经到了无处不在的程度。集成电路已经成为信息社会的细胞。

第三个里程碑是 Wanlass 和萨支唐教授发明的 CMOS 集成电路。现在大家见到的、用到的集成电路绝大部分都是 CMOS 集成电路。

第四个里程碑是 1967 年 Kahng 和施敏教授发明的非挥发存储器。

第五个里程碑是 1968 年 Dennard 发明的单晶体管 DRAM。

第六个里程碑是 INTEL 公司 1971 年研制出来的微处理器,第一个微处理器的编号是 4004。

在集成电路的发展历史上有一个著名的摩尔定律:即集成电路的集成度每 18 个月翻一番。集成度是什么意思呢?集成度就是在一个芯片上集成的晶体管的数目。集成电路从诞生到现在基本上是沿着摩尔定律在前进。摩尔定律是由 G. Moore 于 1965 年提出来的,那时候距集成电路的发明只有七年,摩尔就大胆地提出了摩尔定律,摩尔在 1965 年能够提出这个定律,真是一个奇迹。

集成电路是近50年来发展最快的技术之一。第一块集成电路只有6个晶体管,而目前集成电路的集成度则高达数十亿个晶体管;上个世纪60年代集成电路的售价分摊到一个晶体管约为10美元,现在估计不会超过百万分之一美元。正因为集成电路性能价格比的飞速提高,才使得它快速发展并变得无处不在。

四、微电子科学技术发展的趋势和方向

下面让我们来预测一下微电子技术发展的几个主要方向。微电子技术是目前世界上发展最快的技术之一,正是由于它发展得太快,因此预测它发展的趋势也就更加困难。在科学发展史上,有很多预测失误的例子。尽管如此,我们依然要对今后微电子技术的发展趋势进行预测和分析,这是因为我们预测今后发展趋势的目的是为了确定今天的研究方向,不做科学的预测,就没有办法确定今天努力的方向;因此只有在充分分析影响微电子技术发展的各种因素的基础上,才能确定今天进行微电子科学技术研究的重点发展方向。基于这个目的,即使我们的预测可能不是很准确,但我们仍然要进行预测,以期望我们的预测能够对大家选择今后的研究领域有一定的帮助。

根据已发表的大量资料可知,在今后的几十年,微电子技术发展的方向将包括以下三个方面:(1)集成电路的特征尺寸将进一步缩小;(2)集成电路将逐步走向系统集成芯片(SOC);(3)微电子技术将与其他学科相结合,诞生一系列新的经济和技术增长点,例如MEMS和生物芯片。

下面我们将就这三个方面分别予以介绍。

1. 微电子器件的特征尺寸将继续缩小

首先从三个层次分析集成电路特征尺寸进一步缩小所面临的问题。根据预测,至少到2016年,集成电路(IC)线宽依然会按照"摩尔定律"变化,器件的最小特征尺寸应该在13nm左右。大家知道硅的晶格常数为5.43Å,也就是0.5nm,13nm也就意味着只有二十几个原子那么大。到了这种情况,集成电路的线宽即使还会继续缩小,但缩小

的余地也已经非常有限了。随着器件特征尺寸的缩小，我们面临几个关键问题：

第一个就是如何制造这么小的器件，现在，0.13~0.1μm 的器件可以批量生产了，至少在 0.1μm 左右，我们仍可用准分子激光（即紫外线）进行光刻。但如何实现亚 50 纳米半导体器件的批量加工，目前还不是十分清楚。现在，很多人认为 13.4nm 紫外线光刻设备最有希望，另外电子束光刻设备也在研究中，但这些仍然是未知数，所以半导体的加工手段能做到什么程度，实际上是依赖于微细加工技术的发展，这是一个重要的方面。

第二个问题，随着特征尺寸的缩小，互连问题显得越来越严重。对于 0.13μm 技术代的集成电路，必须采用铜互连工艺，因为原来的铝互连技术已经不能满足要求了，比如存在着电迁移、应力迁移等一系列问题。到了 0.09μm 这个技术代的时候，如果采用铜/SiO_2 互连体系，它需要的连线层数应达到 11~12 层，而采用铝互连和 SiO_2 介质的话，在 0.13μm 就需要 14 层金属线。根据现在的观点，IC 的金属连线超过 10 层的话，工艺上和成本上就不能承受了，所以对于 0.10μm 以下的集成电路，我们就不仅仅要使用铜互连技术，而且要使用能够替代 SiO_2 的低介电常数的介质进行互连，以降低寄生电容。

第三个关键问题就是传统的器件结构不能满足要求。例如，在 0.1μm 的时候，二氧化硅栅介质的厚度大概只有 1nm，已经不能再缩小下去，这时，为了在等效厚度不变的情况下，使物理的绝缘介质厚度能够增加，需要寻找高介电常数的绝缘介质，来替代原有的栅介质材料；另外，传统的多晶硅/硅化物栅电极也不能满足要求了，要选择金属栅电极；甚至最后传统的体硅技术也不能满足要求，需要发展新型的 SOI 材料等一些新技术、新材料。也就是说随着技术的发展，会有一系列的新技术被广泛采纳。

现在，很多人有这样一个观点：假如微电子技术接近其物理极限，也就是说，当摩尔定律不再成立的时候，微电子技术就走到尽头了，实际上这是一个十分错误的观点。即使集成电路的特征尺寸不再继续缩小了，也只能说微电子产业从一个幼稚的产业逐步走向一个成熟的产业。据预测，到2030年，半导体工业将逐步走向成熟，正如汽车工业和航空工业那样。以现在的汽车工业为例，如果抛开其中电子的部分，其机械部分与50年前的汽车相比并没有什么本质的区别，但我们不能说这50多年汽车工业没有发展。根据预测，30年后的半导体工业逐步走向成熟，1900～2000年全球IC的年平均增长率在16%左右，成熟后其增长速度就不会那么快了，大概稳定在全球GDP的2～3倍左右，即7%左右。半导体制造技术走向成熟之后，我们一方面可以继续探索基于新原理的器件和电路，譬如纳米器件，另外一个方面就是走向SOC。

2. 集成电路将逐步发展成为系统集成芯片(SOC)

现在集成电路制造技术明显超前于设计技术，从制造技术方面讲，制造出一个10亿晶体管的电路不是什么困难的事情，但我们迄今为止却没有做出那么大规模的逻辑电路。为什么呢？原因在于，不是工艺制造不出来，而是设计问题尚未完全解决。实际上微电子技术存在着工艺超前于设计，设计超前于测试的问题，能制作出一个10亿规模以上的IC，但如何测试整个电路，也是一个非常大的挑战。所以，即使IC的特征尺寸不再缩小，微电子技术依然会发展，它会走向SOC。现在我们是通过印制电路板(PCB)做成一个系统，以后，一个芯片就是一个系统，CPU、存储器、DSP、接口等等都在这一个芯片里面。

IC发展到芯片系统的过程，与当年从分立晶体管发展到IC类似，SOC应该是微电子技术领域的一场革命。目前我们可能还看不到SOC的全部优势，正如IC刚出现的时候，很多人预测它不会有太大的前途一样。为什么呢？当时他们有两个理由：第一个理由是成品率的问题，假设分立元器件成品率可以达到99%，这时，若IC中集成1万个器件，它的成品率就下降到0.99/10000，大概等于零了，所以说IC不会有太大的发展前途；另一理由是，用分立器件做电路时，可以对每一器件进行优化，而IC却做不到。现在来看这两个理由都是比较片面的，实际上，一个新生事物刚出现时，很多人往往看不到它的潜在优势，所以现在的SOC就很像40年前的IC，它的很多优势和前景可能是目前我们还看不到的。

设计 SOC 与 IC 有几个不一样的地方。第一是 SOC 要求软件和硬件协调在一起进行综合考虑。原来设计 IC 的时候，只考虑 IC 本身的设计，而软件则是由软件设计人员另行制作。而设计 SOC 时，就需要嵌入式软件，否则这个 SOC 可能只是一个规模更大的 IC 而已。SOC 的集成度肯定非常大，这么大的规模不能依靠某个设计师从头到尾包办，因此大部分部件就要选用一些已有的可复用的 IP（知识产权）模块，就是要把别人的 IP，通过胶连逻辑把它们有机地组合在一起，最后完成 SOC 的设计。所以今后设计芯片的人可能就是做设计系统的人。

SOC 是一个多种硬件与软件的结合体，所以可以通过嵌入模拟电路、数字电路、存储电路、接口电路等 IP 的结合，也可以通过嵌入式软件，综合进行考量，从而使得 SOC 的设计具有很大的灵活性。同时，SOC 不需要大量的输入/输出缓冲器，因此可以节省大量功耗和芯片面积，从而使得其性价比更高。

3. MEMS 技术和 DNA 芯片是微电子技术新的增长点

微机电系统制造（MEMS）也是一个重要的发展方向。将传感部分与电路部分集成在一起，这是一个更广泛的 SOC 概念，通过这样一个概念，可以完成很多我们以前做不到的一些事情。

例如，现在的汽车安全气囊可以安装在很低档的汽车中，以前是不可能的。因为以前用的是机械式加速度计，其成本相当高，而现在用的是硅技术制作出来的硅微加速度计，硅技术的重要特点就是大批量、低成本。在这种情况下，很多低档车都可以安装了。现在，类似这样的应用还有很多，如微型飞机、微喷射等等。现在的汽车在机械部分方面与几十年前基本相同，汽车发展依靠的是机械与电子的结合，而今后电子技术的发展也要靠电子与包括机械在内的其他技术相结合。例如传统光开关利用光电/电光变换，结构复杂；而现在的 MEMS 光开关可按光反射的原理制作，这样就可以用多晶硅做成一个小镜子，将光从光纤 A 传向光纤 B，通过控制硅片角度，就可以实现光路的切换。原来的光开关只适用于长距离、大容量的信息传输，而由于 MEMS 光开关的出现，光纤进入用户接入网则有可能称为现实。只有接入到千家万户，这个市场的容量才能最大化。

现在的 MEMS 制作技术有两类：一类是由大向小做；另外就是从分子级、原子级开始加工，譬如纳米技术，是从小向大做。现在，MEMS 的全球市场，在 2000 年大概已有 120 亿美元，而且增长的速度非常快。另外，MEMS 还可与生物技术结合，做出如 DNA 芯片等产品，在这方面的发展前景则更为广阔。现在，已经实现了在硅片或玻璃片上制造出含有大概数千到数万个基因片段的 DNA 芯片，而且已经开始应用于动物的基因测试实验了。人类大概有 10 万条基因，如果哪一条基因发生了变异就意味着可能有某种疾病，因此通过检测基因的变异情况就能够诊断疾病。如果能够制作出这一类 DNA 芯片，这种 MEMS 生物芯片是利用微电子技术在硅片或玻璃片上制成的，其社会意义和市场前景都是不可估量的。

所以说，传统意义的 SOC 就是电子系统的 SOC，而广义上的 SOC 指的则是包括传感器、信息存储、信息传输、信息处理以及执行、显示等等为一体的 SOC，这可能就是将来 SOC 发展的趋势。

五、我国微电子发展的状况

下面简单介绍一下我们国家微电子科学技术和产业发展的情况。我国的微电子应该说起源于 1956 年在北京大学物理系由北京大学、复旦大学、吉林大学、南京大学和厦门大学五校联办的半导体专门化，当时的教研室主任是 2001 年获得我国最高科学技术奖的黄昆院士。中国微电子历史上的另一个里程碑是 1977 年在北大诞生的我国第一块大规模集成电路——1K 的 MOS 动态随机存储器。1999 年以来，随着华虹 NEC、天津 Motorola、中芯国际、上海宏力等一批 8 英寸集成电路生产线的迅速建成投产，我国微电子科学技术和产业进入了发展的快车道，最近几年的增长率均在 30% 以上。正是为了适应我国微电子产业快速发展的需求，国家先后设立了上海、北京、深圳等 7 个集成电路产业化基地和北京大学、清华大学等 9 个集成电路人才培养基地，为我国微电子产业的腾飞插上了翅膀。未来的十年是我国微电子发展的黄金时期，如何将微电子大国变为微电子强国将是今后十年需要面对的关键问题。要变成微电子强国，目前最缺乏的不是资金，而是高水平的人才，也就是说需要在座各位去努力，使我国成为微电子的强国。

总之，微电子科学技术和产业在未来几十年仍将快速发展，特别是在中国，其中的机会将是非常广阔的，对于微电子系的同学而言，我有充分的理由相信，大家选择微电子专业是一个非常明智的选择。

最后，谢谢大家！

(2003年11月26日)